U0134179

YE BOOK

让 思 想 流 动 起 来

何俊　著

望川集

哲学与思想史研究学记

壹卷
YE BOOK

四川人民出版社

追念

家慈李敦仪（1934—2023）

并送给

孙儿渊默、孙女潜声

目录

积学初集

积学续集

积学三集

序

一

最近十年，我的研究集中在理学如何从经学中转出，以及陆象山的心学。前者属于一项专题研究，《从经学到理学》也于2021年出版；后者是一项个案研究，已近尾声，希望明年能刊行。与以往我的研究比较注意思想史的视角不同，这两项研究我比较聚焦于哲学，尽可能对理学与心学本身进行分析。虽然我作了这样的自我限制，但思想史的意识仍然不自觉地成为一种背景，尽管我努力将这种背景限制在特定的学术脉络与思想语境，而没有更多地涉论作为思想史关注重点的思想与环境的互动。

我的哲学研究之所以难以与思想史的意识完全分割，大致缘于几方面的认识：一是因为哲学离不开哲学史。这一认识对于中西哲学虽然是共通的，但在中国哲学中似乎表现得更为紧密与具体。中国哲学的研究在很大程度上呈现为哲学史的研究。实际上，细究起来，哲学与哲学史终是有区别的。作为一种知识形态，哲学固然是时代精神的精华，有着不可抹去的历史痕迹，但一旦作为哲学问题并经过了反思以后，其问题与思考结果都应该是在穿过了具体的历史以后，沉淀或提升为抽象的普遍性。显然，我的哲学研究没有落在这个层面，而更多地呈现为哲学史的分析。二是中西知识形态的基础有所不同。就整个知识形态的构成而言，西学的基础在哲学，而传统中国学术的基础在史学。现代中国学术虽然已经完全西学化了，并引入哲学为基础，但由于人文学科不纯然是客观的知识追寻，还是价值系统的传承与建构，一个文化的价值系统的存续尤其与自身的历史相关，故传统中国学术虽然已转型为西学形态的现代学术，但史学的观念仍然具有某种基础性质与地位，即便是在属于完全植入性质的哲学中。因此，即便是自觉于哲学的创发，在中国的学术世界中也仍然在不同程度上呈以某种历史传统的接续，从而具有哲学史的特征。三是知人论世的认识目标。在传统中国的学术思想中，知人论世悬为重要的目标，这就不可避免地要将哲学的研究置于具体的历史语境中。相对而言，在讨论理学如何从经学中转出的专题研究中，尚可以尽可能地限定在学术自身的脉络中，但在陆象山心学的个案研究中，如果不能理解象山这个人物，恐难真正理解他的哲学，而要理解象山这个人物，便必须进入他的活动，因此很难完全与特定的历史环境分开。

毋庸置疑，我的认识在很大程度上是与我的从学经历高度相关的。我一直受到哲学与史学两方面的训练，即便博士专业是希腊哲学，但晚期希腊哲学与早期基督教的研究方向仍然促使我把哲学与神学的问题置于历史中进行观察与思考，而没有完全醉心于抽象概念的分析，尽管我对相关的作业方法并不陌生。也许因为这个原因，所以我在平常的西方哲学阅读中，及在研究中对西方哲学的借镜，都比较留意真实的思想本身，而尽可能回避抽象概念的袭用。

当然，无论是哲学的概念分析，还是思想的梳理，以及思想与境遇的互动，重心究竟落在哪里，概念、观念、思想又分别主要在哪个指意上理解，也都是因具体研究而异的，很难刻意于某一执念，更没有必要为了立异而定要贴上什么标签。

这本《哲学与思想史研究学记》，大概零散地反映了我在问学过程中的上述心得，略作赘述，希望方便于读者。

二

去年封龙弟建议我编个文集，今年在他服务的四川人民出版社刊行，作我癸卯年刚好一甲子的纪念。我当时婉谢了，一则是父母都还健在，我没有过生日的习惯；二则是觉得如果要编，放在四川出版似乎于我这个浙江人也不太有道理。龙弟听此言，强调重点是在编个文集，不在六十纪念；至于在川出版，他说我的一双孙儿女的母亲与外祖父母都是地道的川人，以孙儿女言，也不能说毫无关系。经此一说，我便答应了。我这双孙儿女如今算是异邦人，但我还是希望这兄妹俩今后总还能知道并回望自己的故乡，故给这本学记取名《望川集》。

"望川"二字很自然地让我联想到《论语》中的"子在川上曰：逝者如斯夫，不舍昼夜"。我十九岁读《论语》而乐之好之，二十岁小楷通录自以为识，至今恰好四十年，其间已不曾记得读过多少遍，《论语》中最引我遐想的便是这句话，故我不仅以"不舍"自号，且以"如斯"名斋。人生及其为学，都如这河水，由小而大，由清澈而浑浊，由激越而平缓，日夜奔流，只是向前，不计过往，亦难计前程。"不舍"既是其实然而应然的存在样态，也成其为存在的本质与目的；而无论惊涛汹涌，抑或舒缓平静，终亦不过"如斯"。

话虽如此说，以为豁达与通透，但长河奔流，若其有知，又岂真能无意于一路的冲激跌宕？即便是长河无意，两岸的宽窄与风物亦造就河流的缓急、合成长河的景象。《望川集》所收，大抵便是因缘际会中碎片化了的偶得。毫无疑问，这些偶得因其碎片化而难以构成风景，但也还是记录下了学海泛舟中的些许印象。

其实，对于学人而言，为学固然构成最重要的工作，但生活毕竟有更多在形式上溢出为学本身的内容，而这些内容恰恰又静静深流在生命之河的底层。很难说，这些深流是否影响到为学本身，抑或其本身就构成了为学的内容，只是不呈以所谓的为学形式而已。远的诸如少年炎夏时从桥头反复跳入河流中习得的技术、在家乡太湖往纵深游去时对湖底深浅不一的认知，等等。当然，也有凄苦与惊悚的经验，比如余生也晚，1959—1961三年困难时期的饥饿虽然刚好幸运地在我出生前过去，但留在记忆中的少年，乃至青年时代，都在谋食；又如"文化大革命"中的游街武斗虽只留下不连贯的印象，但夜半铁棍砸门的声响与家门上的印痕却深刻地留在脑中。近的则如刚刚过去的三年疫情，庚子年疫情暴发时，我还抱以乐观在元宵时写道：

> 夜半醒来再睡难，卧听春雨倍觉残。
> 闻说江汉人为鬼，惊动四海泪流干。
> 苍天乐见万物生，人间肃杀众心寒。
> 但随东风浩荡起，姹紫嫣红任尔看。

但当今年元旦慈母于疫情放开而感染往生时，殡仪馆的烟囱里不断冒出火化的黑烟，让我既有古人讲的游魂在天的幻想，更是有无尽又无助的悲恸而写下：

> 离家四十年，双亲竟耄耋。
> 欲养须及时，天怜遂吾愿。
> 岂知甫满年，疫情夺慈爱。
> 往生何所急，惨见棺满地。
> 夕阳照乌烟，游魂漫苍天。
> 夜深祈阴间，无复罹毒难。

显然，为学之记是很难给这些留下空间的。只是因记为学而念及人生，不免引动些许断想，姑且记下，权作长河奔流的丰富，同时也想印证思想与环境之间存在的复杂性。

三

十年前应友生童力军的建议，我曾编了一册《师英录》，记录自己向师长们问学请益，以及研读前辈著作的心得，以为半百学述。十年一瞬间，今承封龙弟盛情，编此《望川集》。我与龙弟商量，希望就在《师英录》的基础上调整与扩编，算是一种接续。龙弟欣然认可。

调整主要是抽去了《师英录》中我向余英时先生请益的访学记。这篇题名即为《师英录》的访学记，虽然是在录音基础上的忠实整理，但脱离了交流现场后的整理，无论如何忠实，在事过境迁以后当事人回头审读时，总是不免有许多不尽人意处，以至于修改不如干脆推倒重写。《师英录》就是如此。余英时先生在审读时，便是由前面的修改，逐渐转入后面的推倒重写。我当初曾提议不作访学记，直接署名余先生刊印，但余先生坚持作为访学录，以示对我的尊重，并将他的亲笔文稿送我留作纪念。此录实为余先生的自述，今后还是应当收入他的文集。此事的经历颇让我联想并理解程颐对弟子们作语录传阅的告诫，以及提醒我在研究中引用各种语录时尽可能地设想语境的还原，作小心细致的分析。

《望川集》保留了《师英录》原有的"问学记""进学编""积学集"，并各作了相关补充。在"问学记"中，增补了两篇追念沈善洪先生的文稿；在"进学编"中，增补了余英时先生九十寿庆的一篇文稿，以及余先生逝世后写的一篇追念文稿、两篇分别在北京与台北召开的线上纪念会上的发言记录稿；在"积学集"中，增补了陈来教授七十寿庆的一篇文稿和杨国荣教授最新著作的书评。由于《望川集》延续了《师英录》的宗旨，因此我把《师英录》原序收在此序之后，方便读者参阅。

除此以外，《望川集》沿用了"积学集"的栏名，增编了"积学续集"与"积学三集"。一方面是偷懒，不再另想名目了，另一方面也算是体现长河川流相续之意。"续集"以书评为主，兼有学术报告评论与其它评论，包括一篇对故人的追念；"三集"以序文为主，兼有工作会议上属于为学性质的讲话。不过，这些文稿虽然具有为学性质，其中大部分与我的专业相关，但并不都属于我的专业，而且也不全是纯学术的，因此这个为学是比较广义的。我在前面讲了哲学与史学的关系，也讲了问学与生活的关系，大致就是缘于对这些关系的认识，我把这些不完全属于自己的专业，也不那么纯学术性质的文稿，同样视为自己在哲学与思想史领域中问学的组成部分。事实上，潜藏于这些文稿中的生活及其思考，对于我的滋养是富具功德而难或忘的。退而言之，无论怎么说，反映真实的生活本身也好，作为学术工作的某种补充也好，这些文稿于我而言，至少都存有雪泥鸿爪之意。

文稿除了少数几篇刊印在主事者自编的文集，以及一二失记刊发处，极大多数都曾正式发表过，只是有些略作修改，或题目，或文稿。由于我平时不收集已刊的文稿，只保留存稿，故这次收入《望川集》时也一概取于存稿。另外，我平常讲话，大会小会都不喜欢念稿，评论往往多无事前准备，甚至有临时受命而一无所知者，如主持张江教授的学术报告与感评。事后虽根据录音整理，但往往嫌烦而不喜多改，因此难免不得要领，甚有失误。每每自念应当更认真一些，但紧跟着便会宽慰自己，凡事细想来总是遗憾多于满意，故又不免自我释怀一番。这本《望川集》大概亦只能作此看。

何俊

癸卯谷雨后五日于海上

《师英录》自序

这里收录了我学习前贤与师长的一些文字，内容主要是治学观念与方法，领域集中在中国近世哲学与思想史，整个书分四个部分。

《师英录》是我2002年去普林斯顿向余英时先生求教的记录。那时我在哈佛燕京学社做访问学人，虽然自己一直研习哲学与史学，也忝列教授数年，但在一些核心问题与方法上存在着诸多疑惑；早年曾读先生的《中国古代士阶层史论》，印象很深，因此访学美国的极大心愿是希望亲聆先生的指教。先生对我的接引亲切感人，2001年初次拜谒虽在隆冬，却如沐春风。长谈数小时，小叩而大鸣，离别时夜已深，回到纳绍酒店（Nassau Inn），久难入睡。于是，更有次年春的求教。这次一共待了三天，每天午饭后问学。那时我快写完《南宋儒学建构》，先生也快写完《朱熹的历史世界》，因此我的问学不限于宏观的问题，还涉及许多具体的细节。临别那天，先生送我到普大门口的公交车站，等车时分，语重心长地对我讲，以前人说，学须见道，这几天我对你都讲了，以后自己慢慢体会。后又托人捎来手书朱熹的诗作勉："古镜重磨要古方，眼明偏与日争光，明明直照吾家路，莫指并州作故乡。"此后，我又数次面谒先生，电话中更是经常请教。回国后，先生仍有书信赐教，每有新著，多托人寄我学习。先生教我可谓多矣，《师英录》只是其中的一个见证。

《进学编》是我学习余英时先生有关中国近世哲学与思想史研究的心得。2010年先生八十寿诞，先生在哈佛、耶鲁、普林斯顿任教时的诸高足拟编一册颂寿文集，田浩（Hoyt Tillman）教授主其事。承诸学长不弃，亦邀我撰稿，遂用心将学习先生研究中国近世哲学与思想史的心得写出。先生是学贯中西而专研中国史的通家，远不限于中国近世哲学与思想史的研究，而我治学逼仄，虽有进学之心，但难窥见全豹。为弥补这一不足，2003年7月我归国之后，即着手先生英文论著共四册的汉译工作；2010年又据先生的学术发展与论学范围，编选一册约八十万言的学术思想文选，以期全面理解先生的学术思想。这些工作完成之际，我都曾略赘数语，加以说明。我深知以己学力难见先生之学的淹博闳通，这些工作只是聊以见证我进学之迹，故一并附录于后。此外，2004年上半年，我曾客座于香港中大，蒙梁元生教授抬爱，嘱我讲一下学习余先生《朱熹的历史世界》的心得；又承香港《文汇报》邀撰一通俗稿，介绍余先生撰写这本大作的故事，故此二稿今亦附后。

《问学记》是我回忆进大学以后徐规、沈善洪、陈植锷、陈村富四位业师的先后教诲。我性本散漫，但考入大学以后，十余年间幸得四位业师的垂范提撕，引我亦步亦趋，虽自惭学无所成，但四位业师的教导之恩未敢或忘。徐规先生是我母舅李敦仁（Dun Jen Li）教授抗战时期老浙江大学史地系的同学，我虽是哲学系的学生，却因此缘而获教于徐师；毕业留校，任沈善洪先生助教，进而先随沈师、陈植锷先生攻读史学硕士，后随陈村富先生攻读哲学博士。徐规先生是宋史名家，亲炙于张荫麟与陈乐素；沈善洪先生是阳明学专家，于中国伦理学说史极有创获；陈植锷先生师事于邓广铭，虽英年早逝，但著作等身，于文史皆有卓越成就；陈村富先生是希腊哲学名家，对基督教亦有深造。四位业师各有专攻，而待我之厚如一。恨我东鳞西爪，浅尝辄止，这里的回忆实在只能是聊寄怀想而已。

《积学集》是我学习几位前辈与师长著作的体会。梁启超、冯友兰、钱穆、侯外庐、牟宗三诸先生，都是博古通今、著作等身的大家，我从他们的著作中获益良多，尤其是在我自己的研究领域——中国近世哲学与思想史。这里收录了我尝写下的一点感知。此外，还有一篇关于宋学研究的思考，以及三篇书评，分别是我学习杨国荣教授的著作和陈来、田浩教授各自主编的著作的收获。

美国汉学界关于中国近世哲学与思想史的研究，独具只眼，成果颇丰，田浩教授主编的著作虽然仿佛只是一轴缩微画卷，但阅罢却足以令人掩卷长思。其实，相比于美国汉学界，在中国近世哲学与思想史的领域，日本学者的贡献恐在其上。无论是著作研读，还是学者交流，对我都有很多启发。只是我虽曾多次讨论过他们的研究，甚至参与他们的研究计划，但却没有及时写下心得。

陈来与杨国荣教授是引领当代中国哲学研究的杰出学者，他们待我，皆亦师亦友，令我鼓舞。这里收录的书评，无疑只涉他们研究的极小部分，所以借此机会，再补述几句我对他们的研究特性与方法的理解。

从学术定位而言，杨国荣教授很自觉也很清晰地呈以哲学的立场，虽然他的研究始终基于厚实的哲学史修养。杨教授师从冯契，沿着金岳霖的路径，以哲学问题为切入，在西方哲学的映照下，致力于中国哲学的逻辑展开与特性彰显。由于他的哲学问题导向，因此他的研究视域决不限于近世中国哲学，而往往根据问题展开哲学史的分析。这一立场与方法在他有关阳明学的博士论文中即已确立，本书所收书评即关于这一著作。此后，杨教授慧思独运，在弘富的著述中将这一特性呈现得更显著，而他的哲学视域也相应拓展与深入，至今仍在推进中，为中国哲学的当代发展树立了一个标杆。

由杨教授，我联想到李泽厚先生，他是具有显著哲学立场与风格的前辈思想家。对于我这样在20世纪80年代初念大学的人，李先生的学术影响是深刻的。事实上，我就是因为读他的《美的历程》而选择以中国哲学与思想史为专业的。除此以外，李先生对我的成长还有更亲切的意义，只是李先生自己并不知道。我念大学时曾冒昧呈寄一篇讨论先秦诸子的作业请教于李先生，他认真回了信，我年轻不知珍惜，信已不存，但信中所言核心，不仅永记难忘，而且作用巨大。一是他指出拙稿所论的前提是流行的战国封建说，他是认同魏晋封建说的，所以整个文稿便不足以言了，这让根本还未入门的我意识到了一切论述背后存在着预设；二是他嘱我"多读书，广泛地读"，更直接地影响我后来至今的读书习惯。1992年我又有幸面聆李先生指教，次日一同事转告，李先生对你评价很好。我当然明白这只是前辈对晚辈的勉励，但对于未满而立的年轻人，这往往是巨大的激励。

李先生是一哲学家，中国近世哲学与思想史只是偶一涉及的领域，但他1982年的《宋明理学片论》深富影响。这篇文章阐明，新儒学崛起的宗旨是要建构起人的形而上的道德本体，同时又致力于将此本体落实在人的形而下的感性经验中，从而构成了新儒学精神世界的内在紧张，并最终以自然人性论的陷入而终结了新儒学的古典性。李先生对于新儒学的分析，属于他的整个主体性哲学的中国思想论据，基于这一论据，他"从根本上不赞同承续宋明理学的现代新儒家，不赞同以'心性之学'来作为中国文化的'神髓'"。对于他的论述，李先生虽然表示"只是提出问题，还需要大量的专门研究"[①]，但是，这个论述无论是对于理解整个中国近世哲学与思想史的基本精神，还是分析具体的思想家与思想派别，都具有重要的理论价值。哲学的立场与进路固然容

① 李泽厚：《论实用理性与乐感文化》，收入《实用理性与乐感文化》，北京：生活·读书·新知三联书店，2005年，第66页。李先生非常明确自己的思想史研究是取"通过研究哲学史或历史上某些哲学家来表达某种哲学观点"的门径，有别于思想史研究的历史的门径。参见他的《康德哲学与建立主体性的哲学论纲》，收入《实用理性与乐感文化》，第201页。

易引起主观性，在论述上也容易呈现出宏大叙事的风格，但哲学史与思想史的研究不仅事实上与研究者的当下关怀有着密不可分的关联，而且本质上也应该与当下关怀产生共鸣，因此哲学进路的思想史研究有着不可或缺的重要性。当然，如何克制研究中的主观性，则有待于研究者的学养与识见。

比较起来，陈来教授的研究更具有典型的哲学史与思想史研究的风格，而中国近世哲学与思想史也是他极富创见的领域。所谓典型的哲学史与思想史研究的风格，借用李泽厚先生的话，就是"从历史的角度来研究哲学思想的内容形式、体系结构、来龙去脉，搞清它们在历史上的地位、作用、影响以及它们社会的、时代的、民族的阶级的根源或联系，包括考据、文字的训诂、说明等等"①。李先生这样的说明，旨在彰显他的哲学史与思想史研究偏于哲学立场的特性。但是必须看到，李先生，以及杨教授的偏于哲学立场的哲学史研究，并非完全不考虑实证知识的问题。只能说，偏于哲学立场的更在乎历史中的思想所具有的普遍意义的呈现，而偏于哲学史与思想史风格的更关心历史中的思想其真实的历史面相的揭示。实际上，两者在哲学史与思想史的研究中难以截然分开，不同的学者也只是各有偏重而已；而即便有所偏重，自然也仍以兼取二者而合一为最高境界，至于能否达到，则另当别论。

陈来教授关于中国近世哲学与思想史的研究，以朱子学、阳明学、船山学为三大标志。纵观他的中国近世哲学与思想史研

① 李泽厚：《康德哲学与建立主体性的哲学论纲》，第201页。

究，可以清晰地看到研究方法上有两个明显的特点。其一，思想分析基于坚实的实证研究，尤其是思想家的文献考订与细读。他的朱熹哲学研究即是显例。虽然他的关注是在哲学思想的分析，但他以实证研究为基础，表明他的研究在方法上具有将研究对象置于具体的历史与思想语境中加以分析的取向。这种取向，一方面使得他力求心知古人之意的期望得以落实，另一方面则引导他由哲学史研究进入到更广阔的思想史领域。

其二，借镜于西方哲学来解读中国哲学与思想。无论是朱熹研究中的本体论、知识论，阳明研究中的存在论，船山研究中的诠释论，还是本书所收书评所讨论的由他和学生们共同进行的早期道学研究中的后现代哲学话语理论，他的近世中国哲学与思想史研究始终有着西方哲学的背景。由于他的研究基于坚实的文献考订与细读，因此，他对西方哲学的借镜更多表现为工具的意义，而不影响到中国思想自身特性与气质的呈现。也正因为这种偏于工具性的借镜，他的研究并不拘泥于西方某一哲学理论，而是根据所面对的中国古代思想家的精神特性来选择相应有效的西方理论。可以说，有效借镜于西学而不失自身文化的特性与气质，使得陈来的研究既树立了很好的哲学史与思想史研究典范，更使他在典型的哲学史与思想史研究中透露出哲学家的特性。

最后我想谈一点学习葛兆光教授研究的体会，结束这篇序文。葛教授对我多有指教，但我一直未曾有机会谈他的思想史研究对我的启发。与陈来、杨国荣教授等同辈相比，葛教授似乎没有明显的师承可依。也许正因如此，使得他的思想史研究少了许多负担与束缚，他的研究方法表现出很大的挑战，而他扎实的中国古典文献学背景则为他的探索提供了有力的知识便利。

葛教授引起学界很大反响的《中国思想史》最引人注目的，应是他提出并实践的思想史新写法。他在该书《导论》中检讨了既往几代人的哲学史研究和以侯外庐为代表的思想史研究。他认为，哲学因其知识形态非本土所既有，故难以描述中国古代的知识和思想；而侯外庐的思想史因欲囊括经济基础、上层建筑和意识形态而陷入困境。换言之，既有的哲学史研究失之于窄，思想史研究失之于宽。同时，他不满于精英思想家们占据了思想史的字里行间，以为这不足于反映真实的思想史。他期望思想史研究应该关注于"一般知识、思想与信仰世界的历史"，强调那是"一种近乎平均值的知识、思想与信仰，作为底色或基石而存在，这种一般的知识、思想与信仰真正地在人们判断、解释、处理面前世界中起着作用"，同时也只有这样的思想史才在历史中真正呈现出延续性。但他又申明，"所谓'一般知识、思想与信仰的历史'描述的并不完全是'小传统'"，"也不要用所谓的'民间思想'或'民众思想'来理解"，"而是一种'日用而不知'的普遍知识和思想"。这意味着，他的思想史研究在内容上并不完全是割弃精英思想，而是拓展了视野，引入了更多的思想内容，特别是，他将在叙述方式上进行很大的调整，其中最显著的就是放弃以具体思想家为对象的写作范式，改以思想主题为对象加以叙述。如果从既有的思想史或者哲学史研究来看，葛教授的思想史观所引发的思想观察对象转变，真正的挑战仍在从大传统移向小传统，从精英转向民间，只是他的论述避免了这样过于二元对立的理解。

沿着他的思想史观念，葛教授除了在叙述风格上寻求改变以外，更重要的是必须在史料上求得落实，因为传统思想史研究中所习用的单纯的精英文本显然已无法实现他的追求。葛教授进行了有效的尝试，在他的研究中，不仅使用了传统经典与精英文本，而且更多的是全方位的史料运用，举凡考古发现、天文历算、祭祀礼仪、岐黄医术、地图绘画，乃至墓室壁画，都成为他的"一般知识、思想与信仰"的史料。

由于新的思想史观与新的史料，葛教授对思想史的具体叙述也就呈现出新知。譬如他在《中国思想史》中论及宋儒确立宋代生活伦理秩序时，不再像以往哲学与思想史研究那样只关注伦理思想本身，而能阐明士绅阶层所起的具体作用，既清楚地描述了社会生活的变化，又揭示了新儒学影响社会生活的途径①。又如在《增订本中国禅思想史——从六世纪到十世纪》中论及9—10世纪禅思想史的转型问题时，他独到地从语言这一思想的外在形式给予了新的讨论②。顺便指出，葛教授的思想史研究自始即由宗教思想史切入，并以此为重。这不仅促成了他对中国近世思想史研究领域的拓展，实际上也极大地影响到了他的研究方法。当然，葛教授是对研究方法高度自觉的学者，宗教思想史的研究方法只能理解为他的起手，而决非他的收盘，这点只要打开他的《思想史

① 葛兆光：《中国思想史》卷二，第二编第三节，上海：复旦大学出版社，2001年，第253—279页。
② 葛兆光：《增订本中国禅思想史——从六世纪到十世纪》，上海：上海古籍出版社，2008年，第415—438页。

研究课堂讲录》与《续编》，就一目了然了。

　　本书的编纂和出版，应该感谢上海辞书出版社副总编辑童力军先生的长久推动。去岁我年届五十，自思往日疏懒，如今又俗务缠身，学业无成，如将老师的传授与自己的习得作一梳理，或能略尽守先待后之责，同时也算是自己一份另类的半百学述，聊以自慰。今编讫，遂序之。

甲午五月既望于杭师大恕园

问 学 记

中国近世思想史的研究方法——师门从学记

古镜重磨要古方，眼明偏与日争光。

明明直照吾家路，莫指并州作故乡。

朱熹：《送林熙之》

中国近世思想史只是整个中国思想史的一段，而中国思想史也只是中国史的一个专门领域。以此类推，则知任何一个研究领域只是整个知识世界的一个很专门的领域。也许每个专门领域都有自己独特的研究方法，但很难说这种独特性是方法上的，还是方法所施予的对象上的。以我的理解，除了演绎与归纳、认知与启示这样大的方法有其自身的独特性以外，通常的方法上的独特性更多的是由于研究对象的不同。因此，即使承认一个专门的领域有属于自己比较常用的研究方法，我也更倾向于认为研究方法是可以通用的，只是由于对象的不同，有所偏重、有所调适而已。就纯粹方法而言，研究方法的共同性不仅存在于相近的知识领域、相关学科之间，而且存在于人文学科与自然科学这样差距甚远的知识领域。譬如论述中国传统社会是一种多元的结构，在方法与观念上可以受到量子物理学的启发[①]。同样，观察动物的行为，未尝没有将人对自身的认识移到了动物身上[②]。因此，对待研究方法，一方面要了解本领域的研究方法，但不要迷信；另一方面要吸取其它知识领域的方法，但应该小心。当然，要做到这些，其前提必须是对研究方法保持一种敏感与自觉。

就史学与思想史研究而言，专门论述方法的著作实已很多，偏于理论与侧重经验，或者二者兼顾的都有，像梁启超的《中国历史研究法》、严耕望的《治史三书》、葛兆光的《思想史研究课堂讲录》，等等，它们对于研究中国思想史，包括中国近世思想史，同样都是很有用的著作，我们应该认真阅读与体会。此外，历史与逻辑相统一、新旧文化史研究，乃至后现代史学的种种探索，也都值得关注。

基于上述两方面的认识，我以为这里既没有必要刻意弄清楚什么是中国近世思想史的研究方法，也无必要考虑中国近世思想史研究方法的完备与有效。我觉得将我自己求学过程中获得的一些体会，与读者分享，也许是适宜的。我不否认，选择这样的叙述潜藏着我对自己的老师们的感恩私情，但我也真的认为，对于大多数的求学者而言，认真体会自己老师的言传身授，终究是最

---

① 傅衣凌：《中国传统社会：多元的结构》，《中国社会经济史研究》1988年第3期。
② 譬如弗朗斯·德瓦尔对于黑猩猩的研究，参见弗朗斯·德瓦尔：《黑猩猩的政治——猿类社会中的权力与性》，上海：上海译文出版社，2009年。

亲切而重要的途径，尽管有时可能是言者无心而听者有意，有时可能是所言在此而会心于彼。因此，除了下文所讲的具体方法以外，我也希望我受教于老师的经验对读者也有些许启发。

在求学的道路上，我实在是非常的幸运，于不惑之前转益于多位老师，他们的学术领域与治学风格各不相同，对我传道授业解惑实非言语能及。不过，即便有所承受，却又只是他们学问的很少一部分，这又是不能不令自己深感惭愧的。我的老师共有五位，先后是徐规先生（1920—2010）、沈善洪先生（1931—2013）、陈植锷先生（1947—1994）、陈村富先生（1937—）和余英时先生（1930—2021）①。在此，我主要叙述前四位先生所授之业，而余先生的教诲与研究则于他文专述②。

一、义理·考据·辞章

义理、考据、辞章本是清人论学的分类，由戴震正式提出，后来悬为中国传统论学的标准③。1982年我考入原杭州大学哲学系，因上辈故交，兹遵命随徐规先生读书，义理、考据、辞章的观念即由徐先生训示，从而始知学问的概念与门径。

---

① 拙稿原刊时徐师、沈师尚健在，今则仙逝，补卒年。今余先生亦往生，又补之。
② 详见拙稿《余英时的中国近世思想史研究》，《学术界》2009年第6期，另收入田浩编：《文化与历史的追索——余英时教授八秩寿庆论文集》，台北：联经出版事业股份有限公司，2009年。
③ 余英时：《清代学术思想史重要观念通释》"义理·考据·词章"条，收入《中国思想传统的现代诠释》，台北：联经出版事业股份有限公司，1987年，第457—469页。

现在仍然很清楚地记得，第一次把作业呈交徐先生，先生逐字逐句改过，从错别字到赘词浮句，或删或改。对着这个文稿，徐先生对我讲了义理、考据、辞章的论学标准。但我那时对学问全然不知，因此在具体入手上，徐先生是从辞章之学教起的。徐先生是宋史专家，尤擅校勘考据，师承于张荫麟（号素痴，1905—1942）与陈乐素（1902—1990）两位先生，故自题著述为《仰素集》（杭州大学出版社，1999年）。徐先生那次首先是向我讲了张荫麟先生由哲学而史学的治学经过，以及集义理、考据、辞章于一体的成就[1]，实际上是向我标示一楷模。接着就讲辞章的问题，概言之，就是告诫写文章要朴实直简，不虚浮、不矜才、不使气。那时，国内学术界文化热正红火，虽然对于思想解放不无意义，但虚浮之气也是非常明显的。另外，我是哲学系的学生，哲学系多半是20世纪70年代末80年代初从政治系分出来的，受时风影响，这些系的学术传统在徐先生这样研究史学且尤重考据自有师承的老辈学者眼里，多少也是成问题的。徐先生从最基本的辞章之学来开启我的学习，无疑是切实有效的。后来我学习陈垣先生的一些著作，知道徐先生在辞章上要求朴实直简，实是他师承于陈乐素先生而遵循的陈垣先生的治学传统。

在我后来的学习与工作中，我常常想起这次师训，觉得明白义理、考据、辞章并重，而又由辞章入手，真的是很有益也很重要的方法。对于思想史研究而言，注重义理是天经地义的事情，

---

[1] 许冠三：《新史学九十年》第二章"张荫麟：既是科学亦是艺术"，长沙：岳麓书社，2003年，第61—76页。

考据与辞章往往容易忽视。中国近世思想史最重要的研究对象是新儒学的崛起与发展，而新儒学的重心又在宋明的义理之学，不在清代的考据之学。宋明儒者，虽然不乏精于考据与擅长辞章者，但在观念上实对考据与辞章多持鄙薄之见，研究者受其影响，也很容易喜义理而轻考据与辞章。至于在考据与辞章两者中，考据似乎又较辞章更受重视一些，因为无论是哲学史还是思想史，总还是有着史学的要求，所以考据至少觉得是不可不尊重的。辞章也不是说真的不重视，而是从小读书起，写作文就是基本的训练，自小练到大，很容易以为没有问题了。另外，现在研究深受西学影响，研究者有意无意间会袭用大量译著中的语言来讨论中国的哲学与思想，西学当然自有修辞的传统，只是我们既未能入其堂奥，又很难做到两种语言的对接，论学文字难免陷于不伦不类。在义理、考据、辞章三者中，义理与考据的学习与体会实比辞章更为艰难些，因此由辞章之学开始，应该是适宜的。

徐先生强调辞章要朴实直简，这听起来容易，其实写起来很难。追求朴实，就必须去掉浮词游句，言语都在实处；达到直简，更需要指意清楚，取舍精到。要做到这点，学问与文章本身其实就要达到很高的水准。此外，对于思想史的书写来讲，尚有独特的困难，因为思想不是有形的事物，质实二字并不容易达到。但是，明白这种要求，却又是非常必要的，它可以引导自己尽可能往这方面努力，至少自己行文之际弄清楚，自己想要表达什么，力戒云山雾罩、漫无边际。

论学文字往往与个人性情有关，也会深受自己研读的文本影响。前哲时贤，文章各有特色，学习中如能时加体会，并择其相契者细玩其辞，应该是一良好的途径。钱穆先生在给余英时先生一封论学书信中曾论述到辞章之学的学习，足资启发。钱先生讲：

　　论学文字极宜着意修饰，近人论学，专就文辞论，章太炎最有轨辙，言无虚发，绝不支蔓，但坦然直下，不故意曲折摇曳，除其多用僻字古字外，章氏文体最当效法，可为论学文之正宗。其次是梁任公，梁任公于论学内容固多疏忽，然其文字则长江大河，一气而下，有生意、有浩气，似较太炎各有胜场，即如《清代学术概论》，不论内容，专就其书体制言，实大可取法。近人对梁氏书似多失持平之论，实则在五四运动后梁氏论学各书各文均有一读之价值也。其次陈援庵，其文朴质无华，语语必在题上，不矜才，不使气，亦是论学文之正轨。如王静庵则为文有大可议者，当知义理考据文章，义各有当。静庵之文专就文论，不在章梁之下，而精洁胜于梁，显朗胜于章，然其病在不尽不实。考据文字不宜如此一清如水，繁重处只以轻灵出之，骤读极易领略，细究实多罅漏。近人以此讥任公，不以此评静庵，实则如言义理，可效王氏，若言考据，不如依梁较合。又如陈寅恪，则文不如王，冗沓而多枝节，每一篇若能删去其十之三四始为可诵，且多临深为高，故作摇曳，此大非论学文字所宜……胡适之文本极清朗，又精劲有力，亦无芜词，只多尖刻处，则是其病……上所论者乃文体，此一条乃论文之字句章节，与文体略有辨。

弟（指余先生）之才性，为文似近欧阳，不近韩柳，盼多读欧阳公文字，穆于欧阳公，常所深契，然韩柳境界万不宜忽，欧阳不从韩公入门，绝不能成欧阳也。清代文字，最盼能读《碑传集》。弟之文路，多看《鲒埼亭集》为近，自全祖望上参黄宗羲《明儒学案》各家之序，此是绝大文字，以黄、全为宗，再参以清代各家碑传，于弟此后治学术思想史行文，必有绝大帮助。治学当就自己性近，又须识得学术门路，穆前举叶水心、王船山两家乃参考意见，至于行文，弟似不宜学此两家耳。[①]

辞章之学由此而入，考据与义理也无不由认真学习前辈的著作、体会前辈的工作起步。有时学习中不免常常会有鸳鸯得睹、金针难见的感觉，这除了参见前辈学者的一些论述，如上引钱穆先生这样的论学书简外，还是应该从前辈的著作中窥寻其工作的进路。因此，由辞章之学入手，实也不仅在遣词造句、谋篇布局，等等，而且也应体会作者的思路、分析、理据等，从而进入考据与义理之学。

不过，思想史的研究因其对象在思想，考据与义理都有不同于名物制度等研究的特殊性，因此也不应过分拘泥于狭义的理

---

① 钱穆：《钱宾四先生论学书简》，收入余英时：《犹记风吹水上鳞》，台北：三民书局，1991年，第253—254页。

解。所谓狭义，就是纯然客观的诉求。平实而论，即便是自然科学，纯然客观也只是一种理想。人文学科的根本目的正在于人的价值诉求的导入与彰显，此即宋儒张载所谓"为天地立心，为生民立命"，其主观性几乎构成了某种本体性存在，只是如何使得人的价值诉求基于历史的经验基础与理性的分析论证，这才是思想史所诉求的考据与义理。后文所述的方法，以及拙稿《余英时的中国近世思想史研究》，实际上都可视作是围绕着实现思想史的这一诉求展开的。

二、史实与史法

要使人的价值诉求基于历史的经验基础，就应然而必然地走上了寻求史实之路，而寻求史实的方法也自然进入思考之中。我对史实与史法的最初认识，同样来自徐规先生，具体地说就是来自徐先生要我读的两本书。读书入门常常要老师开书目，徐先生也一样，但很简单，就两本书，一本是当时几所高校合编的中国古代史教科书，另一本就是赵翼的《廿二史札记》。那时我才大一，说实话，教科书虽然很快看完了，但并没有什么特别的认识，就是知道了中国古代史的基本知识；而《廿二史札记》就是那么一条一条的札记，我全然不懂此书的奥妙。后来自己慢慢入了门，尤其是理解了《廿二史札记》的意义，始能体会徐先生的用心，明白了所示的治学方法。

任何人进入某一知识领域，总是由其所处时代关于此一知识领域的通常认识开始。虽然这一通常认识在当时最前沿的研究中往往已经呈现出许多问题，在后来的研究中更是被极大地修改，甚至推翻，但对于一个初入者而言，仍然是非常重要的，它可以帮助初入者对于这一知识领域获得一个完整而基本的认识，从而在以后的进一步深入过程中知道研究是在什么方面推进与展开的。毫无疑问，读教科书是获得这一通常认识的有效途径。当然，由于先入为见的认识弊病在所难免，后来的进一步深入会在一定程度上受到最初的这一通常认识的影响。但是，因噎废食是不应该的。事实上，随着进一步的深入，当接触的材料越来越多时，自然会迫使最初的通常认识发生松动，甚至解体，除非一个人是非常地固执于一种陈说，而如果真的是这样的人，那么从一开始就真的不必跨入学术之门。

如果说读教科书是徐先生让我知道当下史学界对于中国古代历史的知识性叙述，那么读《廿二史札记》才是徐先生真正示我以进入史学研究的门径。要研究历史，有了基本的通常性认识以后，进一步的就要读史料本身。可是一部二十四史，从何读起，对于初入门者无疑是个巨大的挑战。《廿二史札记》正是最有用的著作。清代乾嘉学术兴起以后，由经学拓展到史学，在通史的研究上除了《廿二史札记》外，还有备受称誉的钱大昕《二十二史考异》和王鸣盛《十七史商榷》，但后两种书重在考据具体事件与字句校勘，只有《廿二史札记》是以基本史实的呈现为目标，即赵翼在《廿二史札记小引》中讲：

至古今风会之递变，政事之屡更，有关于治乱兴衰之故者，亦随所见附著之。①

因此，徐先生让我读教科书的同时，并读赵著，就是要我由现行的通说转至前人的考论，从而知晓这中间的区别，以为自己治学的开始。尽管《廿二史札记》针对的是通史，而不是具体的思想史研究，但其中的治学道理是一样的。后来无论是我自己，还是带学生，我都比较注意应用徐先生教我的读书方法，在时贤与前人的论述中进行比较，从中发现问题。就中国近世思想史的研究而言，时下著作自不必多言，前人论述我特别重视黄宗羲、全祖望的《明儒学案》与《宋元学案》，认识上即源于此。

此外，同样是受徐先生让我兼读教科书与《廿二史札记》的影响，我意识到对整个历史获得一个连贯性的完整认识是非常有意义的。具体研究自然是专题性的，但一个好的学者最好能够始终注意到通贯的历史变化。专题研究可以在通贯性的视野中获得其定位与意义，反过来则能补充自己的通贯性认识。至于通贯性的史实具体包括哪些内容，当然可以因情况而定。但是大体说来，也是有章可循的，即根据史书本身的叙述进行分类掌握。兹随便举《史记》卷一《五帝本纪》为例，且不论远古的历史真伪如何，即就此卷记载本身而梳理，可以首先建立起五帝的顺序年代及其传承，继而构画出各时代疆域地理的划定，再看种种制度的出现与增删，再看各时期的重要人物及其活动，等等。思想史

---

① 赵翼著，王树民校证：《廿二史札记校证》，北京：中华书局，1984年。

的研究也不外乎基本史实的梳理，进而来考辨思想观念的来龙去脉及其确切指意。

除了史实的呈现以外，《廿二史札记》最富意义的是在它的史法。历史本是人的过往生活，无论就其实际内容，还是存世记录，无疑都是非常庞杂的。思想史同样如此，因为历史的主体是人，历史展开的背后是人的精神，因而思想史就其广义而言，几乎可视为作为陈迹的历史的另一面。因此，面对如此庞杂的认知对象，希望给出某种叙述以呈现史实，实际上必然只是运用某些方法针对特定的史料而获得的某种结果。在史学研究日呈多元化的今天，我们虽然不宜固守某种单一的历史观念及其方法，但我始终觉得，对于初入门者，还是应取平实中正的门径为宜。《廿二史札记》所示史法正属于此类。关于史法，赵翼在《廿二史札记小引》中讲得非常简洁明白：

> 此编多就正史纪、传、志、表中参互勘校，其有牴牾处，自见辄摘出，以俟博雅君子订正焉。①

换言之，他对史实的梳理，完全是以正史为根据，对纪、传、志、表的记载进行勘比，从而予以确定。对于这一取径，赵翼给了两个解释，一是"家少藏书，不能繁徵博采，以资参订"，这当然是一个客观的原因，不必深究；但另一个原因却值得认真对待，他讲：

———————————

① 《廿二史札记校证》，第1页。

间有稗乘胜说与正史歧互者，又不敢遽诧为得间之奇。盖一代修史时，此等记载无不蒐入史局，其所弃而不取者，必有难以征信之处，今或反据以驳正史之讹，不免贻讥有识。①

这意味着，赵翼完全以正史为根据是基于某种认识的，即正史即便存在着这样那样的问题，但仍然是寻求史实的最基本乃至最重要的史料。现在的史学研究因为受制于各种史学观念，对于正史或有轻视，但我想强调的是，赵翼以正史为本的史法是值得遵循的，对于入门者尤然。

思想史的研究同样如此。自两部学案起，关于中国近世思想史的研究长期以来都是以思想者的传世文集为主要研究对象。虽然近年来思想史的研究呈现出某种拓展，但应该充分意识到，原来的主流文献仍然是梳理中国近世思想史的基本材料。不能否认，以传世文集为基本材料所建构的思想史，确实反映的是精英的思想世界，与民间思想或一般的知识、思想与信仰存在着某种差距，但这种差距仅足于提醒研究者不要僵化自己的视野，认识自己的分析存在的限止，而不足于颠覆由精英的思想世界构成的思想史。我的这种确认基于两种认识，其一是对于中国传统社会的基本认识。中国传统社会，尤其是近世以降的中国社会，并不存在着截然划分而封闭的上下阶层，而是一个具有高度流动性的社会，精英与民间的思想是贯通的。其二是对于思想本身的理解。虽然存在着一般的知识、思想与信仰，但思想之成为思想史

① 《廿二史札记校证》，第1页。

中的"思想"而得到标举的，却一定不在于它的一般性，而恰恰在于它对一般性所构成或呈现的超越性，即对于一般的知识、思想与信仰有所批判与创新，这种具有超越性的思想无疑主要存在于思想者的传世文集中。事实上，真正的问题并不是传世文集不能反映真实的思想史，而是研读者这样那样的先见筛滤了大量材料。譬如，余英时先生在《朱熹的历史世界》中对于朱熹为代表的理学家的政治关怀与实践的揭示，史料仍基本源自传世文集，只是以往的研究对此基本是忽视或视而不见了。

赵翼的史法除了在史料上以正史为本以外，另一点就是所谓的"纪、传、志、表中参互勘校"，即通过基本史料自身的相互比较来寻求史实。毫无疑问，这同样也是理解与阐明思想史的基本方法，尤其是"中国的"与"近世的"思想史。所谓"中国的"，是因为中国的思想者的思想表达较之西方，散见而缺形式化的系统；至于"近世的"，是因为近世以降，讲学的形式与印刷的便利使得思想表达更具多样性。此外，同一个思想者，其思想尚有形成与修正的过程，故而各种表述的"参互勘校"实是最基本的研究方法。当然，在思想史的研究中，乾嘉考证史学的"参互勘校"法可以进一步延伸为广义的比较法，这是下文中我要申述的。

三、比较的观念与方法

比较的观念与方法虽然在我的整个学习中始终遇到，但我仍要提到徐规先生对我的影响。上文已述，"参互勘校"是赵翼《廿二史札记》寻求史实的基本史法，徐先生以此书导我入门，自然是有意示之。我后来也知道，这正是徐先生所承的陈垣先生的治史传统。陈垣先生不仅非常重视《廿二史札记》，而且他研究前人史学著作，也往往运用"参互勘校"从史法与史事两方面予以表彰，譬如他的《通鉴胡注表微》就是这一方面的代表作。我由《廿二史札记》对"参互勘校"获得了最初的认识，而在我参与点校明儒刘宗周著作时，则获得了进一步的切身体会。那是我第一次做文献整理工作，常常请教徐先生，徐先生在帮我解决具体问题的过程中，认真地向我讲解示范了陈垣先生关于校勘的四校法。虽然我的性情与兴趣不在校勘学，但由彼及此，我将四校法延拓为比较的观念与方法，以为用于思想史的研究，同样是非常有效的。为了具体说明，下文兹抄录陈垣先生关于四校法的论述，再分别尝试着以思想史研究的例子说明其应用。

　　一为对校法。即以同书之祖本或别本对读，遇不同之处，则注于其旁。刘向《别录》所谓"一人持本，一人读书，若怨家相对者"，即此法也。此法最简便，最稳当，纯属机械法。其主旨在校异同，不校是非，故其短处在不负责任，虽祖本或别本有讹，亦照式录之；而其长处则在不参己见，得此校本，可知祖本或别本之本来面目。故凡校一书，必须先用对校法，然后再用其他校法。[1]

---

[1]　下引四校法，皆见陈垣：《校勘学释例》卷六《校例·第四十三　校法四例》，收入刘梦溪主编：《中国现代学术经典·陈垣卷》，石家庄：河北教育出版社，1996年，第421—424页。

在中国近世思想史上，学派的出现并且维护，成为一个重要的历史现象，但是在同一个学派中，实际上是分歧显见。如何细致地梳理清楚彼此间的思想异同，对比于他们所认同的思想源头即是一个重要方法。譬如王阳明后学，《明儒学案》是按照区域来划分的，但其实这样的区域划分并不足以说明思想本身的异同。当我们去具体研读王学中的任何一位思想者的文集时，要真正弄清楚他的思想究竟有什么新的发展，与王学中的其他思想者有何区别，在王学的演变中究竟具有怎样的地位，只是就这位思想者的文献来解读有时是很困难的。如果应用"对校法"，即在研读这位思想者的同时，能够对应着研读王阳明的文集，尤其关注那些具有相关性的论述，就容易有效地看清这位思想者的论述相对于王阳明发生了怎么样的变化。

实际上，在一个学派中是如此，在整个中国近世思想史上也无不如此。二程形成洛学以后，其门弟子便有不同的阐发，朱熹后起，本于程颐而集大成，这中间的传承与创新，无不可以上溯比较，从而求得一个清晰的认识。即便是在思想史上的反对者，如王阳明对于朱熹的反动，同样可以使用这样的对比法来求得认识。换言之，对校法中所谓的祖本，在思想史上可以理解为思想之链的上面环节。

顺此进而言之，我们知道近世的中国思想是以新儒学的兴起与发展为基本内容，而所谓新儒学是相对于汉唐、先秦儒学而言，因此要理解与阐明新儒学的"新"，就必须将之对照于汉唐与先秦儒学。不仅于此，由于新儒学是对佛道的回应，因此同样有必要将新儒学勘比于佛道的相关论述，以求获得真正的了解。

> 二为本校法。本校法者，以本书前后互证，而抉摘其异同，则知其中之缪误……此法于未得祖本或别本以前，最宜用之。予于《元典章》曾以纲目校目录，以目录校书，以书校表，以《正集》校《新集》，得其节目讹误者若干条。至于字句之间，则循览上下文义，近而数叶，远而数卷，属词比事，牴牾自见，不必尽据异本也。

本校法在思想史的研究中，对于认识一个思想者的思想形成与变化，以及最后的定见，尤有作用。在中国近世思想史上，虽然有许多的思想者有着始终如一的思想，但更多的却不免有前后的变化。即便是思想基本确立以后，思想的具体叙述仍然存在着变化，譬如朱熹注《四书》即是非常显见的例子。《四书集注》是朱熹关于《四书》的定本，但这个定本的形成却是在反复思考与修订中完成，因此要真正把握与体会朱熹关于《四书》的阐发，实际上就完全应该将《四书集注》与《论孟精义》《四书或问》，以及《朱子语类》中的相关讨论比较着来研读。

当然，本校法对于把握思想者的确切思想有着广泛的意义。由于中国传统思想的呈现不太具有形态化的外在形式，思想往往在不同的情景中以各种形式得到阐发，譬如书信、语录、题跋，等等，实有着非常浓重的针对性。故要真正把握其精神，诚应将这些不同情景下的表述对照着研读，从中获取思想者的真正观念。

三为他校法。他校法者，以他书校本书。凡其书有采自前人者，可以前人之书校之，有为后人所引用者，可以后人之书校之，其史料有为同时之书所并载者，可以同时之书校之。此等校法，范围较广，用力较劳，而有时非此不能证明其讹误也。

思想虽与时代有着非常密切的关系，但是思想又有着她超越于时代的自身演化的轨迹。前述"对校法"时已提及新儒学的崛起与发展是相对于汉唐与先秦儒学的，虽然新儒学无论是在知识、思想与行动诸方面，都具有显见而强烈的时代特征，但依然与传统儒学有着复杂的关系，如果能够时时置新儒学于儒学的历史脉络中加以比较地理解，显然对于把握思想史的具体问题有不可忽视的作用。譬如北宋儒学兴起之初，王通、韩愈等人物及其思想得到标举，稍后，这种标举便有所保留，而至南宋时，上述人物已完全成为可分析与检讨的对象。应用"他校法"来观察思想史中那些被建构起来的人物及其思想，进而观察他们复遭消解的过程，分析其中的原因，实际上可以更历史性地理解思想史的演化。

同样，某位思想者，或一个时代的某种思想在后世的影响，也完全可以采用这种"他校法"来有效解读。为什么后来的时代与思想者对于他们的前辈们的思想要作这样或那样的解读与阐发？将后世的解读与阐发对照于前辈们的著作本身，不仅有助于认识被解读与阐发者的思想内涵，因为有些内涵确实会在自身的时代中受到遮蔽，而且有助于理解新的解读与阐发是否忠实于被解读与阐发者，是否被有意误读了，等等。

四为理校法。段玉裁曰："校书之难，非照本改字不讹不漏之难，定其是非之难。"所谓理校法也。遇无古本可据，或数本互异，而无所适从之时，则须用此法。此法须通识为之，否则卤莽灭裂，以不误为误，而纠纷愈甚矣。故最高妙者此法，最危险者亦此法。

"理校法"应用于思想史的研究，大抵类似于对思想者及其思想进行自身逻辑的分析与重构，这种方法在偏重于哲学进路的研究中尤为常用。不将研究的对象置于纵向与横向的多样性的比较中，而是纯就对象本身进行思想逻辑的推演，其长处在于能够对一思想获得某种体系化的认识，这种认识对于对象的深度把握，以及基于其上的精神阐发是有意义的，但风险同时并存：由于缺少相应的参照，容易脱离具体的背景，思想逻辑的重构有时愈精致愈背离对象本身。陈垣先生讲"此法须通识为之，否则卤莽灭裂，以不误为误，而纠纷愈甚矣。故最高妙者此法，最危险者亦此法"，虽针对的是校勘学，但同样完全适用于思想史的研究。

需要指出，我将徐先生所示的陈垣先生论校勘的四校法，引申到思想史的研究中，作为比较的观念与方法，这中间或有些牵强附会。但是，这的确是我自己学习的心得。老师总是将自己的擅长教给学生，学生却将所得运用于其它的领域，这应该是正常的事情。其实，一个学术领域中的概念与方法，如果善用于另一个学术领域，往往能取得好的效果。就此处对四校法在思想史研究中的延用而言，没有人会怀疑在思想史的研究中，比较的观念与方法是最基本的路径，但是如果只是悬空来强调比较的观念与方法，则难以落实在具体的研究中，而四校法却指示出具体的比较对象、作用与局限，这对于具体的研究是有意义的。

当然，思想史研究中的比较观念与方法，并不止于四校法所示。最主要的区别在于，四校法仍然是在自身的学术文本、脉络与语境中施用的，而思想史研究中广义的比较，却完全可以在不同的学术语境，乃至跨文明的系统中进行。但是，必须提醒的是，任何一种比较，都应该服务于一定的认知目的，不能为比较而比较；其次，比较足以彰显某些异同，但正因为是彰显，所以比较也同样会放大某些异同，换言之，在这个意义上，比较在认知上的利弊几乎是同在的。知道比较的作用，也要意识到比较的风险。

四、由二手研究到一手资料

任何的研究者都必须基于已有的研究开始自己的研究，初入门者更必须认真地从研读前辈学者的成果开始，但如何从研读前辈学者的成果跨越到自己的研究，则是一个非常实际的问题。引我走过这个过程的是我的第二位老师沈善洪先生。

沈先生于1986年初由浙江省社会科学院院长调任杭州大学校长，上任半年后，他请徐规先生推荐一位助教，徐先生就推荐了刚刚大学毕业留在哲学系任助教的我。以今观昔，也真是那个年代的幸运，本科生也可以留校任教，这是现在的博士们难以想象的。只是，不同的时代有不同的幸运与不幸，每个人都是在自己的时代中生活，很难甚至完全不应该以此一时代来理解与议论彼一时代。历史充满着她的偶然性，但又总是呈现出某种必然性。这其实也是思想史研究中常常要面对的问题，在讨论方法时顺及指出，也不算闲言赘语。

20世纪80年代的学术氛围是非常浓的，这种氛围来自学者们的关怀、思考与热情，而不是现在这样的制度考核。沈先生于1980、1981年连续在杭州组织召开了有关宋明理学的学术研讨会，推动了宋明理学研究的解冻，并出版了《王阳明哲学研究》[①]和《中国伦理学说史》（上册）[②]。调任校长后，沈先生在繁重的行政事务之余仍然坚持学术研究，大约每半月约吴光、钱明等几位同仁在他府上讨论学术，我的任务就是收集整理半月来学术刊物上的成果，并予以说明。就是在这样的过程中，我逐渐进入现在的学术世界。此外，我也由此体会到了《礼记·学记》中所讲的"独学而无友，则孤陋而寡闻"。关注既有的研究成果，同时经常性地与师友同道论学，这是非常重要的学习方法。

与此同时，沈先生要求我认真研读侯外庐先生的《中国思想通史》。那时港台的著作虽然还难见到，但思想上也难以接受唯物唯心的分析模式了，因此说实话，研读侯先生的这部书是相当沉闷的。不过，在这种沉闷的研读中真正的收获也开始体会到

---

① 与王凤贤合著，杭州：浙江人民出版社，1981年。
② 与王凤贤合著，杭州：浙江人民出版社，1985年；下册于1988年出版。

了。沈老师除了强调理解侯先生的经济社会史与思想史相结合的研究方法外，特别指出要注意《中国思想通史》所引用的材料。因此，在研读侯著的时候，我常常会顺着书中引用的材料去回找原著看，这样既渐渐地熟悉了相关的一手资料，更注意到材料放回自身的语境时所能学习到的东西。从好的方面看，可以体会研究者为什么引用这些材料而不是别的材料，可以学习研究者在引用这些材料时的分析，等等；从不好的方面看，可以发现研究者在引用材料时常常会有意无意地误读，或者常常只是片言只语地摘引，或者只是为了说明自己的观点而引征材料，等等。总之，这个研读过程给了我许多启示，常常有新的收获；同时我也充分意识到，无论是多么权威的学者，都不必过于迷信，一定要回到一手资料来讨论问题。

后来我有幸与已故的黄宣民先生成为忘年交，他是侯外庐先生的及门弟子，也是侯外庐等主编的《宋明理学史》，尤其是下卷的主要负责人。我向黄先生聊及我研读《中国思想通史》的上述做法，黄先生示知，这正是侯先生教他们的方法，称之为拆读。黄先生讲，他们当年研读《中国思想通史》，正是逐条回找书中所引资料，进而研读第一手资料。

实际上，这样的由二手研究到一手资料，不仅可应用于阅读现代学者的研究成果中，而且同样可应用于研读一手资料中，因为我们所要面对的古人，其实很多也已经做了这样或那样的研究，虽然前人有时并没有抱有今人所谓的研究观念。兹举一例，试加说明。我在研究南宋前期的道学复兴时，曾想通过一个普通思想者郑伯熊的言行来折射当时道学运动的诉求。我在朱熹文集中读到这样一篇短跋：

> 右申国吕正献公四事，见其家传，而故建宁太守郑侯书之斋壁，以自警者也。侯书此时已属疾，间不两月而终。启手足时，清明安定，执礼不懈如常日，是足以验其平生学力果能践斯言者，非一时偶书屋壁而已也。
>
> 夫吕公之行高矣，其可师者不止此；郑侯亦无不学，顾岂舍其大，而规规于其细如此哉！诚以理无巨细，精粗之间大者既立，则虽毫发之间亦不欲其少有遗恨，以病夫道体之全也。
>
> 侯之莫府赵君彦能，将摹刻置府学，以视学者，而属熹书其本末，熹不得辞也。
>
> 侯名伯熊，字景望，永嘉人。其为此邦，号令条教，必本于孝弟忠信，学者传之。
>
> 淳熙辛丑秋八月乙巳朔旦，州民宣教郎新提举江南西路常平茶盐公事朱熹谨书。[①]

郑伯熊究竟将吕公著哪四件事书于斋壁以自警，由跋中不得而知，但吕公著的言行，朱熹在《三朝名臣言行录》中有详尽的辑录，可以查阅。通过比照，我们至少可以看到这篇跋文有以下几

---

① 朱熹：《晦庵先生朱文公文集》卷八十一《跋郑景望书吕正献公四事》，《朱子全书》第二十四册，上海：上海古籍出版社、合肥：安徽教育出版社，2002年，第3854—3855页。

层意思：一、朱熹虽对作为地方官的郑伯熊作了一个"其为此邦，号令条教，必本于孝弟忠信，学者传之"的总评，但笔墨之意更在郑伯熊临死时"清明安定，执礼不懈如常日"的描述，因为正是此一修为达到了吕公著临终时"精神静定，手足安徐，声气不乱"①的境界。二、朱熹由临死前的情状描述，强调郑伯熊的书吕公著四事于壁以自警，决非一时的心血来潮，从而彰显了郑伯熊"平生学力果能践斯言"的形象。三、朱熹并非就事论事，而是笔锋一转，针对郑伯熊书吕公著四事，进一步自设一问："吕公之行高矣，其可师者不止此；郑侯亦无不学"，为何"舍其大，而规规于其细如此"呢？朱熹的回答是："诚以理无巨细，精粗之间大者既立，则虽毫发之间亦不欲其少有遗恨，以病夫道体之全也。"这一问答与其说是进一步提升吕、郑二人践履上所达到的巨细无遗的高度，毋宁说更是为了表达对南宋道学复兴的某些期盼，因为当时正是士风谀佞之时。四、郑伯熊书吕公著四事于壁以自警，原只是他个人的志趣而已，朱熹之所以要专门对此加以叙述，是因为"侯之幕府赵君彦能，将摹刻置府学，以视学者"，换言之，郑伯熊纯私人的生活要转而成为公共的话语，以影响士人。总之，此一短跋，如果不返求《三朝名臣言行录》以求知吕公著的事迹，显然就不可能很深入地领会朱熹的思想，当然更谈不上对郑伯熊的理解。

可见，从二手研究转入一手资料，广义上讲，其应用可以是

---

① 《三朝名臣言行录》卷八之一《丞相申国吕正献公》，《朱子全书》第十二册，第635—636页。

很广泛的，而且是非常有用的，不仅是初入门者如此，即便是有所成就的学者在延展自己的研究进入新领域时也如此。但是，必须指出，由二手研究转入一手资料决不能代替一手资料的系统研读。也许在有些领域里，尤其是现在计算机查询功能的普遍使用，人们可以通过二手研究提供的一手资料，加之检索的应用，完成某些论文的撰写，但如果真正希望在研究的领域中逐渐形成自己的识见，则必须对于一手资料进行系统的研读。这对于中国近世思想史的研究尤为重要。因为近世中国由于知识生产与传播的多样性，无论是某个思想者，还是某个时段，其思想的呈现在形式上常常是多样的，在内容上不免又是零散甚至冲突的，加之思想乃是无形物，如果只是东鳞西爪地查找自己感兴趣的材料，那么据此而叙述的思想史存在着似是而非的风险。

二手研究是必须凭借的，但不能停留于此；由二手研究转入一手资料，进而通过一手资料的系统研读，从而建立起自己关于某一领域的基本认识，逐渐由点而线，由线而面地开展研究，应该是比较稳健的方法。

五、思想的结构性认识

上文提到一手资料的系统研读。所谓"系统研读"，不仅是量上的要求，更是质上的要求。无论是单个的思想者，还是某个时段的思想，其呈现并非是井然有序的，因此需要研读者在研读的过程中将之"系统化"。我最初进行这样的研读，是在沈善洪先生指导下研读王阳明。沈先生是新时期大陆学界最早研究王阳明的专家之一，他对阳明有自己的认识，但他并不直接向我讲解阳明，而是要求我根据传统文献的有关提示，比如王阳明思想的前后三变，系统地研读阳明的文献，并在这种系统研读的基础上，理解王阳明思想各部分的内在关系，以及存在的冲突，等等。

在进行系统研读时，首先要避免对思想对象作评头论足式的议论。做思想史的研究，往往容易对所研读的思想进行价值上的评判，这其实是大忌。思想史研究当然会有价值判断，但首要的仍是事实判断，即弄清楚与理解思想本身究竟陈述的是什么，以及为什么要那样陈述，论证的过程是怎样的，论据是什么，等等。只有在有了这样的认识以后，才可能进行价值判断。在这个问题上，罗素有一个很好的论述，他讲：

> 研究一个哲学家的时候，正确的态度既不是尊崇也不是蔑视，而是应该首先要有一种假设的同情，直到可能知道在他的理论里有些什么东西大概是可以相信的为止；唯有到了这个时候才可以重新采取批判的态度，这种批判的态度应该尽可能地类似于一个人放弃了他所一直坚持的意见之后的那种精神状态。蔑视便妨害了这一过程的前一部分，而尊崇便妨害了这一过程的后一部分。有两件事必须牢记：即，一个人的见解与理论只要是值得研究的，那么就可以假定这个人具有某些智慧；但是同时，大概也并没有人在任何一个题目上达到过完全的最后的真理。当一个有智慧的人表现出来一

种在我们看来显然是荒谬的观点的时候，我们不应该努力去证明这种观点多少总是真的，而是应该努力去理解它何以竟会看起来似乎是真的。这种运用历史的与心理的想象力的方法，可以立刻开阔我们的思想领域；而同时又能帮助我们认识到，我们自己所为之而欢欣鼓舞的许多偏见，对于心灵气质不同的另一个时代，将会显得是何等之愚蠢。[①]

真正能将研读的思想加以系统化，并不是一件很容易做到的事情，一个比较有效的办法是充分依靠前人的一些提示，如上文提到的王阳明思想的前后三变。当然，提示有各种各样，像王阳明思想的前后三变讲得比较清楚，有些就比较困难，比如就整个儒家思想而言，系统化就是一个非常大的任务，甚至难以做到。但即便如此，仍然是有前人的提示可以依凭的。比如儒家思想的系统化，其文献自然要以《五经》为本，对《五经》进行思想的系统化很不容易，犹如一部二十四史不知从何讲起，但宋儒发展出了新的经典《四书》，作为研读《五经》的基础；《四书》同样不容易进行思想的系统化，因此朱熹、吕祖谦才会合编了《近思录》，作为研读《四书》的入门。这样，《近思录》实际上就可以成为我们理解与构建《四书》与《五经》的思想系统的提示。有些前人的提示可能只是几句话，比如朱熹在为周敦颐撰写祠记时对周敦颐思想系统的提示，朱熹讲：

---

① 罗素著，何兆武、李约瑟译：《西方哲学史》上卷，北京：商务印书馆，1982年，第67页。

> 盖有以阐夫太极阴阳五行之奥，而天下之为中正仁义者，得以知其所自来；言圣学之有要，而下学者知胜私复礼之可以驯致于上达；明天下之有本，而言治者知诚心端身之可以举而措之于天下。[①]

据此而知，周敦颐的思想可以从三个方面来进行梳理：其一是他为新儒学设定了形而上的根源，以作为所要确立的价值本体的依据；其二是他为新儒学标出了进路与方向，从而引导社会趋向价值本体；其三是他以申明治平基于修身的理论，为新儒学经世致用点明根本。

毫无疑问，依傍于前人的提示，甚至是相当固定的解释来对某种思想进行系统化的理解，极有可能陷入前人的窠臼，而且会表现出严重归约性的简单化，这是必须高度警惕的。但问题恰恰也在于，如果我们面对的思想，前人已有过这样那样的解释，事实上几乎都或多或少被解释过，那么我们自然应该正视并借鉴其解释，依靠其解释帮助我们来梳理所要面对的思想，因此前人的提示事实上是无法脱开的。如果我们仍能保持足够的警惕，在获知并理解了某种解释构架后，又能够摆脱这一构架，尝试着给出一个新的解释，那么这本身就意味着对这一思想的新的面相的揭示。归约性的简单化问题同样如此解决。只是对于一个初入门的研究者而言，骤然想要达到这个层面，实在是比较困难的事情，

---

① 《晦庵先生朱文公文集》卷七十九《韶州州学濂溪先生祠记》，《朱子全书》第二十四册，第3768—3769页。

而且完全摆脱前人的提示，不进行一定程度的归约性处理，实际上也是不对的。稳妥的方法仍在于，通过某些提示获得了对思想的某种归约性的系统化理解，在此同时，由于一手资料的直接研读，往往能够获得许多不能容纳于既有解释的材料，只要保持着足够的警惕，这些材料将足以引导研读者给出新的解释，并进而对原来解释构架中的材料给出新的解释，直至形成新的解释系统。在哲学史与思想史的研究中，最显著的例子莫过于以前总是根据唯物与唯心、辩证法与形而上学的结构来梳理一切思想，但现在基本跳出了这个单一性的解释模式。

这里需要强调的是，从借助前人的提示，到形成自己的理解，一个重要地方是在由前人的提示进行一手资料研读时，对于那些似乎不相关甚或相悖的材料，必须给予认真研读与思考，决不能视而不见。因为正是这些材料，可能导向一个完全不同的面相。朱熹在讲读书方法时，有过一个非常精辟的指示：

> 读书，须是看着他那缝罅处，方寻得道理透彻。若不见得缝罅，无由入得。看见缝罅时，脉络自开。[1]

朱熹讲的这个"缝罅"，当然主要是指研读的思想材料自身所呈现出来的，但是同样可以指导我们来发现思想材料与后人的解释之间的缝罅，从而更进一步去发现思想材料自身的缝罅。

我把对思想的系统化，称之为思想的结构性认识，仍需略作

---

[1] 朱熹：《朱子语类》卷十，《朱子全书》第十四册，第315页。

申述。思想的系统化可以作历时性与共时性两种理解，思想史的研究作为历史学的一个部分，对于历时性的关注是它的基本特性，而共时性的结构观念容易忽视。然而，对于思想史的研究而言，如果不满足于流于表面的叙述，真正比较深入地理解某一思想或某一时段的思想，共时性的结构性认识是必不可少的。这就是为什么要标示思想的结构性认识的原因。当然，结构有宽乏与严格的区别。皮亚杰有一个论述可以参考，他从所有的结构主义里找到两个共同的方面：

> 一方面，是一个要求具有内在固有的可理解性的理想或种种希望，这种理想或希望是建立在这样的公设上的：即一个结构是本身自足的，理解一个结构不需要求助于同它本性无关的任何因素；另一方面，是已经取得的一些成就，它达到这样的程度：人们已经能够在事实上得到某些结构，而且这些结构的使用表明结构具有普遍的、并且显然是有必然性的某几种特性，尽管它们是有多样性的。[1]

根据皮亚杰的分析，从前一个方面，推知"一个结构包括了三个特性：整体性、转换性、和自身调整性"，而后一个方面则意味着"结构应该是可以形式化的"。[2]在思想史的研究中，我把"可以形式化"理解为思想分析的概念化。总而言之，在对思想进行结

---

[1] 皮亚杰著，倪连生、王琳译：《结构主义》，北京：商务印书馆，1984年，第2页。
[2] 《结构主义》，第2页。

构性认识时，皮亚杰关于结构的定义是可以有所启发的。

当然，当我强调思想的结构性认识时，决不排斥历史主义、功能主义的立场与视角，即任何思想总是被一定历史环境所决定了的，以及思想总是对具体挑战的回应。只是，当充分注意到这些立场与视角的同时，我们仍有必要考虑思想自身的结构性问题。此外，对于强调思想的结构性认识，也许还会有这样的质疑：其一，这种所谓的结构究竟是思想自身所固有的，还是研究者赋予思想本身的？其二，即便某一思想存在着某种结构，它究竟是思想者所自觉到的，还是无意识的？最后，如果某一思想存在着某种结构，那么它自然是一种结构，后人的种种不同建构究竟是表证了这种结构，还是后人自己思想的呈现？这些质疑是非常有意义的，也是耐人寻味的，它们导向的其实是一些本质性的基础问题。只是这里显然无法详细讨论，充其量表明一种思考而已。当我强调对思想作结构性认识时，实际上是预设了思想应该是经过充分自觉了的思考过程与思考结果，未经充分自觉了的也许可以归之为个人或社会的潜意识，而不是思想，尽管潜意识同样可以纳入思想史的研究视野，也同样可以尝试着梳理出它的结构。因为思考过程与思考结果是经过充分自觉了的，所以某种论证应当存于其思考过程中，某种结构应当内在于其思考结果里。换言之，对于某种思想而言，结构是存在的，而且也应该是意识到的。至于研读者所建构出来的是某种复原，还是某种自呈，抑或介于两者之间，显然都是有可能的。但是，这并不足以成为拒绝去获得思想的结构性认识的理由，而只足以警醒自己的研读与解释正沿着或复原、或自呈、或介于两者的哪个维度上展开。

六、传统目录学的运用

现代高等教育的学科划分已是西学化了的，哲学系毕业的常常不知道传统文史的常识，反之亦然。研究中国传统思想虽然可以根据现代的知识分类来进行，但传统知识世界的门类划分却既是必须面对，又是非常有用的地图。这张庞大的地图就是传统的目录学，引导我察看并使用它的是陈植锷先生。

处于历史变动期中的人常常会沿着非常规的路径成长。上文已言及，在特殊的阶段，我本科毕业就得以留系任教，那时老师似乎也不太重视科层化的教育。20世纪80年代中期，研究生教育方兴未艾，我自然也想深造。沈先生作为一校之长，按现在的做法，挂在文史的某个点上招研究生是很方便的事情，但他却决不愿做这样的事情，也不愿利用职权来为自己搞什么点。相比现在，有时真不免有世风日下之叹。当我尝试着问沈先生能否考别的专业的研究生时，他的回答很干脆，跟着他读书与做助教不是已经在研究了嘛，不必图那个虚名！进入90年代，学位对于一个大学教师已变成越来越重要的东西了。那时恰好陈植锷先生从北京大学获得博士回来，他说动了沈先生，终于申请了专门史的硕士点，我便得以考入其中，随两位先生读学位。按照沈先生的要求，陈先生着重教我文献学的知识，最可惜的是，才学了目录学，陈先生竟英年早逝。我的几位老师中，陈植锷先生是最年轻的，遽归道山的偏偏是他；后十年，陈师母竟在家门口又被车撞死。据子夏说，孔子尝言"死生由命"[①]，诚为玄冥之言。

陈植锷先生高考恢复后首届考入北京大学中文系古典文献专业，未毕业即获准考取杭州大学古代文学的硕士生，后又考入北京大学历史系随邓广铭先生攻读博士。陈先生是位绝顶聪明而又非常勤奋的学者，他虽英年早逝，却已著作等身，1979年以后就在《中国社会科学》等重要学术刊物上发表几十篇论文，他校注的《徂徕石先生文集》（中华书局，1984年）和著作《诗歌意象论——微观诗史初探》（中国社会科学出版社，1990年）、《北宋文化史述论》（中国社会科学出版社，1992年）广为学界所知，尤其是《北宋文化史述论》至今仍是此一领域中最优秀的著作之一。邓广铭先生尝评陈先生撰写《北宋文化史述论》，"从其取材方面来说，他的确是当得起博览群书这句话的"[②]，而陈先生所以能够如此，正在他的目录学修养帮助他轻车熟路地找到他所需要的文献。

传统文献学大致包括了目录、版本、校勘等知识，陈先生教我的主要是目录学的知识。陈先生从《庄子·天下篇》讲起，着重为我说明了《汉学·艺文志》《隋书·经籍志》《郡斋读书志》《直斋书录解题》《文献通考·经籍考》《四库全书总目》以及《中国丛书综录》这几部目录学著作。通常讲目录学，不会从《庄子·天下篇》讲起，陈先生所以从此开始，目的是让我意识到他对我讲目录

---

① 《论语·颜渊》。
② 陈植锷：《北宋文化史述论》序引，北京：中国社会科学出版社，1992年，第7页。

学不仅是让我多识书名、方便找书，更是为了让我由中体会到目录学著作往往就是好的学术史著作，要我认识到目录学著作在"辨章学术、考镜源流"①方面的价值。至今回想起来，陈先生教我目录学，为我打开了非常有用的治学门径，受益非浅。

关于传统目录学的基本内容，读者可以参见来新夏先生的《古典目录学浅说》（中华书局，2003年），但最重要的还是要把此书讲到的目录学著作找来或多或少翻读一下，从而获得自己的亲切认识，并且进一步翻览一下其它的目录学著作。从研究中国近世思想史而言，宋代以后的目录学著作都是非常重要的，需要认真阅读。有些目录学著作，像《四库全书总目》实应备于案头，时常研读。

掌握目录学的知识，对于研究者实有多方面的益处。就我的体会而言，至少有三方面：第一当然是找书。这个找书包括了主动与被动两个方面。主动的找书是指自己想研究某个方面的课题，如果对于传统的图书分类有清楚的认识，往往能事半功倍地找到自己想要的文献，而且能注意到不同版本的书。被动的找书是指自己看别人的书，看到引用的文献，有时注明并不清楚，能够根据目录学的知识尽快找到。第二就是上引章学诚的名言"辨章学术、考镜源流"。好的目录学著作同时就是好的学术史著作，只是它以书为单位，有某种局限，但作者仍然会有自己的著作分类与梳理。这种分类从横向来看，可以反映一个时代的学术

---

① 章学诚：《校雠通义·叙》，《文史通义校注》，北京：中华书局，1985年，第945页。

面貌，从纵向来看，则可以观察到学术史的某种演变。第三则是由目录获得研究上的启发，在我体会中，这种启发是经常性的，而且又是非常重要的。因此，下文我着重就这个方面举一二例子，以资说明。

在中国近世思想史的研究中，理学兴起以前，新儒学运动最初的情况一直没有得到深入的研究，认识也不清楚，如果我们读《四库全书总目》，则很容易发现一些提示，足以引导我们来获得某些基本的认识。比如在王开祖的《儒志编》提要后面，四库馆臣加上了以下一段案语：

> 以上诸儒，皆在濂洛未出以前，其学在于修己治人，无所谓理气心性之微妙也，其说不过诵法圣人，未尝别尊一先生号召天下也。中惟王通师弟私相标榜，而亦尚无门户相攻之事，今并录之，以见儒家之初轨与其渐变之萌蘖也。[1]

据此，可以知道在濂洛兴起以前，新儒学的兴起有着两个特征，一是思想上的展开仍限于传统儒学的修己治人，理学的形而上思考尚未出现；二是新儒学仍然在传统儒学的旗帜下复兴，新的思想派别也没有出现。虽然我们应该意识到，四库馆臣的这一看法反映了他们对后来的理学的不满，因此所见仍然可能有所偏颇，但是这一案语毕竟揭示了濂洛未起前的新儒学动向，足以成为研究者的重要参考。

---

[1] 《四库全书总目·子部·儒家类》。

再举一例。四库馆臣在为晚宋著名学者王应麟的十余部著作写提要时，有两个非常明显的观点，其一指出王应麟思想上对朱熹的认同，以及学问渊源于朱熹；二是指出王应麟在继承朱熹学问的基础上形成了新的学术范式。前一点姑且不论，后一点对于认识晚宋儒学的发展，乃至清学的渊源都富有启发。在四库馆臣看来，王应麟的治学虽渊源于朱熹，但关注已有不同。在朱熹，尽管包括字义训诂在内的考据仍是朱熹思想建构的基本方法乃至支撑，但是朱熹整个工作所呈现出的是他的哲学思想，而主要不是考据方法；在王应麟，尽管思想的诠释仍然在他的学术上有不轻的比重，但是他的整个工作所呈现出的不是他对朱学在思想上作阐释，而主要是他的考证方法。换言之，就王应麟整个著述看，考据性质彰显得更为显著。这种考证方法的凸显，促使晚宋儒学在理解与阐释思想时，由思想本身的关注转向对思想表述方式的关注，博古通今、经史并重的学术范式，特别是其中的考证学成为摆脱空疏无本的思想论说的重要而有效的途径。因此，王应麟构成了与朱熹非常不同的学术范式。王应麟以他的涉猎广泛的工作，一方面维护与推进着朱学，并构成了晚宋朱学重要组成部分，另一方面则因其推进而终结了朱学作为思想的存在，既以学术的客观展开解构了朱学，又为后来清代乾嘉诸儒以学术来呈现思想提供了良好的范本，因此清儒评定王应麟有筚路蓝缕之功。

上述两个例子，已足以说明，认真研读目录学的著作是非常有益的。由此还可以引申一点，许多前人的读书札记也颇有目录学著作的性质，认真研读常常会有启发。陈垣先生尝讲，清儒的一条笔记实可敷衍成现在的一篇论文。其义大抵在此。

七、西学的视野

也许是因为我已随沈善洪先生学习工作多年了，所以我虽是在职读书，沈先生还是让我提前一年完成了硕士学习，并建议我转随陈村富教授研读几年西方哲学，因此我便考入陈先生门下，做了近四年的博士生。陈先生本科就已教过我，向来待我甚好，入门后他建议我今后仍从事中国哲学研究，而眼前则专心于西方哲学的研读，这其实也是沈先生对我的要求，后来自己体会到这个学习获益甚大。

陈村富先生是国内希腊哲学屈指可数的专家之一，"文化大革命"前在北京大学哲学系念完本科、硕士，师从于哈佛毕业的任华教授，毕业后在中国社科院哲学所从事研究，同时参与《哲学译丛》的编务，"文化大革命"后期因陈师母在杭工作而调来杭州大学。陈先生通数国语言，除了俄语、英语、德语外，他来杭以后专门随本系严群教授修习希腊语、拉丁语，后来去意大利访学，又习意大利语。也许是这种语言背景，陈先生的哲学研究是非常注重基本概念的语义考释的，训练学生也如此。我入门后首先就是跟他学希腊语与拉丁语，虽然这在我后来的工作中并没有直接的作用，但对于我理解语言在西方哲学中的意义是非常重要的，反过来也帮助我更能体会到中国传统学术所强调的以训诂为本的治学方法。

为了说明这点，我试举陈先生的一二研究为例。

在西方哲学中，"存在"是极具意味而颇费思量的范畴，最初可追溯到希腊爱利亚学派的巴门尼德。在讨论巴门尼德的"存在"时，陈先生首先从巴门尼德原诗中"存在"的三个不同希腊文表述谈起，进而分析"存在"在三种表述中的各自含义，最后对"存在"这一范畴进行语言学的溯源，旨在说明如何从希腊文的eimi这个联系动词演变成巴门尼德的"存在"。虽然陈先生最后仍然指出，作为哲学范畴的"存在"的理解，更重要的还要从哲学自身的发展来说明其意义和历史地位，但是语言作为思维的条件与手段，它将人的思维活动的结果、认识活动的成果予以了记载与巩固，对于哲学思想的演化有着重要的作用。因此从哲学范畴的使用分析其具体语义，并进而追溯其语言的由来，对于理解哲学范畴实具有基础性的作用。[①]

第二个例子是关于智者运动的讨论。从苏格拉底起，对智者的认识与评价相去迥异。陈先生以为，"从智者开始一直到亚里士多德和晚期希腊，语言学、语言哲学及与之相关的思维科学占有重要地位"，因此有必要说明"从远古时代的诗意语言和诗性智慧到后来的哲学语言和哲学智慧的发展过程，以阐明智者在这方面所作的贡献"，从而从一个非常具体的维度对智者运动给予的很有启示的分析。[②]而且在更具体的讨论中，陈先生仍然贯彻这种将

---

① 汪子嵩、范明生、陈村富、姚介厚：《希腊哲学史》卷一，北京：人民出版社，1988年，第592—618页。其中关于"存在"范畴的希腊文表述与希腊文溯源，见第593—599、609—614页。
② 《希腊哲学史》，第132—145页。

哲学理解首先置于语词考释的基础上展开，如他通过对Physis（自然、本性）和Nomos（共同约定）的语义演变来说明智者运动时期关于人和动物的区别、自然和社会的区别、人的本性、个人与社会的关系诸问题的论述。[①]

如果说从语言考释的维度来理解与分析相关的哲学与思想是一种专门性的切入方法，那么陈先生研究的另一个风格正好是相反，他非常注重从广阔的神话、宗教以及政治等背景中来理解哲学与思想，因此他在多卷本的《希腊哲学史》中所承担的研究撰写工作，除了像巴门尼德这样的单个哲学家外，还有像智者运动、晚期希腊哲学与早期基督教这样所涉甚广的对象。这意味着，陈先生研究哲学史，并不取狭隘的视野，而倾向于在历史的大视野中来审视与理解哲学。这种风格与我的学习成长完全吻合，因此在学习中每每有亲切的体会。我最后选择研究晚明耶稣会士来华传教与中国思想及社会的关系作为博士论文，在研究方法上也力求将哲学、思想、宗教与相应的政治、社会相贯通来考虑，实与陈先生的影响有关。

除了这种贯通性的视野外，陈先生显然对于西方哲学史上某些重要的哲学家具有非常熟悉的研究，比如对亚里斯多德。我记得在讲解《形而上学》时，陈先生常常是直接背出原文，然后给予疏解。这点给了我很深的印象。我随沈善洪先生学习时，尝感受到他对王阳明的熟悉，在随陈先生读书时，则感受到他对亚里斯多德的熟悉。由中我的体会是，研究哲学与思想史应该至少对

---

① 《希腊哲学史》，第202—245页。

某位重要的哲学家或思想家有相当深入的研读。也许自己最熟悉的哲学家或思想家并不会成为自己的研究对象，但是深入研读一位重要的思想家，意义至少有两点：其一能够使自己在思考能力上获得有力的训练。一位重要的思想家往往具有非同寻常的思想过程以及思想结果，沿其过程而认真体会其结果，恰是一种良好有效的训练。其二能够使自己体会到思想史上复杂问题的处理。一位重要的思想家必然与其时代有正正反反的复杂关系，与其前后的思想脉动有千丝万缕的联系，甚至有时某一思想家在思想史上的关联会发生在上下很多年而中间却又似乎呈现出没有影响，因此通过研读一位重要的思想家从而细心梳理这些问题，对于研究者提高研究能力无疑是富有影响的。

当然，我随陈先生学习西方哲学，除了上述这些具体的体会外，最大的收获是打开了西学的视野。在前文中，我尝专门讨论了比较的观念与方法，但我并不喜欢贸然地将中西方哲学与思想，或者把某个具体的中西思想家进行比较研究，因为这样的比较除了纯粹的类型学分析以外，往往会陷入牵强附会之中，容易有将风牛马不相及的东西乱比的危险。我更乐意的是始终保持西学的视野。中国现代学术自始就是在西学的范导下建立起来的，因此无论是哪个学术门类与学术领域，完全不具西学的视野来进行研究，在今天客观上是否可能暂且不论，但有所限止是不可避免的。而对于从事中国思想史，尤其是中国近世思想史的研究来说，闭合西学的视野则不仅是有所限止，而且将是有害的。研究思想史固然是认知传统，但其关怀实与学者当下的体认具有复杂的关系，中国近世思想史因其对锻造现代中国具有直接关系，故而更为明显。现代的中国已完全是在西学的冲击、影响下形成与演变的，因此如果不能对西学有一些基本的认识，其实对现代中国的体认必然是表面的，难以洞见其背后的真相，从而也自然会影响到思想史的研究，从选题到具体的分析。至于西学在参照、观念与方法方面的借鉴尚在其次。

这里不免会产生一个非常具体的问题，即对一个专业是中国近世思想史研究的学生来讲，如何打开西学的视野，并始终培植这方面的素养呢？毕竟兼读中西两方面不同的专业是困难的，而且精力是有限的。就我的体会而言，应该选择三方面的书来讲：首先是西学方面经典性的通史著作。比如对于思想史的研究者来讲，罗素的《西方哲学史》因其篇幅适中、论述清晰，以及以哲学阐述为主兼及时代思潮的特点，就比较合适。这本书在西方算是通俗类的著作，也够老旧的，但我觉得对于以中国思想史为专攻而欲对西学获得一基本认识者，仍是非常好的著作。尤其要指出的是，这种出自大师的著作，其中的许多论断需要细加体会，它们对于理解西学往往具有长远的意义。我的体会是，每当自己的研究有所进步时，重读这样的书就会获得对西学的进一步理解。其次是读那些对现当代的西学流变有贯通性叙述的著作，比如前几年出版的《二十世纪思想史》。这本书所述未必深，但相当全，对于整个二十世纪西方思想的来龙去脉有一个完整的描述，可以使读者清楚地知道我们现在国内学术界此起彼伏的种种理论原来的面貌。最后是选择自己感兴趣的方面找一些书读，这方面的研读，既可以帮助自己比较深入地认识某一方面的西方思想，又可以结合到自己关于中国近世思想史的具体研究。总之，由于我们需要的是西学的视野，因此要以贯通的西学知识为重，同时辅以具体的西学流派的了解。

八、田野考查的意义

最后我想略述在思想史研究中了解风土人情的作用，用人类学的术语，就是田野考查。

由于思想史的研究对象是过去岁月中的无形物，面对的材料主要是存世的文本，虽然曾经产生、流动并受之影响的那个地理空间今天仍然存在，并且我们生活于其中，但似乎与那久远的思想已没有任何联系，因此我们并不会对这个地理空间，以及今天仍然生活着的人们及其生活方式产生兴趣。我在浙江成长、工作与生活，浙江虽是近世中国思想的重要区域，但我很久以来却少有对这个区域的风土人情的自觉理解。经常也有国外学者来浙参访，尤其是日本学者。我虽然常陪朋友们去一些地方，但熟视无睹，觉得外国学者可能图新鲜而已。

让我意识到这种田野感受的作用，是来自陈村富先生讲述他的经验。他在一次讲希腊世界对于希腊社会与思想的影响时，颇为兴奋地讲他在意大利访问研究期间的感受。记得他讲，意大利的有些区域是黑手党的地盘，通常中国人比较谨慎，不去那些地方，而它们有些恰恰是古希腊哲学非常重要的地区，如果不去看看，作为一个研究古希腊哲学的专家，实在是不甘心。因此，他壮壮胆还是去了，结果令他非常满意。虽然我已不记得陈先生述说的具体感受，但他的兴奋给了我强烈的印象，让我开始意识到了这种经验对于思想史研究的重要性。

我自己真正体会到这种经验对于理解思想的意义，缘于2001至2003年我在哈佛燕京学社的工作与生活。以前关于美国思想与文化的知识让我知道，美国人崇尚实用哲学，工具理性甚强，因而对于技术极其尊崇，以至发展到所谓的技术主义。但是，这仅仅是知道而已，并不能体会到这样的风尚在生活中实际的呈现。当我有所进入美国人的生活，观察到他们小到做饭，大到修路，从学者们的工作计划到普通人的生活安排，我才亲切体认到美国人尊崇工具理性的思想风格。虽然这种体认并不容易直接以语言的方式清楚地陈述出来，但却是非常亲切的经验，它们能够非常有效地帮助我阅读与理解美国的思想与文化。

由此来看中国近世思想史的研究。在中国近世思想史上，一个非常显著的特征是区域性思想的形成，区域性思想彼此间的互动，以及在这种互动中发生的思想传播与消长。这个特征实际上首先呈现在中唐以后的禅宗发展中，后来新儒学的崛起与演化也同样如此。仅举一例试予说明。北宋二程洛学形成以后，四方学者来学，后来这些学者返回自己的家乡，传播洛学。虽然这些程门弟子所受一样，但所得以及后来的传播却各有不同。这中间当然有他们自己的原因，但与他们所在的区域文化传统是有明显关系的，比如浙学与湖湘学。这种区域文化传统对于形态化了的思想究竟发生怎么样的影响，以及如何发生，在文本上有时很难认识到，但是今天如果能对其区域进行有意识的田野观察，却能帮助我们感受到特定区域对于思想的影响。

实际上，这种思想史上的区域特征，古人已明确指出过，比如章学诚讲"浙东贵专家，浙西尚博雅，各因其习而习也"[①]。章学诚此语诚然出于批评清代考据学而为自己的学术张目，但不可否认，一条钱塘江不仅划出了浙东与浙西自然地理的差别，而且也造成了人文地理的不同，两浙学术思想传统的异同是客观存在的。

毫无疑问，在田野考查中获得的经验有时是很难以叙述的，至于要梳理出特定区域与产生于其中的思想的关系则更为困难。但是，尽管如此，这种经验的体会仍然是有益的，它会无形中帮助研究者理解自己的研究对象。而且，尤要申明的是，一个区域的风土人情对于思想的影响，并不是一个完全不可分析的概念，而是可以呈现为具体内容的。在传统时代，自然地理的不同对于经济作业、交通条件的影响远比现代社会为重，而长时期的这种差异会形成各地的民风与心态，从而影响到思想者的思想形成与呈现。日本学者内藤湖南在讨论清代吴、皖学术差别时，就联系到其代表人物的区域背景。他讲：

> 惠栋因为出身于苏州一带文化先进地方，又继承三代家学，十分博览，所以最终热心于考证学。他的经学是以汉学为主，以汉代的传、注为学问基础的所谓"许、郑之学"。

---

① 《文史通义校注》，第523页。

与此相反，戴震出身于安徽山区，所以并非以博览为主，而是事先确立学问的方式，然后进行研究，即以小学、数学为基础的经学研究方法……大体上说，钱大昕的学风不是那种从一开始先制定研究方式，然后依此尽早出成果的治学方法；而是收集各种材料，然后由此自然形成结果的方法。与此相反，戴震则直接进行归纳，而且凭借着扩张门户，而及早成名于世的。二人学风的不同，很可能是因为戴震是乡下出身的学者，钱大昕是出身于江苏那种文化发展地区的学者，二人境遇不同所致。①

内藤湖南的分析似乎偏重于身份差别与经济差别，但他也点出了苏与皖的自然地理区别，而事实上，身份差别与经济差别都与自然地理有着密切的关系。

注重田野考查自来也是中国史学的传统，司马迁于《太史公自序》中尝着意指出自己的游历：

迁生龙门，耕牧河山之阳。二十而南游江、淮，上会稽，探禹穴，窥九疑，浮於沅、湘；北涉汶、泗，讲业齐、鲁之都，观孔子之遗风，乡射邹、峄；戹困鄱、薛、彭城，过梁、楚以归。于是迁仕为郎中，奉使西征巴、蜀以南，南略邛、笮、昆明，还报命。②

① 内藤湖南著，马彪译：《中国史学史》，上海：上海古籍出版社，2008年，第268—269页。
② 司马迁：《史记》卷一三〇，北京：中华书局，1959年，第3293页。

这种传统显然是非常值得我们自觉继承的。随着文化人类学的导入，人类学的田野工作提供了更具理论与操作上的指导，中国近世思想史因其离现代中国不远，借鉴文化人类学的田野工作实尤为有益。

不过，完全有必要指出，在思想史的研究中引入田野考查，虽然是有益有效的，但既非是必须的，也决不应该滥用。不是必须的，盖因思想史的研究终究依靠的是文献的研读，何况并非任何学人都有条件能够进行田野考查，如果有条件，适当地进行田野考查则自然是非常有益的。人类学方法引入历史学的研究是一好的方法，但在思想史研究中决不应该滥用。古今变迁姑且不说，单就思想与其所在环境的关系而论，即便是作为环境产物的思想，也仍然与其环境有着非常复杂的关系，更不必说那些具有超越于时代特征的思想了。此外，在田野考查中会留意到许多方志与宗谱族谱，但是这些文献中的叙述实际上都存在着或多或少的问题，在田野考查时搜集这类资料并据以分析讨论相关的思想对象，都值得高度警惕。最后，即便是在某一思想对象的研究中获得了其与区域相关的某种认识，也应该警惕这种认识的普适性，不宜轻易地将之放大到更大范围的阐述。

总之，思想与其环境的关系是复杂的，甚至完全是偶然性的。有时，一个高度自觉并彰显所在区域的文化传统的学者，他的学术思想仍然可能是更多更直接地继承了另一个区域的某种传统。让我再次引用内藤湖南关于全祖望的一段议论来结束本节。内藤湖南讲：

（全祖望）虽说是浙东人，但其学问方法却接近浙西学派风格，具有重视广泛汇集材料，逐渐积累研究的特点。[①]

全祖望对于他所在的浙东学术传统具有高度的自觉与表彰，他本人治学也申明要远续晚宋的乡贤黄震与王应麟，但更直接继承的却是浙西的顾炎武。甚至可以说，全祖望远续黄震与王应麟，尚未不是受到了顾炎武学术精神的激发，正如四库馆臣将清代的考据学回溯到晚宋的王应麟一样。

原载《暨南史学》第七辑；另收入《徽音永著》《知行合一》。

---

① 《中国史学史》，第280页。

业师沈善洪先生对我的培养

（2013年）5月22日晚七点半，业师沈善洪先生逝世。几天来，前尘往事，时时浮现。报纸有来采访，约稿，我也很想说一些，写一点，为我们之间27年的师生情谊留下一点见证，同时也抒发我对他老人家离去的哀痛。这里限于篇幅，我只回忆沈师对我言传身教的几个片断。

沈师1986年初任杭州大学校长，我7月从哲学系毕业留系任教。新学期甫始，先师徐规先生对我讲，沈师让他找个年轻人做助手。徐先生举荐了我，随后系里也安排我做了沈师的助教。初见沈师，给我的印象是沈师身上有一种尊严在。这一感觉后来一直存留于我心里。后来也常听人说"怕"沈校长，大概也与沈师这种尊严感有关吧。其实，沈师是一个感情丰富的人，平常与人言谈也很随和，只是他长年积极宋明理学，累积的学识与修养使得情感获得很好的控制，以理驭情，行事合情合理，自然养成了一种沉稳庄重的气象与风格，令人起敬。

从23岁起，我便在沈师的这种气象与风格的范导下成长，无论是具体的结果，还是无形的影响，都是深远的。记得毕业一年后，我曾问沈师，可否读研究生。他很干脆地讲，你不是已经跟我在学习了吗？不必去图虚名。这种务实的取向让我跳脱的性格有了很大的约束。但沈师也决不是固执己见的人。后来，先师陈植锷先生北大毕业，沈师非常欣赏他的才学，破除阻力，让他来杭大任教。陈师鼓动沈师，必须要在制度内培养学生，始招收硕士生。那年恰好是1991年，我留系任教满五年，可升讲师。但因为职称评定例在年末，而入学在秋季，如读研究生，按规定就不能评讲师。那时我已成婚有了儿子，助教的薪资是80多元，而讲师有110多元，实在相差不起，因此我便问沈师，能否破规定，沈师回答断无可能。我又提出延后一年再读，沈师虽略有不悦，但仍是理解，后来还让我提前一年毕业。更难得的是，硕士生毕业时，学位已渐成高校教师的重要资格。沈师自己不招博士生，但他很坚决，要求我和莫小也师兄分别转随陈村富教授与黄时鉴教授攻读博士。

在我的印象中，沈师从来没有当面表扬过我，但却常在我面前表扬莫师兄，以此鞭策我。后来有师友转告我，沈师在他们面前也表扬我了。大抵沈师对我的严与爱，都取这样的方式。我从来不敢要求沈师推荐论文，他也从来不推荐，但有一次论文审稿送到他那里，他认真修改，准我发表了。那时大家都很想出国进修，机会也难得，我有一次尝试着向沈师提出，能否也让我出去学习，结果招来他一句"好好用功，以后有本事，人家请你去"！弄得我很没趣。但后来，哈佛燕京学社来浙大招试访问学人，第一年无人入选，第二年我获得入选，收到通知我马上跑去向他老人家报告，那时他已退了五年，我至今仍清楚地记得他闻讯时流露出的那份欣喜。

沈师从来不向我讲学校的事务性事情，每次见面，所问的都是我的学业。最初的时候，沈师还住在松木场师母单位的房子里，空间很逼仄，但沈师定期请相关学者在晚上去府上讨论问题，我的任务就是向大家汇报这其间学术刊物上的论文摘要，这也是我进入学术世界的重要路径之一。后来因为学校工作日重，沈师已不可能有这样的时间与精力，因此他委托学校的同志组织讨论。我仍然每隔一段时间去一次府上，汇报读书情况。有时也想偷懒，但想着见面要被问，所以总是勉力坚持着读书。这种方式事实上一直延续到最近几年，他老人家身体越来越差，才改变了。以后我再去府上，虽以问候为主，但沈师关心的仍是我的工作，很少谈其它的事，包括他的身体，每次我问起，他总是淡淡一句，就这样吧。沈师所以如此待我，我猜想一方面是他老人家知道我性情散漫，需要常常耳提面命，另一方面大概也是因为沈师亲炙弟子并不多，而真正从事中国哲学与思想史教学与研究的就更少了。

沈师从来不曾运用他的权力给我诸如出国这样的好处，但却常有意给我别的好处，这就是让我向学校的老师宿儒问学。譬如他曾专门给我写条子，让我去沈文倬先生府上学习《周礼》。因为这样的便利，杭大原来的前辈学者，我几乎都曾有机会向他们问学。这样的问学所涉虽零散，但其实对我的成长是很有益的。

有时遇到前辈学者来杭，沈师也会让我随侍去拜访。有一次，沈师便带我去见来访的任继愈先生。来去途中，顺便告知我一些学界前辈的事情。在这些活动中，具体聊些什么，已随岁月流逝而忘却，但沈师待人接物的方式却牢牢地印在我的胸海里。其中，最深刻的莫过于他对前辈师长的尊重。记得我与莫师兄毕业答辩后的午餐上，每道菜上来，沈师总是用勺子先为分坐两侧的陈桥驿先生与徐规先生添上，然后才夹自己的。沈师在家时，总好躺在他的藤榻上，边抽烟边与我聊，但如有前辈学者来，他必立即站起，执礼请坐。

在我的印象中，沈师对于生活的要求是很不在乎的。家中既无什么高档家具，更无什么奢侈品，堆满屋里的只是书。每次见他，总是看书，直到后来眼睛看不了为止。我也从来不曾听他抱怨什么，无论是对人，还是对事。那怕晚年身体日差，我也不曾听他有过任何消极的话，而是非常坦然淡定。

沈师离开了，但他对我的培养，已使他的生命与精神永远注入了我的生命中。

原载不详。

醉心于学问　贡献于教育
——敬悼沈善洪师

原杭州大学校长，业师沈善洪教授于5月22日在杭州逝世，他是1931年11月生，按虚岁算，享年83。沈师长年患病，但真的一旦离去，大家都仍然很哀痛，纷纷以不同的方式表达了悼念。沈师长校十年，精力全在学校的建设，亲炙的研究生并不多。作为沈师的助教与最早的研究生之一，我从23岁起随沈师学习，直到他去世，同时又在他领导的学校中任教，他对我的影响几乎是决定我生命形态性质的。因此，这段时间时有报章要我介绍沈师，我都义不容辞地接受了采访，并写了一些，基本上是我个人经验的记录。这里我想再就沈师的生平，对他的学术与工作做一个简要的介绍，顺及其余。当然，这仍然只是我个人的一点肤浅认识，并不足以概括沈师一生的贡献。

沈师生于浙江平湖。在平湖，沈氏是望门，沈家也是大家，沈师是八兄妹中的老大。1951年，沈师从著名的杭高毕业。当时正好团省委号召全省高中毕业生中的新民主主义青年团员，报名参加新建的浙江师范专科学校学习，以应国家培养中学师资的急需。沈师那时已是进步的青年，便响应号召，入了这所由省教育厅与浙江大学合作，师资主要来自浙江大学，校址也借用浙江大学农学院的新学校的历史系学习。在读书期间，沈师的学识已显超同学，被识为老夫子；同时他也一直担任团干部，表现出组织才能。

越二年毕业，恰逢1953年的高等院校大调整，浙江师专与浙江大学、之江大学的若干院系合并，组成浙江师范学院，校址移入钱塘江六和塔附近月轮山上的著名教会大学之江大学，后来1958年，浙江师范学院更名为新建的杭州大学。沈师毕业留校，任教于政治系，旋往中国人民大学哲学研究生班学习，自此由史学转入哲学。那时有苏联专家授课，沈师多不以为然，时有争辩；他好黑格尔哲学，故同学同事给他起了"小黑格尔""老黑"的绰名。沈师文史既有功底，又深研哲学，终兼所长，后以中国哲学与思想史名家。

1956年从人民大学回来，沈师便正式开始了他的学术生涯。马克思主义哲学的教学是政治系教师们首要的工作，1957年沈师在浙江人民出版社出版了《唯物辩证法的基本规律》，显见他的教学是有自己的心得的。但沈师的学术关注毫无疑问是在中国哲学史，因此"文化大革命"结束不久，他就很快出版了《中国哲学史概要》（浙江人民出版社1979年初版，1984年再版）、《王阳明哲学研究》（与王凤贤合作，浙江人民出版社1981年版）。

但从1956年起，极左运动几乎不断，大的如"反右倾"

"文化大革命"，小的如"教改"、批"让步政策"。有些运动沈师幸免，但他最亲密的同学好友却从历史系被赶回老家；有些运动沈师在劫难逃，"文化大革命"中他最终因为平常好学深思而成为全校青年教师中的"反动学术权威"代表，遭受折磨。后来沈师出长杭大，他在我面前从来没有提过这些往事，对以前整他的人也大致秉持"以直报怨"的原则，凡能转向学术并有所进步者，他都给予肯定。

直到"文化大革命"后期，沈师的境遇似有好转。1973年初，中央要求领导干部读马列六本书，沈师因其学养，被省里指名调任省委辅导组辅导员。不久，沈师的个人生活也获得了安宁，43岁那年结了婚。

"文化大革命"结束后，1978年4月沈师开始参与浙江省社科所的筹建，并于次年7月出任社科所哲学研究室主任；1984年，社科所更名为社科院，沈师为首任院长，虽在1986年1月调任杭州大学校长，但还是兼了近一年的社科院院长。

沈师学术上的贡献主要是他境遇与生活好转以后，出长杭大以前完成或启动的。除了前述的《中国哲学史概要》与《王阳明哲学研究》外，沈师把他的研究聚焦在中国的伦理思想史与浙江的思想文化史两个领域。1985、1988年，浙江人民出版社先后出版了沈师与王凤贤合著的《中国伦理学说史》上、下卷，此书在沈师退位近十年后，于2005年又被人民出版社易名为《中国伦理思想史》，分上中下三册重版。1985年起，沈师开始主持国家社科规划重大课题"黄宗羲与浙东学派研究"，由此启动了《黄宗羲全集》的整理编校，后于1985至1994年间陆续出版。此后，沈师进而启动了浙江文化史的研究，但这项工作因为他后来的行政工作繁重，进展几乎停滞，直到他退休以后，才重拾旧绪，于2009年主编完成《浙江文化史》，交付浙江大学出版社刊行。

我读沈师的著作，以及长年来听他的教导的体会是，沈师治学一方面视野弘阔，思想敏锐，另一方面分析具体，立论新颖。由于沈师学兼哲学与史学，因此他关注问题与分析问题很少从抽象的观念出发，而总是与具体的历史相联系，从材料本身来展开，这不仅反映在他基本的学术领域的选择上，而且也体现在具体的个案研究的分析中。我各举一例试加说明。最能代表沈师学术研究的是《中国伦理学说史》，这部著作长达120多万字，上卷出版后即被张岱年先生誉为"传世之作"，广受学界好评。沈师在出版了《中国哲学史概要》的基础上，为什么会将研究转向伦理学说呢？用沈师曾对我的解释，哲学并不足以反映中国思想的特质，中国思想的重心在伦理学说。这也是沈师后来热衷于文化史研究的根本原因。中国哲学的研究当然有它自身的重要意义，与当时学界比较关注中国哲学通史的撰写相比，沈师能将目光焦聚于伦理学说，不能不承认是他在弘阔学术视野中的敏锐把握。后者的例子可举他的王阳明研究。沈师是"文化大革命"后大陆王阳明研究的开创者之一，这在当时是一种学术禁区的突破。那时学界分析古人思想，无不在唯物唯心的框架下进行，但沈师的王阳明研究，却能尽最大可能摆脱贴标签式的论述，具体地分析王阳明哲学中的内在矛盾，以彰显其思想的张力。

此外，沈师在当时的学术研究上致力于突破禁区。他不仅如上所述自己进行王阳明研究，而且还推动浙江乃至全国的宋明理学研究。宋明理学自五四以来已被污化，后又在政治上被妖魔化。1980年与1981年，沈师先后在杭州召开地区性和全国性的宋明理学研讨会，对于这一领域的思想解放与学术推进，起到了重要作用。与此同时，沈师又牢固基础，力避哲学史研究中的空疏论学，注重研究材料的整理，为学术研究提供坚实的文献基础。前述提到的《黄宗羲全集》整理，即是显例。沈师主持"黄宗羲与浙东学派研究"，将工作量巨大的《黄宗羲全集》整理放在了重要位置。这样的工作在当时的中国哲学史界是具有标志性意义的，此书的出版不仅直接将黄宗羲与浙东学派的研究推进到新的水平，嘉惠国内外学林，而且对于浙江后来的中国哲学与思想史研究起到了很好的示范作用。浙江学界进而整理出《王阳明全集》《刘宗周全集》《吕祖谦全集》《阳明后学文献丛书》等等，无不为学界所共誉。

概而言之，沈师在中国哲学与思想史研究上，无论他个人的研究，还是他主持的学术活动与课题，对于新时期浙江学术的繁荣是作出了重要贡献的；而且，作为地方性的知识生产，沈师的上述贡献又具有全国性的意义，甚至在国际学术界也产生积极的影响。沈师被国际儒联聘为顾问，也表证了这一点。

1986年1月，沈师56虚岁，被浙江省政府任命为杭州大学校长，这使他的生涯发生了巨大转变。那年7月，我恰好大学毕业留系任教，沈师需要个助手，我便开始跟他学习了。

起初，沈师还是尽力挤出时间进行学术研究的。那时，沈师还住在松木场师母单位的房子里，空间很逼仄，但沈师定期请相关学者在晚上去府上讨论问题，我的任务就是向大家汇报这期间学术刊物上的论文摘要，这也是我进入学术世界的重要路径之一。后来因为学校工作日重，沈师已不可能有这样的时间与精力，因此他委托学校的同志组织不同学科的学术研讨，以活跃学校的学术氛围。我仍然每隔一段时间去一次府上，汇报读书情况。有时也想偷懒，但想着见面要被问，所以总是勉力坚持着读书。这种方式事实上一直延续到最近几年，他老人家身体越来越差，才改变了。我讲这一个人经历，是想说明，沈师虽然不得不放弃自己的研究，但他始终是醉心于学问的，退休后他能重新主编《浙江文化史》，也佐证了这一点。

对于个人学术研究的放弃，后来也有许多老友问过他，是否觉得可惜？沈师没有那样想。依我对沈师的理解，他是一个豁达而淡定的人，他长年患糖尿病，但并不忌口，且嗜烟，晚年几次病危抢救回来，他都很坦然，以为死生由命。生死尚且如此看待，其余更不会纠结，况且个人的际遇并非全由自己能掌控，其中的得失又哪能去斤斤计较，能做的就是认真担当起自己正肩负的责任。另一方面，沈师也很看重办学，并没有把校长当作是做什么官。他主校期间，不仅自己不媚权，为了学校发展，敢于坚持自己的立场，不惜与领导当面顶撞，而且自己也没有官气、官架子，在学校管理中，力主学术导向。

沈师担任杭州大学校长长达十年，从1986年到1996年，65岁因年龄而退任。关于沈师长校期间的工作成就以及他的风范，许多老同事与晚辈都有回忆，已收集在沈师八秩寿庆的文集《知行合一》（罗卫东主编，浙江大学出版社2011年版）。我是沈师的学生，在学校是一名普通教师，不参与任何管理工作，而且沈师从来不与我谈论学校的事务性事情，因此对于沈师管理学校的工作不敢也不宜妄置辞。但即便作为一名普通教师，加之与他的亲近关系，终究也有些感知，故也简述一二体认。

沈师办学，似与他治学同理，大处着眼，紧要处入手。杭州大学1958年建校，1998年合并到新的浙江大学，在沈师长校的十年间，杭州大学实现了从师范性质的教学型大学，成功转型为综合性的教学研究型大学，并成为地方高校的翘楚。这一成功虽然仰赖于前人打下的基础、时代给予的机遇、全校同仁的努力，但沈师的高瞻远瞩、谋篇布局、强力推进是功不可没的。所谓紧要处入手，就是沈师对学人与学风自始至终的关注。沈师尊老爱幼，他对前辈学者十分尊重，使得杭大的一批老师宿儒在晚年发挥了重要的学术作用。对青年后进，沈师创新机制，不拘一格地培养、晋升、任用，使得一大批1977、1978级的年轻学人脱颖而出。与此同时，辅之以一批中年学人。因此，杭州大学较好地解决了那个时期高校普遍存在的人才断层危机，使得学校的发展从根本上保证了可持续性。至于学风的培植，我仅举一例即可概之。有一次，我所在的哲学系争论系主任与总支书记谁是第一负责人的问题，闹到学校，沈师明确答复，系作为教学研究的基层单位，系主任负首责。

在十年的校长任上，沈师由于爱憎分明，且不喜应酬，不免得罪一些人，也难做到事事圆满，但沈师实是秉公掌校。他亲炙的研究生共四人，无一因他而谋得出国、提拔等好事，他的老师、老同学也没有得到特别的照顾，甚至他所在的学科与系，中国哲学史与哲学系，也未能得到什么特别的支持，甚至是有意的规避。对此，我曾经向沈师反映过同事们的意见，他诚恳地讲，如果我这个校长也这样搞，这个学校又将如何办？沈师心系整个学校的发展，他对教育是真正贡献了自己。

沈师为人宽厚，有些学者个性奇特，他无不包容；他自己历经政治运动，深受其害，故对晚辈无不非常保护；平常待人，循礼有情。他的生活也很简单朴素，家中一切，包括家电维修，概由师母打理。师母乐月华小沈师十余岁，是西安交大毕业的，学工科出身，动手能力极强，两人相敬如宾，师母尝讲，从未红过脸。沈师无子女，他视学生为孩子，我们师兄弟几人对他老人家也都很敬爱。

沈师晚年尝自谦地对老同学讲："一个人的能力是有限的，能做好两三件事就不错了。"其实他的一生醉心于学问，贡献于教育，取得的成就远非二三。今天浙江的人文社科研究与高等教育，无疑留下了他深重的影响；即便放眼全国，沈师仍然具有时代的意义，并足以反照今天的学术研究与高等教育。

原载《东方早报》2013年6月4日。

进 学 编

余英时的中国近世思想史研究

> 有造境，有写境，此理想与写实二派之所由分。然二者
> 颇难分别。因大诗人所造之境，必合乎自然，所写之境，亦
> 必邻于理想故也。
>
> 　　　　　　　　　　　　　　　　王国维：《人间词话》

在现代学术界，余英时先生称得上"通儒"。他晚年在为三联
书店出版的《余英时作品系列》而撰写的《总序》中讲：

> 我的专业是19世纪以前的中国史，就已发表的专题论述
> 而言，大致上起春秋、战国，下迄清代中期；所涉及的方面
> 也很宽广，包括社会史、文化史、思想史、政治史、中外关
> 系史（汉代）等。

而且，他强调，"我虽不研究19世纪以后的中国史，但'传统'在

现代的归宿却自始便在我的视域之内"。事实上，他在这个领域内同样发表了许多重要的论述。同时，由于"自早年进入史学领域之后，便有一个构想，即在西方（主要是西欧）文化系统对照之下，怎样去认识中国文化传统的特色"。[①]而自1955年秋入学哈佛大学以后，他始终在美国最重要的大学求学、任教，为实现他的构想提供了现实的可能。因此，以"通儒"而言，以为贯通古今、学兼中西构成了余先生学术思想的具体内涵与特质，决非溢美之词。

不过，余先生认为，"中国思想的特色自然也就是中国文化的特色，不过表现得更为集中、更为突出而已"[②]。因此，广义的思想史研究实际上成为余先生毕生学术最费心力，当然也是最具有贡献的领域。[③]

思想史的研究领域极其宽广，即使以西方的术语来看，观念史（history of ideas）、学术思想史（intellectual history）、思想史（history of thought）的称谓虽然将思想史由专而博划分出三个层次，但由于彼此间的交叉重叠，加之三者本身各自蕴涵难定，因此，无论从哪个层面切入，思想史的观念仍存在着极大的模糊性。对此，余先生早在哈佛大学读书时即有高度自觉，因此他把

① 余英时：《余英时作品系列·总序》，见此系列中的任何一本，如《方以智晚节考》，北京：生活·读书·新知三联书店，2004年，第4页。俊案：余先生的论著有不同版本，本稿所引没有在版本上特加注意。
② 余英时：《中国思想传统的现代诠释·自序》，台北：联经出版事业公司，1987年，第2页。
③ 严耕望：《钱穆宾四先生与我》，收入《治史三书》，上海：上海人民出版社，2008年，第279—280页。

布林顿（Crane Brinton）的下述看法悬为自己研治思想史的目标：

> 思想史家的全部工作是收集从抽象的哲学概念到人的具体活动间的所有可理解的材料。工作的一头他要使自己尽可能成为哲学家，或至少是哲学史家；另一头则要使自己成为社会史家，或只关注人类日常生活的普通历史学家。而他的特殊工作就是要集两任于一身。[①]

不过，史学的研究一方面固然有赖于学者在史学观念上的高度自觉，在某种意义上，这种自觉决定了研究所能达到的境界，但另一方面，而且也是更重要的方面，仍在于实践上的探索，只有在具体的探索中，模糊而难以言诠的观念才会呈现得清晰起来。故本文试以论述余先生的中国近世思想史研究[②]，希望通过梳理他的思想史研究实践来把握他关于思想史的观念。当然，余先生关于中国近世思想史的一些重要认识也会得到相应的说明。至于专取近世思想史一段来讨论，除了与我专业相关以外，也是由于近世思想史在中国思想史上构成一个相对独立而重要的单元。

---

① 余英时著，侯旭东等译：《东汉生死观》，上海：上海古籍出版社，2005年，第4页。
② 这一领域的研究主要有：1.初刊于1972年，增订于1986年的《方以智晚节考》。2.1975年完成，次年刊行的《论戴震与章学诚——清代中期学术思想史研究》。3.1978年刊行的《红楼梦的两个世界》。4.1982年前后为韦政通主编的《中国哲学辞典大全》而撰写的有关清代学术思想的七个条目，后以《清代学术思想史重要观念通释》刊行。5.1985年完成的《中国近世宗教伦理与商人精神》。6.2002年完成的《朱熹的历史世界》，以及在本稿讨论中随文提及的若干重要论文。

在开始具体的讨论前，有必要对余先生相关的治学过程略述三点，为整个讨论提供一些认识的背景：其一，即前文所述，余先生的研究既涉及历史的各个时段，又涉及不同的层面，特别是他对于社会经济史有过专门研究，这使得他的中国近世思想史研究具有明显的纵深感，以及宽广的视野与论域。

其二，余先生固然以史学名家，并常常重申他的史学立场，但他早年在新亚读书时，不仅对于哲学有过持续数年的兴趣，而且有著述刊世。1955年五四在给所著《自由与平等之间》写序时，余先生起笔言道：

> 我近两年来思想的兴趣集中在两大问题上：一是文化哲学（Philosophy of Civilization），一是社会哲学（Social Philosophy）。前一方面曾写成了若干篇论文，最近拟收为《文明论衡第一集》，由高原出版社印行；后一方面首先提出了自由与平等两个概念及其关系加以讨论，于是遂有本书之作。①

实际上，从1951年开始，余先生便在香港的《自由阵线》周刊上以"艾群"的笔名开辟了一个专栏，发表哲学论说性质的文章，

---

① 余英时：《自由与平等之间·自序》，台湾汉新出版社，1984年，第1页。

两年后集成《到思维之路》出版。①1955年秋，余先生往哈佛，此后专攻史学。但尽管如此，余先生始终对西方哲学保持着广泛的阅读习惯，甚至是对于分析哲学，也有所留意。②余先生的思想史研究，能够进入哲学的层面，与这一知识兴趣诚有内在的关系。

其三，上文言及的学兼中西，决非泛言。余先生的专业是中国史，但他经过了一个研习西方历史的自觉阶段。余先生的父亲余协中是早年留学美国的西方历史教授。余先生在新亚修业期间，曾经在父亲的指导下撰写刊印了《民主制度之发展》一书，另外还撰写刊印了《近代文明的新趋势》一书，③对于西方近代历史与思想有过认真而系统的梳理。后来留学哈佛期间，更进一步修习了西方古代、中世纪的课程。对西方历史的系统关注是余先生的中国史研究始终具有西方的参照比较这一特质的根本前提。

一、实证与诠释交互为用

作为史学的一个分支，思想史研究同样以实证性研究为基

---

① 余英时：《到思维之路·再版自序》，台湾汉新出版社，1984年，第1页。俊案："艾群"笔名的由来，没有看到余先生自己的解释，望文生义，大概是取《论语》讲的"君子群而不党"。余先生待人接物，甚为平易，但论学立身，卓然独立，"艾群"的笔名反映出至晚在新亚求学时，这样的精神取向已经确立。了解这一点对于理解余先生的治学，实有助益，后文仍会论及。

② 余英时：《"对塔说相轮"——谈现代西方的思想动态》及其《补篇》，收入《文化评论与中国情怀》，台北：允晨文化实业股份有限公司，1993年。

③ 余英时：《〈西方民主制度与近代文明〉重版识语》，《西方民主制度与近代文明》，台湾汉新出版社，1984年，第2页。

础。即使在后现代史学流行的今天，实证性研究仍不可缺少。但是，由于思想与器物、制度不同，没有客观的形迹，因此思想史研究中的实证性着重表现在文本的考证，以及观念的源流考辨。思想者的行动以及更复杂的历史场域，固然也会进入学者的视野，但往往会掉以轻心，或力不从心。余先生则全然不同，他不仅能够娴熟地进行实证研究，而且更重要的是，他对于思想史研究中的考证问题具有自己完整的观念，并自觉地加以运用。

余先生在中国近世思想史研究中的三部专著，《方以智晚节考》《论戴震与章学诚》和《朱熹的历史世界》，无不涉及细密的考证，其中《方以智晚节考》更是整个以考证来呈现思想史的研究，至令同样精于考证的其师钱穆赞誉道："考核之功之有裨学术而终为不可废者有如此。"①

考据学在中国传统史学中自有渊源，清代乾嘉时期更是发展到精深的境地。以乾嘉考据学吴、皖两派的代表惠栋、戴震而言，他们的考据学虽然有"求其古"与"求其是"的史学观念作为基础②，但大量追随者却未必有此自觉，而往往流于无目的的考据，以为博雅。余先生尝治清代思想史，对此实了然于胸。在他的研究中，考证不时信手拈来，但其实都具有超乎考证本身的考虑。他在《方以智晚节考·增订版自序》中讲：

> 余考密之晚节先后十有余年，于死节一端且论之至再至

---

① 钱穆：《余君英时方密之晚节考序》，《方以智晚节考》，第1页。
② 王鸣盛语，见钱穆：《中国近三百年学术史》上册，北京：商务印书馆，1997年，第357页。

三，必穷其原委而后已。然余非有所谓考据癖也，亦非仅为密之个人争名节也。盖余笔下所及虽限于一人之事，而目光所注则在明清之际文化动态之整体。①

后来在朱熹的研究中，他对某些细微问题的考证，如《朱熹"立朝四十日"辨》《六和塔与浙江亭》《灵芝寺与北关》，②孤立地看，确给人以"有考据癖"③的感觉，但将它们揭示的内容放在余先生关于朱熹的整个研究中理解，可以说它们恰恰起到了进入朱熹的历史世界的关键性作用。

诚然，在某个具体的考证是否属于关键的认识上，学者们不免见仁见智。余先生尝提到过一件事，钱锺书访美期间曾与余先生谈及陈寅恪的治学。钱锺书以为陈寅恪有时对于细节问题的考证实无意义，并举武则天入宫时是否处子的考证加以说明，而余先生以为，这个细节的考证实是陈寅恪用来说明唐代政治的一个重要证据，注重这样的细节正反映出陈寅恪的史识④。在一流学者之间，关于某一考证的意义的理解尚有如此分歧，其下更不待言。而我借此想要指出的是，余先生固然重视考证，但显然更注重考证的目的。他曾经讲他的另一位擅长考据的业师杨联陞，"训

① 《方以智晚节考》，第2页。
② 附于《朱熹的历史世界》第十章第二节后，北京：生活·读书·新知三联书店，2004年，第552—575页。
③ 刘述先：《书评》，《九州学林》2003年冬季号。
④ 余英时：《我所认识的钱锺书先生》，《文汇读书周报》1999年1月2日，第9版。

诂和考证都能为更大的史学目的服务"①，其实在他自己的思想史研究中，考证内容的取舍也完全是从所要注目的问题来考虑的。兹举一例，以概其余。《方以智晚节考》特辟《俗缘考》一节，余先生首先划定考据范围：

> 兹所考诸人，以青原时代为限，其前概不阑入；以确与密之有直接交谊或文字往复者为限，其仅具一面或数面之缘，虽知其姓字生平亦在不收之列；复以俗世因缘为限，故密之青原侍者及其他受戒弟子亦非本节所及焉。②

然后，分疏方以智入住青原以后，诸子之相待，以证亲情；继而考订友人，以见俗缘。无论是考证范围的划定，还是具体考证对象的处理，无不紧扣所要反映的主题，即阐明方以智晚岁虽曰逃禅，而其实尘缘未净，仍是一明朝遗民。

需要指出的是，余先生对于考证服务于背后的史学问题的认识，不完全是一个史学实践层面的问题，而是涉及到他的基本的史学观念。在20世纪中国新史学的形成与发展过程中，在崇尚科学的大背景下，受清代乾嘉考据学传统与西方兰克（Ranke）史学的影响，科学的史学（scientific history）成为主流，甚至流于史学

---

① 《犹记风吹水上鳞》，第177—178页。
② 《方以智晚节考》，第24—25页。

等于史料学。对此，余先生是有所保留的[1]。他的根本看法，简言之，就是"史家自不能不以掌握史料为第一关口，然史料终非史学"[2]。因此，考证的真正价值依赖于史家的史识。

上述大致可以说是如何认识考证在史学中的作用，以下再看余先生关于考证本身的实践。考证之学，通常而言，就是凭证据讲话，似无太多的方法可言。为了使得证据充分，不仅需要内证，而且更需要外证，因此在可靠的前提下，材料的搜罗尽可能广。在余先生的考证中，为了证实一个问题，各种相关文集、方志、笔记等都成为他的史料来源，这些常见的工夫，实不待赘言。但是，考证中也有些常见的难点，如当史料出现歧义时，如何处理？查实一个历史过程，该如何入手？余先生对它们的处理仍是值得借鉴的[3]。

在史料出现歧义时，余先生通常会用排除法，将有问题的史料所呈现的情况一一证伪，从而逐渐使史料逼近事实。在方以智死节的考证时，就出现自裁说与病故说两种史料。由于自裁的史料起初并不充分，不能直接给予证实，因此余先生便先从正反两方面对于病故说予以证伪，然后才进一步讨论自裁说[4]。有时，

---

[1]　在许多文章中余先生都曾涉及到这个问题的讨论，比较集中的可参见《史学、史家与时代》，收入《历史与思想》，台北：联经出版事业公司，1976年，第247—270页。

[2]　《方以智晚节考》，第193页。

[3]　下文以例说明余先生这两个问题的处理，而这两个问题实际上可归于考证中最基本的辩证与述证。关于辩证与述证的各自特点，参见严耕望《治史答问》中的说明，以及他对于陈寅恪与陈垣考证之术的比较（《治史三书》第174页）。余先生对于二陈的考证皆有亲切领会与运用，而似尤喜辩证之术。

[4]　参见《方以智晚节考》之四"死节考"，第74—93页。

相左的材料虽然全属真实，但各作分析，仍足以说明意见相左的史料各自所反映的史实。譬如关于朱熹立朝四十日或四十六日的辨别[①]。

对于查证一个历史过程，余先生往往选择从最直接的史料入手来进入事情的考证。为了分析朱熹致君行道彻底失败，离开临安时的心情，余先生即直接从《朱子年谱》"得旨免谢，出灵芝寺，遂行"的记载入手，由灵芝寺的考证，渐次展现朱熹解除待制职务以后，迁出侍从宅，寄居灵芝寺，直至最后与理学僚友北关话别的过程[②]。

事实上考证如同破案，能够掌握的只是有限的痕迹，不仅散乱，而且真伪相混。复原真相，虽也应该有一些通则，如上述两种情况，但更多的仍需要根据具体情况而定。故余先生讲："考证无一定之成法，亦惟视所考之对象为如何耳。要之，必量身以裁衣，未可削足以适屦。"[③]

余先生在考据的实践与识见上，尤为精彩而独到者，尚非上述的实证，而是与实证参伍以求、交互为用的诠释。兹从余先生的具体考据例子谈起。根据方以智之子中履所撰《宗老臣梅先生七十序》中首引文天祥与方孝孺作比照，而结之以惶恐滩头方以智完名全节，以及《桐城耆旧传》《清史稿》中"拜文信国墓，行次万安殁"的记载，余先生在证伪方以智病故说之后，而直接

---

①　参见《朱熹的历史世界》下册，第552—555页。
②　参见《朱熹的历史世界》，第560—575页。在《灵芝寺与北关》这则简短而精细的考证中，实际上比较全面地呈现了余先生的考证方法。
③　《方以智晚节考》，第193页。

材料不足、无以实证的情况下，从历史意义与地理位置两方面对方以智自裁说给予了有力的诠释。对此，他进一步阐述道：

> 昔阎潜邱若璩论考据，有"以实证虚，以虚证实"之论。今密之死节事正可为潜邱说作注脚。何以言之？盖密之拜文山墓，虚也；而其中隐藏殉难惶恐滩之本事，则实也。密之旅次万安卒，实也；而其间抹去死节之真相，则又虚也。必虚实互证，而后虚中之实与实中之虚始皆无所遁形焉！①

显然，这种虚实互证，必待合情合理的诠释才可能有效。

尤为重要的是，在中国近世思想史的研究中，余先生在考据实践上对于诠释的运用，不只是停留在操作的层面，而是建立在理论的自觉。中国现代新史学的建立，一方面是效法西方的实证史学，另一方面也是追步乾嘉正统的考据学。而余先生以为，此二者实际上都与研究对象有关，"典章、文物、制度、事迹、年代之类皆历史之外在事象也。故必待证据坚明而后定谳"。但思想史的研究对象是"古人之心"，是"科林伍德（R.C.Collingwood）所谓史事之'内在面'或'思想过程'（process of thought）也"，决非实证方法所能窥见，必待诠释才能有所发明。

余先生进而指出，西方关于诠释的理论与方法，流派既繁，复又悠谬恣肆，往往可喜而未必皆可用，而中国自有源远流长的诠释传统，即孟子启其端的"以意逆志"。因此，他强调：

---

① 《方以智晚节考》，第89页。

> 吾人今日引西说为参证，可也，若抛却自家无尽藏而效贫儿之沿门托钵，则未见其可也。

此外，余先生尚指出：

> 西方实证与诠释出于二源，常互为排斥；中国则不然，二者同在考证传统之内而相辅相成焉。

对此，他援引朱熹为例，加以说明：

> 昔朱子为《韩文考异》《楚辞集注》，即由古人之"言"以通其"心"于千百年之上；既得其"心"焉，又转据之以定其"言"之真伪。[1]

强调诠释的作用，但由于诠释具有着天然的主观性，因此，如何克服诠释中的主观性是一个不可回避的问题。余英时先生曾经在叙述西方历史哲学的概貌时，涉及到"解释"一词的分疏，非常有助于史学考据中与实证之法交互为用的诠释之法的理解。余先生以为，西方历史哲学中的玄想派与批评派虽同持"解释"一说，但彼此却具有极大的差异。在玄想派那里，"解释"是interpretation，而在批评派那里，"解释"是explanation。前者是人对历史事实加予一种主观的看法，而后者"是将许多孤立的史实

---

[1] 《方以智晚节考》，第3—4页。

的真正关系寻找出来，使历史事件成为可以理解的"①。显然，只有后者才是考据学中可以与实证交互为用的诠释。

对于思想史研究中的诠释与实证的交互为用，余先生实提到一个很高的层面上予以强调。在中国的史学考证传统中，实证与诠释固然并存，但学者往往分别使用，不甚明显，即便兼用，也并没有上升到史学理论与方法的自觉层面，而余先生则有着高度的自觉，并予以专论，兹不妨照录于此，以为本节结语：

> 史者，知人论世之学也。今人于论世之义知之甚审，而于知人之义即多忽之。此时代风气使然也。然亦未有不知人而真能论世者，更未有不知其心而真能知其人者。此于治思想史为尤然。今之西方史学界有一派焉，欲驱除一切个人于历史之外；诠释学界亦有一派焉，欲驱除作者原意于其作品之外。此皆非余之所敢知。余孤陋，治思想史仍守知人论世之旧义而不欲堕于一偏。论世必尚外在之客观，故实证之法为不可废；知人必重内在之主观，故诠释之法亦不可少。然此不过理论上之强为分别耳。以言思想史之实际研究，则实证与诠释固不可须臾离者也。何以故？内外合一、主客交融即思维之所由起也；使内外不合、主客不交，则思维之道绝矣，更何思想史之可言乎？②

---

① 《历史与思想》，第170页。
② 《方以智晚节考》，第5页。

二、观念的追溯与展开

思想史研究的空间极为广阔，诚如余英时先生所引布林顿（Crane Brinton）的说法，从哲学史到社会史。然而在实际的思想史研究中，学者们或由于客观的知识构成，或由于主观的认识局限，往往将思想史偏于一端，结果重观念的形同哲学史，重活动的形同社会史。前者只见观念的抽象推演，与培植观念的学术、士人生活、社会，几乎可以不发生关联，推演也许很具有逻辑，但实际上却不免陷于论者自己的游戏；后者则只是在外缘性的士人关系、公私活动、制度置废等方面展开讨论，对于集中体现思想本身的观念难以涉及，结果所谓的思想史研究只见陈迹不见思想，表面上似乎追求客观，实质上不免于偏颇。余先生虽然以史学名家，但我们已知他早年既对哲学有过特别的钻研，后来更一直留情于哲学，因此在他的思想史研究中，始终能于外缘性的陈迹中见到背后的观念，而观念的梳理总是在具体的历史语境中展开。以下三节，试由观念到社会，逐层分述，以求对上述所言有一个更具体而完整的认识。兹从余先生关于观念的分析讲起。

1977年冬，应韦政通邀请，余先生答应为韦氏主编的《中国哲学辞典大全》撰写有关清代思想部分的条目。虽然"撰稿人享有充分自由，在指定范围内，不但条目自定，究以何种方式撰写，亦任作者自择"①，但《哲学辞典》的体例终究限定了应当以观念的解释为主。这些条目，后来余先生冠以《清代学术思想史重要观念通释》一名，收入他的论文集《中国思想传统的现代诠释》②。据余先生的《自序》，此文集中所收论文是1982—86年所写，而韦政通《中国哲学辞典大全·序言》的落款时间是1983年7月，因此，这些条目实际上应该是写于1982—83年之间，这意谓着从接受任务到实际完成，中间有数年时间。虽然这数年中自然还有别的工作，但可以肯定，这些条目的撰写决非简单的急就文字，而是余先生治清代学术思想史的重要工作。因为我们知道，余先生此前不仅已完成《方以智晚节考》《论戴震与章学诚》两项研究，对于明清思想已有深入研究，而且他收集了不少资料，有"写一部清代儒学史"的意愿。③换言之，这些条目在一定程度上是他所想写的清代儒学史的一个缩小版。由于这个缩小版完全是呈以观念诠释的样式，因此它们也确实成为余先生在思想史研究中关于观念分析的代表性工作。

事实上也确实如此。虽然整个条目仅有七条，"从尊德性到道问学""经学与理学""经世致用""闻见之知与德性之知""博与约""义理·考据·词章""六经皆史"，但总字数却达五万言，而且"主要根据各家专集钩勒而成"，同时博采中、日、英三种文字

---

① 韦政通主编：《中国哲学辞典大全·序言》，水牛出版社印行、世界图书出版公司重印本，1989年。
② 余英时：《中国思想传统的现代诠释》，台北：联经出版事业公司，1987年，第405—486页。
③ 余英时：《论戴震与章学诚·自序》，北京：生活·读书·新知三联书店，2005年，第1页。

的研究成果[①]。可以说，整个工作的性质完全是认真而细微的创新性研究。为了下文具体论述的方便与准确，我即以余先生的自注为引子，略作展开，以冀说明。

余先生在条目后面所附"参考文献举要"中，首列了五条注文[②]，其中除了第一、五条是关于参考文献的说明以外，其余三条分别是关于撰写方法、条目选择、论述范围的说明，基本涉及到了思想史研究中观念分析所需要面对的问题。

关于撰写方法，余先生于注文第二条讲：

> 本篇以清代学术思想史上之重要论题为主，即章学诚所谓"因事命题"。各篇撰写则兼采温纳主编《观念史大辞典》（Philip P. Wiener, ed., *Dictionary of the History of Ideas—Studies of Selected Pivotal Ideas*, 4 Vols, Charles Scribners' sons, 1972）的处理方式，即选择若干主要论题，予以较有系统的叙述。重要思想家与思想流派则分别系于各论题之下，不另立专目。

这里，余先生标明他不采用哲学研究中的常规方法，即以人物、流派、观念三者为主的结构来反映清代学术思想史，尽管韦政通主编的这部哲学辞典的基本结构仍是以上述三者为主，而是单以观念为主，思想家与流派只是系于相关的观念之下。这便反映出

---

① 见余英时：《清代学术思想史重要观念通释》"参考文献举要"之一，《中国思想传统的现代诠释》，第480页；引列文献，详见第481—486页。
② 《中国思想传统的现代诠释》，第480—481页。

在余先生的思想史研究中，当涉及观念的分析时，虽然进入到哲学的层面，但却没有让观念封闭于某个具体的思想家或思想流派，而是力求置观念于历史中加以理解与阐述的取向。

让我们任取一个条目，譬如"闻见之知与德性之知"①来看。在中国哲学史的领域中，"闻见之知"与"德性之知"可谓耳熟能详，它是由宋儒张载首倡，在宋代儒学中已获确立的重要观念。余先生专论清代学术思想史，选择的重要观念仅七条，而将此观念列入，本身就反映了余先生在观念的认识方法上具有非常强烈的历史意识。事实上，这是七个条目共同具有的特征。

这种历史意识在具体的撰写中，则表现得尤为具体。在此条目，余先生开篇即指出这一观念对于理解清代思想的性质具有意义，而要真正呈现清代思想的性质，则对此观念又必须作一历史的梳理。他讲：

> "闻见之知"的观念是相对于"德性之知"而成立的，把知分为"德性"与"闻见"两类是宋代儒家的新贡献。大略地说，这一划分始于张载，定于程颐，盛于王阳明，而泯于明清之际。……为了比较深入地认识清代思想的性质，对这一观念的历史演变加以整理是有必要的。

此下即从张载首倡这一观念入手，指出这一观念的基本涵义，以及张载如何由孟子的思想转出而赋予新意。接着，阐明程颐对此

---

① 《中国思想传统的现代诠释》，第431—441页。

观念的确立，细疏程颐在观念名称、内涵、闻见与德性之知两者关系三方面比张载更为明确的论断。转而进入明代儒学，通过分析王阳明及其后学关于此一观念的论述，比较王廷相、吕柟、罗钦顺为代表的朱学一系的相应驳论，最后述及明儒殿军刘宗周的看法，从而使这一观念在明代儒学中的演变得到清楚而完整的梳理。在该篇最后部分，余先生分别以明末清初最能深入理学堂奥的王夫之和对理学兴趣甚淡的顾炎武为例，阐明在这一观念上所发生的变化，从而为最后点明清代中期思想在这一观念上所持的主流认识提供了坚实而明白的思想史依据。可以说，整个观念完全是放置在思想史的脉络中得以阐明的。哲学的观念不再是抽象的符号，而是具体生动的思想过程。不仅于此，相关的思想家及其所属的思想流派，乃至不同时代的思想风气都得到富有成效的折射。

除了浓厚的历史意识外，余先生对于观念的分析，在撰写方法上尚有另一值得关注的特点，那就是具体而细致，从而知微而见著。譬如他在论述程颐对张载的发展时，指出程颐将张载"德性之知不萌于见闻"之"萌"字改为"假"，从而"这两种知识的分别便变得绝对化了"。又譬如在述及明代朱学一系的论述时，专门援引朱熹的论述，使得程、朱在这一观念上的分歧凸显，余先生进而指出：

由此可见朱子绝不盲从程颐，在理学史上，一般人虽视程、朱为一派，其实两人之间大有异同在。……后世儒家各据自己的哲学立场为宋明理学划分系统，然皆不免简化与武断之病，其分解愈整齐则离开历史真实也愈远。

显然，这不仅涉及到了理学史的大问题，而且也反省了研究方法。在该篇最后作结时，余先生虽然非常简略地勾勒了戴震关于此一观念的看法，但是仍由具体的材料点明清代儒学与宋明理学在知识论上的根本分歧。总之，决不使问题大而化之地处理，实是余先生在观念分析时极为重视的。

我们再看条目选择。余先生在第三条注文中讲：

> 本篇所选论题以能突出清代学术思想的发展主流为标准，不取赅备无遗。故所择各论题之间皆具内在之关联。以中国传统著作体裁言，本篇宿师章学诚"撰述欲其圆而神"之意；以西方现代治思想史的途径言，则略近洛孚觉艾（Arthur O. Lovejoy）所提倡的"单元观念丛"（unit-ideas）。

余先生所选七条目，旨意只在一个，即"突出清代学术思想的发展主流"，具体地说，就是其首选的条目名称所示，"从尊德性到道问学"，清儒要以知识论取代宋明儒的道德形上学。这个识断是余先生的研究所得，学界也许可以见仁见智。但是，余先生据此而强调"所择各论题之间皆具内在之关联"，则具有着方法论上的意义。

一个时代学术思想的发展主流，虽然表现在思想世界的各个层面与各个侧面，但往往更集中凸显在某些基础性的观念中，即余先生提到的洛孚觉艾所提倡的"单元观念丛"。对于这种观念史研究中的方法论，余先生早在青年求学时期就有高度的自觉。在他博士论文的《导言》中，余先生讲：

> 在我看来，洛夫乔伊（俊案：即Arthur O. Lovejoy）对于思想史研究的最大贡献之一似乎在于，在追溯观念的发展时他一再坚持超越纯思想领域的必要性。观念时常在思想世界的非常不同的领域中游移，有时潜藏其中，这一事实使得洛夫乔伊的坚持是必要的。[①]

当然，选择能够反映共同的学术思想主流而具有内在关联的"单元观念丛"，需要学者丰富的学养与卓越的识见，而此两者正为余先生所具有。兹看七个条目的内在关联。除了首条"从尊德性到道问学"直接点明清代学术思想的发展主流以外，其余六条，分别从学术形态（"经学与理学"）、儒学性质（"经世致用"）、知识的构成（"闻见之知与德性之知"）、形式（"博与约"）、分类（"义理·考据·辞章"），以及作为清代主流学术的经学考据相反与补充的史学意识（"六经皆史"）各方面，立体地揭示了清代学术思想的发展主流，从而令人佩服地看到了其方法所带来的坚实研究成果。

---

① 《东汉生死观》，第4页。

在具体的观念分析上，余先生也是紧扣他所要阐明的主题。让我试举两个条目来呈现这点。在"博与约"①这篇中，余先生先将此观念追溯到《论语》，然后着重讨论在宋明儒的思想中，"博"与"约"分别指认着"道问学"与"尊德性"，关注的是知识与道德的关系。但至明中叶以下，经过复杂的思想演变，儒家思想中道德与知识密切关联的传统，终于在清代被两者分立所取代。"博"与"约"分指知识世界中的"博学"与"贯通"，"博与约"彻底成为呈现清代学术思想的"道问学"主流的观念。

尤富卓识的条目是"六经皆史"②。在余先生所选七个条目中，其余六条皆属创见，前无所承，唯"六经皆史"一篇，相关论著不少，为何却要独说此篇尤富卓识呢？原因盖在于，创见固然十分难得，但于陈说中另见一关乎所涉领域之关键性的新义，非富有卓识而不能。试请一譬以喻之。王国维讲："'红杏枝头春意闹'，著一'闹'字，而境界全出。"③余先生"六经皆史"一篇，正见其学之境界。"六经皆史"是章学诚提出的命题，学者曾致力于考其原始，多有获见，但是这些工作实际上只是求其迹，"并不能解决思想史上的基本问题"④。从表面上看，章学诚"六经皆史"虽然是清代学术思想史中的一个显著观点，但与余先生所要阐明的"道问学"思想主流似乎并没有内在的关联。余先生的卓见在于：第一，指出作为一个学术运动的纲领，"六经皆

---

① 《中国思想传统的现代诠释》，第441—456页。
② 《中国思想传统的现代诠释》，第469—479页。
③ 王国维：《人间词话》，上海：上海古籍出版社，1998年，第2页。
④ 《中国思想传统的现代诠释》，第478页。问题意识的有无，大抵正是治学识见的关键，论述详见下文第五节。

史"实际上是"经学即理学"理论在清代中叶发展成熟以后而相对提出的反命题。因此,"六经皆史"的思想史意义同样呈现在清代"道问学"的学术思想主流中,而决非悬于其外。第二,指出"六经皆史"虽直接启发于王阳明的"五经亦史",但却抛弃了阳明"史以重训戒",以及儒家之道与历史过程相分离的传统观念,使阳明一系在清代经过"道问学"的洗礼而呈现出新面貌。第三,指出"六经皆史"由史学与经学并重,使史学逐获独立,下开新的学术发展。由此,"六经皆史"不仅与"道问学"的清代学术思想主流具有密切的内在关联,而且更是这一主流的重要构成部分,其思想史意义彰显无遗。

最后来看论述范围。在注文第四条,余先生讲:

> 本篇以清代为论述范围,但思想史无法截然以朝代划规限;清代学术思想的重要发展无不导源于明代以至宋代。若不穷究其源,清学在中国思想史上的意义即无从彰显。故本篇大体以宋、明为上限,尤注重明代中叶以后的思想变迁。下限则较为明确。即止于十九世纪初叶乾、嘉考证学的终结。此下中国思想史进入近代阶段,不属本篇范围。

这里,余先生指出了在思想史的观念分析上,不能以朝代划限。平实而论,这样的看法本身似乎并无难以认同之处。因为推而广之,虽然政治对于人类生活的影响可能最为直接而深刻,但人类生活的所有领域,包括政治本身在内,也绝不可能随朝代更替而划然断裂。因此，除了王朝本身的研究以外，其它意义上的任何类别的历史研究，都不应该以朝代划限。真正的困难在于实际的运用。因为一旦我们对某项专门史研究冠以一朝一代之名时，便很容易陷入以朝代划限的窠臼，或截头去尾，或头尾稍作延伸，否则唯恐研究名不副实。同时，因为如果不以朝代划限，则必须要在所研究的专门中确立起内在的依据，以此划出上下边界；而这个内在依据事实上并不容易获得，因此断以朝代实是方便而安全的办法。包括思想史研究在内的众多专门史研究，往往只是述其陈迹而难见精神，[①]这大概也是重要的原因之一。

前已述及，余先生承接清代学术思想史的条目撰写，是在他深入研究明清思想的基础上。他对清代学术思想史的发展主流已有自己的定见，因此能够断然不以朝代划限，确定论述范围。

按照余先生的上下划限，清代的学术思想实际上被分别归入了"近世"与"近代"两个范畴，而"近代"部分的剔除，不仅表明了他的问题意识，而且也凸显了他的论述方法。这里虽仍重在关注余先生的论述方法，但却不能不由他关怀的问题谈起。清代学术思想史的发展主流是以考据学为核心的知识论对道德形上学的取代，这既是显见的学术思想现象，更是有待回答的问题。余先生以为，要真正说明这一问题，并不是泥囿于清代的学术思想本身所能解决的，因为他的研究发现，清代学术思想的知识论

---

① 当然，这里并不全然否定述其陈迹的贡献，因为任何陈迹终究也要透露出某种意味的。以清学而论，王国维尝言，"国初之学大，乾嘉之学精，道咸以降之学新"（《沈乙庵先生七十寿序》，傅杰编校：《王国维论学集》，昆明：云南人民出版社，2008年，第485页），其对清学流变的把握，足以启发人。

趋向，虽然尽显于清中叶，但却肇始于明中叶，并且深藏于宋儒的思想纷争中。因此，他对七个条目的说明，无不放置在从宋到清的学术思想史中加以展开，从而使得一个具体的观念分析，既折射出丰富的思想史内容，又使得观念本身获得充分的诠释。

当然，余先生的这一论述方法隐藏着他在史学理论上预设的一个前提观念，即学术思想的演变具有它独立的自主性，而这正是下一节要接着讨论的问题。

三、内在理路

1976年《论戴震与章学诚》初刊以后，此书的分析方法，即从学术思想变迁的自主性（The autonomy of intellectual history）来回答清代考证学对宋明道德形上学的取代，曾引起质疑，认为这样的分析方法忽视了政治、社会等外缘影响对于学术思想变迁的作用。二十年后，余先生在为此书的增订本写序时，作了一个很简单的解释性回应，同时列举了几篇针对相关研究取同样方法的论文[①]，以供读者参证。二十年后的这个解释性回应之所以很简

① 参见《论戴震与章学诚·增订本自序》，第1—5页。关于余先生列举的8篇论文，其中中文的4篇，《从宋明儒学的发展论清代思想史》和《清代思想史的一个新解释》补入《论戴震与章学诚》的"外篇"，《清代学术思想史重要观念通释》已见前引，《〈中国哲学史大纲〉与史学革命》收入《中国近代思想史上的胡适》（联经出版事业公司，1984年），英文的4篇则已编入《余英时英文论著汉译集·人文与理性的中国》（上海古籍出版社，2007年），即《清代儒家智识主义的兴起初论》《戴震与朱熹传统》《戴震的选择——考证与义理之间》《章学诚对抗戴震——18世纪中国智识挑战与回应的研究》。

单，是因为早在《论戴震与章学诚》完稿前后，余先生在台湾大学历史研究所题为《清代思想史的一个新解释》的讲演中，曾经对此研究进路作过比较详细的解释，并将之概括为"内在的理路"（inner logic）[①]。

"内在理路"的提出，直接的缘起是清代学术思想史的研究。清代的学术思想一改宋明儒学发明义理的精神，呈以考证朴学的面貌，从而使得宋明以降的新儒学在清代发生了突然性的中断，使学术思想完全转型。对于这个学术思想史上的显象，在余先生看来，传统的解释主要是从反满的角度与市民阶级的角度，究其实，都是从政治与经济等外在因素来解释学术思想的演变。这种解释虽然自有它的某些根据，但却存在着大的问题，即它从根本上忽略了思想史本身是有生命、有传统的。余先生强调：

> 这个生命、这个传统的成长并不是完全仰赖于外在刺激的，因此单纯地用外缘来解释思想史是不完备的。同样的外在条件、同样的政治压迫、同样的经济背景，在不同的思想史传统中可以产生不同的后果，得到不同的反应。所以在外缘之外，我们还特别要讲到思想史的内在发展。[②]

基于这样的认识，余先生对于宋明理学的内涵重新作了检讨，并对表面上呈现出巨大断裂性的宋明理学与清代朴学给予了连续性

---

① 参见《清代思想史的一个新解释》之"缘起"和（一），《论戴震与章学诚》第322—327页。

② 《清代思想史的一个新解释》，第325页。

的解释，抉发出富有意义的思想价值。余先生关于中国近世思想史的论述，后文第六节专述，这里则申论"内在理路"这一方法及其隐含的历史观念。

在方法的层面，"内在理路"具有两方面的涵义。第一，即上述的从学术思想的自身逻辑来理解与解释学术思想史的某种变化，而不是完全将学术思想视为特定社会历史过程的产物，从而给予简单化的处理。第二，在学术思想史的研究中，为了真切地把握住学术思想所要针对的问题，固然有必要对学术思想所处的历史环境加以理解，但是，学术思想的最终理解仍然必须回到它自身的语境中。余先生讲：

> 我深信，研究学术思想史而完全撇开"内在理路"，终将如造宝塔而缺塔顶，未能竟其全功。或者像程颢讥讽王安石"谈道"一样，不能"直入塔中，上寻相轮"，而只是在塔外"说十三级塔上相轮"而已。[①]

在余先生那里，"内在理路"固然是一种研治思想史的重要方法，但更重要的实在于此方法隐含着他的重要的历史观念，这就是他不认同学术思想单一地受决定于特定的社会历史过程这样的历史决定论，而强调思想在历史过程中具有自己的能动性。

余先生这一历史观念，以及基于其上的具体研究，虽然在

---

① 《余英时作品系列·总序》，第2页。对塔说相轮一事，见《二程集·遗书》卷一，北京：中华书局，2004年，第5—6页。

1970年代的清代学术思想史研究中才得到彰显，但实际上早在学生时代就已确立。在他的博士论文导言中，余先生曾讲：

> 我们这一代思想史家特别面对的另一个长期存在的困惑是因果观念的问题。受历史唯物论，最近更直接的则是受知识社会学的冲击，人们今天普遍倾向于从社会、经济和政治环境出发思考观念。……如我所见，对于一个持决定论的历史学家来讲，决不可能有这种意义上的"观念史"，即观念也拥有它自身超越社会历史环境的历史，即便是在非常有限的程度上。所有的观念必须要追溯到各自的社会起源，所谓的观念史或思想史因而被还原为在宽泛意义上正当地带有社会历史的上层建筑构件特征的东西。

而他并不接受这样的历史因果观。他认同的是，"在某种限定的意义上，观念的确具有自己独立于社会环境的生命"，因此，这一理论假定成为他在博士论文中为分析东汉生死观而设定的性质与目标的理由之一①。

如果我们从更一般的意义上来看，余先生之特别重视人的精神的倾向表现得更早。《汉晋之际士之新自觉与新思潮》是余先生进入国史研究中较早的重要论文②。当此研究时，余先生尝与钱穆先生有书信往还，钱先生在1960年5月21日的论学书简中指出：

---

① 《东汉生死观》，第5—6页。
② 收入余英时：《士与中国文化》，上海：上海人民出版社，1987年，第287—400页。

弟（指余先生）原论文正因太注重自觉二字，一切有关政治社会经济等种种外面变动，弟意总若有意撇开，而极想专从心理变动方面立论，但内外交相映，心理变动有许多确受外面刺激而生，弟文立论，时觉有过偏之处。①

引此文献，并不在关心研究方法的得失问题，而在指出余先生在具体研究上，的确非常重视人的精神在历史中的作用。而在非具体研究上，由余先生23岁的早年文集《到思维之路》，则活脱脱地看到他对思想独立的追求是他最基本的人生理想。因此，在"内在理路"的问题上，实际上包含着三个层面的内容，一是研究的方法，二是历史的观念，三是人生的理想。

作为研究的方法，在清代学术思想史的具体研究中，"内在理路"成为诠释宋明理学转变为清代朴学的有效工具，它从学术思想的自身逻辑对清代的学术转型给予了合理的解释。这样的解释不仅基于足够的材料，而且打开了认识清代学术思想，乃至宋明理学的另一扇窗户。

这里，尚需申述的是，余先生由"内在理路"的应用对清代学术思想的分析，事实上也为理解20世纪中国学术的现代转型，特别是儒学价值的现代转化提供了重要的路径。中国现代学术的建立是以西学化转型为基本特征的，传统儒学的价值如何在这样的现代学术建制下获得传承，这是研究中国传统思想的学人所不得不常悬头脑中的问题。余先生通过清代学术思想的研究，认为

---

① 《犹记风吹水上鳞》，第250页。

现代儒学的传承，接着清儒"道问学"的知识传统是一条坚实可循的道路。他深信，"现代儒学的新机运只有向它的'道问学'的旧统中去寻求才有着落"。①余先生的这一论断是否能被提倡儒学的人所接受，另当别论，但对于儒学的诠释与重建却无疑是一个值得注意的路径。

作为历史的观念，"内在理路"所隐含着的对历史决定论的否定，为余先生整个的中国史研究既奠定了基础，又确立起目标。余先生自早年进入史学领域之后，就希望认识中国文化传统的特色。这样的目标在今天看来，也许是很可以理解，不足为奇的，甚至是理应如此的，因为"自20世纪70年代以来，西方的人文、社会科学，包括史学在内，显然已开始转向，实证主义（以自然科学为范本）、文化一元论和西方中心论都在逐步退潮之中。相反地，多元文化（或文明）的观念已越来越受到肯定"。②但是，在余先生进入史学领域的1950年代，甚至在他研究清代学术思想史的1970年代，即便是在西方，"所处的是一个决定论思想得势的时代"。③至于在中国，历史决定论的影响更为深重。余先生对此是有深刻分析的，他讲：

在现代中国的史学界，建立这一基本预设（俊案：指"中国文化是一个源远流长的独特传统"）是很困难的。这是因为从20世纪初年起，中国学人对于西方实证主义的社会

---

① 《论戴震与章学诚》，第9页。
② 《余英时作品系列·总序》，《论戴震与章学诚》第6页。
③ 《历史与思想·自序》，第4页。

理论（如斯宾塞的社会进化论）已崇拜至五体投地。严复译斯氏《群学肄言·序》（1903）已说："群学何？用科学之律令，察民群之变端，以明既往、测方来也。"可见他已深信西方社会学（"群学"）和自然科学一样已发现了社会进化的普遍"规律"。所以章炳麟、刘师培等都曾试图通过文字学来证实中国历史文化的进程，恰恰符合斯氏的"律令"。但当时西方社会学家笔下的"进化阶段"其实是以欧洲社会史为模式而建立起来的。因此与崇拜西方理论相偕而来的，便是把欧洲史进程的各阶段看成普世有效的典型，而将中国史一一遵欧洲史的阶段分期。从此以后，理论上的"西方中心论"和实践中的"西方典型论"构成了中国史研究中的主流意识。[1]

由此，我们不难体会，余先生在1970年代彰显的"内在理路"，实有超出单纯的清代学术思想史研究的意义。清代学术思想史的研究，除了其自身的学术价值，如重新解释宋明理学的内涵，以及重建宋明理学与清代朴学之间的连续性，在余先生那里，这项研究更蕴涵着余先生深一层的关怀，这就是通过具体的个案研究来否定历史决定论，为中国文化是一个源远流长的独特传统提供坚实的历史依据。在清代学术思想史的这一具体研究中，余先生对历史决定论的否定，最直观的表现是强调了学术思想具有自己的生命，不完全受制于特定的社会历史；而深一层的

---

[1]　《余英时作品系列·总序》，《论戴震与章学诚》，第6页。

诉求却是对上述的"西方中心论"与"西方典型论"的否定。二十年后，在不经意的叙述中，余先生透露出这层关怀。在上引那段分析后，余先生便以清代学术史为例予以说明。他讲：

> 一个最极端的例子是清代学术史，有人把它比作"文艺复兴"（Renaissance），有人则比之为"启蒙运动"（The Enlightenment）。"文艺复兴"和"启蒙运动"都是欧洲史上特有的现象，而且相去三四百年之远，如何能与清代考证学相互比附？中西历史的比较往往有很大的启发性，但"牵强的比附"（forced analogy）则只能在中国史研究上造成混乱与歪曲而已。但这一"削足适履"的史学风气由来已久，根深蒂固。

在本节的最后，我试就"内在理路"的历史观所引出的余先生的人生理想问题，略作说明。本来，在这样一个有关余先生的中国近世思想史研究的专门讨论中，似乎不必涉及到余先生个人的人生理想。但源于述学而转见其人，既见之则求知之。盖知其人，更足以知其学①。

让我从余先生关于"知识分子"（intellectual）与"知识从业员"（mental technician）的区分谈起。在余先生看来，知识分子与

---

① 对人的认识似乎也是儒家的最终关怀。《史记·孔子世家》述"孔子学鼓琴于师襄"，始于习其曲，终于得其为人，便形象地描述了这种认识的追求。孟子讲："颂其诗，读其书，不知其人，可乎？"（《孟子·万章下》）也表达了对知人的强调。

知识从业员同属依靠知识技能服务社会而生活的人，但是后者的兴趣始终不出乎职业范围，而前者必须具有超越自己以及所属阶层的利害得失的精神，即在自己所学所思的专门基础上发展出一种对国家、社会、文化的时代关怀感。不过，更为重要的是，余先生强调：

> 我们不能说，知识分子在价值上必然高于知识从业员。事实上，扮演知识分子的角色的人如果不能坚持自己的信守，往往会在社会上产生负面的作用；知识从业员倒反而较少机会发生这样的流弊。[1]

这里，余先生直接强调的是"坚持自己的信守"。这是一个"行"的问题。但在逻辑上，"行"的背后潜藏着一个"知"的问题，因为信守什么？信守的对象如何产生？这些构成了"行"的依据与内容。此处不言"行"，只论"知"。信守的对象应该是某种价值，某种应然的东西，也就是某一种理想。价值抑或理想产生的途径不外乎二，或源于陈义各有高卑的种种信仰，或源于基于客观认知的深熟思考。从21岁开始创作《到思维之路》中的那些文章起，追求思想的独立，致力于使主观的价值依于客观的知识，坚信理想能够超越现实并引领现实，既成为余先生人生的重要理

---

[1] 《历史与思想·自序》，第3页。"知识分子"一词，2002年后，余先生即弃而不用，改用"知识人"，盖因强调知识者作为独立的人的尊严，参见余先生《士的传统及其断裂》一文，收入余英时：《知识人与中国文化的价值》，台北：时报文化出版公司，2007年，第213—224页。

想，又影响他治学的基本方法。"内在理路"所示者，表面上仅为一具体研究之方法；在对此方法的申述中，余先生进而呈现出他的历史观。但是，真正蕴藏在其后，并强有力地支撑着这一方法的，却是上述余先生的人生理想。对此，后文第五节中还将申论。唯有把握到此，对余先生的思想史研究才能真正由形迹而得精神，由才情而见境界。

四、外缘情境与思想流变

颇值得我们留意的是，余先生固然肯定与坚持"内在理路"的方法及其观念，但在中国近世思想史的研究中，除了有关清代学术思想的个案研究采用"内在理路"外，其余的专题研究更多的是转移到外缘的领域。事实上，即便是在清代学术思想的个案研究中，余先生对于"内在理路"的作用也有过明确的限制。他在《论戴震与章学诚》的《增订版自序》中反复申明：

> 本书的基本立场是从学术思想史的"内在理路"阐明理学转入考证学的过程。因此明、清之际一切外在的政治、社会、经济等变动对于学术思想的发展所投射的影响，本书全未涉及。然而我并不是要用"内在理路"说来取代"外缘影响"论。……"内在理路"说不过是要展示学术思想的变迁也有它的自主性而已。必须指出，这种"自主性"只是相对的，不是绝对的；学术思想的动向随时随地受外在环境的影

响也是不可否认的客观事实。……"内在理路"的有效性是受到严格限定的，它只能相对于一个特定的研究传统或学者社群而成立。……在我的全部构想中，"内在理路"不过是为明、清的思想转变增加一个理解的层面而已。它不但不排斥任何持之有故的外缘解释，而且也可以与一切有效的外缘解释互相支援、互相配合。

究其原因，是因为余先生治史中强烈的客观认知取向。"内在理路"对明清之际儒学转型的有效解释，是建立在可靠的历史事实上的，"其文献上的证据是相当坚强的"[1]；而要更全面地认识中国思想在近世所发生的深刻而微妙的变化，政治、社会、经济等外缘环境便成为必须面对的领域。为了理解余先生的研究取径与对象，首先指出并意识到余先生的客观认知取向，实是非常必要的。

从政治、社会、经济等层面分析中国近世思想，余先生的工作主要集中在两项专题研究上，一是1985年完成的《中国近世宗教伦理与商人精神》，以及进而拓展出来的两篇长文，《现代儒学的回顾与展望——从明清思想基调的转换看儒学的现代发展》（1994年）和《士商互动与儒学转向——明清社会史与思想史之表现》（1997年）[2]；二是2002年完成的《朱熹的历史世界》，以

---

[1] 《论戴震与章学诚》，第3页。
[2] 余英时：《中国近世宗教伦理与商人精神》收入《士与中国文化》，其余两篇收入《余英时作品系列·现代儒学的回顾与展望》，北京：生活·读书·新知三联书店，2004年。

及由其中《绪说》而延伸的研究《明代理学与政治文化发微》。①
需要补充的是，两项研究虽属不同时候进行的不同专题，但却又
有交互，尤其是最后撰成的《明代理学与政治文化发微》，仿佛
更有使两项研究连结成一体的作用。

在世界文明史中，中国社会的发展曾长期占领先地位，但在
近代，由于西方资本主义的兴起，中国严重地衰落了。因此长期
以来，中国何以没有发展出资本主义的经济形态，成为研究中国
近世的一个基础性的重大问题。对于这样一个几乎是经济与社会
领域的课题，思想史的研究似乎是无容置喙的。但是，韦伯的
《新教伦理与资本主义精神》在资本主义的研究中开辟了一个极
其重要的路径，即追溯宗教观念对于人类行为的影响。余先生以
为，"韦伯关于西方资本主义的兴起的解释涵蕴着一种理论的力
量，可以从反面说明东亚——尤其是中国——何以没有发展出资
本主义的经济形态"。而至1980年代，历史上深受儒家文化影响的
东亚地区出现经济快速成长，又以现实的方式向人们提出了韦伯
式的问题，即"儒家——或者更广义地说，中国文化——是否曾
对东亚的经济发展发生了积极的推动作用"②。余先生由此而考察
中国近世宗教伦理与商人精神，既对此问题给予了回答，同时也
揭开了中国近世思想中的重要面相，梳理了其中的脉络。

必须指出的是，根据韦伯的研究，新教伦理虽然影响了资
本主义的发展。但是，"韦伯这篇关于新教的论文，除了个别之

<hr />

① 此两部分因此而成一独立性的专书《宋明理学与政治文化》，台北：允晨
文化出版公司，2004年。
② 《中国近世宗教伦理与商人精神》，《士与中国文化》，第441—442页。

处，并没有探讨因果关系问题"①。因此，运用韦伯的观点研究中国，同样不是要在中国的宗教伦理与商人精神之间寻求某种因果关系，而只是考察中国的宗教伦理是否具有与新教伦理相似的功能，并且又有什么根本的差异。余先生指出，具体到近世中国，由这种考察目的出发，"想追问的是：在西方资本主义未进入中国之前，传统宗教伦理对于本土自发的商业活动究竟有没有什么影响？如果有影响，其具体的内容又是什么？"②

余先生在此专题研究上的具体结论，将与他的其它观点一并在后文专节陈述。这里仍从思想史研究方法的角度，略述余先生此一研究中所展现的特色。

中国宗教的伦理观念是一个包容甚广且头绪复杂的议题，如何在一个专题而非通论性质的研究中找到相应的切口，进入有效的问题分析，无疑是研究中首先要考虑的难题。在余先生的研究中，他充分注意到了韦伯关于新教"入世苦行"的分析，并结合西方近代的俗世化问题，认为类似的历史阶段具有普遍性，不同处是在于具体的过程。因此，他由此切入，首论中国宗教的入世转向，以此考察在此一过程中所呈现出来的宗教伦理，为此下讨论这一宗教伦理与商人精神之间的关系作出铺设。这样的切入将原本所涉极广的领域转化为一个具体的认识对象，不仅使整个分析能紧扣主题，而且使得具体分析成为可能。

不过，切口固然使认识对象得以具体，但进一步的考察仍然

---

① 莱因哈特·本迪克斯：《马克斯·韦伯思想肖像》，上海：上海人民出版社，2002年，第65页。
② 《中国近世宗教伦理与商人精神》，《士与中国文化》，第449页。

面临选择。由于儒家伦理占据着东亚文化的主导地位，因而相关的研究大致聚焦在儒家伦理与东亚经济成长的关系上。沿此旧辙前行，自然可获轻车熟路之便，而且大方向终也不误。相反，跳出定视，弃其引导，则不免困难丛生，问题复杂。但余先生选择了后者，因为历史事实表明，儒家伦理固然对于中国近世的商人精神构成了直接而深刻的影响，但"中国宗教伦理的转向则从佛教开始"[①]。据此，余先生分别对中唐以后新禅宗的经济伦理的发生与演进，新道教在两宋之际的兴起以及元明时期的衍化，进行了仔细讨论，最后转向新儒家伦理的全面论述。

在上述三教伦理的具体讨论中，余先生彰显出他治思想史的两个精彩手法。其一，历史过程的长卷式展开。虽然儒家伦理仍是最终要关注的主体，但余先生依据史料，从禅宗讲起，将始于禅宗、继而儒家、再而道教的中国近世宗教转向的历史过程，给予了长卷式的重现。在这个重现中，余先生既使跨度达九个多世纪的历史过程（从中唐的惠能[638—713]到晚明的林兆恩[1517—1598]）呈现出清楚的阶段及其特性，又随时将其间某些重要的关键点画出来。其手法是取其宏大而尤重细微。

兹举二例以说明。先看禅宗的例子。以中国宗教的入世转向为切口，本是受韦伯研究的启发，而中国宗教的入世转向从禅宗开始，因此很容易由此将禅宗与新教的功能等量视之。余先生在论述中，一方面指出两者在历史进程中具有着共同的入世转向性质，故可以由此而切入分析，但另一方面则指出两者的社会功能

---

① 《中国近世宗教伦理与商人精神》，《士与中国文化》，第451页。

决不可同日而语。新教的革命掀动的是整个西方的信仰与俗世生活，而惠能的禅宗革命只不过是"静悄悄地发生在宗教世界的一个角落之上，并没有立刻掀动整个俗世社会"[①]。在思想史的研究中，各种比较是最常用的观照方法，但稍有不慎极易陷于比附，反受其害。在禅宗的问题上，余先生以中西比较的方式切入，其视野不可谓不宏大，但关键更在于他尤重细微的异同区分，这种区分又常常是通过将对象置于具体的历史场域中得以说明。正是这种细微工夫，所以整个历史过程的宏大把握最终仍呈现出它的具体绵密的特征。仍由禅宗的问题而言，既知其社会功能远非新教而比，则必有进一步的追问，"新儒学和佛教的转向之间究竟有没有关系？如果有关系，其关系又属何种性质？"[②]这就迫使整个研究，始终将以细微的方式向前展开。再看道教的例子。"三教合一"是道教的一贯立场，但到晚明竟然衍生为整个中国社会的思想主流，甚至出现了林兆恩的"三一教"。林兆恩的"三一教"近似一种粗糙的混杂，在学术思想史的意义上本无足轻重。但在余先生的分析中，道教的入世转向因后起于禅宗与新儒家，故新道教一方面继承了新禅宗的入世苦行，另一方面又吸收了新儒家的忠孝伦理。正是在唐宋以来中国宗教伦理发展的整个趋势中，才汇归于明代的"三教合一"。这不仅极好地解释了"三教合一"思想在明代的特别兴盛，而且揭示了林兆恩"三一教"在思想史意

---

① 《中国近世宗教伦理与商人精神》，《士与中国文化》，第456页。
② 《中国近世宗教伦理与商人精神》，《士与中国文化》，第474页。

义上的重要价值①。

其二，思想内容的独特性建构。如果说中国宗教入世转向的历史展开是画龙，那么儒家伦理的思想建构可以比作点睛。余先生画龙的手法，我已指出是取其宏大而尤重细微，而点睛的手法可概之为依势传神而不拘形貌。

所谓依势传神，盖指余先生建构思想内容时，重在因他所述的历史过程所关涉到的思想内容。倘若无关，则不赞一词。思想内容的建构既不求完整表述思想主体的全部思想内容，无论这一思想主体是具体的一个思想家，还是一个学派，甚至一个时代；更不依据外在的某种理论架构来勾勒刻画。换言之，目光所注与身势相合，既是必然，也是应然，故点睛手法，只求传神，不拘形貌。余先生将关于儒家伦理讨论的整个中篇题为"儒家伦理的新发展"，这个"新发展"便点明了他并不是要泛论儒家伦理，而是要在唐宋以来中国宗教入世转向的大势中来观察儒家伦理的目光所注及其传出的精神。因此，余先生首述"新儒家的兴起与禅宗的影响"，使将点之睛与龙之身势相合；然后点睛，以"天理""敬""以天下为己任"合而传递出新儒家的伦理关注。显然，无论是儒家还是新儒家，伦理思想远非此三点，此思想内容的建构也绝不根据义务论或功利论等伦理学的任何架构，而完全是从处于中国近世宗教伦理入世转向大势中的新儒家里论说中总结出来的"新发展"。

---

① 《中国近世宗教伦理与商人精神》，《士与中国文化》，，第472—473、507—508页。

余先生对思想内容的建构之不拘形貌，尤可见之于此下专论朱陆异同一节。从结构上讲，此篇主旨"儒家伦理的新发展"所述已完备，似不必另生枝节；从内容上看，朱陆异同乃新儒学的一大论题，学界可谓耳熟能详，似与此篇难有关联。唯此，余先生开节坦言，"朱陆思想的异趋不在本篇的讨论范围之内"。但余先生由儒家伦理的入世转向而观朱陆异同，发现朱陆思想上的异同实有着来自受众的社会原因。"朱子的直接听众是从'士'到大臣、皇帝的上层社会"；"陆象山则显与朱子不同，他同时针对'士'和一般民众而立教"。由于南宋时期商人阶层的出现尚处于起步阶段，没有从根本上动摇士农工商这一传统的四民秩序，故程朱终为新儒家的主流。直到明代中叶以后，随着商人地位的提高，四民秩序的变化，陆九渊心学始得因王阳明良知说而光大，"陆王才真正能和程朱分庭抗礼"。[①]由此识见与论述，不仅使朱陆异同与前述内容在论旨上融合无间，而且可谓使点睛之笔具有神来之功。无此一节，前述可称贴切，却不足称奇；有此一节，则将儒家伦理的入世转向与新儒学运动中最重大的思想纷争有了极密切的关联，不仅使"儒家伦理的新发展"由思想内容的建构进而又转入思想史的具体历史之中，从而呈现出思想的鲜活性，而且使得对于新儒家整个思想史的认识别开界面。

实际上，余先生在建构思想内容时，这种依势传神而不拘形貌的手法是一贯使用的。譬如在《方以智晚节考》正文四节中，其一、二、四节之"青原驻锡考""俗缘考""死节考"皆属历史

---

① 《中国近世宗教伦理与商人精神》,《士与中国文化》,第511—515页。

过程，而第三节则专论"晚年思想管窥"。此节表面上似游离于狭义的"晚节"，但实际上对于思想家而言，思想正属于最重要的内容，唯有合此一节，才足以尽见广义的方以智"晚节"。只是，在余先生更多的研究中，这种思想内容的建构常寓于历史过程的叙述中，由于表现得很不经意，不易觉察。譬如在《朱熹的历史世界》中，余先生尝论及宋儒"得君行道"的问题。"得君行道"似乎是一个不必言诠的儒家概念，而且所论重在梳理南宋诸儒在实际历史中对此概念的践履，因而未必专论此一概念。但是余先生却在进入正题之前，对此概念专门加以澄清①。这种思想分析看似信手拈来，但其实却需要非常自觉的意识。

总的来说，当余先生从外缘环境来分析某一思想流变时，他会在注意到历史节奏的同时，尽可能从不同侧面来逼近最终要处理的思想本身。上述关于新儒家的伦理发展的分析是如此，下篇专论"中国商人的精神"也是如此。他从"治生论""新四民论"，以及"商人与儒学"三个既有所区别，同时又转相递进的侧面来层层呈现营造明清商人精神世界的外缘环境，最终分析"商人的伦理"与"贾道"，使思想史的研究极其穷处而后止。在每个侧面的观察中，外缘环境对于思想流变的影响因其细微而极富历史感。譬如在讨论"新四民论"的问题上，余先生在引用归庄"士不如商"的论述以说明四民的新观念时，不忘指出，"归庄是明遗民，他劝人经商而勿为士是出于政治动机，即防止汉人

---

① 《朱熹的历史世界》下册，第424页。

士大夫向满清政权投降"，^①从而使得思想背后的历史复杂性毕现无遗。

与《中国近世宗教伦理与商人精神》相比，《朱熹的历史世界》在研究性质与方法上，基本一致。这点，余先生讲得很明白：

> 无论是《朱熹的历史世界》或《中国近世宗教伦理与商人精神》，我都不能不尽量打通思想史与其他专史（如政治史、社会史、经济史、宗教史）之间的隔阂。换句话说，我的研究取径并不限于较严格意义的思想史（intellectual history），而毋宁近于一种广义的文化史（cultural history）。^②

不过必须指出，《朱熹的历史世界》意在重构朱熹的"历史世界"，涉及大量的人物与事件，要比《中国近世宗教伦理与商人精神》单纯关注"伦理"与"精神"复杂许多，所以就具体的研究方法而言，前面所分析到的各种方法在《朱熹的历史世界》中都得以并用，而且手法娴熟。

为免重复，这里仅就《朱熹的历史世界》在方法上特别显著

---

① 《中国近世宗教伦理与商人精神》，《士与中国文化》，第533页。
② 余英时：《田浩〈朱熹的思维世界〉增订本新序》，《会友集——余英时序文集》，香港：明报出版社，2008年，第81页。余先生这里所称"广义的文化史"，在我的分析概念中，即是history of thought，重在关注思想与环境的互动。

而前文又不曾论及的二点略作申述，以结束本节①。其一就是心理史学（psychohistory）的实践。广义而言，"知人论世"是余先生治史的基本追求，而思想史之宗旨更在由历史的一切表象而获知古人之心，同时复由其心而反观表象，故心理分析在余先生的研究中本来就有所涉及，譬如《方以智晚节考》。但是就心理史学而言，在余先生的研究中，确实仅有《朱熹的历史世界》专门涉及，而且占有极重要的比重。

心理史学虽然总的来说是心理学的理论应用于史学的产物，但重在深度心理学（depth psychology）的应用，即更关注通过负面的潜意识（即余先生所引朱子所言的"泯然无觉之中，邪暗郁塞，似非虚明应物之体"②）分析来说明人的行为。人的潜意识在性质、结构、动力等方面固然具有共性，但文化传统的不同必然也会在内容上导致差异。余先生深知其中的异同，自始便高度警惕到进入心理史学"是一险途"，"稍一不慎，便会流于荒诞不经"。故他从两个方面对心理史学方法的引入加以规定：第一是在大的原则上，"探索基本上是从中国已有的心理观察出发"，"并不奉任何一家的理论——包括弗洛伊德在内——为金科玉律"；第二是在具体的内容上，绝不将心理因素加以泛用，而只是限定在皇权分裂的分析。有了这两条规定，《朱熹的历史世界》第十二章里对于孝、光二帝的离奇行为及其心理因素的分析，读来令人

① 关于《朱熹的历史世界》的结构、撰写手法以及内容，我曾通过与钱穆《朱子新学案》的比较加以说明，参见《理气混合一元论与内圣外王连续体》，刊《儒林》第二辑。后另题为《推陈出新与守先待后》，刊《学术月刊》2006年第7期。
② 《朱熹的历史世界》下册，第397—398页。

心折，决无荒诞之感。整个方法仍然基本是考证与诠释的交互使用，只不过材料和所要说明的问题有所不同而已。

其二则是思想人物的鲜活呈现。《朱熹的历史世界》重在"历史世界"的重现，故整个叙述具有强烈的现场感，这自然有赖于余先生学兼文史的工夫。但我这里所要强调的，却是余先生此一研究中尤为凸显的对思想人物的鲜活呈现。历史的主角是人，史学在任何方面的研究实际上都只不过是在重建历史的场景，其最终的目的是呈现出场景中的人。但事实上，在大量的史学研究中，人却是缺席的，更不必说鲜活地呈现。思想史的研究也同有此弊，但见冰冷之思想，难见有血有肉的思想者。我确信在余先生的整个史学研究中，人的关注始终是核心[①]。而在他的思想史研究中，人的鲜活呈现似乎更为注意，这在《朱熹的历史世界》中凸显得尤为生动。整个书就像一部生动的历史戏，细微鲜活处俯拾皆是。兹举一例以概其余。为了再现理学集团与官僚集团的冲突，余先生从《四朝闻见录》中采得一则史料，记录了理学集团中的叶适、詹体仁与官僚集团中的刘德秀相会于丞相留正府第的一段情景：叶、詹言谈正欢，见刘到而神色顿异；刘揖之寒暄，叶尚能应付几句，詹则长揖而已，然后叶、詹离席默坐，令刘有凛然不可犯之感。余先生据此而汇集相关材料，不仅清楚说明了两个集团之间的冲突，而且点出了相关人物的性格，使得整个形象鲜活逼真[②]。

---

① 参见余先生在《历史与思想·自序》对于兰克历史理论与方法的阐明。《历史与思想》，第10—13页。
② 《历史与思想·自序》，《历史与思想》，第649—653页。

当然，我们回到本节主题，上述申论，其旨仍在从不同的方面说明，余先生为了揭示思想流变与外缘情境的关系，在视野上是非常开阔，而在方法上是不拘一格的。若论他的基本指导原则，则诚如他反复所言，"是'量身裁衣'，而不是'削足适屦'"[①]。

五、问题意识与两个世界

以实证与诠释的交互为用为方法，以观念的追溯与展开为核心，以内在理路与外缘情境为路径，这是我对余先生治中国近世思想史的基本认识。在这基本认识以外，则觉得还有两个重要的问题，虽在余先生的中国近世思想史研究中同样得到反映，本节论述也尽力围绕着此一领域展开，但其所涉却决不限于中国近世思想史的具体研究，而是牵连到余先生的整个学术思想的认识。

第一，问题意识如何产生？柯林伍德认为历史是人的活动，而人的活动是受其思想的支配的。现实中的人也同样如此。因此他强调，当一个历史学家去研究历史时，"历史学家必须明确自己想要知道的东西是什么"[②]。这就是一切研究中的问题意识。然而，问题意识如何产生？这是很容易追问的基本而重要的问题。余先生受过现代史学的严格训练，他对柯林伍德的思想既熟悉，又同情。因此，他对于问题意识不仅非常自觉，而且也是始终贯彻在他的研究中的。甚至，由于问题意识的原因，余先生在

---

① 《历史与思想》，第398页。
② 柯林伍德：《柯林伍德自传》，北京：北京大学出版社，2005年，第79页。

中国近世思想史的某些研究，譬如《中国近世宗教伦理与商人精神》，便由于其问题是"韦伯式的"，从而引起质疑。

第二，双重路径是否冲突？"内在理路"注重学术思想变迁的自主性，"外缘情境"则强调学术思想变迁的依他性。两者截然相反。诚然，余先生对于"内在理路"使用的有效性作了反复限定。同时，对于"外缘情境"最终说明学术思想的变迁也有所保留，尽管他的许多研究致力于沿着"外缘情境"的路径展开。如果限于具体研究的工具上看，两种路径的冲突并非不可调和，随缘从权自无不可。但在理论上穷究到底，仍不免出现冲突。余先生在历史因果论上坚持多因论，力求使双重路径得以统摄而获得自洽，但也仍然是就历史的陈迹上讲，而不是在理论的逻辑上论。此外，在前述"内在理路"一节最后论及知识分子的信守问题时，曾指出信守的对象应该是某种价值、某种理想。如果坚持信守，而同时又承认所信守的价值与理想必定受制于"外缘情境"，则信守与受制即便不完全对立，也难免不存在着紧张。

余先生在前一个问题上的实践与论述，可以分两个层面来讨论。首先是比较操作性的层面。试观方以智、戴震与章学诚、朱熹三部专著，研究的对象都是学界已有相当研究，但却又有未发之覆，甚至存在着严重的偏颇。方以智自四库馆臣起，就因时代原因而屡获见重，但"三百年来不仅无人谱其生平，即欲求一翔实可信之传记亦渺不可得"。余先生治明清思想，启途于钱穆的《中国近三百年学术史》，但钱著也未能讨论到方以智[①]。戴震与

---

① 《方以智晚节考·自序》。

章学诚以及清代中期学术思想，清末以来已为中外学界所论，但大的问题仍然明显存在，如宋明与清代学术思想之间究属断裂抑或连续？外缘情境是否足以解释清代朴学的兴起？等等。至于朱熹的研究，更可谓汗牛充栋，但几乎全在思想而甚少从别的视角加以讨论。由此似可推知，在操作性的层面上，余先生的问题意识深植于他对所涉领域的学术史的识见之中。至于更具操作性的选题办法，以我目力所及，余先生似未曾笔及于此；但我曾幸聆余先生教诲，以为陈垣《家书》中所指示的在那些已有研究而又待推进的论域中考虑选题是明智之举①。显然，这里的基础仍是学术史的认识。

当然，学术史的识见决非易事，它取决于学者的整个学养。但这里，我想特别标示一点，即余先生非常强调开放而又批判的精神。对学术史的全面认识，这是一种开放的现代学术规范。遵守这种开放的学术规范，就是要"接受其他学者有根有据的断案，但却不盲从任何尚待商榷的论点，无论持之者是多么受推重的权威。仅仅开放而不批判，那便必然流为随人脚跟而丧失自我了"②。在这点上，余先生可谓践履其笃。这里只需例举他在面对自己极其敬重的钱穆、杨联陞两位业师的学术成就时，所坚持的"批判的精神"即可③。余先生治中国近世思想史的颇多问题与论

---

① 陈垣：《陈垣史学论著选·家书》，上海：上海人民出版社，1981年，第628页。
② 《何俊〈南宋儒学建构〉序》，《会友集》，第192页。
③ 就"批判的精神"而言，余先生颇欣赏西方"吾爱吾师，吾尤爱真理"之传统，但亦曾同时面谕，中国自有师道，不可完全照搬。细观余先生论学文字，凡认同处阐扬师说，于商榷处姑隐其名，此或情理各安。

述，都受启于钱穆的论著，但在立意与论断上每每与师说相异。轻则"拾遗补阙"，如方以智研究。中则承其绪而变其意，如钱先生强调清学与宋学的连续性，此为余先生治清学之出发点，且同以戴震、章学诚为清学之重镇。但钱先生以为迫于清廷高压，即便是"魁杰"戴震，亦难改清学"一趋训诂考订，以古书为消遣神明之林囿"之状；章学诚起而纠谬绳偏，充其量"亦适至于游幕教读而止"。清儒之成就"乌足以上媲王介甫、程叔子之万一耶"！①而余先生则以学术思想典范之转移，对以戴、章为代表的清学不仅高度肯定，且以为其"道问学"的取向正足以下开儒学的现代转型。褒贬可谓几近霄壤。重则别开生面，如朱熹研究。余先生与钱先生论学领域多有交集，有所异同学人尽知。余先生与杨先生论学各有偏重，商榷实少。我虽仅得一见，但仍足见余先生"批判的精神"之一贯。杨先生有一重要论文《报——中国社会关系的一个基础》②，论证帝制中国发展出分殊主义，并继续保持二元的道德标准，从而印证西方社会学家以道德的特殊性与普遍性分论中西差别的论断。而余先生"对这一论点深为怀疑"，并予以分析反驳③。

除了由学术史的认识产生问题意识外，在操作性的层面，余先生还提到过杨联陞先生的治学程序。余先生讲：

---

① 钱穆：《中国近三百年学术史·自序》，第1—2页。
② 中译本收入杨联陞：《中国思想与制度论集》，台北：联经出版事业股份有限公司，1976年，第349—372页。
③ 《从价值系统看中国文化的现代意义》，《中国思想传统的现代诠释》，第28—29页。

大体上说，杨先生平时在一定的范围内博览群书，现代社会科学的训练则在阅读过程中发生部勒组织的作用。读之既久，许多具体问题便浮现脑际，而问题与问题之间的层次和关系也逐渐分明，这时有哪些专题值得研究，并且有足够的材料可供驱使，都已具初步的轮廓，然后他才择一专题，有系统地搜集一切有关的材料，深入分析，综合成篇。[1]

这是否同样是余先生产生问题意识的路径，没有直接的证据。但回忆余先生的指点，细读他的论著，加之考虑他毕竟正式师从杨先生五年有半，后又合教了九年的课程[2]，因此，将杨先生之法视为余先生的夫子自道，虽不中，亦不远。

由此认定，则此一治学程序便涉及到了余先生有关问题意识的第二个层面，即比操作层面更进一步的理论层面的思考。余先生提到，"现代社会科学的训练则在阅读过程中发生部勒组织的作用"，这便意味着，不仅是在问题意识上，而且在整个的实证与诠释上，西方的概念与理论都起到了极其重要的作用。这自然会引发疑问，甚至"引起误解"[3]。属于"韦伯式的问题"的论著《中国近世宗教伦理与商人精神》之引发争论，原因即在于此。

我们知道，余先生"自早年进入史学领域之后，便有一个构想，即在西方（主要是西欧）文化系统对照之下，怎样去认识中

---

① 《中国文化的海外媒介》，《犹记风吹水上鳞》，第175—176页。
② 同上，第175页。
③ 《中国思想传统的现代诠释·自序》，第3页。

国文化传统的特色"①。比较意识似乎可以说构成了他的全部研究的思想背景。落实到具体研究，余先生强调，"今天我们对中国的思想传统进行现代的诠释自然不能不援引西方的概念和分析方式"，"甚至也无法完全不涉及西方的理论"，"理由很简单：现代诠释的要求即直接起于西方思想的挑战"②。综其旨意，余先生实际上是指出，一方面，问题意识产生于当下的时代问题的关怀，而对于现代的中国，最大的时代问题莫过于如何回应西方思想与文化的挑战；另一方面，这种回应所基于的对中国思想与文化的研究，又无法脱开，甚至必须应用西方的概念与理论。

显然，两者之间存有悖论。余先生在《中国思想传统的现代诠释·自序》中分析，同样的困境曾经为宋明新儒家所面对，宋明新儒家正是通过佛教的概念和分析方法彰显出了儒家的特性，丰富并更新了儒家的传统。不过，宋明新儒家所使用的佛教概念与分析方法，已经过数百年儒释思想的彼此"格义"而实现本土化，因此，新儒家之使用佛教的概念与分析方法，主要是在技术层面，而不在义理层面。相形之下，西方思想在现代中国尚未完成彼此"格义"而本土化的过程，其复杂性也远非佛教能相提并论，但西方思想却连同其概念与分析方法席卷中国学术思想界。在这样的情况下，借用西方的概念与理论来认识中国思想，则所谓的问题与分析架构都可能是外在的，乃至是虚假的，无效的，因为它们在根本上缺乏中国思想的自在性。

---

① 《余英时作品系列·总序》，第4页。
② 《中国思想传统的现代诠释·自序》，第4—5页。

回避既无可能，且不应该。虽然困难重重，但只能前行，用余先生的话讲，在中国思想的现代研究中，"中西观念的'格义'、西方概念的'本土化'和现代诠释这三层工作今天必须在同一阶段中'毕其功于一役'"。在这个前行中，最可靠的路径，余先生以为，就是立足于从中国传统及其原始典籍内部来观其脉络，西方的概念与理论只起缘助性作用；而基本方法是"不但要观察它（中国传统）循着什么具体途径而变动，而且希望尽可能地穷尽这些变化的历史曲折"①。这正是余先生在中国近世思想史研究中所呈现出的基本特征②。

总之，统观余先生在操作与理论两个层面上的论述，参之他的实际研究，基本可以看到，他的问题意识是由学术史的识见、固有材料的梳理、西方概念与理论的借镜三个方面合而产生的。其中，所倚固有轻重，实施亦有轨则。

与问题意识相比，双重路径的问题不在其本身，而在其背后的理论，即历史与思想的关系。对此，余先生在《历史与思想·自序》中将他的基本观念表达得很清楚：

　　我始终觉得在历史的进程中，思想的积极的作用是不能

---

① 《中国思想传统的现代诠释》，第7—8页。
② 陈寅恪标举王国维在中国近代学术界转移一时风气而示来者以三轨则之一，就是"取外来之观念与固有之材料互相参证"。（见许冠三：《新史学九十年》，长沙：岳麓书社，2003年，第83页）余先生敬重陈寅恪，学人皆知，而余先生对王国维之推重，溢于言表。曾示知，王氏的一些论文堪为不朽典范。余先生对中西之参证实是沿王氏轨则而进之，这个贡献既见之于他具体的专题研究，更见之于他自觉的理论阐明。

轻轻抹杀的。而且只要我们肯睁开眼睛看看人类的历史，则思想的能动性是非常明显的事实，根本无置疑的余地。但是我并不曾唯心到认为思想是历史的"最后真实"（ultimate reality），也不致天真到认为思想可以不受一切客观条件的限制而支配着历史的发展。

在这个陈述中，"内在理路"与"外缘情境"作为具体的研究路径，其并存的依据已完全涵于其中，自不待言。而这里要指出的是，余先生上述对历史与思想的双重承认，同时也表明了两者之间存在着紧张，乃至冲突。思想的边界固然难以划定，但思想无外乎是人关于自己生活的应然性的思考及其形成的观念。虽然思想源于对现实世界的思考，其结果复受现实世界的影响与制约，但思想的诉求无疑朝向应然性，其观念不免具有着理想性。故思想一旦形成，其理想性与现实的实然性构成紧张与冲突，势所必然。

事实上，余先生对这一紧张与冲突是完全认识到的。他在论述新儒家的"天理世界"时，于引述朱子"气强理弱"的话后，就明白地指出：

> 这个"理弱气强"的观点最能显出新儒家伦理与"此世"之间的紧张是何等巨大、何等严重。①

---

① 《中国近世宗教伦理与商人精神》，《士与中国文化》，第489页。

此外，余先生尝解读《红楼梦》。他的结论是：

> 红楼梦这部小说主要是描写一个理想世界的兴起、发展及其最后的幻灭。但这个理想世界自始就和现实世界是分不开的：大观园的干净本来就建筑在会芳园的肮脏基础之上。并且在大观园的整个发展和破败的过程之中，它也无时不在承受着园外一切肮脏力量的冲击。干净既从肮脏而来，最后又无可奈何地要回到肮脏去。在我看来，这是红楼梦的悲剧的中心意义，也是曹雪芹所见到的人间世的最大的悲剧！①

在这段话里，余先生将《红楼梦》中的理想世界（思想）与现实世界（历史）之间的关系勾勒为三层：1."大观园的干净本来就建筑在会芳园的肮脏基础之上"（思想源于历史）；2."在大观园的整个发展和破败的过程之中，它也无时不在承受着园外一切肮脏力量的冲击"（思想的内在理路始终受制于外缘情境）；3."干净既从肮脏而来，最后又无可奈何地要回到肮脏去"（思想最终屈于历史）。这当然是余先生关于《红楼梦》与曹雪芹的"两个世界论"，不能据此而轻言余先生也持相同的世界观。但是，至少可以断言，余先生在他的中国近世思想史研究中，已完全认识到理想世界与现实世界之间存在着上述三层关系。而且还必须意识到，余先生解读《红楼梦》虽迟至1973年秋，但其两个世界的看法早

---

① 余英时：《红楼梦的两个世界》，台北：联经出版事业公司，1978年，第61页。

在1955年刚到哈佛时就"蓄之于胸了，并且还不止一次地向少数朋友们谈论过"①。这意味着，从刚开始研究史学起，余先生就拥有"两个世界论"了。

在"两个世界论"的三层关系中，前两层在双重路径的讨论中已得到呈现，唯独第三层，有待申论。"干净既从肮脏而来，最后又无可奈何地要回到肮脏去"（思想最终屈于历史）。余先生指出了，这是一个悲剧！但悲剧的背后，却未必是悲观的人生。曹雪芹"十年辛苦"建造出大观园这个理想世界，它最终虽然"又无可奈何地要回到肮脏去"，但建造这个理想世界，本身未尝不是对现实世界存以期望，对未来抱以乐观②。"大观园"固然以悲剧告终，但至少在余先生熟知的中国近世思想传统中，这个以大悲剧告终的人间世仍然会重新开始。他曾引《朱子语类》的话：

> 问："天地会坏否？"曰："不会坏，只是相将人无道极了，便一齐打合，混沌一番，人物都尽，又重新起。"

"人无道极了"，足以使人间世沉沦，但天地"不会坏"，人与物会"重新起"。因此，理想不仅值得信守，而且论学正应秉此理想以照亮人间，即如朱熹所言，"圣人所以立教，正是要救这些

①　《红楼梦的两个世界·自序》，第3—4页。
②　《曹雪芹的反传统思想》，《红楼梦的两个世界》，第237—258页。

子"①。

不过，疑问相随而来。以信守立身，固然是余先生的选择，但秉持理想而言学，尽管可以说只是存于理念，然终究难脱实际研究中存在着以"外缘情境"凑合"内在理路"的嫌疑，这岂不与前述双重路径并重之法相悖吗？为了解开这个疑问，我愿详引余先生关于兰克的史学理论与方法的阐述。余先生讲：

> 兰克决不承认史学只是事实的收集，也不主张在历史中寻求规律。相反地，他认为历史的动力乃是"理念"（ideas），或"精神实质"（spiritual substances）；在"理念"或"精神实质"的背后则是上帝。每一时代的重要制度和伟大人物都表现那个时代的"理念"或"精神"，使之客观化为"积极的价值"（positive values）。史学的目的首先便是要把握住这些"理念"或"精神"。他自己的重要著作，如《宗教革命时代之日耳曼史》《拉丁与日耳曼民族史，1494—1514》，以及他晚年未及完成的《世界史》（只写到中古末期）巨著等都企图透过许多特殊的事象以了解其间之内在关联性，并进而窥见历史上的"趋向"（tendencies）和每一个时代的"主导理念"（leading ideas）。

---

① 《中国近世宗教伦理与商人精神》，《士与中国文化》，第489—493页。余先生又尝言："孔子被当时的人描写成一个'知其不可而为之'的人，正可见孔子虽勇敢地承认'命'的限定，却并不因此就向'命'投降。"（《历史与思想·自序》，第6页）

余先生深知兰克的史学包含着深刻的德国唯心论传统，故他进而指出：

> 我当然不是说，因为我们要接受兰克的方法论，所以连他的德国唯心论一齐搬到中国来。我只是要指出，在兰克的历史理论中，思想、精神实占据着中心的位置；他绝不是一个只考订一件件孤立的事实的人，更不是一个以史料学为史学的人。他和许多现代史学家一样，把人当作历史的中心。正唯如此，他总认为历史的真实不能由抽象的概念得之，而必须通过对"全部人生的透视"（clear contemplation of total human life）然后始把捉得定。……在史学研究中要求达到主客交融、恰如其分的境界，是极为困难的事，兰克在《拉丁与日耳曼民族史》的《自序》中便坦白地承认这一点。但是他仍然强调这是史学家所必当努力企攀的境界。①

质言之，一方面是"理念"，是理想；另一方面是"全部人生的透视"，是写实。二者趋向动态的平衡，使历史与思想、事实与价值达到恰如其分的融合，正是史学真正"充实而光辉"的境界②。王国维尝以"造境"与"写境"论词：

> 有造境，有写境，此理想与写实二派之所由分。然二者

---

① 《历史与思想·自序》，第11—13页。
② 史学的这一"充实而光辉"的境界，参见严耕望：《治史经验谈》，《治史三书》，第60—64页。

颇难分别。因大诗人所造之境，必合乎自然，所写之境，亦必邻于理想故也。[①]

余先生的双重路径并重，乃至他的整个中国近世思想史研究，也正应当以此喻之。

六、中国近世思想史的脉络与特质

余先生的中国近世思想史研究基本属于专题性质，他对撰写"通史"没有兴趣[②]，但"专精与通博"之间力求"趋向一种动态的平衡"，却又是他的追求之一[③]，故其专题研究中时时含有贯通之意，而且当他以英文论述时，尤重贯通之意的传达。余先生在通博层面上对于中国近世思想史的呈现，其一是在脉络的梳理，其二是在特质的彰显。兹请先述其所梳之脉络。

余先生是从整个中国思想史来定位近世思想的。他认为"漫长的中国思想传统可以划分出三个主要的突破"，最早的突破发生在孔子时代，第二次突破发生在三四世纪的魏晋时期，第三次突破就是宋代新儒家崛起与发展，这也是传统中国时期最后一次重要的思想突破[④]。中国近世思想史的发展脉络就是围绕着第三次突

---

① 《人间词话》卷上，上海：上海古籍出版社，1998年，第1页。
② 《余英时作品系列·总序》，第4页。
③ 另一追求即是事实与价值之间的动态平衡，见《历史与思想·自序》，第14页。
④ 余英时：《唐宋转型中的思想突破》，收入《余英时英文论著汉译集·人文与理性的中国》，上海：上海古籍出版社，2007年。

破加以梳理的。

宋代新儒家的崛起与发展，在余先生那里，不只是狭义的儒家形而上的思考，而是广义的儒家文化重建。从这个广义的理解出发，8世纪的中唐到18世纪的清中叶属于一个具有连续性的完整的思想历程，尽管其间可以区分出不同的阶段，即第一个阶段是从中唐到南宋中晚期，第二个阶段是从南宋晚期到明代中晚期，第三个阶段是从明末清初到清中叶①。对于这个一波三折的中国近世思想洪流，余先生曾先后从新儒学的自身流变、近世思想的入世转型、新儒家的政治文化梳理出三条脉络。梳理的角度虽然完全决定于特定的专题研究，事先并无整体的预备，而且随着研究的专题发生变化，在具体的论说上作有补充与修正，但总体上却是一贯的。

关于新儒学的自身流变。余先生依据北宋刘彝对儒家之道"有体、有用、有文"的界定，认为在第一阶段三者并重，各自成形，第二阶段则是对"体"的思考超过了"用"与"文"的成就，第三阶段则是"文"得以凸显。这中间尤为余先生申论的主要是两点，其一是在"用"上发生的转折，其二是"体"与"文"的关系。所谓"用"上发生的转折，是指余先生虽然始终强调儒家的入世性格，认为新儒家的崛起原本就是秉承其对人间世道的关怀，其政治参与在明末清初也仍保持着很大的活力，但在中期曾发生过转折。余先生曾接受南宋理学已转为内向的传统

①　参见《清代儒家智识主义的兴起初论》之"四、新儒学：新的分期设想"，收入《余英时文论著汉译集·人文与理性的中国》；并参见《唐宋转型中的思想突破》。

观点，认为王安石改革的失败使得新儒家结束了重建政治和社会的梦想，在政治参与和思想建构的选择中选择了后者。不过，即使在后来的朱熹研究中，余先生彻底纠正了这个传统定视，极大地彰显了理学家的政治情怀，对宋明理学作出了新的梳理，但他仍然强调这决非是对南宋理学在"体"方面的成就的否定，而毋宁说是一个补充。

实际上，关于新儒学流变最重要的脉络梳理，集中在"体"与"文"的关系上。"体"（尊德性）与"文"（道问学）的紧张虽然肇始于鹅湖的朱陆之争，但余先生以为其真正的意义更发生于后来，因为在朱陆时代，两者仍保持着相当程度的平衡。至明代，由于儒家的经典研究衰落到历史的最低点，尊德性完全归于良知，致使儒家的知识传统发生反弹，从而最终衍化为清代考据学对宋明义理思辨的取代。由于这一变化，后世学者倾向于认为清儒之学与新儒学的联系，或已断裂而改变意义，或已松散而失去意义。然而，余先生强调，虽然他承认清儒之学会因为其方法而改变新儒学的方向，但就清儒自身的立场与宗旨看，他们的经典文献研究（"文"）所指向的仍是"体"与"用"，即清儒之学仍处于新儒学"体""用""文"三者一体的演变之中，并构成其脉络本身。余先生所着意的不仅于此，还在于他要说明，由宋代新儒家的崛起与发展所引发的中国思想的第三次突破，除了已获共认的在形而上的"体"方面由宋明儒者取得了巨大成就以外，在"文"上还由清儒取得了巨大成就，而且清儒的成就直接为中国现代学术的建立铺设了道路，其实证精神和操作方法则与现代科学相通。

如果说新儒学自身流变的梳理，余先生尚专注在儒家，以及学术层面，那么在近世思想入世转型的脉络上，其视野则拓展到儒释道三教与经济社会诸层面。关于唐宋发生变革从而转型进入近世的论说，在中国史的研究中并非新说[①]，但作为中国思想实现突破的新儒家的崛起与发展，却有待发之覆。通常以为，新儒学旨在破除佛教以世界为空幻的思想，以及基于其上的价值观，但又借了佛教的许多概念、范畴。余先生以为这样的看法虽然正确，但却是一个静态的分析，它假定着佛教进入中国以来，始终保持着原来的超脱世俗的特性而没有变化。另一方面，新儒学的崛起也被理解为是对唐末宋初的社会变化而自发产生的自觉反应，这种反应最早追溯到韩愈。但余先生质疑的是，韩愈的时代儒家尚处于僵化而无生气的经学之中，新儒家从何处获得思想突破的精神资源？

余先生提出了新儒家的思想突破属于唐宋思想整体"入世转向"的精神运动的论说，系统而完整地梳理了由新禅宗发起、新儒家继续，新道教最终卷入的历史过程。在这个梳理中，这一始于中唐新禅宗的变革、中经两宋新儒家的发展、转而金元新道教的传播，最终归于晚明三教合一的社会文化的精神运动呈现出清楚的脉络。一方面，新儒家的崛起与发展仍然是这一长久而持续的精神运动的顶峰，另一方面，这一顶峰被置于宽阔的历史视野

[①] 内藤湖南：《概括的唐宋时代观》，《日本学者研究中国史论著选译》第一册，北京：中华书局，1992年。

中得以凸显，新禅宗不仅启动了这一精神运动，而且为继起的新儒家提供了从外在的概念、形式到内在的主体性各方面的精神资源；而最终卷入的新道教则既完成了自身教义的世俗化，又促成了整个精神运动的完成。

不过，在这一脉络上，余先生似乎还挂搭出一条支脉。新儒家在入世转型中的思想突破，自然是完成了形而上的义理建构，但入世的宗旨终在"经世"。余先生指出，"新儒家的'经世'在北宋表现为政治改革，南宋以后则日益转向教化，尤以创建书院和社会讲学为其最显著的特色。由于这一转变，新儒家伦理才逐渐深入中国人的日常生活之中而发挥其潜移默化的作用"①。但创建书院与社会讲学只是形式，新儒家伦理教化的具体呈现究竟又是什么？由于着眼于专题研究的论域，余先生没有展开。但在不经意间，余先生于《曹雪芹的反传统思想》一文②中牵出了新儒家伦理教化的具体呈现，即"礼法"。此文论证曹雪芹的反传统思想旨在反礼法，并探源其思想于魏晋。虽然余先生指出，曹雪芹批判的是存于满族上层的世家礼法，而汉人分家成俗，这种礼法即在汉人上层社会也属例外；而且余先生还指出，"当时一般社会上受到理学的影响，好用'理'字来压人，所以戴震批判的是'理'而非'礼'"③。但是，余先生最终强调，"曹雪芹反礼法

①　《中国近世宗教伦理与商人精神》，《士与中国文化》，第510—511页。
②　参见《红楼梦的两个世界·增订版序》关于此文缘起与性质的说明。
③　《红楼梦的两个世界》，第247页。俊案：钱穆在《中国近三百年学术史》第八章"戴东原"所附"程易田"中，尝述18世纪戴震同时代的程瑶田等在理论上有"以礼代理"之诉求，此既从反面印证了余先生所言，也反映出"礼"仍在社会中发挥功能。

的涵义已超越了魏晋观点的笼罩，其光芒更突破了八旗社会的樊篱"①。换言之，曹雪芹的反礼法终究折射出了中国近世思想在18世纪的脉动，而这个脉动恰恰是由余先生所讲的南宋儒家转向教化所引发的。后朱熹时代的礼教化是新儒家运动的重要内容，而礼的形式从朱熹起就明确为适时缘俗，如朱熹在《家礼》中特将《祠堂》一章冠于篇端，强调制度多用俗礼，就是充分考虑到了"古之庙制不见于经，且今士庶人之贱亦有所不得为者"②。故而如余先生所讲，"新儒家伦理才逐渐深入中国人的日常生活之中而发挥其潜移默化的作用"。后来五四新文化运动中所表现出来的反礼教倾向也印证了这一点。因此，余先生对于曹雪芹反礼教的分析诚为专论，但其最终强调的，已牵连到近世思想入世转型这一脉络，并与现代中国社会文化的变动发生关连。

除了上述脉络本身的梳理以外，对于近世思想入世转型这一精神运动的发生与展开，余先生是始终置于具体的历史中加以说明的。譬如，中唐的政治动乱引发了社会结构的变化，皇帝与贵族对佛教资助的显著减少导致着佛教团体中出现新的世俗劳作伦理；四民阶层的结构性变化，不仅造成了新儒家论学风格的异同，而且导致了思想观念的变化；清代考证学取代宋明义理思辨，固然源自新儒学的内在冲突，但它最初肇始于明代中晚期，又是与此时工商业兴盛而务实风气的形成有着关系。凡此种种，都使得整个近世思想入世转型这一脉络的呈现，折射出了历史的

---

① 《红楼梦的两个世界》，第258页。
② 《家礼》卷一《通礼·祠堂》注文，《朱子全书》第七册，第875页。

不同层面。

最后一条脉络是新儒家的政治文化。在余先生的中国近世思想史研究中，这条脉络的梳理意义重大。其一，从学术史的意义上看，前两条脉络余先生虽然进行了彻底的梳通彰显，但前辈们的研究曾或隐或显地有所点示，尽管语焉不详。而近世思想中的新儒家政治文化这条脉络，长时期以来不仅隐晦不见，而且智障深固。其二，从余先生自身的研究来看，无论是新儒家的自身流变，还是近世思想的入世转型，如果认定在后王安石时代，从朱熹到王阳明这一长时段的新儒家真的已远远退到思想和道德世界中去建构新儒学，那么，尽管可以说，这样的建构在新儒家看来仍属于"用"，仍坚持着现实关怀，但终究存在着很大的疑问。其一，在新儒家自身流变的脉络上，经过从南宋中叶到明代中叶如此长时期的政治关怀消退以后，晚明儒家怎么会重新焕发强烈的政治热情与活力呢？其二、在近世思想入世转型的脉络上，南宋儒学作为近世思想突破的顶峰，其入世性格怎么会甘愿于坐而论道的玄思之中呢？随着新儒家的政治文化这条脉络的梳理，不仅冰释疑解，使余先生关于中国近世思想史的整个研究全盘贯通，而且祛蔽除障，使中国近世思想史得以更全面地呈现。

长期以来，认为南宋儒家转向内圣之学已成为一种牢不可破的定视。通过《朱熹的历史世界》，余先生彻底破除了此一陈见。根据余先生的研究，王安石终结了中唐新儒学崛起以来专重"外王"的偏向，从胡瑗的"明体达用"转出了"内圣外王"互为表里的理论架构；而宋代士大夫政治主体意识的高度自觉，配以赵宋皇帝"不杀大臣及言事官"的"家法"，宋廷优礼士大夫的政治生态，终于使王安石"内圣外王"的理想得以尝试君臣"共治天下"。余先生以为，荆公"新学"与伊洛"理学"在理论形态上属于同构，但在内容上，理学家们否定王安石的"内圣"之学，视其不正远在释氏之上，并认定王安石"外王"失败正由于"内圣"之不正。故"理学"实是在与"新学"相抗衡中逐步发展完成的。新儒家崛起与发展在近世思想上所形成的突破之一，确实在理学家们的"内圣"之学，即形而上的义理建构与精微的精神修养，但余先生指出，这一"内圣"之学仍然是以"外王"为诉求的，以朱熹为代表的南宋儒家仍致力于君臣"共治天下"。由此，宋代新儒家在形而上的义理建构上的重大成就，并没有被新儒家政治文化（即政治思维的方式和政治行动的风格）的脉络消解或遮蔽，相反，新儒家在近世思想中的突破在"内圣"与"外王"两个维度上相得益彰。

不仅于此，余先生进一步将新儒家政治文化的脉络延伸到明代理学的研究。他指出，明代儒学由于彻底丧失了宋代那样宽松的政治生态，儒家们扼于明代帝王对士大夫的杀辱，只能"独善其身"，而绝望于"兼善天下"。明代中叶崛起的王阳明心学虽另辟蹊径，转向觉民行道，但是，这一转向仍然无法容身于明代的专制皇权，颜钧下狱，何心隐与李贽先后死于狱中。正是在这样的困局中，引发了著名的东林运动，起而与专制皇权作正面的对抗。可见，由于新儒家政治文化这一脉络的梳理，作为近世思想实现突破的核心代表，宋明理学一方面呈现出其内在的连续性，另一方面新儒学在宋代与明代所表现出的断裂也得到了有效解释。

余先生对于中国近世思想史脉络的梳理既见上述，则其所彰显的近世思想的特质也据此可见。其一是人世情怀。近世思想无论是整体的入世转型，还是新儒家的自身流变与政治文化，无不尽显出这一精神特质。即便从消极一面看，在近世思想的入世转型中，佛教虽然没有放弃空幻的教义，但其宗教生活却转为世俗；道教原主张绝仁弃义，其间也改倡忠孝。在这样的思想格局中，那些还存有弃儒而悦老佞释幻想的人，实际上已无逃世之路。换言之，人世情怀已构成近世思想的生命基调。

其二是理性精神。近世思想的突破在于新儒家的崛起与发展，而新儒家的自身流变所导出的，则是以"道问学"为标志的极具知识诉求的清代考证学，这当然是理性精神最重要的见证。即使是新儒家的"尊德性"，无论是诉诸理，还是致良知，凭借的也是理性，而不是权威与信仰。不仅新儒家如此，新禅宗、新道教的世俗化，乃至商人阶层的"贾道"建构，也无不秉持其理性精神。

其三是主体意识。虽然在新儒家的政治文化脉络中，凸显的是士大夫的政治主体意识，但是广义上看，从新禅宗的顿悟见性，到新儒家的持敬致知，都是主体意识的自觉与培植。至于陆九渊"不识个字，亦须还我堂堂地做个人"，商人由传统的四民之末上升到士商并立，并确立起"良贾何负闳儒"的自负，则更彰显出在近世思想的洪流中，虽智愚有别、贫富不等，但主体意识的挺拔与张扬已成为应然的价值观。

以新儒家的崛起和发展为思想突破的近世思想，对于后来的中国文化构成了深刻的影响，不仅直接造就了近代中国①，实际上也构成了中国文化现代转化的基础。余先生的中国近世思想史研究，无论是梳理的脉络，还是彰显的特质，以后见之明而言，似皆足以转向现代而不存在根本的冲突，但近代中国以降的历史却充满了艰难。当然，这既不是余先生的研究所要回答的，更不是中国近世思想所能预知的。不过，在余先生的中国近世思想史研究中，也可以看到，近世思想发展的三条脉络无不受扼于专制皇权。新儒学的内在理路虽然导引出清代考据学，但并不排除清廷文化高压的影响，而且历史表明，随着这种高压的持久，极具知识诉求的考据学最终不免流于博雅自娱；晚明的工商业尽管给世俗社会营造了繁华，但在贪腐的官僚体制面前徒显无奈；新儒家以天下为己任的弘大抱负，在专制皇权那里换来的更是腥风血雨。的确，近世思想所培植起来的人世情怀、理性精神、主体意识，培养了许多方以智这样以身殉道的士人，但面对杀辱，更多的儒者只能如吴与弼那样"欲保性命而已"。余先生的中国近世思想史研究透露出的上述历史信息，对于理解近代以来中国文化的艰难历程，或能带来启发。

原载《学术界》2009年第6期；另收入田浩编：《文化与历史的追索——余英时教授八秩寿庆论文集》，台北：联经出版公司，2009年。

---

① 严复：《与熊纯如书》（1917年4月26日）云："中国所以成于今日现象者，为善为恶，始不具论，而为宋人所造就什八九。"《严复集》第三册，北京：中华书局，1986年，第668页

《余英时英文论著汉译集》序言

　　我收集余英时先生的英文论集，初衷本是为了自己更全面地学习他的治学方法和理解他的论学旨趣。但在阅读的过程中慢慢觉得，如果能将这些论著译成中文，也许不失为一件有意义的事情。这意义在我看来至少有两点：一是有兴趣的读者可以更全面地读到余先生的论著；二是有助于对海外汉学以及中美学术交流的认识与研究。

　　《余英时英文论著汉译集》编为四册。《东汉生死观》取名于余先生1962年在哈佛大学的同名博士论文。由于这篇学位论文中的第一章后经修改以同名发表于1964—1965年的《哈佛亚洲研究学刊》，因此在本册中用后者取代了前者。此外，另收了同一主题的一篇书评（1981年）和一篇论文（1987年）。时隔二十年作者续论这一主题，主要是因为考古的新发现。1978年末余先生率美国汉代研究代表团访问中国月余，汉代文献与遗迹的亲切感受大概也起了激活作用。

　　《汉代贸易与扩张》取名于余先生1967年出版的同名专著。

此外，另收了两篇论文和一篇书评。论文与汉代有关，发表的时间虽然分别是1977年和1990年，但后者是因所收入的文集出版延后所致，实际上它们同时完成于1973—1975年间。与这一主题相关，作者后来为《剑桥中国史》（秦汉卷）（1988年）撰有专章"汉代对外关系"，此书早有中译本，故这里不再收录。1964年刊行的书评是关于唐代财政体制的，虽与汉代无直接关系，但考虑到主题同属于社会经济史，所以一并编入此册。

《人文与理性的中国》由多篇论文组成，讨论主题集中在中国思想史，涉及三世纪到当代，体裁有专论、书评、条目和序跋，先后发表于1980—2000年。之所以取名为《人文与理性的中国》，是我以为这个提法能反映余先生的思想，他的所有思想史论著从根本的意义上说，也正是要释证中国文化中的人文情怀和理性精神。

《十字路口的中国史学》，取名于余先生作为美国汉代研究访华团团长写成的同名总结报告。此外，收入了由余先生汇总的访问活动与讨论日记，以及差不多同时完成并与主题相关的一篇专论。这篇专论最初以中文写成发表，后被译成英文并经作者适当改写后发表，收入本册时相同部分照录中文，不同部分则据英文而译。

余英时先生的英文论著在1970年代有一个明显的变化，此后他的学术论著主要是以中文发表，大部分英文论著则概述他中文论著的主要思想，以及他对中国思想文化传统的分析性通论。前者显然是因为他希望更直接地贡献于中国学术，后者则表明他希望将中国的学术引入美国。促成这个变化的契机大概是他1973—1975年在新亚书院及香港中文大学的任职。虽然服务两年后仍回哈佛任教本是事先的约定，且这两年的服务也令他身心疲惫，但深藏于他心中的中国感情似乎更被触动，更需要得到合理的安顿。1976年1月余英时先生四十六岁时，同在哈佛任教的杨联陞将自己与胡适的长年往来书信复印本送给他作为生日礼物，在封面上题写："何必家园柳？灼然狮子儿！"大概正是体会到弟子的心情而示以老师的宽慰、提示与勉励吧。

此后，余先生与海峡两岸暨香港、澳门的中国学界一直保持着密切的学术交流。我在余先生小书斋的书架上翻览时曾见到钱锺书在所赠《管锥编》扉页上的题词，当时觉得有趣，便请余先生用他的小复印机复印了一份给我，现不妨抄录在这里，也算是一个佐证。题云：

> 误字颇多，未能尽校改，印就后自读一过，已觉须补订者二三十处。学无止而知无涯，炳烛见跋，求全自苦，真痴顽老子也。每得君书，感其词翰之妙，来客有解事者，辄出而共赏焉。今晨客过，睹而叹曰："海外当推独步矣。"应之曰："即在中原亦岂作第二人想乎！"并告以入语林。

总之，读余英时先生的英文论著应当注意其中的中国学术背景，正如读他的中文论著应该留心其中的西方学术背景一样。

借此我说几句言轻意重的感谢话。感谢余先生对我信任，感谢上海古籍出版社领导张晓敏先生、编辑童力军先生对我的支持，感谢所有的译者对我的帮助，以及对我校改大家译文的理解。还要预先感谢读者对这一汉译集的宽容，因为我认识到翻译的不容易，尤其是翻译汉语文章写得极好且广为人读的余先生的英文论著，所以我常想象到嚼饭与人的感觉。因此除了预先感谢读者的宽容外，我也诚望读者能够得意忘言，尽管不足甚至错误的责任我丝毫不应该也不可能推卸。

最后我想感谢香港中文大学神学组卢龙光教授，他邀我来此任客座教授，使我在教课之余有自由的时间来集中处理这一汉译集的工作，同时也让我得以利用这里图书馆的丰富藏书来复核相关文献。还有，我窗外的溪声鸟语、绿树红花，使我孤寂的工作变得活泼泼的。

2004年4月8日

序于香港中文大学神学楼

原载《余英时英文论著汉译集》，上海：上海古籍出版社，2004—2007年。

《余英时学术思想文选》编者的话

去年十月，友生童力军向我建议，余英时先生的著述在海峡两岸暨香港、澳门各有刊行，前后历时几十年，读者不易了解余先生的学术思想过程与整体面貌，最好能编一部文选，既能比较完整地呈现余先生的学术思想，又能为读者进一步研读余先生的论著提供一个导引。我知道这是一件很有意义的工作，因为要真正理解一位学者的学术思想，结构性的梳理是不可或缺的环节，也是理解的呈现方式。但我也深知这是一件颇具风险的事情，因为对一位学者的学术思想进行结构性梳理，无论怎样完美，都是对其丰富性与细微性的筛滤，更何况对一学术思想的重构与再现完全可能是失真或误读。我最后同意编纂余先生的学术思想文选，一是因为这项工作将帮助我自己趋近对于余先生学术思想的理解，二是因为文选的形式终究可以为读者提供一种认识的进路而又尽可能避免固化的解读。不过，我仍然必须提醒读者，虽然这一文选的编纂是基于我对余先生论著的广泛研读，而且我也曾结合自己的研究领域尝试着阐明余先生的一些学术思想，甚至我曾不止一次地拟定框架并起笔撰写关于余先生的整体研究，换言之，我对这一文选的编纂抱着认真的工作态度，也具有某种自信，但是，文选终究是经过了编选者的原著，编选者的理解不可避免地植入其中，尤其是余先生那些专题研究，这部篇幅并不小的文选充其量仍然只足以告知余先生想做什么与为什么做，而难以呈现他是如何做的。

为了使这部文选更像一部结构谨严的著作，我特意选了余先生的两篇文章作为"序言"与"后记"。作"序言"的是余先生在接受克鲁格人文奖时的讲词。在这篇讲词中，余先生清晰而概要性地阐述了他毕生的学术志业与精神关怀。虽然类似的内容在其他文章中也曾或多或少表达过，但由于这篇演讲的性质，它对于理解余先生一生的工作别具价值。在我的印象中，余先生很少给自己的文集或专题研究写"后记"。所幸的是，去年（2009）底他应友人的推动，选编了一册《中国文化史通释》，并为之写了"后记"。这本《通释》所收论文，分别是针对中国文化的各种面相所作的宏观诠释，合之则又可见其整体性。余先生在"后记"中说明了这种性质，并进而申言他对于具有着自成一独特系统的中国文化与"普世价值"的关系，因此这篇短小的"后记"不仅与"序言"有所呼应，而且也仿佛有棋局终了而一览的意趣。

除此以外，整部文选分为"基本观念""中国知识人的传统与使命""开放知识中的中国情怀""儒学的困境与中国人文研究的再出发""中国知识传统的继承与新辟"五个部分。兹略述各部分主旨，以及内在关系。

"基本观念"收入的几篇文章，希望呈现余先生学术思想的基础。从整体来看，余先生的学术思想有着一以贯之的思维预设或基本观念，即他将整个世界区分为现实世界与理想世界。作为一位历史学家，前者是实然的历史本身，后者是应然的思想诉求。历史本是人的生活，人是有目的的，从根本上讲，人的生活应是人的思想诉求的显现。但是，人虽然依其思想诉求而行动，但结果并不总是符合人的思想诉求，甚至事与愿违的事情更多。因此，历史与思想之间充满着张力。余先生年轻时曾致力于哲学的思考，这样的思维预设或基本观念大致已经确立，后来他定位在史学的耕耘，学术的不断丰富，既可以认为是在这样的思维预设的引导下的拓展，又可以视作是对这些基本观念的不断证实。可以说，他对新知的获求是在他怀抱的价值、理想的引导下展开的。只是，当他进入获求新知的具体过程时，他所秉持的价值往往退隐其后，从而尽可能使认知的过程具有客观性。确切地讲，在知识与价值（历史与思想、现实与理想）的关系上，余先生视知识为价值的基础，而他的工作就是要为价值增添新知，用新知来培植价值。我深以为，唯有细微地理解余先生的这一基本观念，并基于这一理解，才足以谈得上真正读懂他的具体研究；甚至可以说，也只有体会到这一层，才足以从文字中感受到余先生活泼泼的生命。

其余四个部分，既分涉余先生学术思想的主要领域，又表证上述的基本观念，同时也多少含有依次展开的逻辑。余先生最为学术界所知晓的莫过于他对中国古代士阶层的研究。士阶层固然属于传统中国社会的四民分类，但与现代中国的知识人仍有着血肉关联，因此，余先生对于古代士阶层的研究同样延伸到现代中国知识人的自我理解与确立。另外，在根本的意义上，历史与理想世界的展开与建构必由历史的主体者承担，故在明确了余先生的"基本观念"以后，接着便是"中国知识人的传统与使命"这部分，以期反映余先生对这一历史主体的认识。当然，历史的主体者应该包括全体人民，但是，具体到知识与价值世界，则又无疑主要由知识人来承担，至少由知识人来表达。

"开放知识中的中国情怀"这部分是承接"中国知识人的传统与使命"的进一步推进。中国知识人的自我理解与确立，落在现代的语境中，既不能故步自封，又不能自暴自弃，这是余先生论学的基本立场，同时也是他的学术之路。从青年时代起，余先生便系统地研读西方的历史与思想，并一直坚持到现在。他的知识世界始终呈以开放的形态，并有意识地借助西方为参照系，在比较的视野中来认识与彰显中国文化系统的独特性。我用"情怀"二字来点明余先生的中国文化立场，不仅是因为余先生个人生命的基调客观上始终呈以中国文化的特征，他的身上洋溢着中国文化的风格，而且更因为余先生始终以同情与敬意来阐明中国文化的传统。尤要申言的是，正因为抱有这种同情与敬意，所以余先生的论学虽然有着浓重的时代性，但是当他思考中国文化的重建时，他能够超越于现实，由当下的五四以来的现代中国，上溯到清代、明代、宋代、汉唐直至先秦，从而真正地呈现出历史理性。

对中国文化重建的更进一步的观察与思考，余先生聚焦在传统的儒学与现代的中国人文研究，这就是"儒学的困境与中国人文研究的再出发"这部分的主旨。儒学是中国文化的主流，在现代中国，形态化了的儒学失去了存在的社会基础，但儒学的精神如何在中国的现代转型中开出新命，成为现代的中国社会，尤其是现代的中国人文研究的精神资源之一，这是现代中国知识人的一个重要关怀。余先生在这方面既有宏观的古今中西会通性的透视，又有个案的精深性的亲切体会，读者可以由中观察到他的思考，从而理解他的论述。

最后一部分"中国知识传统的继承与新辟"旨在呈现余先生在学术世界中的具体探索与贡献。作为一名历史学家，余先生必须将他对中国文化传统的洞见以新的历史知识呈现出来，而且，也正是在这种呈现中，实现中国知识传统的继承与新辟。这些工作，集中在余先生的各项专题研究，事实上，它们也构成了余先生学术生涯中最重要的部分。这些专题研究涉及不同时代、不同领域，研究方法因对象而变。由于专题研究的性质，这里选录的文章如前文所述，充其量"只足以告知余先生想做什么与为什么做，而难以呈现他是如何做的"，因此，读者只有研读那些专题研究本身，才能体会余先生在中国知识传统的继承与新辟中的具体探索与贡献。

细心的读者能够发现，在这部文选中，序文占了相当篇幅。这是因为余先生的专题研究与许多文章受其主题限制，他的许多思考往往只能在各类序文中进行说明与阐发，故而序文实是理解余先生学术思想的重要途径。在编纂的技术上，我本应为所收每篇文章作系年说明，但由于我平时没有做这样的准备，临时要一一标示，实有困难，且易有误，故我只是注明了所选文章的出处，尽管仍未能做到选自最早的版本。这是需要读者鉴谅的。此外，我也想到最好能附上余先生的全部著述目录，以方便读者，但考虑到车行健教授已编有很好的《余英时教授著作目录》（收入田浩主编《文化与历史的追索——余英时教授八秩寿庆论文集》，台北：联经出版公司，2009年），读者基本上可以据此查知余先生的论著及其系年。事实上，读者们还会不断读到余先生的新作，因为年届八十的他仍然笔耕不辍，甚至仍在进行专题研究。走笔至此，不禁回想起余先生数年前对我讲的一段话，大意是，他现在的乐趣就像顾炎武的《日知录》书名那样，希望每天能获得一点新知。这或许能帮助读者感受到余先生的精神世界吧！

我必须感谢余先生。当我向余先生呈告编纂这部文选，并请他赐示时，他很干脆地说完全由我做主，表示了对我的巨大信任与尊重。现在文选即将付梓，但能否真正达到初衷，真是不敢确信，但愿它能成为读者认识余先生的学术思想的一个有益帮助。

2010年7月5日

于浙江大学宋学研究中心

原载《余英时学术思想文选》，上海：上海古籍出版社，2010年。

历史世界的追寻

去年六月，台湾出版了余英时长达千余页的著作《朱熹的历史世界》，大陆也将很快出版简化字本。此书刊行后，很快便引发了海峡两岸暨香港、澳门和美国学者们的评论，有讨论方法的，有辩难思想的。其中陈来教授发表在《二十一世纪》上的评论，介绍内容最全面，后又转载到北大中古史的网上，有兴趣的读者很容易找到。因此，这里我便不想再谈此书的内容，而想讲余先生写此书时我亲历的二三事，以及我读这本书的一些乐趣。

反复推理

二〇〇二年三月，我问学于余先生。那时我自己也正在做南宋儒学的研究，请教问题便自然很具体。譬如佛教对宋儒有大影响是耳熟能详的看法，但我觉得学界的处理方法主要比较两家，佛教怎么说，儒家怎么讲，这个概念很相似，那个说法差不多。至于影响的实际过程以及其中的许多具体问题，少有人讨论。因此我问余先生，是否在方法上有什么办法。余先生讲，并无什么特别的方法，只有细读史料，由看来极不相干的零散材料中去发现历史的过程。

为了教我，余先生便以他书稿中二程斥佛的例子来具体说明。他先是给我看二程的一段材料，然后因为这段材料中涉及范景仁，他又顺着去查范的材料，继而发现二程集中的一诗有误，又转而涉及……我因为手边没带这本书，中大图书馆的图书一直在读者手上，有时还有候借者在等，所以细的我此刻已记不得，但这个过程却很清楚。举证间，余先生时不时站起来，往书房里去拿书来给我看，各种书上夹满纸条，红笔黑笔的旁注极多。这些材料本身并不偏僻，我们都能看到，但零散得很，注意到它们已需很细心，而彼此间的关系建立，尤需反复推理，找出唯一的或最大概率的可能。换句话讲，历史的重建，材料与推理两者都不可少，前者是必要条件，后者是充分条件，缺一不可。

以眼下的时事作个不恰当的譬喻，余先生重构朱熹的历史世界，与李昌钰调查陈水扁的枪击案，很是相像。枪击案发生在当下，目击者无数，复原已很难。宋代儒者的活动远在约千年前，重构之难更可想象。我读《朱熹的历史世界》，很大的一个乐趣便来自于其中的这种重建过程，各种各样的史料，一条一条地复原出一幅历史图卷。材料的解读及其彼此关系的建立，需要专业的训练，尤其是实务的操作，见多识广，才一见便了然于胸，这个本事是岁月积成。

求证缜密

不到火候，这个工作做起来便须小心，有些更特殊的，像余英时先生书中重现皇帝心理世界的那种工作，若非他那样的史学行家里手，便干脆不要去碰。其实即使余英时先生本人，复原这部分时也是极端小心。当然，读者的感受又当别论，往往是这些部分，又是读来很过瘾。因此相对而言，材料的获取是最重要的基础工作。实际上，上面讲的那个例子，已反映余先生对材料的重视。

我且再举一例。记得是我读到此书先刊在《当代》上的《绪说》部分时，对所论《近思录》首卷的编纂有点疑问，便打电话向余先生说了，自然也举了证据。第二天晚上，余先生便打电话来，说他重核了材料，细讲他对我举的材料的看法，又补充了几条材料，逐一说明它们的价值和能证明哪些问题。那个电话差不多有两个小时，求证的过程很细，足见他对材料的重视与审慎。毫无疑问，整天做这样的工作，一来会让自己神游于对象的世界，二则问题有时也会成堆而难理清。

一身数职

记得有一次去见余先生。往常到普林斯顿大学后来接我的是余师母，那天则是余先生。车到府上，我先下车，余先生将车停放好，然后下来。那天他穿着一件便西服，没系领带，我觉得很好，便取出相机给他照个相。待他看着镜头时，我忽然觉得他眼睛里有一种悠远而又有疑惑的神情。我以为是他工作累了，便说，先生是否身体很累。他讲，还好。恰好师母这厢出来，她打量一眼，说，许是头发太长了，有多时不剪了。我再看余先生，大概也是。

傍晚，余先生与师母开车拉我出去散步，记得好像是去普林斯顿高级研究院附近，有一个水塘，平平缓缓的草坡，远远近近的小树，很让我想起江南的家乡。余先生边走边说，我现在好像既是侦探，检察官，又是律师，一身数职，彼此诘难，有时还兼陪审团旁观，最后还要做法官，拍板断案。我始觉得，这大概才是造成他眼睛里那种神情的主因吧。科学主导我们时代的知识生产以来，历史的研究已习惯于用图表、统计数字等等来表达，或者便是社会结构的分析等，虽然这大概是必然和必要的，但读起来的感觉总像是读科技论文，已少有太史公史书中的那种生气了。但在《朱熹的历史世界》里，正如余英时先生自己所希望的那样，读者置身其间，仿佛若见其人在发表种种议论，进行种种活动。可以说，这是我重游这个历史世界的另一乐趣。

历史透镜

最后，我来香港这学期，正值香港热论政制问题，台湾选情更是波谲云诡，联想到内地（大陆），建设政治文明也是极为强调，换言之，虽然内容与形式彼此有别、问题要求也大不相同，但政治文化在海峡两岸暨香港、澳门同属共同的主流话语大概是一样的。现在固然已是人人识字的年月，但政治舞台的中心仍多是知识精英恐也是事实。

古人讲："君子多识前言往行，以蓄其德。"而余英时此书的副题是《宋代士大夫政治文化的研究》，因此，我想那些在政治舞台中心的知识精英们，认真读一下这本书大概也是有益的。至于像我这样在台下看戏的人，该看哪台子戏，该为谁鼓个掌，该作个甚评说，余先生的书则无疑提供了一个历史的透镜。这是我读此书时所未曾体会到，而现在有点体会到的乐趣。

原载香港《文汇报》2004年5月7日。

"理气混合一元论"与"内圣外王连续体"[①]

——从钱、余专论朱熹的比较看余英时的儒学观

余英时先生的《朱熹的历史世界：宋代士大夫政治文化的研究》（以下简称《朱熹的历史世界》）甫出，评论便接踵而至，[②]

---

① 拙稿原是2004年上半年我在香港中文大学任客座教授时，应梁元生、郑宗义教授邀请在中大儒学研究中心演讲的稿子，除梁、郑二位教授外，演讲中还得到了中大朱鸿林、刘笑敢、吴梓明诸教授的指教；稿成后曾呈北大哲学系陈来教授，承蒙赐教，今一并致谢。原稿撰写时，余英时先生著作的三联与广西版尚未刊行，今沿用旧注。

② 《朱熹的历史世界：宋代士大夫政治文化的研究》，台北：允晨文化，2003年（下引此书，版本同此，不再注出）。书评除了黄进兴的以外，我见到的有：陈来《从"思想世界"到"历史世界"》（载《二十一世纪》2003年第10期）、刘述先《书评》（载《九州学林》2003年冬季号）、杨儒宾《如果再回转一次"哥白尼回转"》（载《当代》2003年11月第195期）、葛兆光《拆了门槛便无内无外：在政治、思想与社会史之间》（《当代》2004年2月第198期）、杨儒宾的再答文《我们需要更多典范的转移》（出处同上）以及包弼德（Peter K. Bol）和田浩（Hoyt C. Tillman）各自尚待刊登的英文书评（按：包弼德《对余英时宋代道学研究方法的一点反思》、田浩《评余英时的〈朱熹的历史世界〉》二文，已刊《世界哲学》2004年第4期）。其中陈来的书评对余著尤有全面而准确的介绍。又，2005年关于此书的书评，见王汎森《历史方法与历史想象：余英时的〈朱熹的历史世界〉》（载《中国学术》总18辑，2004年2月），李存山《宋学与〈宋论〉：兼评余英时著〈朱熹的历史世界〉》（载《中国思想史通讯》2005年第2期）。

余先生也作出了非常重要的回应，在回答杨儒宾的一文中，更明确提出了反映他的儒学观的"内圣外王连续体"一论断，尤值重视①。本文试图以此论断为中心，结合《朱熹的历史世界》来探讨一下余先生的儒学观。

正如陈来先生在书评中所说，"读过余著之后，很自然地联想起钱穆先生的巨作《朱子新学案》。钱先生新亚退休之后，已年近七十，积四年之力，作成《朱子新学案》。余先生早年学于钱氏门下，在普林斯顿大学退休后，也是以近七十之年，经三四年的工夫，完成《朱熹的历史世界》。这两部书的写作各有其不同的因缘，本无交涉；而其同为退休后的力作，又皆以朱子为中心，此种相似令人称奇。不过，虽然钱、余皆为史学大家，《朱子新学案》和《朱熹的历史世界》也都以朱子为中心，但是二书的主题是全然不同的。简单说来，钱著的注意力仍在朱子的学术、思想的世界，余著的关注则在朱子的政治、历史的世界，这一区别是耐人寻味的"。因此，为了更好地抉发余先生的儒学观，我尝试着从钱、余二先生（以下敬称概略）的朱熹研究的比较中进入讨论。

一、儒学观的表述

钱、余的朱熹研究比较，可从他们论著中最表象的叙述风格

---

① 余英时回应刘述先与杨儒宾的文章分别是：《"抽离"、"回转"与"内圣外王"》（载《九州学林》2004年春季号），《我摧毁了朱熹的价值世界吗？》（载《当代》2004年1月第197期）。

与结构入手。钱、余的文风都十分平易，这是大家都熟知的，有时甚至会以为这可能是作者的习惯，而完全忽视了形式中的意义。余英时在分析钱穆与新儒家的区别时，曾专门指出："钱先生和第二代新儒家之间也是'所同不胜其异'，甚至没有共同的语言。因为第二代新儒家的康德—黑格尔语言既不是钱先生所熟悉的，更不是他所能接受的。"[①] 为什么更不能接受呢? 因为"论学文字极宜着意修饰"[②]，这不仅仅是叙述风格的问题，更反映着论学者的文化认同问题。余英时在这点上与钱穆是非常一致的。因此，"凡是熟读他的论著的人大概都会觉得，他的文风十分平易，你甚至看不出他几十年来一直是在哈佛、耶鲁和普林斯顿那样一些洋理论和新方法丛生的学府里执教。他在西方理论和方法的使用上确实十分节制"[③]。但是在这里，我想指出的还不是叙述风格中的这层意义，因为它涉及到钱、余师生更加复杂的思想讨论，而只想指出《朱熹的历史世界》叙述风格中的特点，加之结构的安排，使得这本在主题上和《朱子新学案》似乎很不同的著作表现出本质上的一致性，即它们同是作者儒学观的呈现。

钱穆在1960年5月21日给余英时的信中，曾有很长的文字结合余英时的性情和一篇具体论文专讲论学文字的问题。钱穆认为余英时"临文前太注意在材料收集，未于主要论点刻意沉潜反复，有甚深自得之趣，于下笔时，枝节处胜过了大木大干"，建议余

① 《犹记风吹水上鳞》，第67页。
② 《犹记风吹水上鳞》，第253页。
③ 康正果：《〈中国知识分子论〉编序》，载余英时：《中国知识分子论》，郑州：河南人民出版社，1997年，第2页。

英时"在撰写论文前，须提挈纲领，有成竹在胸之准备，一气下笔，自然成章"①。对于业师的这个建议，余英时未必完全认同，因为他非常了解"一气下笔"的"甚深自得之趣"，有时不免说过了头，甚至完全错误。即便是精于考证的钱穆，受其贯通之学的影响，"在宏观层面所下的论断不少，而且往往引起争论"②。加之余英时到哈佛后，受到另一位业师杨联陞的训练，"每立一说，杨先生必能从四面八方来攻我的隙漏，使我受益无穷。因此我逐渐养成了不敢妄语的习惯，偶有论述，自己一定尽可能地先挑毛病"③。这种滴水不漏的论证习惯，不仅会使人觉得"枝节处胜过了大木大干"，甚至还会给人"有考据癖"的感觉④。

　　不管怎样，余英时几十年的历史研究，坚持着这种知识生产的严格性，而且有意识地将研究限于"中距程理论"⑤，《朱熹的历史世界》基本上仍是如此，甚至可以说是其晚年的扛鼎之作。但应该立即补充一句，余英时此书的叙述风格在技术手段上有不小的改变，即不那么注意相关著作的称引与辩驳。前者如葛兆光指出的，"黄宽重、邓小南都曾经先后讨论过'国是'，余英时没有提到，当然这不妨碍他对'国是'的解说"⑥。实际上，即使称引的，也往往从略。后者则如余英时自己在答杨儒宾文中所说，

① 《犹记风吹水上鳞》，第252页。
② 《犹记风吹水上鳞》，第43页。
③ 余英时：《史学与传统》，台北：时报文化出版事业公司，1985年，第124页。
④ 刘述先：《书评》，《九州学林》2003年冬季号。
⑤ 《史学与传统》，第28页。
⑥ 葛兆光：《拆了门槛便无内无外：在政治、思想与社会史之间》，《当代》2004年2月第198期。

他使用"后王安石时代"的概念初意是出于对Robert P. Hymes（韩明士）等人的批驳，"在本书第八章初稿中本已写了这一段，后来觉得只要正面提出自己的研究所得便够了，不必驳斥他人，因此终于删去。书中此类事例为数不少"①。这样有意识的处理方法，余英时过去重要的专题研究中是少见的，但在晚年这本他颇用功力的专题研究中却遵循了师说。在上引的同一封信中，钱穆建议道："凡无价值者不必多引，亦不必多辨，论文价值在正面不在反面，其必须称引或必须辩白者自不宜缺，然似大可删省，芜累去而精华见，即附注亦然，断不以争多尚博为胜。"②

在叙述风格上余英时为什么要作这样有意识的变化呢？我们知道，整个钱著几乎是分门别类地摘录朱熹文集与语录来叙述朱熹的学术思想，我们不能简单地以为这是钱著学案体使然，而应该注意到这是钱穆企图让朱熹自己来表达自己，让读者读此书有亲炙于朱熹的感受。钱穆论学文字上的这层用意，并非第一次表现，早在《中国近三百年学术史》中他便尽可能用各家的语言来叙述各家思想，《朱子新学案》则是这种叙述风格最集中完整的表现。而钱穆论学文字中的这层用意，余英时非常清楚③。现在余英时重构朱熹的历史世界，似乎在叙述风格上也有特别的用意。称引与辩驳这些其实并不难做到的事情余英时忽略了，但对尽可能地引征各类一手史料，以及在史料不足的情况下，根据已有史料来进行合理的历史解释，却非常重视。以往他一直所追求的重

---

① 余英时：《我摧毁了朱熹的价值世界吗？》，《当代》2004年1月第197期。
② 《犹记风吹水上鳞》，第252页。
③ 《犹记风吹水上鳞》，第26页。

建历史的方法，即实证与解释并用，在这本书中可以说是得到了娴熟综合的运用，甚至启用了心理史学的方法。余英时希望以他的叙述风格"重构朱熹的历史世界，使读者置身其间，仿佛若见其人在发表种种议论，进行种种活动"，不希望现代人的种种论说（对、错不论）来破坏这种语境①。我不知道余英时在这个研究中，是否有意在追步钱著的叙述风格，但客观上确有这种共同性，甚至做得更精彩。毫无疑问，钱、余二著在论学文字上的这种着意，当然不是为了显其文字水平，而是为了通过朱熹来逼真地呈现他们对儒学的理解。

除了叙述风格上的共同特征外，在全书结构上钱、余二著也有惊人的相似。一个是在主题脉络上，另一个是在著作结构上。学案体本身最重要的特征是按师承关系来叙述各家思想及其传承，凸显思想的谱系性或脉络化。钱著标明"新学案"，当然知道这一特征，但钱著既然示以"新"，便不仅限于这个特征，他并没有太关注朱熹弟子，相反，钱著将重点放在了对朱熹与其渊源的处理上。在这个处理上，钱著并没有局限于道南学派，而是放大到与北宋五子的关系，他注意的是两点：第一，非常强调朱熹与整个儒家传统以及宋学大传统的关系。《朱子新学案》第一段话就是将朱熹与孔子并称，"孔子集前古学术思想之大成，开创儒学，成为中国文化传统中一主要骨干"；"自有朱子，而后孔子以下之

---

① 《朱熹的历史世界·自序二》，第15页。另参见余英时在《犹记风吹水上鳞》第45—46页对"亲到长安"的论述。

儒学，乃重获新生机，发挥新精神，直迄于今"①。在与宋学大传统的关系上，钱穆"之所以在宋代理学家中独尊朱子，还不仅因为朱子'集理学之大成'，更重要的是朱子同时也继承和发展了欧阳修以来的经史文学"②，欲综汇经史子集四部之学而完成建构理学的别出大业③。显然，《朱子新学案》实际上是钱穆用来证明他的儒学观的重要个案。第二，非常注意将朱熹与北宋五子，尤其是与程颐的相异处揭示出来。程朱一体，这是一个毫无疑义的基本判断，但是钱著在很多具体细节的叙述上，都一一指出朱熹对程颐的纠正。这种有意识的偏重，我以为钱穆是想说明朱熹虽然大方向上接承程颐，但朱熹更重要的是接承儒家与宋学的大传统，应在这个大传统的脉络中来认识朱熹，认识理学。

余著同样如此。本来他要揭示的是朱熹的历史世界，虽然这个世界与北宋有着连续性，但限于南宋也并非是完全不可以。余英时立意回溯到北宋，"为朱熹的历史世界提供了一个较广阔的背景"④，而且更要在《绪说》中从唐代古文运动讲起，这便显见的是要从唐宋儒学的整个脉络中来说明朱熹，或者是由朱熹来重新诠释唐宋儒学的整个脉络。余著中的这层强烈的立意可以说与钱著是非常一致的。

关于著作结构。余英时的这项专题研究原起于1999年为《朱子文集》写序，而由现在书的两篇自序似乎可以推断，他的研究

① 钱穆：《朱子新学案》，载《钱宾四先生全集》第十一册，台北：联经出版事业公司，1982年版，第1—2页。下引此书，版本同此，不再注出。
② 《犹记风吹水上鳞》，第68页。
③ 《朱子新学案》，第14页。
④ 《朱熹的历史世界》，第13页。

实际上是从朱熹后期进入，逐渐回溯到北宋。原来整个研究只是上、下两篇，是一个单纯的历史专题研究，完全足以独立成稿。但整个专题研究完稿以后，余英时"颇感意犹未尽"[①]。他显然意识到在研究中所认识到的宋代儒学，很有可能淹没在他所重构的这幅细微复杂的历史长卷中，因此又决定补写长达十余万言的《绪说》，以凸显他的儒学观。

余著的这一结构几乎可以说与钱著没有区别，这当然是由他们共同的研究进路决定的。余英时讲："钱先生论中国文化所采取的立场不是哲学而是史学。他不相信一部中国文化史可以化约为几个抽象的观念。从历史的立场出发，他不但分别从政治、经济、社会、学术、宗教、文学、艺术，以至通俗思想等各方面去探究中国文化的具体表现，而且更注意各阶段的历史变动……一言蔽之，他所走的是一条崎岖而曲折的史学研究之路，其终极的目标是要在部分中见整体，在繁多中见统一，在变中见常。"[②]这也正是余英时自己一贯的进路，也是他继承钱穆思想最重要的地方。本来，上、下两篇证据搜罗与甄别工作已详尽无遗，正如《朱子新学案》以百万言分析朱熹思想和学术是微观的极致一样。但因为太细了，作者对读者的希望——"必须随处留心其宏观的含义"[③]——很容易落空，所以钱穆"恐读者畏其繁猥，作此《提纲》，冠以书端，庶使进窥全书，易于寻究"[④]。而《绪说》

---

① 《朱熹的历史世界·自序一》，第13页。
② 《犹记风吹水上鳞》，第44页。
③ 《犹记风吹水上鳞》，第43页。
④ 《朱子新学案》，第1页。

也是要为宋代儒学的精神作一个简明扼要的判定。

顺便提一下，如果说在上、下两篇的专题历史研究中，余英时的叙述风格还只是去除称引与辩驳，那么在《绪说》中，他的叙述风格则几近钱穆所期盼的"提挈纲领，有成竹在胸之准备，一气下笔，自然成章"。为什么还只是"几近"而不是完全达到钱穆所期盼的呢？因为我觉得在《绪说》中，余英时固然已如钱穆所希望的那样，将"主要论点（即余著的"全书旨趣"①）刻意沉潜反复，有甚深自得之趣"，但下笔时终因虑及其他因素而未能完全表达出来。这个其他因素最主要的是他《绪说》中所谈及的宋明儒学研究中（绝不限于"新儒家"）长期以来将"道体"两度"抽离"的研究方法及其形成的论说②，以及前文述及的韩明士的研究及其影响。尤其是为了避免与前者构成"有意立异"的误解。次要的原因是在他的思想中已确信自己对宋代儒学的判定"是一个经得起反复勘查的断案"③，故大局已定的情形下，收官时留有余意。然而，"有意立异"未能免，更"受到了杨儒宾相当有力的阻击"④，"弄得不好，可以得到与少正卯同样的下场"⑤，才逼得余英时将他的儒学观在答杨儒宾一文的前两节中完全以钱穆所期许的那种叙述风格将他的儒学观表达出来，干净利落地收官终盘，推枰起身。

现在作个小结，我以为《朱熹的历史世界》的研究与写作过

---

① 《朱熹的历史世界》，第28页。
② 《朱熹的历史世界》，第33页。
③ 余英时：《我摧毁了朱熹的价值世界吗？》。
④ 葛兆光：《拆了门槛便无内无外：在政治、思想、与社会史之间》。
⑤ 余英时：《我摧毁了朱熹的价值世界吗？》。

程与《朱子新学案》很相似，由细微的分疏归向宏观的概括①；结构上几乎一致，余著的上、下两篇相当于钱著从《朱子论理气》至《朱子格物游艺之学》的五十七篇分论，余著的《绪说》相当于钱著的《提纲》；各自两部分叙述风格上的特征及其追求的语境也很相似；而最重要的共同点则在于作者都是将其对象置于儒学的脉络中呈现他们的儒学观，这个呈现的高度概括，便是下节所要谈的"理气混合一元论"与"内圣外王连续体"。

二、"理气混合一元论"与"内圣外王连续体"

余英时曾指出，钱穆的儒学观有史实与信仰两个层次。史实的层次便是认为儒家的价值系统是对现实生活的总结，并与时俱新，从而始终引导人民的生活；信仰的层次则是不仅深信儒家的价值系统是造成中华民族悠久与广大的一个主要动力，而且仍然可以为中国的现代化提供一个精神基础②。

以此为背景，钱穆《朱子新学案》所呈现的儒学观自然属于史实的层次，钱穆希望通过朱熹，来彰显新儒学是如何综汇经史子集四部之学而完成建构理学的别出大业，从而使孔子以下之儒学，重获新生机，发挥新精神，直迄于今。

按照钱穆的分析，朱熹用来统一纷繁多样的世界的理论基石是宇宙论形上学的理气论。在朱熹的哲学中，理与气在时间上无

---

① 《朱子新学案》例言，第11—15页。
② 《犹记风吹水上鳞》，第46—56页。

先后、空间上无分隔，"因此我们可以说：朱熹的宇宙论，是'理气混合一元论'"①。

从"理气混合一元论"出发，人生万物都是理气混合体的具体存在；这个由具体存在构成的现象世界并不是完全合理的，因此人生的意义就在于使之合理；这个合理不可能静态地呈现，才合理便又不合理，所以只能在动态中完成；而这个完成的过程在钱穆的朱熹研究中，具体地落实在内在心性的持养与外在知识的学习。

一眼看去，整个《朱子新学案》所表达的儒学观，正是我们耳熟能详的理气心性、格物致知之学，与余英时《朱熹的历史世界》中所呈现的内圣外王的儒学观全然不同。但是我们马上会有一个疑问，余英时通过重构朱熹的历史世界所呈现的儒学观，真的与《朱子新学案》一眼看去所表达的儒学观完全不一样吗？因为如果是真的完全不一样，那么我们不免要追问，钱穆的儒学观为什么会如此自相矛盾呢？因为本节开始处提到的余英时在《钱穆与新儒家》一文中对钱穆儒学观的阐述，正与余英时自己在《绪说》中所表达的儒学观是几乎一致的。譬如《钱穆与新儒学》中指出，钱穆虽然不否认中国史上有一个迹近专制的王室，元、明、清尤盛，但经过对钱的论说的反复推究，余英时认为"钱先生所强调的其实是说：儒家的终极政治理论与其说是助长君权，毋宁说是限制君权。基于儒家理论而建立的科举、谏议、

---

① "理气混合一元论"的命题见之于《宋明理学概述》（《钱宾四先生全集》第九册，第153页）。详尽的分析，参见《朱子新学案》"提纲"部分之七（第36—46页），以及"朱子论理气"一节（第267—296页）。

封驳等制度都有通过'士'权以争'民'权的含义"①。而这正是余英时在《绪说》中所概括的宋代儒学的重要品质，上、下篇的历史重建也非常凸显这一点。显然，《朱子新学案》的儒学观固然叙述的只是理气心性、格物致知的别出理论，但至少应该贯彻着钱穆对儒学的通贯性认识。

显然，我们有必要仔细看一下《朱子新学案》的具体论述。宋儒心性之学中，"敬"是核心问题，针对这个问题，钱穆有一段概括性的论述，值得照引于此。钱穆讲：

> 大抵汉代以下诸儒，因于统一盛运之激动，都更注重在修齐治平之实际事务上，较少注意到本源心性上。魏晋以下，庄老道家代兴，释教继之传入，他们在两方面成绩上，似乎超过了汉儒。一是有关宇宙方面，汉唐儒阐发似乎较弱，故朱子采取濂溪、横渠、康节三人之说以补其缺。其二是关于心性本源方面，尤其自唐代禅宗盛行，关于人生领导，几全入其手。儒家造诣，似乎更见落后。北宋理学在此方面更深注意。二程提出敬字，举为心地功夫之总头脑、总归聚处，而朱子承袭之。但程门言敬，颇不免染及禅学，如谢上蔡以觉训仁，以常惺惺说敬，皆有此弊，朱子亦已随时加以纠正。尤其言心性本源，亦不能舍却外面事物，故朱子力申敬不是块然兀坐，不是全不省事，须求本末内外之交

---

① 《犹记风吹水上鳞》，第50—51页。

尽，则致知穷理功夫，自所当重。不能单靠一边，只恃一敬字，此是朱子言敬最要宗旨所在。[1]

这段话有两点对理解钱穆的儒学观是很重要的：第一，朱熹的很大贡献是为儒学补上了宇宙与心性的缺口，这正是别出的理学。但这个贡献是"补其缺"，而不是取代汉以下诸儒所注重的修齐治平。换言之，既有的修齐治平与新补的宇宙心性合为一体，才构成孔子以下重获生机，发挥新精神，直迄于今的完整儒学。第二，在宋儒补缺的过程中，程门确曾出现过"染及禅学"的弊病，对此朱熹加以力纠。这个染及禅学的实质便是用宇宙心性取代修齐治平。

如果"敬"还只是无形的精神上的问题，我们再引钱穆关于"克己"的论述，以说明客观的行动上的问题。钱穆强调在"克己"上要注意两点：第一，克己复礼是一件事。"释氏仅能克己，儒家则克去己私而不落空，事事皆落实在腔窠内，即事事有规矩准绳，此亦儒、释疆界。"第二，"礼"字不能以"理"字解释。"理学家总不免过分重视了理，而轻视了礼。惟朱子时时加以分辨，谓礼即天理之节文，有规矩准绳，使人实可遵循。单言理，便易落空，教人无捉摸处。"[2]

可见，钱穆在《朱子新学案》中表达的儒学观，核心就是"理"（价值系统）落实在"气"（生活世界）。《朱子新学

① 《朱子新学案》，第118页。
② 《朱子新学案》，第136—138页。

案》尽管已开宗明义地点出："朱子论宇宙万物本体，必兼言'理''气'。然朱子言理气，乃谓其一体浑成而可两分言之，非谓是两体对立而合一言之也。此层最当明辨，而后可以无失朱子立言之宗旨。"[①]但钱穆仍还要细分缕析，将朱子的这个精神散落在五十七节的分论中，即散落在主要由社会生活与知识生活所构成的现实性的全部人生中，目的就在于他要证明与呈现朱熹的"理"不是虚理，"理非别为一物，即存乎是气之中。无是气，则是理亦无挂搭处"的立言宗旨。

为什么价值系统最终要落实在生活世界呢？余英时讲：

> 其理由可以简括如下：人既无一刻不在"秩序"中生活，也就是无一刻不面对建立合理"秩序"的问题。而建立秩序的唯一凭借，根据理学家的共同信仰，便是他们所发展出来的一套"内圣"之学。就社会为一整体而言，"内圣"之学决不可能是终点，而必须在"外王"或"秩序"的领域中显出"全体大用"。这是出于儒学本身的内在要求。即使作为个人的理学家，他身在"秩序"（无论大小高低）之中，负有使此"秩序"越来越合理的责任，因此也不可能止步于"内圣"。否则他便是在"内圣"中流连光景，与耽禅悦老（"老"字印刷中脱漏）无以异了。所以就我所见，如果不把理学推出儒统之外，我们必须"回转"，将视线从

---

① 《朱子新学案》，第267页。因此就本体的抽象而论，朱熹终不满于二程，必将理学的别出权归于周敦颐，原因就在于"无极而太极"的命题能更好地表达"理气混合一元论"的精神。

"内圣"移向"内圣外王连续体"。"内圣"之学无论多重要，都不可能是理学的终点；它与"外王"之学紧紧地连在一起，为建立合理的人间秩序而服务，而且也只有在秩序中才能真正完成自己。[①]

余英时进而强调，宋代儒学这个根本性质，与孔子的精神一脉贯通。因为"对这唯一的人间世界的深爱"，以及"改造人间世界的弘愿，非到'天下有道'的境地决不停止"，"这才是儒家真血脉之所在"[②]。

至此，我们可以作一小结。余英时《朱熹的历史世界》中所证明与呈现的儒学观——"宋代理学虽以'内圣'之学（讨论心、性、理、气之类）显其特色，但并没有离开儒学的大传统，仍然以重建一个合理的人间秩序为其最主要的目的，即变'天下无道'为'天下有道'。"[③]——与钱穆《朱子新学案》所表达的是相合无间，一脉贯通的。两书在叙述的内容上虽然呈现出显见的差别，如前引陈来所指出的，"钱著的注意力仍在朱子的学术、思想的世界，余著的关注则在朱子的政治、历史的世界"，但从两个世界中所反映出来的儒学观并无不同，区别只在于钱穆是从朱熹的论说来分析他们的"补其缺"，故尤重在"理气混合一元论"的彰显，余英时则从朱熹的行动去讨论他们的"大传统"，故特现出"内圣外王连续体"的事实。借用程颢《秋日偶成》的诗句，

---

① 余英时：《我摧毁了朱熹的价值世界吗？》。
② 余英时：《我摧毁了朱熹的价值世界吗？》。
③ 余英时：《我摧毁了朱熹的价值世界吗？》。

"道通天地有形外，思入风云变态中"，《朱子新学案》表达的儒学观是前一句，《朱熹的历史世界》表达的儒学观是后一句，但两句本是一联。

三、确是一位现代的儒家

毫无疑问，钱、余儒学观的一贯性并不意味着他们之间没有认识上的差别。钱穆讲：

> （宋学）初期都热心政治，南方如范仲淹、欧阳修、王安石，北方如司马光，都在当时政治舞台上有轰轰烈烈的表现。即如北方孙复、石介，也决非隐士一流。介作《庆历圣德诗》，分别贤奸，直言无忌，掀起了政治上绝大波澜。他死后，几乎剖墓斩棺。中期诸家（俊按，指北宋五子，其下朱陆亦同），虽并不刻意隐沦自晦，但对政治情味是淡了。他们都只当几任小官，尽心称职，不鸣高，不蹈虚。初期诸家如伊尹，中期诸家如柳下惠，他们的政治意态实不同。[①]

这里，钱穆虽然仍然讲了理学家们政治上"不刻意隐沦自晦"，做地方官"尽心称职，不鸣高，不蹈虚"，与后人视理学家只讲心性理气有别，但终究与余英时所见全然不同。在余英时所重构的历史世界中，理学家根本不是刻不刻意隐沦自晦的问题，而是全心

① 《宋明理学概述》，第30—31页。

全意、步步着实、不屈不挠地在从事着政治活动。解释世界的工作固然勤勉在做（朱熹尤然），但改造世界的热情与实践也绝无丝毫的消减与懈怠，而且解释世界的全部目的正在改造世界。在答杨儒宾的文章中，余英时更干脆地引用顾宪成的话来说明宋儒的终极关怀："官辇毂，念头不在君父上；官封疆，念头不在百姓上，至于水间林下，三三两两，相与讲求性命，切磨德义，念头不在世道上，即有他美，君子不齿也。"[1]

事实上，余英时对理学家一直持这样的认识。1978年余英时作为美国汉代研究代表团团长访问中国时与任继愈私人间的一段有关理学的谈话，也许可以说明余英时对理学的认识。余英时建议中国大陆学界，对理学不能只是进行政治批判，而应该给予研究。他强调："理学的传统在思考的范畴（categories of thinking）方面，而不是思想的内容（substance of thought）上，其学术力量（intellectual force）远没有丧失。为了说明这点，我向他提了两个重要的事实：首先，一般说来，儒家思想家，特别是理学家，对改造世界要比解释世界总是抱有更多的兴趣。这与马克思所见到的西方哲学传统几乎完全相反。为什么马克思主义那么吸引中国的知识分子，我相信这是主要的奥秘之一。其次，现代中国人非常强调'专'与'红'的区别，这在理学'道问学'（朱熹）与'尊德性'（陆王学派）的区分中可以找到很深的根源。"[2]

① 余英时：《我摧毁了朱熹的价值世界吗？》。
② Ying-shih Yu, "Chinese History at the Crossroads", in *Early Chinese History in the People's Republic of China* （Seattle：School of Washington, 1981）, pp.9–10.

但是，作为"一般说来"的第一点，是对儒家的一种总体感受，很难用理学家的论说来证明，因为他们的论说谈得很多的是"理气心性"，而且钱穆讲"他们都只当几任小官，尽心称职，不鸣高，不蹈虚"，与北宋初期诸儒"在当时政治舞台上有轰轰烈烈的表现"很不同，也的确是事实。因此长期以来，把宋明儒学限于理气心性作形而上的哲学讨论，余英时虽然未必以为然，而且也知道钱穆的儒学观并不是形而上的理气心性，如他在《钱穆与新儒家》中所说的，但是史实的实证性使他没有办法通过第一点讨论来证明和诠释他所体会到的儒学观。余英时在理学的问题上所能做的，只能是用思想史的事实围绕着第二点"尊德性与道问学"进行阐发，即接着钱穆所强调的朱熹综汇经史子集的那部分，将朱熹儒学中的智识主义阐发出来。20世纪70年代关于清代思想史的一系列论说，80年代的英语论文《朱熹哲学体系中的道德与知识》，都属于这个性质的工作①。这种情况直到因为要给《朱子文集》写序而重新细读它才改变，因为余英时在朱熹的历史世界终于发现宋代儒学不仅不是理气心性的形而上学所能涵盖，而且事实上还有所遮蔽。由此，他终于在史实的导引下得以"回转"，花费数年时间潜心于这项专题的历史研究，最终正面阐述他的儒学观。

然而，如何看待余英时与钱穆在认识宋儒上的这一差别呢？

---

① 如《论戴震与章学诚》，其余还有一系列的中英文论著，细目从略。朱熹一文的中译本，收入田浩编：《宋代思想史论》，北京：社会科学文献出版社2003年版。这里要补充说明的是，余英时讨论朱熹以下的儒家智识主义传统，其思想背景远非本文所示这一点。

必须承认，余英时纠正了老师在历史事实上的错误认识，但诚如上节所分析的，这并没有构成他们儒学观上的分歧，因为他们各自的朱熹研究针对的是不同的部分。正因为他们研究的是同一个对象的不同部分，故反而得出相吻合、可印证的论断。换言之，钱、余各自基于史实层次上的儒学观是一致的。

只是这里我想进一步指出的是，余英时对钱穆的修正，更是对钱穆的儒学观的继承与贯彻。这首先仍然表现在史实的层次上。前文已述，钱穆的儒学观十分强调儒学的连续发展性，视宋代儒学为儒家大传统中的"别出"，而"别出"并没有取代儒家的大传统[①]。钱穆论宋明儒学，尽管时时点出"别出"与连续发展的儒学的关联，让读者领会其宏观的含义，但不管原因是什么，他的论述重点是放在了"别出"。现在余英时对朱熹历史世界的重构，则不再只是时时点出而已，而是让宏观的含义转换成细微的史实，从基础上巩固了钱穆的儒学观。

其次表现在信仰的层次上。这个信仰的层次，按照余英时的看法，又有两层含义：一层是信仰的内容，一层是信仰的办法。我们从后者讨论起。

余英时讲："作为一套信仰系统，儒家自然具有宗教性的一面。但儒家毕竟与一般意义下的宗教不同，它的基本方向是入世的。……儒家的入世教义因此又有其与世推移与变化的一面；这一面的研究则必须采取历史的观点。"[②]即钱穆是以历史的叙述来表

---

① 《犹记风吹水上鳞》，第53—55页。
② 《犹记风吹水上鳞》，第53页。

达他的信仰。以彼论此，余英时的工作坚守着这个立场。前文言及，余英时对宋儒的确早有定见，而且这种定见即便已构成他分析宋明儒学的"预设"，甚至是"信仰"，但在没有找到史实根据时，他也只能存而不论。现在余英时要通过《朱熹的历史世界》来呈现他关于儒学的诊断，他深知这个论断所具有的冲击力，因此绝不可能放弃"偶有论述，自己一定尽可能地先挑毛病"的一贯作风，而会更细密地用史实讲话。事实上，余著正反映出这一点。

这里也许应该再提一下现作为《附说》放在余著第十章第二节后的三篇考证。这些考证孤立地看，确给人"有考据癖"的感觉。但将它揭示的内容放在余英时的整个研究中理解，我们也可以说它起到了打开朱熹政治活动进入他的历史世界的关键性作用①。因为正是这个考证，呈现出朱熹这个后来庆元党禁中的党魁，远非思想上的"伪学"之魁，更主要是政治上的"伪党"之魁，及其复杂的政治关系，进而引导他从各种史料中重构南宋政治史上那段"遗失的环节"，并最后用史实证明和呈现出他的儒学观。显然，这正反映出他对钱穆信仰的继承。

除了一般史学立场上的坚守外，余英时更在具体的问题上贯彻着钱穆的历史方法。余英时曾讲："钱先生所提倡的是'宏观'

---

① 在考证是否属于关键的认识上，自然不免见仁见智。譬如关于陈寅恪的武则天入宫是否是处子的考证，钱钟书以为无关紧要，而余英时便认为是陈用来说明唐代政治的一个重要证据（见余英时《我所认识的钱钟书先生》，《文汇读书周报》1999年1月2日第9版）。余英时讲杨联陞的"训诂和考证都为更大的史学目的服务"（《犹记风吹水上鳞》，第177—178页），显见他对考证的选材不可能是随意的。

和'微观'交互为用。他自己的工作便提供了最有力的证据。《国史大纲》以三十万字概括了中国史的全程固然是宏观的大手笔，《朱子新学案》以百万言分析朱熹一人的思想和学术的发展则更是微观的极致。但是我们如果真想在这两部极端相异的著作中获得启发，则读前一书时必须特别注意其中微观的根据，而读后一书时却必须随处留心其宏观的含义。"①我尝试着举一个例子来印证《朱熹的历史世界》与这两本钱著的关系。

《朱熹的历史世界》用一个颇引争议的"后王安石时代"的说法来指示朱熹的时代。虽然余英时的本意是指在宋代士大夫的政治文化中，王安石与理学家们虽然持论不通，但思想结构、规模和取向大同小异，南宋朱熹时代延续了北宋王安石"得君行道"的梦想与追求。但正如葛兆光所质疑的，"余英时为什么要在'得君行道'的政治史一面特意建立从王安石到朱熹的历史脉络呢？""在北宋的二程难道不可能在朱熹的心目中成为'不得君行道'的历史回忆吗？"②前文提及，余英时使用"后王安石时代"的说法，初因在美国学者。具体地说是他们认为，南北宋的士大夫阶层的心态发生了转变，从对全国性事务与朝廷中央政策的关心，转为对所居州县的地方利益的关心③。而余英时使用"后王安

---

① 《犹记风吹水上鳞》，第43页。
② 葛兆光：《拆了门槛便无内无外：在政治、思想与社会史之间》。
③ 余英时：《我摧毁了朱熹的价值世界吗？》。余英时认为韩明士还相当谨慎，并没有说道学本身代表地方主义的转向。但其实韩明士的倾向还是很明显的，因为他讲陆九渊在家乡的建设工作，"是要给作为中央政府及其地方组织以外的乡村社会一种组织上的表达并赋予一种结构"（《宋代思想史论》，第454页）。

石时代","旨在点明：两宋士大夫的政治文化虽略有变异，但王安石时代重建秩序的精神在南宋已由理学家集体承担了下来"。换言之，余英时是要建立南北宋儒学的脉络。但葛兆光的质疑依然存在，在政治文化的脉络中为什么不建立程朱链条呢？

我们已知钱穆在《朱子新学案》中，始终反复强调要从整个宋学的脉络，甚至整个中国文化的脉络中来看朱熹。钱穆也曾用画龙点睛来比喻宋学与理学。但事实上，宋代儒学的认识上出现了只见一睛不见全龙的情况，甚至睛也不成其为睛，理学与儒学的大传统脱离。余英时要让理学的集大成者朱熹重回儒学的传统，提"后二程时代"复有何益？相反，"后王安石时代"的标示，却足以将钱穆微观研究中的宏观含义呈现出来。

再看《国史大纲》。钱穆讲："安石的新政虽失败，而新学则不断地有继起者。直到朱熹出来，他的《四书集注》，成为元、明、清三代七百年的取士标准。其实还是沿着王安石《新经义》的路子。"[①]程颐也有经学著作，程颐解经当然也想影响科举，程朱经学义理上更具一致性（形式上朱熹似乎更乐意走王安石的路子），但钱穆却要说朱熹继承了新学的路子，其意正要彰显宋学的连续性。余英时"后王安石时代"的提出与释证，立意恰可视作是为钱穆论述补充根据。

现在再看信仰的内容。上面已引余英时的看法，信仰的内容是指钱穆深信儒家的价值系统是造成中华民族悠久与广大的一个主要动力，且仍然可以为中国的现代化提供一个精神基础。

---

① 钱穆：《国史大纲》，北京：商务印书馆，1994年，第580页。

但是，在余英时的知识视野中，作为这个精神基础重要组成部分的宋代儒学及其在明代的延续，自晚明以来便面临着严重的质疑与否定。他讲："晚明顾炎武说过一句贬损理学家的名言：'以明心见性之空言，代修己治人之实学。'他也许是专指明末的理学家，和上引顾宪成的评语（即本文前引文）互相呼应。但无论如何，这句话流传天下后世，终于将所有理学家都一网打尽。进入二十世纪之后，这句话更与山谷中的巨大回响一样，震荡得人人的耳鼓都将破裂了。"①这是来自儒家内部的质疑。而儒家内部的这一质疑，由前文所述，原因正在于宋儒以降"补其缺"的理气心性论很大程度上淹没了修己治人的大传统。显然，回应这种质疑，巩固儒家信仰，对于富有理性的人而言，绝不可能徒恃论说，而必须依靠事实。余英时重构朱熹的历史世界，对于钱穆秉持的儒家信仰的意义正在于此。余英时讲："通过理学家群体的政治活动和言论，我发现他们一步一步地在实践平生所信持的基本价值。他们在险恶而多变的权力世界中，坚守儒家的原则，以不屈不挠的精神争取'内圣外王'理想的实现。大量史料中所透露出来的事实真相有力地驳斥了三百多年来种种加于他们身上的诬蔑不实之辞。"②

除了上述的质疑外，余英时又指出："二十世纪中叶以来，又泛滥着另一关于理学家及其思想的判断，说他们都是专制皇权的辩护士或大地主阶级的代理人；他们所提倡的'天理'或'良

---

① 余英时：《我推毁了朱熹的价值世界吗？》。
② 余英时：《我推毁了朱熹的价值世界吗？》。

知'，无一不是杀人不见血的'软刀子'，而且刀刀不离'人民'的咽喉。"①20世纪80年代以后，这种根据阶级分析的立场对理学家及其思想的否定虽然已被中国学术界摈弃，但平实而论，这种摈弃在极大程度上只是作了一个宏观的判定，为讨论理气心性争得了某种正当性而已，实际上只是将问题搁置在一旁，并没有真正从正面将泼在理学上的污水认真洗去——尽管将理气心性已阐释得很高明。换言之，不仅是钱穆的儒家信仰，而且其他人对理学的同情与推重，仍然面对着这层污水。现在余英时重构朱熹的历史世界，"从他们在朝廷或在地方官任内种种实际的行动出发（如朱熹与陆九渊），进而解读他们的某些形而上的命题，所得到的结论又恰恰和这些控诉完全相反。他们一方面各以不同的方式发挥'士'为政治主体的意识，以与皇极相抗衡；'天理''太极'之类的观念都或多或少、或隐或显地构成了对'君'的一种精神约束，如朱熹关于'皇极'的新解即是显证。另一方面，他们明确地承认'士'从'民'来，必须以维护'民'的利益为己任，所以如何'泽及下民'是他们在地方官任上念兹在兹的关怀。他们并不轻视不识字的'民'。个别的'民'可能被愚弄，但'民'作为一集体则具有极高的政治智慧。因此程颐与陆九渊都明说'夫民，合而听之则圣，散而听之则愚'。现代一个动人口号：'人民的眼睛是雪亮的'，早就由理学家在一千年前道破了"。必须承认，余英时的工作，正如他自己所确信的那样，"至少收

_____

① 余英时：《我摧毁了朱熹的价值世界吗？》。

到了为他们'辩冤白谤'的客观效应"①。而对于钱穆的儒家信仰，其客观效应当然远胜于此，尽管笃信儒家如钱穆者可能并不需要。

以上通过钱、余各论朱熹的著作的比较，试图说明两书虽然所论内容迥异，在史实的判定上，余著更可谓是对钱著的一种修正，但两著所呈现的儒学观（仅就两书比较而言）却一脉相承，而且余著对钱著的修正更是余英时对钱穆秉持的儒学观的进一步证实。在这个一脉相承的儒学观中，如果照用余英时的分类，将它区分为史实的层次与信仰的层次，那么由上述的讨论，我们不妨说在史实的层次上余英时是推陈出新，在信仰的层次上则是守先待后。

尤需指出的是，余英时的重心显然是在前者，这意味着在他的工作中预设了一个前提观念，即他相信对某种价值系统的信仰是由呈现这种价值系统的史实来培植的。在儒家的传统中，宋以后便有了六经皆史的观念，这个观念反过来看，"史"固然不能等同于"经"，现实的不必然是合理的，但"经"一定是呈现于"史"之中，即合理的一定是现实的，价值系统一定是呈现在历史的展开中。史实的获得构成了人的知识的一部分，在这个意义上讲，余英时儒学观中对史实与信仰关系的处理，意味着他视知识为价值的基础，而他的工作就是要为价值增添新知，用新知来培植价值。

如果说对价值的崇信是前现代至现代的一种特征，那么以知

---

① 余英时：《我推毁了朱熹的价值世界吗？》。

识作为价值的基石则可以视为现代意识的核心。把价值系统转化为历史的知识，以历史的知识来培植价值系统，这在钱穆那里，按照余英时的分析，客观上已然如此。但不可否认，在余英时这里，却进一步转变成高度自觉的事情，他对朱熹的历史世界的重构，由上文的讨论可以充分看到这种意识的贯彻。实际上，余英时在别处曾多次专门对此意识给予论证，只是这个问题不属于本文的范围，这里不作讨论。但指出这个事实对于本文却很有必要，因为通过钱、余专论朱熹的比较，我们已看到他们在儒学观上的一脉相承，而余英时曾讲，"以人生信仰而言，钱先生确是一位现代的儒家"①，那么就这个事实而言，我们也可以，而且也应该说，余英时"确是一位现代的儒家"。

原载庞朴主编：《儒林》（第二辑），济南：山东大学出版社，2006年第1版；另以《推陈出新与守先待后——从朱熹研究论余英时的儒学观》为题刊《学术月刊》2006年第7期。

---

① 《犹记风吹水上鳞》，第53页。

温润而见筋骨

上月初，林载爵先生来信，告知他计划邀请余英时先生的门生旧友就余先生的为学、处世、做人撰写文章，辑为一书，以为明年为余先生九十颂寿。林先生以为我是"必需撰稿人"，问我可否共襄盛举。我自然是非常乐意。余先生1930年生，明年90虚岁，89周岁。照民间的习惯，给老人家颂寿，通常是取虚岁，又有做九不做十的说法，因此今年上半年田浩教授来杭州时，我便问起他，明年准备如何给余先生贺寿。春节前我已递交了辞去杭州师范大学副校长的报告，那时正在等待中，心里便想着卸任后，明年可以去普林斯顿见余先生与师母了。至六月，获准卸任，我调往复旦哲学学院任教。我特意电话余先生，余先生笑着说，他早已知道了。并说很高兴我能专心到学问上了，说了很勉励的话。虽然我知道对我的取舍，余先生一定是这样的态度，但我还是很开心的，因为我感受到他的亲切，深受鼓舞。其实，初见余先生，我便深深体会到余先生是真正富有情怀而待人诚挚的人。

说余先生富有情怀，便联想到常见网络上引余先生的话，说没有乡愁；说他在哪里，哪里便是中国。前一个说法，仿佛示人以无乡情。后一个说法，则似乎显得自负。其实，前一句话，既是大实话，又大抵是特定语境中的表达。从前，苏轼的词里讲"此心安处是吾乡"，便是对"试问岭南应不好"的回答。至于后一句，余先生好像说过，二战中一位流亡的德国人便如是说的。可见人同此心，心同此理，古今中外大致如此。如果细细体会，讲这样的话，恰恰不是无情，而是自有深情，且情有独钟；也决不是自负，而是自有认同与期许。唯有身处异乡且有深切异乡感时，才会去体会心安与否，才会以心安来抚平情感，也才会君子无入而不自得；身处异域而又以故国自标，恰恰是对故国的认同，对自我的期许。

　　余先生对我讲过他对乡恋的理解。大意是说，乡恋并不是指向那个具体的自然地理，而应是生活在那个自然空间里的人；只是人有代谢，而地理多有不变，这不变的地理便能勾起人对曾经的生命的回忆，让人误以为人所怀念的就是这个地理了；如果离开了人，或者那里的人的生活变得很陌生，只是个地理，又有什么值得去怀想的！虽然说趋炎附势，追求热闹，几乎是古往今来的共相，但说于今为烈，似不为过。亦因此，人们也就更为感佩能够坚持自己的理念，有持守，甘于清寂的人。余先生的持守是这几十年来有目共睹的，以他的名满天下，却近乎隐居于林下，人们多见他的筋骨，虽然自己做不到，却喜欢引以为说，以至于遮蔽了余先生温润有情的一面。

读余先生的书，他好多处都要讲家乡安徽潜山官庄的生活对他的影响，看似只是讲治学上的影响，帮助他对传统中国的亲切理解，其实也是在讲对他的生命的影响。官庄的七年正是余先生的性情得以型塑的阶段，故乡对他，已是融入他的生命里，哪里还能分割？又怎么去切割呢？余先生1978年回国考察时，就还写了"不见江南总断肠"的诗句呀。只是这个故乡可以是现在这个真实的官庄，也可以是存于心里的那个故乡。当然，存于心里的，与存于现实中的，又总有某种关系，故每见故乡来人，每闻官庄故事，余先生总也是高兴的。

我一直期待着余先生能回官庄看看，顺便与师母去一趟老家宜兴。虽然师母从来没有去过宜兴，但每次讲起，她也总是很开心。有一次我去宜兴制陶的友人处弄了两把茶壶寄给余先生与师母，我还在壶上涂鸦写了几个字，请友人烧制，余先生与师母都挺开心的。他们也都知道宜兴已逐渐礼敬起自己的乡贤前辈陈雪屏先生。我曾对余先生讲，如果他回官庄，我来开车，不惊动任何人，余先生笑着说，如果去，就这样。为此，我寻思着自己先探个路。此前，我已先请同事小友去过了，小友将整个官庄全景拍成照片，我寄给了余先生，其实余先生的亲戚那边好像也早有人拍成影像给余先生看了的。后来正好香港电视要拍余先生专题，专门要去官庄，请我陪同，遂得以成行。

官庄真的如余先生所讲，是在一个山里。余先生的家保持得还很完好，屋子不太深，好像只有一进或两进，记不清了，但一字排开好几间，因此整个屋子还是大的。屋子的后面是山，山不高，余家的祖坟便在山上。以前好像读过余先生写到过这个后山，或者是听余先生说起过，所以当我爬上山坡时，在我的想象中，这后山便是从小失去母亲，现在又与父亲别离，从城市回到乡村的少年余先生排遣心绪、自由怀想的秘密庭园。屋子的前面很开阔，有一个水塘，再前面是一条溪，然后是成片的农田，远处是起伏的山，格局甚好。余先生讲起过，他们家的一个女眷，便是跳入门前的水塘自杀的。余先生还对我讲起过，有一次他得了病，连续高烧，整个人昏沉，大家都觉得没救了，余先生昏沉中听得有人好像说什么他的母亲因生他难产而死，他的命不祥之类，建议扔了算了，但他的伯母硬是不同意，说这孩子可怜，生下来就失去母亲，她坚持要照护他，结果让余先生康复了。余先生与我讲这些故事时，特意指出，传统中国当然有着种种不好的东西，但好的东西终究是主流。读余先生的相关叙述时，可以体会到他对传统乡村中的人际关系，多从正面给予说明，其实是有着他的取舍的。余先生着意要表达的还是传统中国人与人之间美好的东西，虽然他深知人世间的种种丑恶古今中外都是存在的。

余先生的故居给我印象最深，也是最好奇的是，屋子正面的院墙与门不在一条线上，好像院墙受地基的影响，而门为了保持某个朝向，特意作了调整，结果与墙有了一个角度。我猜想这可能是风水上的处理，那时的手机上好像还没有罗盘针，我也不知门的准确朝向了。我不记得是否与余先生说起过这事，不过，估计余先生也不一定晓得或记得这么具体了。余先生祖上都是农家，靠着勤勉，渐成富农，到了他父亲，便有了可能支持外出读书，以后才有了余先生。传统中国讲风水，其实便是要使自己的生活依循着道理，尽心力而为，至于结果往往全不由自己，须从宽看，不可刻意。余先生处理事情，给我的印象便是如此的。是在潜山，还是后来，我已记不清了，余先生的二弟与我建立了联系。余先生的父亲先后三次婚姻，余先生是长子，二弟在国内，三弟随父母在美国，先是大学教授，后来好像做了校长。相比之下，二弟及其生母的生活要差好多。余先生的二弟讲了许多家里的故事给我听。大家庭的长子、长兄往往要承担比较多的责任，只是这种责任并不是强制性的，事实上也很难强制，何况余先生在国外，许多事也难以顾及。但是，余先生还是非常尽心尽力的。不仅代父妥善处理好二弟的母亲，而且帮二弟到香港工作，直到退休。

余先生许多次对我讲起"亲不失亲，故不失故"的话，而但凡深具这样情怀的人，又总不免受伤。2005年上半年我在香港中大客座一学期，余先生介绍我去拜访了他在中大的老朋友，比如当时还在校长任上的金耀基教授、中国文化研究所的主任陈方正教授等。记得有次听陈方正讲起余先生在中大主持建制改革的故事，其间余先生最伤心的便是来自老师辈的唐君毅先生、牟宗三先生的攻击。陈教授讲，有次晚宴，可能是余先生已决定不接受续任，如期结束香港中大的任职，返回哈佛任教前的道别，余先生与他同车散归坐后排，那晚酒多，余先生怵言这些师长辈平时当面都很好，背后却恶对，激动而醉吐。我从来没有与余先生喝过酒，不知他的酒量，以我贪杯的经验，凡善饮者，酒不醉人人自醉，如果自己不想醉，别人是很难劝醉的，故闻言心想余先生实在是心伤不已。又听陈方正教授讲，某次宴聚，徐复观先生取钱穆先生追求钱夫人的故事，以资笑谈。徐先生是余先生的师长，而余先生作为钱先生的弟子，对钱先生的感情更进一层，人人皆知。顷闻师尊被人嘻笑调侃，既不能为之辩，也不能避而不听，余先生深觉难堪。余先生尝叮嘱我，不管什么情况下，遇到任何人批评甚或攻击他，都不要为他辩，权当没有听到。起初听余先生这样吩咐时，我并没有特别的感受，后来听到陈方正讲的故事，便联想到了余先生的叮嘱。事隔这么多年，陈方正还真切地记得这些事，当作事情说与我听，亦可想而知当日余先生的受伤。

大概也是这些事情的累积，余先生对"新儒家"是有看法的，他写《钱穆与新儒家》的长文，定要把钱穆先生与新儒家作分别论，固然是依着学术思想上的根据，但实在也是来自他对唐、牟、徐三先生的切身感受的。余先生始终以现代学者的身份来论说，从没有拿儒家来自标身份，但他的实际立身行事却是依循着儒家明理亲仁的原则，而唐、牟、徐三先生的做派则让余先生颇有点保留的。不过，余先生并不因此否定唐、牟、徐三先生的学术思想贡献，相反，他对他们的成就都给予了公开的高度肯定。唐门弟子为唐先生立像，余先生应邀撰写碑文即是一例，尽管他自署"门人"而非"弟子"，以示学术思想的不同。

余先生的待人接物，以我的切身感受，要言之，便是儒家的"忠恕"二字。以前在写一篇《说师》的短文中，我曾隐去名讳述及余先生对我的尽心："另一位恩师是1930年生。一次我去见他，依惯例，我先约好时间，到后电话，师母会开车接我。岂知那天电话坏了，我又没带住址。后来试从公共电话簿上查，竟有住址，待打车到，两位老人家已开车去过火车站、汽车站，满城找遍了回家，家门口贴着他们出门找我时留的便条，嘱我到了等，那年我40，先生73。前几天下午5点，忽接先生电话，我问他今日如何起得这么早，他那正是凌晨5点，他说还没睡，刚替我改完稿，就要去睡了，今年先生已84。"这份恩情，甚至泽及我的儿孙。儿子无梦回国念高中时，将自己对今后的想法写信告知余先生与师母，余先生认真给他回信，讲了应该怎样选择自己的未来，勉励他向学。儿子后来无论去布朗大学念本科，还是去纽大念硕士，以及现在杜克大学念博士，余先生都对他时予勉励。儿子结婚，余先生特意从家里找出一幅仅有的长条红纸，集《诗经》中的四首诗，写成一长轴为孩子们庆贺，那年余先生都已经八十又二了。去年是鸡年，我添了孙子，师母专门精选了鸡的礼品，余先生题写的贺语，给孩子们寄去。我深知余先生与师母对我特别好，有一次师母在家里专门烤鸡给我吃，这是师母特别款待人的方式，但我还相信余先生与师母待人就是这么尽心用心的，因为我也知道一些余先生帮助过的人，以及帮助过的事。这里仅记一件我参与过的事，以见余先生对我的好，对人的好。2007年底，那时我还在浙江大学任教，学校党委书记张曦问我能否请余先生帮助引见普林斯顿大学的方闻先生，因为张书记卸任浙江省委秘书长来浙大后，一心要编《宋画全集》，极想获得方闻先生的支持。此事我真觉得有些为难，因我知道余先生多有拒绝显达者造访的事，而张书记是先师沈善洪教授的早年学生，平常待我亦如小师弟，况且编撰《宋画全集》也是个正事。我硬着头皮去问了，结果余先生慨然应允，热心帮助联系，很快给了回复。张书记马上决定去普大，我亦随行。余先生不仅陪同方闻先生与我们一行用餐，而且与方闻先生一起安排了普大校长与张书记的见面会谈。此行促成了方闻先生与浙大的深度合作，张书记不仅由《宋画全集》推进到《中国绘画大系》，成为国家的文化项目，而且更促成了浙江大学艺术学科与博物馆的建设。

尽心待人，却又能宽以待人，总是肯定人、鼓励人，那又是余先生与师母的恕的风格。我永远忘不了当年余先生在普林斯顿大学门口送我上巴士道别时讲的话：这几天我已经把做学问的全部方法告诉你了，以前古人讲，学不见道亦枉然，这几天你算是见道了，以后就是要自己去努力做，不要急，慢慢体会。2003年我回国时，正值余先生收到刚刊行的《朱熹的历史世界》的一册样书，他专门题字寄来，"特赠之以代送行"。如今回想这十五年来，学业荒疏，实在是"愧负当时传法意"。这些年来，每与余先生师母电话，他们总能理解我的折腾，从来没有半句批评话，而每有丁点学问上的心得，余先生总是不吝肯定，以为勉励。对我如此，对我儿子也是。儿子原本喜欢弈棋，后来又玩起桥牌，上大学时做桥牌社长，师母时不时寄桥牌的东西给他，还讲自己也喜欢。儿子的专业是环境经济学，有段时间忽然喜研八字命理，写了书稿《顺守其正》，寄呈余先生请教，余先生也不以为怪，予以表扬。总之，余先生从来不以自己的志业去要求人，相反，他能理解人，宽待人，而只要有向学之心，他便勉励人，让人倍感温暖。

余先生曾两次书写诗送我。第一次是抄录朱子的诗："古镜重磨要古方，眼明偏与日争光。明明直照吾家路，莫指并州作故乡。"那时余先生初收我入门墙，特录此诗，强调为学之方。诗写在一纸印有暗花的素雅笺上，落款为"二十一世纪第一春"。诗笺放在夹板中间封好，托正好看望余先生的香港中大神学院的卢龙光牧师带到哈佛给我。第二次就是前言陪张曦书记去普大的那次。那时与余先生和师母分别快近五年了，去一趟美国不容易，此后又不知哪年能再去看望，因此我请余先生为我写几个字以作留念。余先生通常写小字，多写于诗笺，这次他写了条幅，书写了当年他《寿钱宾四师九十》中的第二首诗："浪卷云奔不计年，麻姑三见海成田。左言已乱西来意，上座争参杜撰禅。九点齐烟新浩劫，二分禹域旧因缘。辟杨距墨平生志，老手摩挲待补天。"并非常客气地题上内人与我补壁的谦语。余先生写好卷起给我时，说：这是以前写给钱先生的，但其实也是写我自己的。我没有说话，只是认真收起放好。我自以为深知余先生对中国文化的情怀，深知他的持守，他的志业，我体会着他的讲话，子夏之徒不能赞一辞。

2001年初见余先生，那时他刚从普林斯顿大学荣休。一转眼，近二十年了。那时，余先生还在做大的题目，关于朱子的研究。这些年，他一直也没有休息，论著仍然不断，真的是不知老之将至。余先生寿钱穆先生的诗，有"天留一老昌吾道"句，又有"儒门亦有延年术"句，完全亦由他老人家自己得以印证。这些时日，网络微信中已在流播余先生的回忆录，我读这些文字，仿佛亲见着余先生，亲聆着他在讲述。就在昨天，我在手机上看到人们在传的回忆录封面照片，余先生的字仍然写得很有力道，结体又似较从前更圆融。人如其字，或字如其人，这些说法上升为理论，也许不可全信，但我却还是从余先生的自署书名，亲切地感受到了他的气象，温润而见筋骨。

戊戌立冬后二日于杭州仓前

原载《如沐春风：余英时教授的为学与处事》，台北：联经出版公司，2019年。

最后的相见

　　八月五日早上醒来，微信中便有友人告知余英时先生逝世的噩耗，并向我确认。我马上电话余府，但电话已设置忙音。随后看到台北"中研院"的讣告，余先生真的走了。整个一天心绪恍惚，除了请友人将我给余先生九秩颂寿时写的短文《温润而见风骨》转成微信，以志追念外，全无心情做其他事了。至晚间，又有友人嘱我该写点什么。我记忆中最先呈现的是余先生经常对我讲，他晚年最自乐与追求的，就是像顾炎武的《日知录》所表达的，每天读书获得一点新知。我始终以为余先生讲顾炎武，日知只是一半，故提笔写下："博学于文，廿载师说系梦思；行己有耻，通体道义发新枝。"并题记："昨睡前念起，览余师之《会友集》。晨起噩耗骤来，恍惚终日。二十年来先生每以炎武自况，书之以志哀伤。辛丑立秋前二日。"

　　此后数日，有关余先生的生平与学术，网络上纷至沓来，其中，极大部分没有超出我的认知。在悼念与缅怀的主流声音外，也夹着一些杂音，甚至是极刺耳的噪声。余先生已是进入历史中的人物，而且是处于复杂历史过程中特立独行的知识人。对于这样的人，局外人往往是很难真正理解与体会的，因为论迹容易论心难，像余先生这样学贯中西，博古通今的学人，他的精神世界既一贯又丰富，既涵张力又达圆融，并不是很简单能概而言之的。至于毁誉，声名隆盛，谤议相随，几乎是古今通例，实在更不足以议了。

我最后一次见余先生是美国当地时间2019年4月2日近午。那天专程从杜克飞纽约，再转火车去普林斯顿给他老人家颂寿。到时，先生照例尚未起来，师母开车带我去普大看新盖的艺术楼，等下午1：30回府上，先生已睡起在等我们了。

距上次见面已近八年，相见自然是非常开心。余先生告知因为用激素，所以人胖许多，但除了耳朵时背，走路较往日显老迈，尤其是行动后气喘需息，其余皆好。先生几年前曾生过一场大病，但具体从来不谈起，师母每次也欲言又止。也就是那场病后，他从年轻时就抽得很凶的烟，从烟斗到香烟，都戒了。这次好像茶也只喝淡的，或改只喝开水了，这个记不清了。直到今年的一次电话，师母才告知我，先生那场病共化疗或放疗达四十二次，具体什么病，师母没说。师母还告诉我，每次陪先生去，她只能留在外面，先生自己进出，始终很乐观、坚耐。这次见先生，他依旧乐观，除了刚见面时，稍及自己身体数语，而且说很好，便只言其他了。

落座后，余先生讲，人老了，什么理论、学术都不重要了，最珍惜的便是人世间的温情了。我知道，这是余先生在表达他很高兴我去看望他。学术几乎就是他生命的核心内容，又怎么会真的不重要呢。当然，余先生讲的话，也毫无疑问是真心话，只是不能作简单理解。由此联想到，脱离语境的古人语录，表面的文字义与真实的指义实在是需要费思量的。我接着向余先生报告前几天田浩教授在亚利桑那主办的"中国历史上的权力与文化国际学术研讨会"的情况，余先生听得很认真，他还专门为会议手写了十七页的英文论文Confucian Culture VS Dynastic Power in Chinese History。我把自己的会议文稿《权力世界中的思想盛衰悖论：以胡瑷湖学为例》也呈交先生指正。

随后又聊及诗、字，我打开手机，把新写的"流水无声映日斜，昼夜不舍向天涯。江湖时时起风波，不喜不惧作浪花"呈先生与师母一晒，他们很开心，夸我有进步，自然是鼓励我。师母建议先生酬和一首，先生说酬和须兴起，先抄下，待兴来和之。这次给先生颂寿，我从杭州给二老各带一条真丝围巾，另带一支湖笔、一小盒明前龙井、一个画着丰子恺儿戏图的布袋。师母回赠我一个玻璃镇纸，是专门从Hamilton买的工艺品。先生与师母待人总是非常用心的，常常见之于这种细微处。

那天1：30先生起床，一起外出吃了寿面，回府上聊天，晚餐再外出吃，直到8：30先送二老回家，我离开，长达七小时与先生、师母闲聊，先生一直精神不错。除了前面谈及的会议情况外，先生对国内同道颇多关心，他问及陈来、葛兆光的近况，嘱我回国代问候。聊天也总是随兴的。余先生对着师母讲，也是对我讲：你来看我，现在让我想及钱先生九十寿时，我去看他。先生讲这话后，停顿了一会，眼睛里流露出一些思念。余先生对钱先生的感情很深，他曾对我讲，钱先生是进入他生命中的人。由此，师母又聊及钱先生门下的一些趣事。师母在讲述那些人与事时，先生便笑听不语。然后话题不知又怎么转到余先生在哈佛的读书，便讲到了史华慈与费正清，讲到田浩当年博士毕业求职亚利桑那时，余先生与史华慈如何相约推荐，云云。总之，话题伴随着时光在流转。当我最后送先生与师母回到家，先生与我紧握着手相拥而别时，我颇感怅然。

上周六，林载爵兄来信告知，联经出版公司筹划线上纪念专辑，问我能否写一篇短文，一周交稿。我当时回复："试试吧，心情有点低落。如写出，呈兄。"这个星期来，我常念想余先生，常想到先生府上挂着的一副楹联："未成小隐聊中隐，却恐他乡胜故乡。"那是师母父亲雪翁为余先生新居书写的，款文云"英时近集坡公诗句放翁词句为楹贴嘱书之"，落款是"丁巳秋日"。丁巳是1977年，上一年，杨联陞先生题赠余先生："何必家园柳？灼然狮子儿！"两联相映，虽然那是几十年前了，但余先生的心志情怀与不得已恐未变，亦难变。这周来，每念及此，心境寂寥。今天又是周六，一周到了，想来还是应该写点以为纪念，便拉杂地追记与余先生最后的相见。

辛丑出伏后一日于恕园

收入《心有思慕：余英时教授纪念集》，台北：联经出版公司，2022年。

守先待后的示范：余英时先生治学精神之一见

谢谢梁涛兄邀请我参加今天的纪念会，也感谢书院提供这个平台。

8月1日余先生去世，我们大概都是8月5日听到消息。8月5日早上，有朋友向我确认。我马上打了电话，但余先生家中电话设置为忙音，估计这个时候师母已经不接电话了。这段时间大家心里，至少我自己心里不太舒畅，情绪总是有点低落。

8月5日当天还有朋友劝我写点东西，我写了一个挽联。我和余先生有20年的交往，整整20年。这20年中，余先生经常对我讲的就是顾炎武《日知录》所表达的对知识的追求，每天能够知道一点。他说现在最大的想法，晚年每天要做的事情就是以此为乐和以之排遣。我认为余先生与顾炎武的秉执，并不只在日知上面，还有立身的一面。大家都知道，顾炎武要求自己非常著名的两句话，"博学于文，行己有耻"。因此，我为余先生写的挽联，上联是"博学于文，廿载师说系梦思"，下联是"行己有耻，通体道义发新枝"，跋云"昨睡前念起，览余师之《会友集》。晨起噩耗骤来，恍惚终日。二十年来，先生每以炎武自况，书之以志哀伤。辛丑立秋前二日"。我纪念余先生90岁寿辰而写的短文现在网络上传播，前两天联经请我再写一篇短文，大概2000多字，我已经发给他们，估计还要几天才能出来。

梁涛兄联系我参加这个会议，当然义不容辞。今天的主题是讲余先生的学术贡献，我认为其学术贡献是多方面的。刚刚主持人的讲话也好，刘笑敢老师、李存山老师的发言也好，都表明余先生是20世纪中国思想史、中国历史学中最重要的学者，有着广泛的国际影响。今天的座谈会上，时间原因不能全面去讲，我想以"守先待后"四个字来谈谈我对余先生学术贡献的一点体会。

有关余先生的研究，我在他80岁寿辰的时候写过一篇很长的文章，大约有5万多字，主要讨论他的近世思想史研究。梁涛兄刚刚也讲到，我还主编过余先生一些著作在大陆的出版。最重要的有两种：一是我在美国期间把他所有的英文著作完整收集，然后邀请友人一起，用了三四年的时间翻译，最后由上海古籍出版社分4册出版。在此之后，余先生基本上也没有再写英文著作（俊案：2019年亚利桑那州立大学为纪念田浩教授荣休而举办"中国历史上的权力与文化学术研讨会"，余先生特撰Confucian Culture VS Dynastic Power in Chinese History，这大概是余先生最后的英文论文）。他在哥伦比亚大学出版社出版的上下册英文论著，就是以前的英文论文的汇集。另外一项工作就是我编了一部80万字的《余英时学术思想文选》，也是由上海古籍出版社出版的。这个文选可以说是我对余先生所有的著作作了一个通盘考虑之后编撰的。实际上，我是将《文选》作为一部资料长编来处理的，基本的架构也形成了。本来打算在此基础上写一个余英时学术思想的专门研究，但因为忙于其他工作，就搁下了。这部《文选》可以看作是我对余先生学术思想的一个全面梳理。这两项工作可以说都获得了余先生的高度肯定，两种书都由余先生亲笔题签。

我今天想讲的主题是"守先待后"，这也是当年在余先生的家中谈的第一个问题。我整理过这些记录，在澎湃新闻网的上海书评上整版发表，后来收在一本名为《师英录》的文集中。

刚刚刘笑敢老师谈到余先生写反智论的问题，李存山老师讲《朱熹的历史世界》问题。如果知道余先生和钱穆先生的关系就会很清楚，余先生的这两个研究都与钱先生有着莫大的关系。余先生跟钱先生之间的学术思想、生平交往以及情感交互的关系，学术界也有各种各样的理解。就这两个著作而言，反智论在当时引起了轩然大波。钱先生也说过，为什么好像英时是冲着我来的，跟我唱对台戏。因为在此之前，钱先生出版有《中国历代政治得失》的书。这本书中，钱先生着力强调的就是扣在中国传统政治制度上面的"封建专制"四个字并不准确，《中国历代政治得失》的重点是为传统政治制度去"封建专制"的污名化。余先生也对我讲过，钱先生最讨厌"封建专制"四个字，所以他写了《中国历代政治得失》。但是余先生在文章中讲到，中国传统政治存在反智论的一面。尽管余先生的措辞非常周详，刚才刘老师就指出，当他这样正面下结论的时候，马上又有一个回旋的补充，修饰前面比较硬的说法。但无论如何，余先生写反智论是跟钱先生的取向是不一样的。

刚刚李老师讲到余先生的朱子研究与钱先生的《朱子新学案》，大致一看就会发现两部书是完全不一样的。钱先生谈学术思想，他的书名就叫作《学案》。可是余先生的这部书讲政治文化，虽然在一定意义上他没有正面讲，但实际上他的整个著作似乎就是要推翻钱先生的一个重要观点。钱先生认为北宋诸儒对国家政治，特别是朝廷政治非常关心，比如司马光、王安石、二程。但到了南宋朱熹、陆九渊这些最重要的大家，他们好像对朝廷政治不关心了，他们更关注地方的事业。但余先生的书是从根本上颠覆了这样的说法，他告诉学界，朱熹一生自始至终、念兹在兹，从来没有忘怀过对国家、对朝廷政治的关心。所以乍一看，好像也是余先生跟自己的老师在同一个领域唱对台戏。

当然我也可以举例说明在同一领域中，余先生是接着老师讲的。我想举三个例子。第一个是余先生的成名作，尤其是在中文世界的成名作《中国古代知识阶层史论》所收的几篇论文，所选择的论题几乎就是钱穆先生《国史大纲》中涉及问题的一个展开。记得在谈论魏晋南北朝的时候，钱先生在一个注中拉了一条线，只是拉的这条线对钱先生而言是点到为止的。《国史大纲》是一部纲目体著作，提纲挈领，很多的材料都未能展开。余先生对我说《国史大纲》很难读，反复对我说要细细体会。余先生《中国古代知识阶层史论》的论述基本上就是顺着钱先生的注释而展开，形成其广大的领域。因而我们可以说，此处谈不上所谓的反对或者说对着干了，完全不存在这个问题。余先生的这本书就是对钱先生的接着说。

第二个例子是大家熟知的，有关清代思想的解释余先生提出一个非常重要的概念称作"内在理路"，他强调清代的考证学是从宋明理学中转出来的，不完全来自外部政治的压力。后面这个观点主要是以梁任公为代表。余先生主张清代的考证学是由于宋明理学自身发展到最后，必须返回经典本身去做考证的工作。"内在理路"说可以说是余先生思想史研究中的代表性观点，但如果注意的话，可以发现钱先生的《中国近三百年学术史》开篇也是这样立论，只不过对此问题钱先生同样是隐而未发，点到即止，而余先生是通过具体的论述把这个思想做了充分的展开。

第三个例子，钱先生去世前三个月写了他非常著名的文章，就是有关天人合一的。香港中文大学根据他的这篇文章在山顶设计营造了一个景观，用以体现天人合一的意境。余先生晚年的最后一部著作就是《论天人之际》。钱先生的天人合一是一个概要性的，是有关天人合一对中国文化意义的重要论断，但他已经95岁高龄，不可能有很深的阐释。余先生的《论天人之际》是用学术研究对古代的天人关系问题做出一个详尽的分析，可以说是补老师之不足，或者说是展开老师的一个思想，将其彰显开来。

我举以上三个例子，加上刚刚刘老师讲的反智论，李老师讲的朱子研究，我想说明余先生一辈子的学问是在非常自觉地承传。因此他跟我谈话的时候，首先讲的就是对老师的承传，后来我将其称之为"守先待后"。他十分肯定，非常高兴，把这作为介绍他治学方法的第一条。

余先生对我讲的"守先待后"，我们要充分理解他的"守先"不是简单地固守师说，好像是固守自己老师的一人之见，而是传承整个学术传统，当然包括他他自己的老师钱先生，以及到美国以后的杨联陞先生，他们对余先生有亲炙之功。"守先"是对整个学术来讲，并非只固守老师一点。学界可能比较注意余先生对陈寅恪先生的重视，却忽略在研究方法上余先生对另外一位陈老的重视，就是陈垣老。事实上，在很大程度上余先生细密的考据功夫是受陈垣老的影响。另外余先生的学问中对清代笔记的使用非常重视，其实也得益于陈垣老。

余先生常年甚至可以说他基本上就是在西方工作，对西方学术思想的关注也是余先生非常重视的。读余先生的著作，最大的体会就是余先生的每部著作都有非常深刻，或者说非常重要的问题关怀。这种问题关怀从哪来呢？实际上是需要实践的。对余先生而言，这个实践就是其长年累月地关注西方学术思想的变化。当然对于中国学术本身的内在理路，他同样非常关注。

以上几个例子说明了余先生的守先，对老师的继承不是一种固守，而是沿着老师所关注的、打开的问题，用新的学术方法予以进一步的展开。在此展开的过程中，与老师的观点可能是一样的，也可能不一样。这没有关系，这取决于材料本身，取决于研究本身。我认为这一点是大家要意识到的。现在网络上经常讲余先生跟钱先生的异同等等，而我想说明他们是一脉相承的。我在之前的文章中也讲到这个问题，在价值观念上他们是一样的，虽然在研究方法上存在不同。钱先生更偏向传统的经史之学，而余先生已经融入了现代学术的概念分析，借用西方社会科学的概念，包括一些哲学的观念来观察中国问题，所以在方法上这是有所突破的。

关怀问题和方法问题以外，第三个就是研究论域的问题。研究论域上，余先生同样非常好地继承了上一代的学者，当然包括他老师的。在论域问题上大家可以注意两点，第一是余先生始终有一个宏大、贯通的学术思想关怀。大家看余先生的著作，几乎每个朝代都有。虽然他一直说自己做了很长时间的准备，要写唐代的东西，因为他还没有唐代的专著。先秦、两汉、魏晋、宋代、明代、清代他都写了，唯独唐代没有。这不是说他不了解唐代，他在普林斯顿讲的主要课程是唐代的，涉及唐代的论文也是有的。余先生有一个通贯的历史观念，这个思想跟钱先生有着莫大的关系，也跟中国传统学术的精神有关。太史公讲"通古今之变"，求贯通之学，这与我们当下的学术、学问有很大的不同。现在都是讲断代，宋史专家、明史专家、清史专家，少了那种贯通的雄心，或者也没有这样的意愿。可能是因为现代技术分工日趋严密，所以大家对这样一种贯通之学往往就不去讲了。这是第一个特点，他在各个领域中都保持一种贯通的意识。

第二个特点是虽然求贯通之学，但余先生又把这样一种贯通之学落实在具体的问题、具体的断代上面，比如魏晋研究、汉代研究。一般认为余先生有关汉代的最早研究是《东汉生死观》，即他的博士论文。其实不完全如此。虽然博士论文在先，但他在西方学术界站稳脚跟，可以立身，并且被哈佛大学聘为教授，是由于他博士毕业以后在密西根大学工作期间完成的《汉代贸易与扩张》，这是一部经济史著作，中译本也出版了。大家可以注意，余先生的研究不仅有着贯通的历史观，同时也具备扎实的断代研究、问题研究。他的回忆录出版以后，大家可以更多地关注一下他早年研究汉代的方法，那是非常坚实的，可以说就是他的功夫所在，下了很深的功夫。

当我们今天回顾一位重要的学者，在纪念他的时候，我们应该充分意识到他的学术与思想的定位。越是重要的学者，越是把自己的研究放在学术史的脉络当中。他的守先不是仅仅守自己的老师，如果这样就流于门户。学不可有门户，就是这个意思。转益多师不等于对自己老师的叛离。钱先生对余先生的意义可以简单地用一句话，余先生自己对我讲的一句话表明，他说钱先生是进入他生命中的人，当然是特别不一样的。余先生与钱先生的相遇是年轻时在香港，他的思想、治学路数都还未完全成型的时候。

接着再讲讲"待后"。余先生说，当自己的研究做出来以后，这个研究就成为了一项公共的产品。这是我从他那里获得的一个十分强烈的观念，也是我现在经常对研究生讲的话。有一次，余先生明确地对我讲，他指着我和他说："你我都是属于进行知识生产的人。"然后指着师母说："她们是属于文化知识消费的人。"讲到知识生产和消费的概念。什么意思呢？他说当我们的研究出来以后，你要意识到自己的研究是相当于生产了一个物品。它能不能给这个市场带来新的东西，你能不能在市场上被大家接受，这不是由你自己决定，而是由市场决定的，市场会有取舍。这便是"待后"。待后要有缘分。余先生说"守先待后"也可以借用佛家因缘的说法，因是守先，缘是待后。在某种意义上，因是自求的，待后则没法自求。只能尽心去做，结果由后人评说。

今天我们纪念余先生，讲他的学术贡献，我想强调在余先生的治学生涯中，他始终致力于把自己放在这样的一个学术传统之中，也才使得这样的一种学术传统绵延不绝。当下我们对于创造性继承、创新性转化等说法耳熟能详，好像更多地讲创新，其实创新是寓于守成之中。我经常说，艺术创作是最强调创新的，但是从来没有听说某一位书法家，他写毛笔字可以从创新开始，他是一定要临帖的，一定要模仿。许多重要的书法家，直到晚年每天要做的功课其实仍是临帖。所以守先并不是保守，余先生在论域、问题、方法上面都有延展性、拓展性的变化。余先生的传统比较丰富，他以钱先生、杨先生为主，又融入各方面的学养，在时代的问题中形成自己的思想。我们这一代的学人在开展我们的研究时，也应该能够承传他们的视野、问题意识、关怀和方法，然后我们自己努力来做，在知识上有新的贡献，从而使得这个传统能够延续下去。我想这是今天我们纪念余先生最好的一种方法，体会余先生学问的宗旨，然后成为我们进一步努力的基础。

我就大致讲这些，请大家批评。谢谢大家。

在北京明德书院纪念余英时先生学术贡献座谈会上的线上发言，2021年8月28日。

写作者的修养

大家好，谢谢林载爵先生。余英时先生8月1号过世，我们8月5号知道消息以后，心情都是沉痛的。大概是上个礼拜还是十天以前，北京也开了一个小型纪念会，讲余先生的学术贡献。因为疫情，大家都采用在线的办法，主事者也让我作了一个发言。我当时讲的题目是"守先待后的示范：余先生的治学精神之一见"。因为我过去见余先生，后来整理的第一个问题，就是"守先待后"。学术界对余先生跟钱先生的关系也有种种的说法，我觉得很多的看法都可以讨论，所以我借那个活动发言，就主要讲了这个问题。

今天这个纪念会，联经的朋友跟我联系的时候，让我主要从"写作者的修养"这个角度来讲。我想从我跟余先生的交往谈起。我与余先生的交往非常亲切，从第一次见面就非常亲切。第一次见面就从下午两三点钟聊到晚上十一二点。临别时送我一本《陈寅恪晚年诗文释证》，用传统的方法对待晚辈，很客气题赠何俊兄，并让我第二年春天再去。

第二年我去时，余先生安排我住下来，然后与我聊了三天，聊的结果就是后来整理了《师英录》。那时因为余先生正在写《朱熹的历史世界》，我在写《南宋儒学建构》，所以就有很多专业上的共同话。余先生跟我聊的时候，经常时不时离开沙发到书房去把书拿出来，具体谈一些问题，请导我。

　　第一天在外吃晚饭时，余先生对师母讲，说何俊让我想起胡适晚年时一个去见他的人，我不知道那个人，当时也没有细问。余先生说，胡适觉得这个人让自己一扫暮气，何俊也让我有这样的感觉。当然这是一个很客气的话，表示很亲切。另外那时余先生刚从普大退休，心境也可能有点特殊。

　　那天晚饭出来以后走在街边上，余先生突然回身对我讲，我收你做弟子吧。我问他，这个收弟子有什么仪式吗？他说明后天再说。等到我离开时，余先生把他家里所有能找到的他的著作，有十多种，都给了我，然后在《历史与思想》这一本上，也是联经出的，红封皮的，在扉页上写了一段话，大致是说我把我所有的书都送给你，这本书可能最合你的趣味，并题称何俊弟。然后对我解释，传统五伦中没有师生一伦，称人为弟就是收为弟子的表示。那次专门送我到普大门口的巴士站，跟我道别的时候，非常语重心长地说，古人讲，学不见道则枉然，这几天我将自己的道都传给你了，以后便是自己努力，云云。

　　今天我讲"写作者的修养"，我从这些讲起，既是缅怀，也是想说，余先生是一个充满人情味的人，他是一个非常有真情实意的人，我觉得这是他作为一个写作者，非常重要的修养。

后来余先生80岁的时候，联经准备出版颂寿文集，田浩主编，约我也写稿。通常，学界写颂寿文集都还是各谈各的研究，很少去谈寿主的学问，但我觉得我还是应该把余先生的东西好好捋一下。那时我对余先生的工作其实已经做了比较完整的梳理。我在美国的时候，就把他所有的英文著作收齐了，回国后组织人给它翻译出版了。另外我又把余先生所有的书梳理了，在这个基础上，编了一个80万字的《余英时学术思想文选》，实际上可以说是一个资料长编，如果我在这个基础上面作出分析，就可以变成一部研究余先生学术思想的专著。余先生对这两项工作都是高度肯定的，尤其是对文选的编纂。这个书在上海古籍出版以后，反应也不错。杜维明先生看到以后，也专门找人编了他的学术思想文选，还有刘述先先生也是。

不过，虽然我觉得自己编余先生的学术思想文选是很系统的，但我在他80岁生日时写他的学术研究时，我没有枝蔓出去。我对他的先秦研究、汉代研究、近现代研究也基本了解，但我没有去讨论，而是集中在他的宋学研究，我把它叫作近世思想史研究。那个文稿可以算是一个专题研究了，有近五万字了。余先生收到这个文集后，对我这个文稿给了两个字的评价，我记忆犹新，就是"用心"。我听了还是很高兴的，觉得余先生对我的研究是认可的。

再后来他九十岁的时候，联经又准备出版颂寿文集，这次定位好像不那么学术化的，林先生邀我也写一篇，我便写了一篇生活方面的短稿，《温柔而见风骨》，后来收在颂寿文集《如沐春风》里。余先生看了以后也是给了两个字的评价，是"亲切"。我觉得这也是一个极大的肯定。

余先生也会跟我讲一些很亲密的话，包括家里的事。余先生收我入门墙，在普大公交站讲了学不见道亦枉然的送别话后，回头又专门给我写了一幅字，托人带到哈佛交给我。他怕我在哈佛热闹的地方，学问路数走偏，专门抄了朱熹的诗给我："古镜重磨要古方，眼明偏与日争光，明明直照吾家路，莫指并州作故乡。"他希望我要走学问的正道。

余先生后来还专门抄送一首旧作送我。我回国七八年后，那时在杭州师范大学任副校长，去美国工作访问，特意去看望他，那天他兴致比较好，给我写了这幅字。通常他都是写一张诗笺，那天给我写了条幅。那首诗大家都很熟悉，就是钱先生九十岁寿时，余先生写的四首贺寿诗中的第三首。余先生写好给我看时，特意讲一句话，他说这是当年写钱先生的，其实也是写我自己。像这样表达自己心志的话，一般来讲对外人是不说的，所以我觉得余先生对我是完全不见外的，非常真诚。

我最后一次见余先生是2019年，我专程去美国余先生家里给他过九十岁生日，余先生非常高兴，临别的那个场景现在还在眼前。余先生辞世后，我在《最后的相见》中作了回忆。

我讲这些，讲我跟余先生交往的这些事，全是我个人的经验，我想表达的是，我体会到一个大学问家，余先生是非常有情怀的、有情感的，所以读余先生的文字很有味道，这是他作为一个写作者的修养，他的笔端是带有情感的。我记得好像以前讲梁任公也是这样。余先生的文字是非常有感情的，这实际上涉及到作为一个写作者的为人。余先生是非常真的，是一个率真的人，他当然也有偏颇。余先生跟我讲，人家说我有偏见，我怎么会没有偏见呢？人怎么可能没有偏见呢？人有偏见，自然也会有偏爱，有他的持守，这是真，所以我要讲写作者的修养，如果文字要能够留得下去，我以为它一定是真的，我想这是写作者的修养中的首要地方。余先生晚年跟我讲过多次，他说他像顾炎武《日知录》一样，每天知道一点，求真，这是他最重要的精神。

除了做人以真诚之外，讲写作，当然还是要回到文章。我在写余先生八十寿庆的论文时，特意选了王国维《人间词话》关于造境与写境的那段话来形容余先生的研究。一个重要的历史学家，他当然是要还原历史。还原历史就是一个写实的过程，写境的过程，但是历史过去了，你再怎么重新复原，又能复原成什么样呢？就好像我们今天下午这一场报告，每个人在线，可能还有很多朋友看，回过头来再去复原，能复原出什么东西呢？当然一定是复原出你带有内心里面感受到的东西。所以一个好的历史学家，他在复原历史、还原历史的时候，他是融入他的心中寄托的，所以总是跟造境连在一起。

作为一个写作者，作为一个历史学家，作为一个思想者，余先生的素养就是他能够很好地把造境与写境融合为一。这个造境与写境融合为一，在余先生的书里面是有明确的说法，我编他的文选，我把那一篇就放在首位，就是他讲的《红楼梦的两个世界》。《红楼梦》就像是我们的现实生活，它有一个理想的世界，也有一个现实的世界，余先生是始终怀揣理想的。刚才林先生讲到了，余先生青年时代在香港创办出版社和他早年的几本书，年轻时候的书，后来这几本书在台湾重版过，在大陆可能也出过。从那几本书，我们可以看到余先生早年对思想非常关注，他有理想，他关注现代文明当中的一些基本观念，这构成了他的一种思想底色，他是有理想追求的。只是我们每个人又都是历史中的现实中的人，都有许多的不得已，如何在这种理想和现实之中保持一种平衡？我觉得余先生处理得还是相当让人感佩的。有的时候要坚持理想，你就必须有所持守。有的时候你生活在现实当中，你就必须要有所委屈。讲余先生写作的修养，具体到写作上，这是我要讲的第一点，如何处理理想与现实。

再有一点，余先生是安徽安庆潜山人。余先生的母亲生他时就难产去世了，这使余先生对他母亲具有深厚的情感。他母亲姓张，也是安庆的世家。余先生七八岁回到桐城，直到十六岁离开，他的少年是在家乡过的，他对家乡也是富有情感的。除了这种情感以外，安庆是桐城派的地方，余先生离开潜山前，一直受当地的教育，他的写作最早的训练来自乡村的私塾教育，不可能不受到桐城派的影响。所以我想讲，我们现在读余先生的书，大家还是要注意到余先生对桐城派学术风格的继承。桐城派的学术风格，简单讲就是义理、辞章、考据的结合。这种继承有时未必是自觉的，但却是会在不经意间流露出来。我可以举个小例子，不记得是余先生写的，还是严耕望写的，说当年他们几个皖籍弟子陪钱先生聊天，好像是余先生、严耕望、何佑森，钱先生是江苏人，大家谈兴甚浓，余先生好像就讲了一句话，"吴学入皖"。这虽然是一句对钱先生的赞誉，也是一个开心的话，但是我们不难体会，在余先生的心里，还是有一个学术的地缘传统的。所以理解余先生的写作，我们还要注意到桐城派对他的影响，他是义理、辞章、考据三合一的。今天的学者中，能够三者合一的寥寥，有的可能义理比较强，有的可能是考据比较强，有的可能是辞章好。可是余先生的东西读来，哪怕像《朱熹的历史世界》这样的大厚本书，读来都是觉得很舒服，不会觉得他的考据令人发闷。他关于朱熹立朝到底是四十天还是四十六天的考据，非常繁详，但读来很舒服，为什么？因为他考据的背后有义理，有他的问题意识，而且他的文字读来很舒服。这个文字流畅是余先生的重要特征，也是他的一个很重要的修养，作为写作者的修养。现在许多人谈余先生，往往忽略这个东西，我以为是要把它标示出来的。

最后一点，我觉得余先生作为写作者的修养，他是中西学术的融合。中西学术的融合不能够泛泛去谈。我想具体谈一下，就是在问题意识和方法上。问题不是外来的，问题是由中国的学术思想本身内生出来的。余先生的书，读来会觉得与我们自己所体会到的生活与传统有一种内在的共鸣，原因就在于它所关注的问题不是外部的植入，他的问题是从中国学术思想文化传统的自身脉络当中生发出来的。只是由内在脉络生发出来的问题，也不是说跟西方没有关系的，这个关系一是在比较中显现出来的，二是问题出来以后，用什么样的"工具"，就是用什么样的方法去处理它，这个很有讲究。除了我前面讲的桐城派这样的义理、考据、辞章外，中国传统也有自身的方法，现在余先生的回忆录出来了，大家看他早年在香港的用功，他在汉代历史上花的工夫，可以说完全是传统的做法，这套方法他很熟练，但是除此以外，余先生的方法有许多来自于西方。

余先生的研究始终有一个西方的学术思想、历史文化作为它的映照。余先生直到晚年，一直坚持读西方一流学者的著作。余先生对西方哲学、西方思想的关注，我觉得有一点很有意思，也许是我的观察有误，余先生好像不太读那些哲学家的原著，而是读西方研究哲学的，比如说在某个领域的一线最重要学者的一些研究。我觉得这是余先生作为一个现代学人很重要的方法，他知道自己的学术边界，他知道术有专攻，他知道在从事自己的知识生产时，如何善用其他一流学者的研究，同时又始终没有忘掉自己的定位。我们现在讲中国学术体系话语的自我建立，建立的一个很重要的前提，就是你要有一个主体意识，而余先生始终是有主体意识的。他作为一个历史学家，他关注西方哲学与思想，但是他并不是说要去研究西方哲学，所以他并不去研读某个哲学家的一本具体原著，而是去注意西方关于哲学研究的最重要成果，拿来加以运用。

我记得台湾好像过去也有过一些评论，认为余先生对西方某些哲学的理解有偏差。我以为讲这些话的人，其实他们也不懂余先生的治学门径和方法。余先生的中西学术融合，我的关注在问题和方法，而且我还要补充一下，余先生的这个西学方法中，除了历史和哲学以外，他也非常会注意到社会科学的方法，通过社会科学的方法，凝练出一个概念。我尝问他是怎么样来确定一个主题的，余先生说他在一段时间内，只是在一个大的范围内读书，并没有先明确一个具体的主题，在读的过程当中，慢慢会使问题聚焦，然后会发现一个现代的学术概念适合去统摄这个问题。这当然已属于研究方法了，但我想这也是余先生作为写作者的修养很重要的一点。

我的发言大概差不多就这样了。最后再讲一句话，我刚才忘了说，我在讲余先生的理想与现实的时候，讲到余先生在香港办出版社出的书，那时余先生常用的笔名是"艾群"。我想这是他取《论语》当中"君子群而不党"来的，这也可以说明余先生作为一个写作者，作为一个思想者，作为一个学问家，他的一个非常重要的理想。好，我就最后补充这一句，谢谢。

2021年9月5日在台湾联经出版"余英时纪念论坛"上的线上发言。

积学初集

西学映照下的宋明哲学与思想史研究
——20世纪中国学术史的几帧剪影

      20世纪的中国现代学术整体上毫无疑问是西学化的建构。在这个历史过程中，许多学术领域，如自然科学与技术、大部分的社会科学，也许不存在太多的源自传统的复杂挑战，但在人文学科领域，这种挑战却是始终未断。其中，中国哲学与思想史的研究由于自身学术传统——无论这种学术传统能否被冠于"哲学"的名称——的悠久与深厚，以及这一学术传统不仅是一种知识谱系，而且是一种价值系统，因此在它转入现代西学化的学术世界时始终存在着一种自我的坚持，不管这种坚持呈以自觉或不自觉、清晰或不清晰的状态。正是在这个意义上，我更倾向于把现代中国学术史建构中的中国哲学与思想史研究总体上理解成西学映照下的传统演进，而不纯粹是西学化的建构。由于这一演进的变化巨大，足以令人而且应该不断回头去体会与借鉴，本文即想就晚唐至清初，亦称近世中国或习称宋明理学这一时段的哲学与思想史研究窥其一斑。只是这仍然是一幅内容丰富的长卷，我所呈现的只不过是几帧剪影，梁启超（1873—1929）、冯友兰（1895—1990）、钱穆（1895—1990）、侯外庐（1903—1987）和牟宗三（1909—1995），唯愿它们虽然简略却仍足以写真传神，与剪影名实相符。

一、新史学的观念与实践：梁启超

梁启超在1902年发表《新史学》，揭开了现代中国史学的建构历程。梁启超思想超迈，史学理论繁富多变，笔力雄健，著有大量史学著述，二者皆影响深远[①]。其中，《清代学术概论》（1920）与《中国近三百年学术史》（1923—1925）至今仍是中国近世思想史研究领域必读的重要著作。这里围绕这两部论清学专著进行讨论，以观梁启超的新史学观念与实践对于中国近世思想史的现代研究的开启。

新史学之新，千言万语，尽在"西学"二字。此下直迄于今的中国现代学术的全部建构，基本上也没有脱离这一轨辙，区别仅在新知与旧学的衡定与取舍，因时因人不同而已。就梁启超而言，无论在历史研究的观念与方法，还是在历史事实的解释与分析，借助或映照于西学是非常自觉的。论清学史二种也是如此。《清代学术概论》原是为蒋方震《欧洲文艺复兴史》所作序言，脱稿后因文太长而成一专论。为什么给一本专述欧洲文艺复兴

---

① 精简的阐述可参见许冠三：《新史学九十年》卷一《梁启超：存真史 现活态 为生人》，长沙：岳麓书社，2003年，第9—60页。

的著作写序会牵出清代学术呢？因为梁启超以为，清代学术的"二百余年间总可命为中国之'文艺复兴时代'"；清学的性质与特征是"以实事求是为学鹄，饶有科学的精神，而更辅以分业的组织"①，正与西方文艺复兴以来的近代科学精神与方法相通。梁启超对于清代学术的整个解释，正基于这样的认识之上。至于清代为什么会呈现出与欧洲文艺复兴相似的学术，梁启超指出是"社会周遭种种因缘造之"。在《清代学术概论》中，他直接引用"时代思潮"这样的新观念，以及蕴含其背后的历史规律作为思想史的分析框架。后来的《中国近三百年学术史》虽由讲义而成，没有《清代学术概论》那样的针对性，而且"材料和组织很有些不同"②，但在总的精神上与《清代学术概论》保持着一贯。可以说，梁启超的论清学史二种对于以西学的观念来指导中国思想史的研究，无疑是树立起了新形态的样板③。

除了在自序中交待了上述缘起与宗旨外，《清代学术概论》的正文共无标题的33节，分别以乾嘉"考证学"与近代"今文学"为核心。其中，涉及"考证学"部分的前20节属于近世中国思想

① 梁启超：《清代学术概论·自序》，朱维铮校注：《梁启超论清学史二种》，上海：复旦大学出版社，1985年，第1页。
② 《中国近三百年学术史》，同上，第91页。
③ 从广义的思想领域来讲，当然胡适的《中国哲学史大纲》（1918年）更早，但就思想史，特别是宋明哲学与思想史而言，仍以梁启超的论清学史二种为重。关于胡适此书对于中国现代学术建立的贡献，参见余英时先生《〈中国哲学史大纲〉与史学革命》（收入余英时：《中国近代思想史上的胡适》，台北：联经出版公司，1983年）和《学术思想史的创建与流变——从胡适与傅斯年说起》（收入台北"中研院"史语所编：《学术史与方法学的省思——"中研院"史语所七十周年研讨会论文集》，台北："中研院"历史语言研究所，2000年）。

的领域。与《清代学术概论》相比较，《中国近三百年学术史》其实是一部未完成的著作，虽然在综论中言及近代"今文学"，但全书具体的论述却止于乾嘉"考证学"。如果从近世中国思想的研究讲，可以将《中国近三百年学术史》与《清代学术概论》的前20节合而观之。

在《清代学术概论》中，梁启超以"时代思潮"来纵论整个清代学术，以为可分为启蒙、全盛、蜕分、衰落四个时期，其中考证学处在前两个时期。具体而言，梁启超以明末清初为清学的启蒙时期，其代表人物是顾炎武、胡渭、阎若璩，同时另有颜（元）李（塨）学派、黄宗羲的浙东史学，以及王锡阐、梅文鼎的天文历算之学，他们的总精神就是对明代儒学的反动，进而脱离整个宋明儒学的羁勒，在思想上表现出"厌倦主观的冥想而倾向于客观的考察""排斥理论，提倡实践"。[①]在这样的精神与思想导引下，清学逐渐进入了以考证学为标志的全盛期，其代表分别是由惠栋和戴震所开创的吴、皖两派，他们将考证学推进到传统知识的各个领域，不仅在传统的经学、史学上取得了巨大的成绩，而且使得地理、天算、金石、校勘、辑佚等分别发展成专业的学术门类。《中国近三百年学术史》共分十六章，除了增加了"清代学术变迁与政治的影响"（第二、三、四章）与第十二章"清初学海波澜余录"，以及全书的论述更深入以外，其余部分在内容上并没有超出《清代学术概论》。

---

① 参见《清代学术概论》第二节，语见《中国近三百年学术史》，《梁启超论清学史二种》，第91页。

梁启超对以考证学为代表的清代前中期思想史的把握，从史法上讲，表现出了现代史学非常重要的分析与综合相结合的特征，这点不仅体现在各个具体思想者的讨论上，而且也见之于他的整个著述框架。以《清代学术概论》前20节而论。第1节论时代思潮、第2节以思潮通论清学的四个分期，两节合而相当于全书绪论；第3—9节论启蒙期，首先分析清学对宋明儒的反动，然后分论启蒙期的各位思想者，最后对于启蒙期的思想作出总结；第10—18节论全盛期，首先分别论述吴、皖两派，继而总结，接着又分述各专门领域的推进并总结其方法，最后分析考证学得以全盛的原因。尤为难得的是，梁启超虽然以几近全部的笔墨来梳理作为主流的考证学，但仍能注意到自外于主流的异见者，在考证学梳理之后，以专节（第19节）予以介绍。最后第20节讲考证学的蜕分，承上而启下，转入近代今文学的论述。在这样的论述中，梁启超清楚地勾勒出了清代前中期思想的来龙去脉与基本内容。一方面他对视域所及的每位思想家都进行了具体的讨论，凸显他们的宗旨，另一方面他在每一部分都不忘始于纵述，终于总结，牢牢将具体的思想家纳入整体的脉络中，从而不失清代考证学精神的彰显。总之，综合基于分析，而分析归于综合。这正是梁启超论清学史二种所树立起来的新的思想史研究方法，也是它与传统学案的根本区别。

除了分析与综合的基本方法以外，梁启超在论清学史二种里也涉及到思想史研究中的逻辑与历史的结合。梁启超以"时代思潮"总论清代学术，显然意味着他视思想史的演化具有自身的逻辑。但是正如他指出，清代学术的形成是"社会周遭种种因缘造之"。他在《清代学术概论》中始终注意分析学术演化的历史原因，比如他关于考证学最终蜕分为今古学的分析；后来在《中国近三百年学术史》中更是专辟上、中、下三部分来综论"清代学术变迁与政治的影响"，目的同样是在表证思想的展开是逻辑与历史的统一。虽然梁启超在他的思想史研究中，与逻辑相统一的历史仅限于政治，没有拓展到经济、社会等，这固然是一种不足，但比之后来为贯彻逻辑与历史的统一而给思想套上相去甚远的经济、政治与社会背景，强为之说，则梁启超的历史分析未尝不是更为贴切。

导入西学的观念，注重分析与综合的并重、逻辑与历史的统一，在著述风格上就很自然地重在研究者的讨论，而不再是思想者的资料选编。因此，梁启超以崭新的著述形态实现了思想史研究的突破，传统的学案体被彻底超越。但是，既是超越，就不是简单的抛弃。学案的精神与方法①在梁启超的清代前中期思想史研究中仍然得到了自觉的继承，这在《中国近三百年学术史》中表现得尤为明显。其一，在研究对象上仍以儒学为主。虽然梁启超极具慧眼地点出了明末清初耶稣会传教士输入的西学、晚明佛教的变革等等，但他关注的思想主线终究是儒家思想。其二，在研究进路上仍以学术史（intellectual history）为主。梁启超纵横捭

---

① 关于两部学案的讨论，参见拙稿《宋元儒学的重建与清初思想史观：以〈宋元学案〉全氏补本为中心的考察》，《中国史研究》2006年第2期；《思想史的界定与门径：以两部学案为例》，《浙江社会科学》2010年第1期。

阂，无论是具体的思想者，还是一个学派、一个时段的思想，他都力求在思想与环境的互动中去加以讨论，但核心仍在学术。其三，在研究分析上仍以人物为主。梁启超关于清代前中期学术的讨论，一个很大的贡献是对于清代学者整理旧学的总成绩做了清楚的梳理①，但思想者的具体讨论仍然是他的重点。其四，在研究人物上仍贯彻学案之法。梁启超虽然以自己的阐释取代了学案的资料选编，但他高度认同并贯彻了《明儒学案》在选择人物、分析人物时所建立起来的四个必要条件②。事实上，梁启超一直心仪于《明儒学案》而望赓续之。他在《中国近三百年学术史》中讲：

> 吾发心著《清儒学案》有年，常自以时地所处窃比梨洲之故明，深觉责无旁贷；所业既多，荏苒岁月，未知何时始践夙愿也。③

---

① 朱维铮对这部分内容评价不高，以为"属于清代学林掠影，丛举枝叶，一语带过，令人如读'录鬼簿'或'书目表'"（《梁启超论清学史二种·校注引言》）；陈祖武却持相反评论，认为这部分研究"更是搜讨极勤，备见功力"（陈祖武：《中国学案史》，上海：东方出版中心，2008年，第241页）。俊案：梁启超对于清代学者整理旧学的总成绩加以分门别类的梳理，旨在彰显清代学术已具"科学的精神"，尤其是"分业的组织"，精粗或在其余。
② 四个必要条件是："叙一个时代的学术，须把那时代重要各学派全数网罗，不可以爱憎为去取；第二，叙某家学说，须将其特点提挈出来，令读者有很明晰的观念；第三，要忠实传写各家真相，勿以主观上下其手；第四，要把各人的时代和他一生经历大概叙述，看出那人的全人格。"《中国近三百年学术史》，《梁启超论清学史二种》，第148页。
③ 同上，第438页。

因此，在梁启超的清代前中期思想史的研究中，以新史学的观念与实践为主，同时又辅以传统精神与方法的继承。这似乎与梁启超史学观念的变化相吻合。在《清代学术概论》后一二年，梁启超完成了《中国历史研究法》（1921—1922），旨在引入西学改造中国传统史学，以求中国的史学成为科学的史学；同样是在《中国近三百年学术史》后一二年，梁启超完成了《中国历史研究法补编》（1926—1927），在这本他的史学思想的晚年定论中，梁启超已由背离传统转向对传统的选优发扬①。虽然思想史的研究只是梁启超史学实践的一个部分，但印证于他的史学观念的变化，不仅能够有助于认识他的论清学史二种，而且更重要是足以意识到，在中国思想史的现代研究中，从一开始，新的西学与旧的传统就表现出了彼此涵化的关系。这也许是思想史的性质所致，因为人是思想的动物，人的现实境遇与思想实相表里，20世纪的中国人正处在现代与传统的纠结中。

这里既已言及人的现实境遇，便就此对思想史研究的影响略作申述。思想史的研究对象虽然是过往的历史，但研究者却是当下的存在者，其生活的境遇在思想上的感发往往会反映在对过往历史的认识上，思想史尤为突出。上引梁启超"常自以时地所处窃比梨洲之故明"，仅此一语即足以证之。梁启超在《清代学术概论》的最后一节专门谈了三个问题，一是由清代学术的研究而引起的感想，二是清代学术的研究所呈现出来的未来中国学术的发展方向，三是对于具体研究的启示，无不表现出非常浓厚的时

① 《新史学九十年》，第14页。

代关怀。秉承这种关怀，加之梁启超的才学，使得他的思想史研究具有浓重的情感。我在讨论《明儒学案》与《宋元学案》时，已指出了理性重建与历史重建在思想史研究中的冲突，这里则由梁启超思想史研究中的时代关怀与情感，将之冲突具体化了。毫无疑问，一个研究者的时代关怀与情感对于思想史研究有着双向的作用，一方面唯有时代关怀与感情，思想史的研究才足以拨动人的精神，引起共鸣，另一方面则因此会影响到研究的客观性。在梁启超的论清学史二种中，再一次呈现出思想史研究中的这一特点。

二、以哲学的名义：冯友兰与牟宗三

梁启超1929年的去世，代表着一个时代的结束。袭用梁启超的清代学术四期划分，这个结束了的时代就是中国现代学术的启蒙期。相应的，从1930年代开始，中国的现代学术进入了全盛期。这个全盛期虽然中间受到战争与革命的影响而颇多周折，但却延续了六十年，直到1990年代起，现代的中国学术才进入了蜕分期。在这个六十年中，近世中国思想的研究中涌现出了许多杰出而重要的学者。其中，既是中国思想史的通家，又尤对近世中国思想极富研究者，冯友兰（1895—1990）、钱穆（1895—1990）、侯外庐（1903—1987）和牟宗三（1909—1995）堪称代表。此先述冯友兰与牟宗三，他们的研究虽然大不同，但在上述四家中却有极大的相同处，那便是非常自觉地在哲学的范畴中来研究宋明的思想，足资比较。

哲学作为西学的固有知识门类，有它特定的范式。冯友兰与牟宗三从事的是中国哲学史的研究，对此他们都有高度的自觉，因此他们的研究在思想和方法上与思想史的研究有着自觉的区分。只是哲学作为外来的学科，其范式虽规定了研究的进路与形态，但实际面对的仍然是中国固有的思想，冯友兰即指出，"西洋所谓哲学，与中国魏晋人所谓玄学，宋明人所谓道学，及清人所谓义理之学，其所研究之对象，颇可谓约略相当"①。而且，《宋元学案》与《明儒学案》所勾勒出的宋元明儒家思想，其核心部分在现代的中国学术架构中，就归属在哲学的名下，冯友兰即讲得很干脆，"《宋元学案》《明儒学案》，即黄梨洲所著之宋、元、明哲学史"②。因此，中国哲学史的研究固然有别于中国思想史，但是从中国学术自身的脉络来看，却仍可以或很容易视之为中国思想史研究的一种形态。事实上，当时学术界也是这样看的。陈寅恪在冯著《中国哲学史》下册的审查报告中，开篇即讲，"自刊布以来，评论赞许，以为实近年吾国思想史之有数著作"③。

1930年，冯友兰出版了他的《中国哲学史》上册，三年后，出版了下册。此书不仅对于中国哲学这一学科的建设起到了根本性的贡献，而且对于中国思想的研究也具有重大的示范作用。作者后来虽然不断重新撰写哲学史，但就其影响而言，似仍以1930年代的上下册为重。此书共16章，其中6章（从第十章到第十五

① 《中国哲学史》上册，北京：中华书局，1961年，第7页。
② 《中国哲学史》上册，第22页。
③ 《中国哲学史》上册，附录《审查报告三》，第1页。

章）属于宋明哲学的范围，约占全书五分之一篇幅。这里先讨论研究方法的问题，然后围绕着宋明哲学的部分观其脉络。

冯友兰开宗明义，指出"哲学本一西洋名词。今欲讲中国哲学史，其主要工作之一，即就中国历史上各种学问中，将其可以西洋所谓哲学名之者，选出而叙述之"[①]。因此，此书在方法上最显著的就是以西方哲学来择取中国的思想加以重构。在讨论梁启超时曾指出，以西学来论中学，这是新史学所谓新之所在。具体到中国哲学，胡适早在十多年以前就已经运用西方哲学来建构中国哲学了。但是，冯友兰以西方哲学重构中国思想，仍具有非常重要的推进。与梁启超相比，胡适与冯友兰具有某种共同性。梁启超清学研究中对于西学的运用，主要是一种总的历史观念与历史事实的参照，尚没有完全按照西方思想的某一知识形态（哲学便是一种知识形态）从"中国历史上各种学问中……选出而叙述之"，而胡适与冯友兰都采用了这样的方式来重构中国的思想。产生这种差别，也许是由于在知识的形态上思想比较模糊，而哲学更为明确，但无论如何，中国的思想由此得到更深入的研究，却是显而易见的。与胡适相比，冯友兰在共同的方法中又彰显出巨大的分歧。冯友兰讲他的中国哲学史研究，沿袭的是重义理的"宋学"，有别于胡适重考订的"汉学"[②]。

同样是以西方哲学来处理中国的思想，但标举"宋学"与"汉学"的分歧，其方法论上的重大意义至少有两点：其一，在

---

① 《中国哲学史》上册，第1页。
② 《三松堂自序》，北京：人民出版社，1998年，第212页。

自觉引入西学的同时，力图建立与既有的学术传统的联系。新史学提出以来，西学已是难以回避的参照，甚至已成为指导。在哲学这个纯外来的知识领域中，中国哲学更是依傍于西学来进行建构。但是，冯友兰提出"宋学"与"汉学"，固然是有方法本身的考虑，但同时还在于追求与传统学术的联结。这点在整个著作中实有巨细的呈现。比如，冯著虽以西方哲学为依据来择取中国的思想加以叙述，但全书却很少使用西方哲学的概念，而是基本沿用中国思想自有的名词，将它们提升为哲学的概念，给予清楚的说明，然后建立起思想的结构；即便是人所共知的冯友兰以新实在论讲理学，其实也并没落入西学的名相。此外，在大的框架上，他将整个中国哲学史划分为"子学时代"与"经学时代"，显然是力图置中国哲学于传统的学术中加以理解；而在具体的叙述风格上，他又以"叙述式的哲学史与选录式的哲学史"来说明西方哲学与中国学案的不同，指出各自的利弊，从而兼取两种方式来建构中国哲学。冯友兰的这些努力后来成为中国哲学史研究的典范，比如兼取叙述与选录两种方式的风格早已成为学界的习惯；近年来中国哲学史与思想史的研究都注意到经学的视角，也证明了冯友兰的先见。可以说，冯友兰力求汇通西学与中学的努力非常显著，以至于使得陈寅恪在《审查报告三》中于肯定冯著为"美备之著作"后，要借新儒学与佛道两教的因缘，抒发后来广为学者征引并悬为目标的这一感想：

　　真能于思想上自成系统，有所创获者，必须一方面吸收输入外来之学说，一方面不忘本来民族之地位。此二种相反而适相成之态度，乃道教之真精神，新儒家之旧途径，而二千年吾民族与他民族思想接触史之所诏示者也。

其二，思想史的研究固然须以历史的事实为依据，但终须以思想的阐释为归趣。这是研究方法本身的重大问题。新史学在引入西学时，科学是最重要的。科学的精神与方法在新史学中的贯彻，就是考据学的重视，而这恰好与乾嘉学派的"汉学"传统相吻合。梁启超论清学，就着意于此一传统的抉发，并指出它是对注重思想阐释的"宋学"的反动。胡适撰写《中国哲学史大纲》，则将"汉学"的精神与方法贯彻于其中。但是，史实的考证并不等于史学的全部，更非思想研究的重点。冯著上册的自序写得颇有意味。他起笔直言，"吾非历史家，此哲学史对于'哲学'方面，较为注重"，一语彰显了哲学之于史学的独立性。但是，哲学史终究也是一种史，不能没有说明，故冯友兰接着讲，"其在'史'之方面，则似有一点可值提及"，此下整篇序文都是论史。冯友兰指出：

> 前人对于古代事物之传统的说法，亦不能尽谓为完全错误。官僚查案报告中常有"事出有因，查无实据"之语。前人对于古代事物之传统的说法，近人皆知其多为"查无实据"者。然其同时亦多为"事出有因"，则吾人所须注意者也。

史学固然要弄清楚"查无实据"的说法，但"事出有因"尤须注意。前者自然是考据的任务，后者显然是阐释的工作。在冯友兰看来，两者同属史学的应有之义，而他的哲学史重在阐释，也就是所谓的"宋学"路径。

重阐释而尊重考据，这是冯友兰研究中国哲学史的重要方法，陈寅恪在冯著上册的《审查报告》对他的成就给予了高度评价。在考据一面，陈寅恪称赞冯著能对史料"别具特识"；而尤为精彩的是他对于阐释一面的表彰，以及引发的申论。陈寅恪的表彰与申论不仅有助于理解冯著的价值，而且更是非常清楚地指出了思想史的研究目标、方法、困难，以及容易陷入的误区，故照录于此。他讲：

> 凡著中国古代哲学史者，其对于古人之学说，应具了解之同情，方可下笔。盖古人著书立说，皆有所为而发；故其所处之环境，所受之背景，非完全明了，则其学说不易评论。而古代哲学家去今数千年，其时代之真相，极难推知。吾人今日可依据之材料，仅为当时所遗存最小之一部；欲藉此残余断片，以窥测其全部结构，必须备艺术家欣赏古代绘画雕刻之眼光及精神，然后古人立说之用意与对象，始可以真了解。所谓真了解者，必神游冥想，与立说之古人，处于同一境界，而对于其持论所以不得不如是之苦心孤诣，表一种之同情，始能批评其学说之是非得失，而无隔阂肤廓之论。否则数千年前之陈言旧说，与今日之情势迥殊，何一不

可以可笑可怪目之乎？但此种同情之态度，最易流于穿凿傅会之恶习；因今日所得见之古代材料，或散佚而仅存，或晦涩而难解，非经过解释及排比之程序，绝无哲学史之可言。然若加以联贯综合之搜集，及统系条理之整理，则著者有意无意之间，往往依其自身所遭际之时代，所居处之环境，所熏染之学说，以推测解释古人之意志。由此之故，今日之谈中国古代哲学者，大抵即谈其今日自身之哲学者也；所著之中国哲学史者，即其今日自身之哲学史者也。其言论愈有条理统系，则去古人学说之真相愈远。……今欲求一中国古代哲学史，能矫傅会之恶习，而具了解之同情者，则冯君此作庶几近之。

与研究方法一样，冯著对于宋明哲学的勾勒对后来的影响也很大。它从道学初兴及道学与佛老的关系讲起，继述北宋周敦颐、邵雍、张载、程颢、程颐五子，再述南宋朱熹、陆九渊，以及明代王阳明及心学，最后以颜元、李塨、戴震为代表叙述道学在清代的延续。在整个宋明哲学脉络的梳理上，冯友兰虽以朝代为大的背景，但并没有丧失思想的主体性，而是根据思想的自身逻辑来加以叙述。因此，新儒学，即道学，虽冠以宋明，但冯友兰却追溯其源于中晚唐之韩愈、李翱，并讨论与佛老二教的关系，下探其流于清代前中期，从而完整地勾勒出近世中国哲学与思想的基本架构，沿至今日。在这个架构中，将清代前中期的学术思想视为宋明道学的延续，实是冯友兰迥然不同于时见的认识，因为前文介绍梁启超已讲到，梁启超是将清代考据学的兴起视为宋明道学的反动，两者之间存在着思想的断裂。另外，在具体哲学家与哲学流派的论述上，冯友兰也能突破朝代的局限，如朱、陆同属南宋，但冯著以朱子为专章，而将陆九渊与王阳明及明代心学归为一章。除了大的框架以外，冯著在许多具体分析上对后来的研究也深具影响，譬如他对二程哲学的区分，认为二程思想分启朱、陆。更进一步讲，冯友兰所受训练的新实在论哲学，帮助他极好地将各家哲学在概念的层面上进行了重构，这不仅有助于整个宋明哲学的理解，而且极大地提高了宋明思想的哲学化表达。

当然，冯友兰关于宋明哲学的叙述也有它的明显问题。最大的局限莫过于他在下册自序中所申辩的"正统"。正统是胡适在上册出版后的评价，而冯友兰自觉到下册"之主要观点尤为正统派的"。冯友兰论宋儒，全根据传统的道统；讲明儒，主要就是阳明心学。冯友兰为此的申辩是：

> 历史上能为一时之大儒自成派别者，其思想学说大多卓然有所树立，即以现在之眼光观之，亦有不可磨灭者。其不能自成派别者，则大多并无新见，其书仍在，读之可知。于是乃知，至少在此方面言，历史中之"是"与"应该"，颇多相合之处。人类所有之真、善、美，历史多与以相当的地位。其未得相当的地位者，则多其不真真、不真善、不真美者也。吾虽未敢谓此言无例外，然就历史之势言，则固如此也。

冯友兰的申辩，仿佛是思想史上的成则王侯败为寇。事实上，冯著在宋明思想家的取舍上完全没有超出两部学案的视域，而在思想史观上似乎又不如两部学案宏大。道统与心学确实也是两部学案的主线，但两部学案都有突破的高度自觉与努力，而冯著似乎没有。

与此相关，冯著关于宋明思想的哲学化叙述仅限于重要的思想家，这或许是因为哲学史有明确的知识形态要求，或许是通史宜取重点，但以专门领域的思想史而言，便显得非常粗略，留下了大片的空白。譬如二程以后便接着朱子，这中间不知略去了多少历史中的思想事实。

此外，与两部学案一样，冯著将宋明哲学限定在儒家思想，佛教与道教只属于一种助缘而被论及。这个问题我在讨论两部学案时已有涉及，不必赘言。这里需要略加申述的是，由此可见，一个学术领域的确定，往往是事出有因。在两部学案的编纂者那里，儒家思想为主体是当然应然之事，佛老固然是助缘，但更是要辟斥的对象。今人已事过境迁，要处理的已是中学与西学的关系，理解过往的思想史似能跳出前人的局限，能在客观的史实上来梳理思想，但其实并不容易。这不仅有观念的惯性，而且现代研究日趋专家之学，事实上还有研究的困难。不过，学术史的回顾意义，正在于意识到这些问题的发生，从而在沿着前辈的研究路径前行时，能自觉地发现新的路径，确立起新的立场与视角。

与冯友兰相比，牟宗三关于宋明思想的研究完全取哲学的方法，而无历史的意味。所谓完全取哲学的方法，是指牟宗三首先确立起他的论说依据，然后据此而对所要涉及的思想家进行分析评判。由此，他的论述对象虽然存于历史之中，但他的分析并不受制于历史的外在陈迹，从而没有历史的意味。不过，尽管在表面上看，历史意味的淡薄会影响到思想史研究的客观性，但是，深刻的哲学分析往往又能使历史中的思想真实获得彰显。因此，这样的思想研究在研究者那里仍然自信是一种历史的认识。牟宗三的研究正是如此。在《心体与性体·序》中，牟宗三开篇明示：

> 王龙溪有言：悟道有解悟，有证悟，有澈悟。今且未及言悟道，姑就宋明六百年彼体道诸大儒所留之语言文字视作一期学术先客观了解之，亦是欲窥此学者之一助。
>
> 了解有感性之了解，有知性之了解，有理性之一解。仿佛一二，望文生义，曰感性之了解。义义厘清而确定之，曰知性之了解。会而通之，得其系统之原委，曰理性之了解。
>
> 荀子曰："伦类不通，仁义不一，不足谓善学。学也者固学一之也"。又曰："全之尽之，然后学者也。君子知夫不全不粹之不足以为美也，故诵数以置之，思索以通之，为其人以处之"。"全之尽之"即通过知性之了解而至理性之了解也。[①]

首段指出此书是一历史的认识，而非哲学的创建；次段划定这一

---

① 牟宗三：《心体与性体》第一册，台北：正中书局，1968年，第1页。

认识的标准；末段说明认识的方法。

立足于哲学的立场，牟宗三与前辈一样，引入西方哲学成为认识中国思想的具体路径。但是，这里的区别却也是至关重要的。比较起来，冯友兰以新实在论来解读新儒学，主要是将新实在论作为一种解读的工具，从而使得不具有形式化的中国思想在哲学这一知识形态下获得重构，获得理解。牟宗三引入康德哲学，却主要不是在工具的意义上，而是在思想比较的意义上来阐释新儒学。牟宗三通过对西方重要哲学家的点示，认为唯有康德哲学与新儒学有相近的旨趣，而新儒学尤有特出之精神，为西方哲学传统所未及①。牟宗三与冯友兰在引入西学解释新儒学上的这一区别，究其原因，虽或因为他们各自引入的西方哲学有所不同，新实在论具有知识论的特性，而康德哲学则有形而上学的关怀，但毋庸置疑，更大的原因应该是引入者所处时代的关怀不同。在冯友兰的20世纪30年代，关注的重点还在从中国的思想中勾勒出知识形态的哲学，而在牟宗三的20世纪60年代，中国哲学的认识已上升为其独特性的彰显。因此，这种不同，实质上意味着中国思想的认识水准的根本性提高，亦即陈寅恪所讲的"一方面吸收输入外来之学说，一方面不忘本来民族之地位"，"真能于思想上自成系统，有所创获者"的推进，新儒学或宋明思想的研究则成为一个显著的领域，故也因此而有现代新儒学的崛起。

由于完全取哲学的方法，牟宗三处理宋明理学，或新儒学，就没有考虑思想的表象化的历史脉络，而是倾力于思想的

---

① 《心体与性体》第一册，第37—39页。

衡定，进而通过这种衡定希望使得思想的实质性的历史脉络获得凸显。在他1968年出版的三大册代表作《心体与性体》，以及1979年的《从陆象山到刘蕺山》（实为前书之续）中，牟宗三以一百五六十万字的篇幅集中于宋明十位思想家的思想，进行了细密的分析与阐释，从而判明在宋明新儒学的整个思想建构中，周敦颐、张载、程颢确立了新儒学的基础，此后程颐与朱熹、胡宏与刘宗周、陆九渊与王阳明分别衍为三系，形成横摄与纵贯两个系统，而叶适成为"真正轻忽孔子而与孔子传统为敌者"[①]。

牟宗三于50岁后专力于宋明儒学的研究，穷八年心血而成《心体与性体》，其哲学分析诚为深刻而富创见，从他的预设出发，整个宋明理学的脉络与评定也可以成立，但纯粹的哲学分析终究仍有它独断的风险。杜维明是牟宗三的学生，他对三系说有过一个中肯的评述：

> 牟先生的清理给了我们一个脉络，而这个脉络的好处就是使我们能够了解牟先生对于整个宋明儒学的解读，以及他的思想的创发性，这一点非常好，也并非所有的人都能做得到的。但是人们如果把它看成是客观了解宋明儒学的一种模式、一种定说，或者把它看作是宋明的大思想家一种自我认识，比如说宗周他们的自我认识，这里面问题就太多，纠缠也太多，而且我觉得也不必要纠缠在这里。我们应当了解牟

---

① 《心体与性体》第一册，第225页。关于新儒学的正名与分系，详见第一部第一章；对于叶适思想的衡定，详见第五章。

先生的解说力，他的解释模式和思想的创发性并不是从历史传承的角度，而是从理论形态的相似性和义理的内在逻辑性中表现出来的，但是如果我们用那个模式来套宋明儒学，那问题就会变得非常复杂，思想史上几乎比较熟悉宋明一段的人都觉得这种划分问题比较多。[①]

至于牟宗三对于叶适思想的衡定，同样存在着类似的问题[②]。

一方面是哲学史的深刻洞见与富有创发，另一方面是思想史的述论独断与历史失真，这种哲学史研究中价值与知识尤为纠缠的独特性质，在牟宗三的宋明儒学研究中可以说得到了充分彰显。这个问题前文已多次论及，总的态度仍是不能够也不应该简单地取此舍彼。认识到哲学与思想史研究的这种特性，并意识到各种进路的优长与风险，才是明智而正确的。

三、思想史的进路：侯外庐

相对于冯友兰与牟宗三自觉的哲学进路，钱穆与侯外庐更倾向于在史学的视野内开展他们的研究。但钱穆与侯外庐实在太不同，这里先看侯外庐。

侯外庐倾向于在史学的视野内开展研究，主要是他选择思想史的进路。但他并不排斥哲学史的研究，相反，他曾先后主

---

① 杜维明、东方朔：《杜维明学术专题访谈录——宗周哲学之精神与儒家文化之未来》，上海：复旦大学出版社，2001年，第186页。
② 参见拙稿《叶适论道学与道统》，《中山大学学报》2009年第1期。

编《中国哲学史略》（1958）、《中国哲学简史》上册（1963）和《中国近代哲学史》（1978）等；而且，他的思想史研究完全以理论为先导与归结，因此在内容与形式上也与哲学史研究很相似。然而，侯外庐终究被认为是一位思想史家，而非哲学史家，一是因为在研究对象上他认为中国的思想不只是哲学，而是还包括了"社会思想"①。即便是"宋明理学"，他也强调，"宋明理学是封建社会后期的统治思想，'性与天道'是理学讨论的中心内容，这是哲学问题，同时也涉及政治、道德、教育、宗教等许多领域"②。而对哲学以外的内容的关注成为他的研究最重要的特色之一。二是因为在研究立场与方法上他要贯彻他所依据的理论，即马克思主义，具体的就是要将思想置于经济社会的环境中加以解释，从而使得他的研究具有强烈的思想史与社会史相结合的特征。

在治学的立场与方法上，侯外庐完全与整个时代的思想主流相合，非常自觉地引入西学来研究中国思想史。与前述冯、牟的引入西学有别，侯外庐对马克思主义的引入是皈依性质的，即不只是将马克思主义作为认识中国传统思想的工具，或引为参照以资比较，而是基本上视为信仰，以马克思主义为唯一的科学，力将中国传统思想纳入到马克思主义的理论架构中，从而使之得以解读。因此，侯外庐的思想史研究除了与哲学史研究相近以外，又有社会科学的研究性质。

---

① 《中国思想通史》第四卷上册，第1页，人民出版社，1959年。
② 《宋明理学史·序》上卷，北京：人民出版社，1984年，第1页。

按照马克思主义的理论——具体地讲就是经济基础决定上层建筑及其意识形态——来研究中国思想史，侯外庐最重要，也是最富有意义的是，他强调在思想史研究中要导入社会史的研究。在侯外庐的研究中，思想史与社会史也确实成为并重的两个部分。中国社会科学院科研局曾组织编选《中国社会科学院学者文选》丛书（1999），旨在反映所选学者的代表性成就，其中《侯外庐集》即由"社会史篇"与"思想史篇"两部分构成。可以说，思想史与社会史相结合是侯外庐的思想史研究最努力贯彻的具体方法，这使得侯外庐的思想史研究既有广阔的论域，又有理论的深度。

毫无疑问，这一努力至今在中国思想史的研究中仍然是非常重要的，而且事实上也是目前的中国思想史研究中的重要路径。当然，在今天看来，侯外庐的研究不可避免地带有局限。一是有硬套之弊，把思想与其时代的经济、政治（主要是阶级分析）勉强地塞入马克思主义的理论架构中；二是有粗阔之弊，把各不相同的思想家纳入同一个社会环境中进行解释。但不管怎么说，思想与时代的互动，思想家与其环境的关系，始终是思想史的主题之一，究竟如何通过具体的研究来揭示这种互动关系，仍然是今天思想史研究中的难点。就此而言，侯外庐的研究既有他的探索之功，也有他的典范意义。

侯外庐以马克思主义为指导的立场是贯彻始终的，但他对近世中国思想的研究呈现出来的具体面貌，却仍然有相当的变化。这种变化大致分三个阶段，一是《中国近世思想学说史》上、下卷（1944、1945），那时的论述尚没有完全程序化；二是《中国思想通史》第四卷上、下册（1959、1960）与第五卷（1956），此时的论述几乎已完全是唯物—唯心、阶级分析的模式，尽管在许多具体研究上是相当好的；三是《宋明理学史》上、下卷（1984、1987），已极大程度跳出了模式化的窠臼。《宋明理学史》长达一百三十万字，集中国社会科学院中国思想史研究室老、中、青三代学者的共同心血，它不仅代表了侯外庐关于宋明思想的最终认识，而且也是此一时期重要的学术创获。因此，这里主要讨论它。

侯外庐在《宋明理学史·序》中回忆，"1959年我们编著《中国思想通史》第四卷的时候，即开始进行宋明理学的研究。因为限于全书的体例和篇幅，这一部分不可能展开分析，只是写了几位有代表性的理学家。当时我就开始酝酿编著《宋明理学史》，以阐明理学的产生和演变及其在中国思想史上的地位，使它成为一部与思想史有联系而又有区别的专门研究"。换言之，宋明理学史不等于中国近世思想史。在这个意义上，《中国思想通史》第四、五卷更为完整。但是，侯外庐指出，"宋明理学吸收了大量的传统文化和外来文化，在思想史上是继先秦诸子、两汉经学、魏晋玄学、隋唐佛学之后的又一新的发展阶段"，并明确申明，"总之，理学史不是一部理学家的评传，也不是思想通史中的某几个章节，而是一部在宋明这一特定历史条件下产生的具有自己时代特色的思想演变的历史"。因此，宋明理学史无疑又是近世中国思想的核心与基本内容。

侯外庐晚年主编《宋明理学史》时，"国内陆续出版了不少关于宋明理学的论著。我们也读到海外关于这方面的研究成果"。但是侯外庐在回顾理学史的研究时，颇有意味地只点到了黄宗羲、全祖望的"以理学写理学"和梁启超的"采用资产阶级史学观点和方法"。实际上，在侯外庐心里，宋明思想的研究大概也只看重这两家。1944年他出版《船山学案》，至少表明对学案体的认同；1956年他出版《中国早期启蒙思想史》（后编为《中国思想通史》第五卷），"启蒙"一说实也源自梁启超。因此，侯外庐虽忠诚于他的立场，强调"我们的研究必须严格地置于马克思主义理论的指导之下"，但就《宋明理学史》看，实表现出了对两部学案的极大回归。这集中在两点，其一，虽然唯物—唯心的理论架构与叙述风格仍在，并习惯性地以此而评断，但全书已弃用唯物—唯心的僵硬模式，自觉不自觉地"以理学写理学"了；其二，无论是整个理学脉络的梳理，还是具体思想人物的选择，都可以说是从两部学案脱胎而来的。正因为如此，就其对宋明理学六百年的呈现而言，此书要比前述冯、牟的著作充实丰满很多。尤其是侯外庐在"序"中提到的编纂者对于"不太知名"的理学家与元代理学的关注，这点实有必要特别申述。尽管重视这些内容正是全祖望的思想史观，他增补《宋元学案》时正贯彻了这一观念，从而使得宋元时代的思想世界得到充分展现，但我们在冯、牟那样的哲学进路的研究中，实在看不到这样的内容。冯、牟讲哲学，在其自身这样处理或无可厚非，但冯、牟的研究影响极大，客观上限制了后来学者关于宋明理学的视域。《宋明理学史》适时地彰显了这部分内容，不仅客观上使得全祖望的思想史观得到了现代学术上的重现，而且这样的关注无论对于理学史还是对于近世中国思想的认识，都有非常重要的意义。

当然，指出《宋明理学史》在史法与史事两方面对于两部学案的回归，并非抹杀它的自身贡献。这完全是两码事。《宋明理学史》固然脱胎于两部学案，但终究是现代知识形态下的研究，全书材料详实、考证仔细，分析论述也非常平实，直到今日也仍然是一部比较全面的重要著作。实际上，材料的丰富与翔实也是《中国思想通史》第四、五卷的特点。指出它对两部学案的回归，除了这本身是一事实以外，更重要的还在于想说明，自从新史学以来，引入西学来理解中国传统的思想，虽然有着不可否认的必要性与有效性，但终究也存在着巨大的隔阂，即如前引陈寅恪所言"同情的了解"存在着巨大的困难，而两部学案"以理学写理学"无疑为今人进入传统的思想世界提供了重要的中介，这是非常值得重视的。事实上，不仅是《宋明理学史》，冯、牟著作无不有对两部学案的凭借，只是没有像钱穆那样坦言[①]。

《宋明理学史》在内容上一方面比冯著来得丰满，但另一方面却又不如冯著来得完整。这就是在中唐与清前中期的处理上。冯著是把这两个部分划入"道学"之中的，以为道学之来龙去脉。《宋明理学史》剔除中唐韩愈等，但又延及清初理学，说明其编纂者在认识上并非受到朝代意识的影响，而是受到了"理学"这一名称的影响。不从理学的思想实质来取舍，这显然不如冯著妥

---

① 见钱穆：《宋明理学概述》例言，台北：学生书局，1977年。

当，而且似乎还不如《中国思想通史》第四、五卷处理得好。总体上看，《宋明理学史》对整个理学脉络似缺乏认真的思考。比如全书将宋明理学划分为两个时期六个阶段，其中第一个时期分北宋、南宋与元，断以朝代，第二个时期却又分明初朱学、明中期阳明心学，以及明后期与清前期理学，断以思想，既缺乏统一的根据，又使所分的各阶段内存在问题。

此外，唯物—唯心、阶级分析所滋生的斗争意识在《宋明理学史》也得到了某种遗传，譬如编纂者们着意强调的理学与反理学的斗争[1]。虽然这个问题可以进一步研究，但斗争意识的遗传终是不足为取。至于"从政治作用来说，理学是思想史上的浊流"这样的反复确认[2]，更是显然阻碍了对理学作"同情的了解"。这自然是时代的病，但也是学者的病。人各有其病，时代亦然。学者能够有见于此，又能对时流与自己保持足够的批判意识，这是学术史回顾的重要作用之一。

四、在传统与现代之间：钱穆

最后来看钱穆。钱穆的宋明思想研究虽然与侯外庐一样取思想史的进路，但最根本的区别，同时也是他与冯友兰、牟宗三的根本区别，是钱穆坚持传统学术的进路，不取西学的方法，尽管在视野上他保持着对西学的开放。这种差别与钱穆完全是自学成

---

[1]　《宋明理学史》上卷，第14页。
[2]　这是侯外庐在《宋明理学史·序》中提出的论断，虽然上卷出版后，学界有所非议，但邱汉生在全书"后记"中仍然强调这一论断。

长有根本的关系。为了说明钱穆的研究，有必要对此略加说明，而且由中也足以窥见研究宋明思想的重要门径与方法。

1953年，钱穆在《宋明理学概述·序》中，曾对他的自学过程有过一个亲切的回忆，大抵是由文集入手，经桐城派古文而读唐宋八家，始知辞章与义理有别；进而求义理，由朱熹与王阳明转及两部学案；又因此上溯，治五经与诸子，转而下涉清儒之考据；最终读书益多，遂知治史学①。钱穆虽然史学的各方面都有涉及与成就，但以学术思想史为重。而由他的自学过程，结合他的一生著作，可知他对学术思想史的研究，在方法上有着几个特征，一是经史子集四部之学的贯通，二是通史与专题的结合，三是义理、考据、辞章的并重，四是完全由中国传统的自文史而经子的门径而入，未曾袭用西学以解读中国思想。在这四个特征中，前三点总括为史学的进路，而第四点为根本。因为在传统的学术世界中，前三点实际上是治学的共同之路，区别仅在个人的或全或偏，功力有别。但是，在传统的学术世界已被西学所重构的现代中国学术世界里，就钱穆自己而言，前三点实与第四点相为表里；而就此处所讨论的四家而言，第四点更是钱与冯、牟、侯根本差别的由来。此外，由于钱穆的思想史研究，完全是由中国自身的知识系谱中转出，因此他对思想的诠释与中国传统的学术有着天然的密切关系，思想往往见之于学术，而学术又表证着思想。换言之，钱穆的思想史研究在形式上的一个重要特征，就是学术与思想的高度互涵。

---

① 参见《宋明理学概述·序》。

不过，前述钱穆在学术思想的视野上保持着对西学的开放，这种开放使得他对传统学术的继承涵生于新意。钱穆的中国思想史研究没有依傍于西学，但他对新潮的西学决非弃而不见，或有抵触，相反，他的研究同样映照于西学。事实上，钱穆中小学起即受其老师影响，对西学与西方历史乃至当时的新思想家，如梁启超等，都有认真地研读并欣喜之，深受影响；后来抗战时期还潜心研读过黑格尔[①]。只是钱穆对西学的研读，又绝不像冯友兰之于新实在论、牟宗三之于康德、侯外庐之于马克思那样，精于一家，而主要是借助译介得到比较广泛的了解。因此在研究上，钱穆也决不像其余三家那样引西学来治中学，尽管三家的研究方法各有不同。钱穆是循着中国传统的治学道路，以西学与西方历史为一种大致的比较背景，转出现代的研究。具体地说，钱穆对中国思想的解读不像另外三家那样，重视概念分析，引入西学的理论来重构中国思想，而是依据中国学术的自身系谱与理论架构，特别是宋明儒学义理解经的方法来解读中国思想；而所谓转出现代的研究，则指他虽不重概念分析，但又有着明确的思想体系的观念，这是非常有别于古人的思想风格的，至少在自觉程度与叙述风格上是明显不同的。像两部学案对钱穆影响巨大，他撰《宋明理学概述》，坦言"十之八九根据两部学案"，但区别在于，"虽多援据两学案，而取舍详略，排比条贯，别有会心。大抵两学案以材料为主，而本书则以各家思想之体系为重"。两部学案的

---

① 见《中国学术思想史论丛》第四册《黑格尔辩证法与中国禅宗》一文的编者按，台北：九州出版社，2011年，第386页。

材料，当然决不是随便选的，见识自在其中，但"体系"的意识与实际的呈现，显然不如钱穆那样明确和清楚。因此，读钱穆的书，一方面能够较好地进入传统的学术系谱，体会到传统的治学方法，从而得以进入古人的精神世界，获得同情的了解，可以说是非常亲切的；另一方面，又不失现代的建构性特征，能够与现代的学术诉求与叙述风格相连结。

当然，钱穆的治学路径与方法，对于现代的学者并非没有困难。由于现代的学科分类与西式教育，我们的思维惯性是分门别类的，研究则要求是专业分割的，因而背后往往预设着特定的知识形态，以及特定的理论与方法；而钱穆的传统治学是纵贯横通的，实际上要求学者破除现代知识的分割边界，进入古人的知识世界来阅读与体会，在路径与方法上旨在会通，而后于有所心得处进行专题性的研究。因此，两者实有大的区别。理想地讲，传统与现代的方法自然是兼收并蓄为好，但结果也许是两方面都不行。不过，这又是研究中国思想史所无法摆脱与回避的挑战。不仅于此，中国思想史研究要真正有所成就，就必须自觉地注意两种路径与方法的学习与尝试，直至自己找到一种恰当的安顿。

钱穆专论近世思想的研究著作，主要有《中国近三百年学术史》（1937）、《宋明理学概述》（1953年初版、1977年版对于阳代王学部分有所修订）、《朱子新学案》（1971）、《阳明学述要》（1979年再版），此外，《中国学术思想史论丛》第四至八册所收论文，主要也属于这一领域的研究。当然，《国史大纲》（1940）与《中国思想史》（1952）等都有相关论述。在这些著作中，《宋明理学概述》与《中国近三百年学术史》合起来，正好与近世中国思想的跨度相吻合。钱穆在《宋明理学概述·例言》之八讲：

> 旧著近三百年学术史，适与本书年代相衔接。读者治此书竟，再阅近三百年学术史，于中国近代一千年之学术思想，大体已具，可资识途。

因此，下文主要根据这两部书来说明钱穆的近世中国思想研究。当然，像《朱子新学案》这样的专题研究，研究的对象虽然只是朱熹一人，但启发几乎是很广泛的，无论对于理解钱穆的研究，还是他对整个近世思想的揭示，都非常重要，宜认真细读①。

上引"例言"之八，已反映出在钱穆的中国思想史观念中，近世这个部分是自成一个单元的，只是他用的是"近代"一词。在《宋明理学概述》中，他开篇就从整个中国历史的角度来说明这一单元的性质。钱穆讲：

> 中国历史，应该以战国至秦为一大变，战国结束了古代，秦汉开创了中世。应该以唐末五代至宋为又一大变，唐末五代结束了中世，宋开创了近代。晚清末年至今又为一大

---

① 关于《朱子新学案》的评介，请参见陈来《〈朱子新学案〉述评》（收入他的《中国近世思想史研究》，北京：商务印书馆，2003年）。我曾将《朱子新学案》与余英时先生的《朱熹的历史世界》比较着进行过一些讨论，参见拙稿《推陈出新与守先待后：从朱熹研究看余英时的儒学观》，《学术月刊》2006年第7期。

变，这一大变的历史意义，无疑是结束了近代，而开创了中国以后之新生。

值得重视的是，在钱穆的历史观中，思想文化是了解一个时代的"一至要之项目与关键"[①]。这也是钱穆的史学研究尤重思想史的原因。

按照钱穆的梳理，中国近世思想史可以划分为（一）前宋学时期，即从中唐到宋初八十年，这是中国思想开始摆脱中世的阶段。这在钱穆的《中国学术思想史论丛》中有一些单篇论文述及，其中尤有发覆之见的是他的关注不仅在儒家，而且在释门对于儒家典籍的重视阐扬[②]。（二）初期宋学。钱穆对于思想史的分期，虽以年代为序，但却又以思想的性质为重。他所谓的初期宋学与中期宋学，在年代上其实有所交叉。初期宋学重在教育、师道、政治、文学、史学等全方位的展开，中期宋学则由此更进一层，以思想为诉求。（三）中期宋学，即以北宋五子以及程、张传人为主。（四）南渡宋学。钱穆以为南宋儒学是宋学的第三期，既有朱熹对整个宋学的集大成，又有陆九渊开出新的思想方向，以及其他诸儒的创辟。（五）金元儒学。钱穆以为在宋学第三期时，思想一方面达到了顶峰，另一方面也暴露出了问题，但随之而来的异族统治使得这一时期的思想发生了延异。（六）初期明学。钱穆以为这只是继金元异族统治以后的一个思想修复期。（七）中期

---

① 《宋明理学概述》，第1页。
② 见《中国学术思想史论丛》第五册《读智圆闲居编》《读契嵩镡津集》。

明学。即以王阳明心学为代表的思想。（八）晚期明学。大致起以明万历以后对心学的反动，以东林为代表。以上诸段见之于《宋明理学概述》。（九）明末清初。一方面承袭晚明学术思想对心学的反动，另一方面受激于明清易代，思想发生了重大变化。（十）清代中期。沿着前一阶段的变化而转出以考据学为标志的思想新形态。这两段见之于《中国近三百年学术史》的前十章。

上述分期虽然始终置于朝代之中，但在钱穆的论述中，整个中国近世思想史却是在"宋学"的观念下展开的。所谓宋学，并非专指两宋之学术，它是清儒为了确立自己的学术定位及其正当性而提出的一个学术史概念。依照这个概念，宋学是一种学术范式，它滥觞于中晚唐，完形于两宋，横肆于元明。钱穆据此而论近世中国的千年思想，虽仍置于朝代的背景中，但却使得近世思想呈现出一个完整的图景。前述冯友兰曾强调自己的方法是宋学的，但他并没有将近世各时期各家思想置于宋学的整体观念中进行溯源竟流的分析，加之冯友兰只讲重要的哲学家，因此思想史的脉络并不细致。钱穆以宋学的观念来贯穿近世思想，犹如两部学案以理学写理学，不是外在的讨论，而是内在的梳理，不仅使得整个近世思想的脉络获得通贯而细致的梳理，而且彰显了宋学的精神①。

兹举一个环节的论述以见之。在整个近世思想中，金元时期易忽视而难定位，而钱穆从整个宋学的变化给予了诠释。他讲：

---

① 参拙稿《宋学：认知的对象与维度》，《历史研究》2009年第6期。

两宋诸儒所讲，尽管派别纷歧，但有两点共同的精神。一、他们都想重新阐明以往中国学术的大传统，来树立一个指导政治和教育的大原则，好凭此来达成他们所理想的新社会与新人生。二、他们无不深切地注意到一切学问和行事之最后关键都在人的心，所以他们对于人类心理方面的研究与探索，尤特别赋以深厚的兴趣，而在此方面的贡献也甚大。第一种精神比较开展而阔大，第二种精神比较凝敛而谨密。在北宋初期，大家兴趣比较偏在第一点，但经范仲淹王安石两次政治改革失败，大家兴趣便转向到第二点。他们认为若果在社会下层学术心术基础没有打稳固，急遽要在上层政治图速效，那是无把握的危险事。这是中期宋学的态度。南渡以后，这一方面几乎已发展到尽头处，露出了内部的破绽与裂痕。又兼以政治颓败，国势阽危，逼得他们转移目光，重新注意到第一点，尤其是历史与制度方面之讨究。这一种学风，若上面临制以一种异族政权之统治，无疑的决不能发皇畅遂，而必然会曲折改变其面目，转移其方向，而循致忘失其精神。我们将继此一述金元两代之学术，便可看出此意味①。

我之所以详引此一大段，不仅是因为由此可知钱穆对金元儒学的定位，而且更在于呈现钱穆的贯通之学。他在这里言简意赅地将他对宋学精神的理解完整地贯彻在整个宋元儒家思想的脉络梳理

① 《宋明理学概述》，第244页。

中，宏大而不失具体。譬如其中对于晚宋时期"重新注意到第一点，尤其是历史与制度方面之讨究"，对于认识后朱熹时代的儒学实是一个很具体的启示。可以说，钱穆以宋学这一整体性的观念来诠释整个近世中国思想，反映出他力求通贯的思想史研究方法，他的理解也是最具历史意味而极富识见的。在钱穆那里，思想成为历史场域内的一种生命，她与政治、社会等具有密切的互动，每转益进，其视野与识见非常值得体会。

　　贯通思想，首在凸显主流，这是毫无疑问的。但是，钱穆的思想史研究在凸显主流的同时，又非常注意或支流、或伏流的标示，以见思想的丰富性与历史感。这其实也是他治思想史力避门户党伐、入主出奴的一贯立场。钱穆对朱熹最为推尊，认为"朱熹在中国下半部学术思想史上的地位，殆可与前半部的孔子相比"①；他晚年费极大心血，撰成超百万言的《朱子新学案》，自然更在阐扬朱学。但是，在论述南宋儒学，即第三期宋学时，他对于朱熹前后与同时诸儒，无不有细微的体会与抉发。譬如他对吕祖谦的学风与学术，就置于唐宋转型中的社会变动与家族变迁，给予了良好的解释，以见宋学风格与论旨的多样性。又如他在《中国近三百年学术史》中详尽地叙述了作为清学主流的汉学从宋学中延异而来的各家学术，但他仍然强调，"其实有清一代，承接宋明理学的，还成一伏流，虽不能与经学考据相抗衡，依然有其相当的流量与流力，始终没有断"②。他曾经为此伏流而撰

---

① 《宋明理学概述》，第121页。
② 《宋明理学概述》，第436页。

《清儒学案》，只是全稿在抗战中被出版社遗失，仅其序目被钱穆自己保存了下来。

此外，钱穆治思想史，虽力求脉络的把握，但对于思想的具体解读同样高度重视，此由他以超百万言而述朱熹一人之学，即可领会。钱穆论学的专通并重，实可以视为他对朱熹理一分殊的思想与学术的认同与实践。他的研究往往以通驭专，以专见通，既不使专论丢失了贯通之绪，又不因通论遮蔽了独特之处。钱穆常将学术风格与论学宗旨相近者放在一起叙述，但却又每每指出其中的分歧，极为精彩。兹随举一例。钱穆在戴震之后，附述程瑶田。他从程氏的书体、论学要旨，以及交游等，备述程瑶田与戴震的相类，但随后又细述程与戴论学的细微不同，而正是这种不同，才使得钱穆要专门叙述程瑶田①。钱穆的著作粗看或觉无奇，但认真细读，却颇多启发，个中原因很多，其专通并重的风格实为关键之一。

最后，不能不对钱穆的思想史观略加申述。我已反复说明思想史观上的知识与价值的不同诉求，会影响到思想史的叙述。上述钱穆近世思想史研究中的史法与史事，重在知识，但钱穆对于思想史研究中融入研究者的价值诉求乃至情怀，实可谓高度肯定，高度自觉。他在《国史大纲》中主张对本国的历史须当抱一种温情与敬意，正寄托着他的价值诉求与情怀。而在思想史研究中，这种价值与情怀则呈现得更浓重，钱穆讲：

---

① 《中国近三百年学术史》第八章之"戴学与程瑶田"。

> 讲思想史，即无异于是讲现代思想，因其已埋藏蕴蓄在现代思想之心坎底里，而有其深厚生命，故为吾人所不得不注意探究与发挥，以求其适应于现时代之需要，而成为一番新思想。[①]

因此，他的笔触常带感情。许多论断，特别涉及到中西比较时，未尝不可质疑。但是，正因为他对历史的温情与敬意，加之他的治学方法，使得他能很好地进入古人的思想与生活世界，故而在上述四家中，钱穆的思想史研究又最显亲切而少偏见。总之，在钱穆看来，思想史研究中的知识与价值虽然诉求上有所不同，但归趣上实为相通。

五、结语

毫无疑问，上述五位在现代中国学术史上的贡献是巨大的。沿着梁启超所开辟的以新史学为旗帜的现代学术道路，无论是冯友兰、牟宗三以哲学的名义，抑或侯外庐的思想史进路，还是钱穆对传统经史之学的继承与开新，他们都不仅对宋明哲学与思想给予了丰富而深刻的揭示与阐明，而且还以显著的风格树立了不同的学术典范，从内容到形式有力地建构起了现代中国学术。虽然这样的建构无一例外地映照于西学——不管取何种形态——而展开，但传统的知识与价值——不管取怎样的评判——终究在新

---

① 《中国思想通俗讲话》，台北：东大图书公司，1990年，第3页。

的理解下获得了新的生命。

当然，学术史回顾的根本目的是在充分欣赏并体会前贤用心的基础上，发现他们的视野中可能存在的遮蔽，或者干脆是他们的视野所未及的世界，从而有益于后来的认识与关怀。这一方面，就上述前贤的具体分析，前已随文述及，这里只就他们共同的方面试作申说。如果将上述前贤所建构的思想世界对比于宋儒自己所勾勒的思想世界，如《近思录》所示，我们不难发现在上述前贤的视野中，似乎有意地将目光聚焦于宋明思想世界的抽象部分，并且以其对这一部分的深刻认识遮蔽或舍弃了思想世界中有关政治与生活的那些部分。之所以说"似乎有意地"，是因为对于这些前贤而言，宋明士人完整的思想世界他们是完全意识到的，对梁启超而言甚至是经历过的生活。这种有意的遮蔽从根本上看，无疑是为了适应现代学术的知识系谱而进行的选择与重构；而其结果固然使得宋明思想在现代学术论域中呈现出系统的理论性，或者说获得了某种哲学性，但另一方面却让人觉得这种系统化、哲学化了的思想与宋明士人的思想世界产生了某种显见的疏离。这种疏离对于上述前贤而言，并不足以构成他们阐明宋明思想的障碍，因为他们拥有足够的理解，甚至直接经验，尽管没有陈述出来。但是，对于生活在现代世界而日渐远离前现代生活的后人来说，这种疏离已固化成巨大的障碍，将人完全挡在了古人的思想世界外面。更为不幸的是，后人不仅无法进入古人的思想世界，而且还日益将筛选重构了的似是而非的思想世界强加于古人，言之愈精致，而失真愈甚。思想世界的这种遮蔽，又进一步导致了思想世界与生活世界的分离，而在传统士人的世界中，这恰恰又是难以分离的。

发现这样的问题，到解决这样的问题，仍然是一个复杂而长时段的任务。事实上，20世纪最后十多年以来的学术潮流已折向这样的问题的自觉与解决，只是面对的困难远比取得的成绩大得多。这种学术推进的艰难正反衬出上述前贤在中国学术从传统走向现代的努力中所取得的成就，并提醒我们不断地回顾他们工作的必要。

原载《杭州师范大学学报》2012年第5期；另载《新华文摘》2012年第24期。

宋学：认知的对象与维度

　　由于"中国所以成于今日现象者，为善为恶，姑不具论，而为宋人所造就什八九"[①]，因而宋代的思想文化曾不幸地成为追求富强的现代中国在文化上强烈要切割的东西；虽然在二十世纪三四十年代曾有过理性的认识，但至中叶仍遭到彻底革命。然而否极泰来，"华夏民族之文化，历数千载之演进，造极于赵宋之世。后渐衰微，终必复振"[②]。1980年在杭州召开宋明理学研讨会，摧破了长期以来认为宋明理学是封建遗毒的思想自蔽症，从而启动了中国大陆在新的历史时期对于宋代思想文化的重新认识与理解，并很快在整体认识、个案研究以及文献整理各方面都取得了很大的成绩。与此同时，港台地区与海外学者的相关研究也逐渐进入大陆学界，人们发现，在此领域中的研究，二十世纪中叶的港台与海外接续着三四十年代，不仅没有中断，而且成果

---

① 严复：《与熊纯如书》，1917年4月26日，《严复集》第三册，北京：中华书局，1986年，第668页。
② 陈寅恪：《邓广铭〈宋史职官志考证〉序》，《金明馆丛稿二编》，上海：上海古籍出版社，1980年，第245页。

甚丰。

遭到彻底革命的主要对象是朱陆为代表的宋代道学，这在现代中国已完全西学化了的学术建制中，归属于中国哲学的研究领域，故而复振中的宋代思想文化研究直接呈现为中国哲学中的宋明理学研究，历史学中的中国思想史的相关研究亦有涉及。至于在宋代哲学与思想的解读模式与分析方法上，1980年代刚刚摆脱蒙昧的大陆学者仍然局限于单一的唯物—唯心与阶级分析。不过，这样的解读模式与分析方法最大的问题也许并不在其本身，因为后来不断花样翻新的解读模式与分析方法虽然可能更显得合理，但是从本质上讲，同样存在着这样或那样的外在"格义"与思想文化的"科学化"倾向。唯物—唯心与阶级分析的真正弊病是在于它的单一性，以及它挟持着官方意识形态而彰显出来的僵化垄断性。

当大陆学者在解读模式与分析方法逐渐摆脱单一僵化的唯物—唯心与阶级分析以后，宋代哲学与思想呈现出了自有的丰富与深刻，但是相应的问题却也不期而至。原来在唯物—唯心模式梳理下的宋代思想研究，学者们为了形成所谓的哲学党性，必须将视野延拓到朱陆两系以外的思想者，比如这时期的代表性著作侯外庐主编的《宋明理学史》①。但在解读模式与分析方法的垄断解除以后，多元性的方法被专施于朱陆两系为代表的思想者，结果方法上的多元性在某种程度上与内容上的局限性形成了一种反

① 侯外庐主编：《宋明理学史》上册，北京：人民出版社，1984年；下册，1987年。客观地说，这部《宋明理学史》试图跳出唯物—唯心的分析模式，兼采传统道学的道统观念，但是两军对立的思想惯性仍然很重。

衬。这种现象的造成，固然有来自港台与海外学界的影响，但不能否认更多的是来自中国传统儒学史观中的道统意识的束缚。此外，阶级分析法的搁置，加之学科间的隔阂，使得宋代哲学与思想在很大程度上从广阔的历史背景中抽离出来，呈现为抽象的哲学观念的演绎。

在20世纪80年代的中后期，研究开始有所突破。其一，宋代哲学与思想并不能局限于朱陆两系为代表的理学，邓广铭的论文《略谈宋学》①通过标示传统的"宋学"概念强调了这一意见。赋予了新内涵的"宋学"概念虽然远没有经过严格的界定，但其基本意图是非常明确的，它强调的是更广论域中的宋代思想文化。其二，思想文化史研究中的新典范的出现。由大陆出版的余英时的论集《士与中国文化》虽然不是专门研究宋代，但对宋代思想文化的研究却有着同样的示范意义。这一示范作用在学术上的具体引领无疑因人而异，然而有一点却是至为明显的，那就是在历史学注重分析—综合这一最基本，也是最重要的方法上，如何拥有并贯彻问题意识。其三，唯物—唯心模式与阶级分析方法的垄断性此时遭到更彻底的解除，新观念与新方法被引来审视宋代的思想文化。前文论及这一现象时，或着意指出随之而来的问题，但其前提仍是充分肯定新观念与新方法审视下的宋代思想文化呈现出了它的丰富与深刻。毫无疑问，这样的前提是基本的、主要的。

---

① 邓广铭：《略谈宋学》，《宋史研究论文集》（1984年宋史年会编刊），杭州：浙江人民出版社，1987年。

上述三者，都有交叠的层面，但侧重却也明显。为了叙述的方便，我们将其一归为内容，后二者归为方法，以此来讨论。

在《略谈宋学》中，邓广铭有着否定理学为宋学主流的隐意识，约二十年后漆侠在《宋学的发展和演变》①中力挺荆公新学是将这种隐意识完全显性化了。但邓文的基调仍在强调宋学的广阔性，这在陈植锷的《北宋文化史述论》②得到了充分具体的展开，它突破了道统的窠臼，对北宋思想文化进行了纵横交织的梳理，至今仍堪称此一领域中的重要论著。概言之，此后关于宋学的研究，虽然对于谁为宋学主流各有不同见解，但宋学决不限于理学，无论在意识上，还是在具体的研究中，应该是无歧义的。

但是，这并不意味着关于宋学的上述理解在内容上是不可质疑的。众所周知，宋学是清儒为了确立自己的学术定位及其正当性而提出的一个学术史概念。依照这个概念，宋学是一种学术范式，滥觞于中晚唐，完形于两宋，横肆于元明，断非一代之学术。事实上，经历了"国初之学大，乾嘉之学精，道咸以降之学新"三个阶段的清代学术③，在"国初"与"道咸以降"的两个时段中，宋学仍然构成重要的内容。甚至可以说，整个二十世纪中国学术的现代转型也是基于宋学的精神而脱胎于宋学的。因此非常清楚，前述关于宋学的理解，根本的问题是一个基于断代史研究的述说，它充其量只是突破了理学的篱笆，标示出了理学以外

---

① 漆侠：《宋学的发展和演变》，石家庄：河北人民出版社，2002年。
② 陈植锷：《北宋文化史述论》，北京：中国社会科学出版社，1992年。
③ 王国维：《观堂集林》卷二十三《沈乙庵先生七十寿序》，长沙：商务印书馆石刻本，1940年。

各学派的存在，而完全没有中国学术思想史上的一种跨朝代的范式意义上的考虑。

进而言之，如果我们承认，宋学在两宋的完型最终呈现为理学，而理学从南宋后期开始，一直到近代中国，不仅只是作为一种学术范式而存在，而且更是作为一种近世中国的文化形态而存在，那么前述宋学的理解更为局限。因为当理学由学术转型为文化以后，以宋学这一新的学术范式所展现出来的新儒学，实际上根本已非思想学术层面上的宋学概念所能笼罩。或者，如果我们沿用宋学这个语词，那么它的内涵应该由学术范式扩展为文化形态。最新的研究其实已经表现出这样的企图，包弼德在他的《历史中的新儒学》①就试图将完型于两宋的新儒学放置在时间上从晚唐到明代，内容上从观念到社会的范围内加以分析。

至此，我们可以对作为认知对象的宋学在性质与内容上尝试着有所界定，认为宋学是中国传统学术思想史的一种范式，并最终衍生为中国传统社会的一种文化形态，它滥觞于中晚唐，完形于两宋，横肆于元明，嬗变于清代，而且构成为二十世纪中国现代学术与文化的基础。但是，我们随即产生这样的问题：从一个传统的术语，经过某种知识上的考释，变成如此宽泛的一个概念，一个甚至是不严格的术语，是否有必要沿用在现代中国学术的研究中呢？比如刚刚提到的"新儒学"（Neo—Confucianism）这

---

① Peter K. Bol, *Neo-Confucianism in History*, Cambridge, MA and London：Harvard University Asia Center and Harvard University Press, 2008. 在西方学界，Neo-Confucianism与New-Confucianism在使用上略有区别，前者主要指宋明理学，后者主要指当代新儒学，但这里我就用新儒学了。

个术语，在一般意义上似乎就可以取代"宋学"，它在西方学术界一直使用，在中文学术界也已被接受，尽管它在内涵上的不清楚可能更有甚于宋学，包弼德的新书其实也折射出了"新儒学"一词界定上的宽泛性与不确定性。

我们似乎也可以由实际的研究来进一步佐证"宋学"作为一个现代学术术语的无关紧要性。前文言及，宋学在新时期的重新研究最初主要在中国哲学的领域中。由于学科的专门性，限于断代史的宋学界定没有成为中国哲学关于宋明理学研究的某种负担，学者们通常将宋明理学作为完整的对象加以讨论。但是，在这样的研究中，宋学的观念同时也是一个缺席的观念，它几乎没有起到解释框架的作用，关于宋学作为中国传统学术的范式的意识在很大程度上是相当淡化的。以陈来的研究为例略加说明。从《朱熹哲学研究》开始，中经《有无之境——王阳明哲学的精神》，到《诠释与重建——王船山的哲学精神》[①]，在陈来二十年的研究中，分涉整个宋学发展过程中最重要阶段的最重要人物及其思想，其解读基本上是透过西方的哲学框架进行的，从早期的本体论、认识论，到后来的存在论、诠释论，传统的宋学观念并没有成为分析考虑的维度，而重要的是，这并不影响他以心知其意的态度来理解古人的哲学建构。

的确，从二十世纪中国现代学术的整体性西学化转型而言，袭用并延拓宋学这样的传统学术术语是无关紧要的。但是，如果

---

① 陈来：《朱熹哲学研究》，北京：人民出版社，1988年；《有无之境——王阳明哲学的精神》，北京：人民出版社，1991年；《诠释与重建——王船山的哲学精神》，北京：北京大学出版社，2004年。

说建构现代中国学术的目的是获得知识，就历史学而言，则是为了获得对历史的认识与理解，那么传统的术语实际上又是无法绕开的，因为正是在宋学这样的传统术语中保留着历史的信息，尤其是为了理解历史文化传统的独特性。不唯如此，建构"现代的"中国学术即便是既不可避免，又理所应当呈以整体性的西学化转型，但承续与更化传统中国学术仍然是其中应有之义，而且是现代"中国的"学术真正得以确立的重要条件，因为普遍性（现代的）固然是学术得以成立的基本条件，但独特性（中国的）却是学术获得意义的根本。这就意味着，无论是就历史的认知，还是就历史学的建构，宋学这样的传统学术观念既构成认知的对象，同时又成为认知的工具。就认知的对象而言，即上述宋学所涵盖的内容；就认知的工具而言，便涉及到所谓的方法。

以促成宋学完型的理学而论，当研究者以西方思想的架构来解读时，不仅理学的言说方式及其意蕴，比如解经释史，不可避免地遭到忽视，而且理学的结构与脉络也将被消解，即便是在文本的意义上也是如此，比如完整表达理学架构的《近思录》，其体系便很难受到理学研究者的完整对待。相反，如果研究者能够保留传统宋学的维度，那么整个的解读将会沿着更贴近历史对象的方式展开。换言之，当宋学作为一种认知维度引入时，它实际上是能够为认知历史本身打开有益而重要的视域的。

如此说，并不足以反证西学语境下的宋学透视是不可取的，而只是欲以表明当以西学的架构来透视作为认知对象的宋学时，如何兼顾来自传统学术的认知维度。这样的学理，其实无甚高论，但是真正要成为研究中的自觉意识，却也并不容易，至于落到实际的研究中而能娴熟运用，则更显困难。唯此，前文才述及余英时的著作最初在大陆出版时在中国思想文化史研究中的典范作用，如果专就宋学的领域，他晚近的《朱熹的历史世界》无疑更属于典范性的著作。

从20世纪80年代中期以来，在唐中晚期至清前中期的长时段学术思想史领域中，研究内容已拓展得很宽，研究方法也呈现出多元化。当我们以宋学为题来讨论时，一方面无意于以宋学来范围这个广大的研究领域，或左右研究的进路，事实上如有这样的企图，不仅是狂妄的，而且也是徒劳的；另一方面也无必要去罗列与点评各种研究。我们真正意欲表达的是在于，如果说我们认为，在研究中尊重某种假说，并愿意以之作为研究的一种预设，加以证明或证伪，都是学术获得进步的某种有效方法。比如在唐宋以降的研究中，内藤湖南的唐宋转型说被学者们广引为预设，又比如哈特维尔在《中国750—1550年在人口、政治和社会的转型》①中所提出的那些论点，也已构成美国后辈学者研究的重要预设。那么，我们看到，清儒用来概括前代学术思想范式的宋学概念，经过现代学者的再引用与内涵延拓，同样应该并能够成为我们认知的前提预设，因为它不仅为我们标示出认知的幅地，而且为我们提供了某种认知维度。

试以具体的研究加以说明。宋学的研究已不泥囿于抽象的哲

---

① Robert M. Hartwell, "Demographic, Political, and Social Transformation of China, 750–1550." *Harvard Journal of Asiatic Studies* 42, no. 2 [1982]: 365–442.

学分析，道学家也不再只是生活在形而上的世界里，从注经文本到道学话语，从政治文化到社会文化，每个分支都有拓展，但是这些研究极容易被分别归属于从经学史到哲学史、从政治史到社会史的学科壁垒中，而难以被统摄在对作为思想范式与文化形态的宋学的真正认知上。反过来，各有归属的这些研究其实也容易陷入有形无魂的困境。换言之，宋学作为一种统摄性的认知维度是有助于摆脱这种困境的。相对于这种从自身研究内容拓展而引起的宋学维度的消解，对于以精英为主的传统思想史构成另一种巨大挑战的，莫过于葛兆光的《中国思想史》。虽然不能说在这一著作中，葛兆光完全企图用小传统来颠覆大传统，但他无疑是要极力彰显非精英思想来重构思想史。但是，当我们意识到，以宋学而言，新的学术思想范式的形成本来就与宗教有着密切的关系，新的学术思想范式进而衍化为文化形态更是构成非精英思想的土壤，因此，彰显非精英的层面，在研究上，无论是侧重思想史而关注知识、信仰等等，还是侧重社会史而关注家族、仪式等等，作为思想范式与文化形态的宋学仍足以提供一种有益的认知进路和维度。

原载《历史研究》2009年第6期。

道学话语的分析与解读
——读陈来主编《早期道学话语的形成与演变》

陈来教授主编的《早期道学话语的形成与演变》（以下简称《道学话语》；合肥：安徽教育出版社，2007年），是一部以明确的问题意识统领的关于两宋道学研究的高质量的学术专著。这部专著系合作研究的成果，除了主编亲自撰写的"前言""后记"，以及"附录"所收《〈胡宏集〉点校辨误》（杨柱才）、《张栻〈太极解〉义》（苏铉盛）与《谢上蔡〈论语解〉集录》（李根德）三种文献整理之外，全书共分十四章：一、周敦颐在宋代道学中的地位（杨柱才撰），二、张载哲学的"虚"与"气"（谢荣华撰），三、吕大临《中庸解》简论（李红霞撰），四、北宋道学的"中和"说（蔡世昌撰），五、谢上蔡《论语解》的解释特点（李根德撰），六、胡五峰的心性论（黄台玹撰），七、朱熹的"仁说"与宋代道学话语的演变（陈来撰），八、早期道学"穷理"说的衍变（方旭东撰），九、朱熹的道体流行说（姜真硕撰），十、朱熹论心之本体与功能（延在钦撰），十一、张栻的《太极解》（苏铉盛撰），十二、张栻的中和说（苏铉盛撰），十三、黄幹的《论语注》（池俊镐撰），十四、陈淳的《北溪字义》（束鸿俊撰）。陈来在他的长篇"前言"中，通过对两宋道学的创生及其演变的高度概述，将正文的十四章分论有效地加以了统摄，同时适当地对正文未能具体讨论到的两宋道学史上的一些重要人物，如杨时，加以概略说明，从而使全书更趋完整。

当然，陈来的"前言"中更为重要的是对《道学话语》一书的问题意识的强调。长期以来，在中国哲学史的研究中，哲学家的思想诠释与重构成为基本的研究方式，而一个长时段的哲学史梳理则表现为那些相关思想者的时序排列。虽然这样的研究方式至今仍是基本有效的，但不能不承认，许多的研究使所谓的思想诠释与重构呈现出极大的相似性，甚至不免于重复，中国哲学史的研究亦因此无法获得有意义的学术累积与推进。中国哲学的所谓合法性讨论曾一度喧嚣烦聒，尽管这个所谓的合法性只是一个伪问题，但这种讨论之所以形成，无疑与其背后潜藏着中国哲学史研究在方法论上的自我反思有关。晚近以来，中国哲学史的研究表现出或思想史或经学史的转向，正是这种自我反思在实际研究中的探索；而事实上，无论中国哲学史的研究在跨学科的视域中怎样拓展与调整自己的研究进路，其得以推进的真正动力仍然来自研究者的问题意识以及据此问题意识而对研究对象的透视。陈来在"前言"中着意凸显的就是这一点，而这也正是《道学话语》一书最基本的学术贡献之一。

陈来指出："《道学话语》关心的是道学史取径下的道学话语

之形成的问题。"(《道学话语》第9页，以下仅注页码）"话语"

（discourse）本是源于现代批评理论的一个术语，其指意并不确切，大致是指一种谈论状态，似乎围绕着某个主题，但在言说的形式上却呈以某种程度的弥散状态。这个术语后来经过后现代思想家们的深度发展，成为分析知识、意识形态与人的存在等问题的重要工具。两宋道学作为中国近世社会知识范式与文化形态的核心内容，它的确立决非只是单一层面的历史现象，而话语问题的提出是一个非常适宜的切入口。道学运动所涉甚广，话语问题的涵盖内容也很宽泛，但《道学话语》一书很节制、很明智也很有效地规定了自己的分析对象，即"与西方话语理论关注文本与权力结构、符号与社会制度的联结不同，主要从学术陈述本身来看话语构型"。（第10页）事实上，这也是两宋道学史中的核心问题。两宋道学的形成与演变经历了几代思想家的努力，从其最初所关注问题的表达到最终思想的完型之间，存在着长期的探索与巨细不一的变化。但两宋道学能够使其精神在长时段的演变中不发生涣散，并最终在中国哲学与思想文化史上垒成一座高峰，是与整个道学运动过程中道学话语系统的营造与承继密切相关的。两宋道学的最终确立，依赖于道学话语系统的形成与传承；通过道学话语系统，两宋道学才得以在中国哲学发展史上确立起自己的思想范式与文化形态。概言之，由话语问题来分析两宋道学，从方法论上讲，是将道学的研究置于了一个新的界面上。

由于"主要从学术陈述本身来看话语构型"，因此《道学话语》一书"很强调通过经典解释案例的解剖，进行儒学观念史的研究"。（同上）我们从上述该书的章次中即可清楚地看到，这一强调在具体的研究中得到了很好的贯彻。全书十四章中，有七章专论某一核心观念，或针对某一具体哲学家；有六章细梳某一文献，"附录"中的三篇文献整理实际上是相关的前期研究准备；其余一章，即首章，虽然从论题上看似乎与具体的观念无涉，但熟悉道学史的学者非常清楚，周敦颐在道学史上的地位以及与二程的关系，与其说是历史学上的一个可实证研究的问题，毋宁说正是甚至更是道学话语系统中的核心观念的建构问题。

两宋道学在自身话语的形成与演变过程中，其核心观念的陈述是充满张力的，这不仅在长时段的道学话语演变中有显著的呈现，而且即便在同一位思想家的论述中也很明显。这种张力的存在对于思想者本人而言，也许并无大碍，甚至正是他思想紧要处的反映，但在解读者那里却可能成为诠释有效性的困难。张载哲学中的"太虚"与"气"的观念就是一个显著的例子。"太虚"与"气"是张载哲学中的核心观念，它们与后来朱熹哲学中的"理"与"气"也有关联。在张载哲学中，"太虚即气"是最重要的命题；无论对"即"字作何解释，此一命题的一元论立场是毋庸置疑的。但同时，张载也强调虚气并举，从而呈现出二元论的立场。这种内在冲突为历来研究者所关注，诠释的进路通常是各取其一，晚近的研究则最终归之于本体论与宇宙论的矛盾。《道学话语》第二章在分析这一观念时，没有简单地囿于某一进路，而是从张载提出"太虚即气"的思想针对性，即对佛老的批判入手，层层剖析，最终得出"太虚与气，是对同一实体的两种不同状态的分别表述，这与程朱一派理气之关系完全不同，对太虚与气的二重化理解是没有理由的"（第58页）这一结论。该章整个分析的进路实际上是以追索思想的"发生"取代重构思想的"结构"，从而使分析的结果让人感到稳妥。我由此而想到，对于在后人看来的思想者的思想张力或内在冲突，如果我们执意于从结构上重构，可能会陷于强为之解，而如果从发生上分析，也许会更贴近思想者的真实脉络。从这样的视野来看，即便是思想倾向一致并同处道学话语之中的思想家们，在陈述共同的核心话语时所表现出来的歧见，也是完全能够理解的，且足以因这种理解而使我们对核心观念的分析更为全面。对此，《道学话语》中也有很好的尝试，如第八章关于早期道学"穷理"说的分析。诚如该章所言，"穷理"之说固非道学首倡，但发展为一种系统的理论却完全归功于道学诸贤。就二程所谓唯独"天理"二字为自己所体会发明而言，以"穷理"说作为道学的共同标识之一并不过分。"穷理"说虽然完形于朱熹，但此前却经过了道学前贤们的种种探讨与申述。这些探讨与申述固然歧见纷呈，且不免对立冲突，但实际上却打开了在道学视域下的"穷理"可能具有的内涵与指向，成为最后形成道学"穷理"系统思想的基础。如果不全面分析与呈现这些道学前贤们的努力，那么朱熹关于"穷理"的定见不仅难以知其所以然，而且对"穷理"思想也一定难窥全貌。在此意义上，该章的分析锁定在"早期"，即朱熹以前的道学诸贤们有关"穷理"的论述，本身即是很有见地的。通过详尽分析二程、张载、谢良佐、吕大临、杨时、胡安国、胡宏和李侗等的"穷理"

论说，作者呈现出了朱熹以前此一道学核心话语的多重理论进路，使读者清晰地看到道学诸贤在穷理说的内向、外向路线均有实验，穷理与《大学》《中庸》《易传》乃至《论语》《孟子》等经典的关联都被发掘（第299页）。

《道学话语》关于两宋道学核心观念的诸章，与上举两章之例共同的一个特征，就是它们的分析都建立在文献的全面解读上；基于这样的文献解读，又施之以其方法论上的问题关注，遂使《道学话语》的整个研究表现出原创性。或言之，中国哲学史的研究必须基于文献（文本）解读原非新鲜事；但我想指出，《道学话语》对文献的全面解读尤有新尝试。除了上文所述在核心观念的分析中所呈现出的方法之外，《道学话语》在内容上最具特色的是前文所示章次中近一半篇幅专门用于分析两宋道学话语建构中的重要文献。

不知是否是因为中国哲学无外在的形式而有内在的形式这样的长期定见，人们在试图理解思想家的理论时，常无视其思想文本的自足性与封闭性，表现出随意性的寻章摘句与拆解，用于思想的重构。事实上，即便是在以"解构"著称、高度重视与强调文本开放性的后现代哲学家那里，文本具有自足性与封闭性仍然是文本的最基本性质。从这个意义上讲，如何重读中国哲学传统中的文本，仍然是可以考量的。《道学话语》的一个醒目的可贵尝试，是它对两宋道学中的一些文本作了自足与封闭式的解读。

这里试以第五章关于谢上蔡《论语解》的讨论为例，略作申述。作为程门高弟，谢上蔡"以觉言仁"是他思想的最基本精神，也是他的工夫论的基础；而体现这一精神与工夫的最集中之处，正是他的解经著作《论语解》。宋学崛起以后，北宋诸儒解经，新学与洛学无论在义理与方法上都有区别。单就方法上讲，新学与洛学的区别是新学解经是训诂与义理兼重，而洛学则偏重义理。但至朱熹，训诂重新获得重视。后世程朱并举，更由于程门弟子的解经著作经过朱熹的工作，已散入朱熹的著作中，后世基本失去了独立传世的可能，因此程门弟子对二程解经方法的实践没有能够得到认真的对待与充分的认识，这其实是道学史研究中需要弥补的工作。第五章将散见于朱熹《论孟精义》《四书或问》与《语类》等著述中的谢上蔡《论语解》的内容加以集录，然后据此分析其解经的特点，并集中于讨论他对"知仁"的诠释。这项工作不仅很好地恢复了谢上蔡的《论语解》这一道学史上的重要文献，使其在道学史上获得了独立的价值，而且更为重要的是，通过这种恢复文本的自足性与独立性工作，洛学以义理解经的风格如何在程门弟子中传承与扩张，以及相应的道学观念如何演变，如该章中所及朱熹对谢上蔡"徒以知仁为事，而不务于为仁之实"的批评，等等，都得到了比较充分的呈现与说明。

需要补充说明的是，强调文本的自足与封闭性，并据此而进行的解读，并不是要将文本从它所属的思想脉络中抽离出来，而只是要将文本作为完整的对象加以研究。事实上，为了能够对某个文本加以全面解读，恰恰需要将这个文本置于它所欲加讨论的思想观念的脉络中加以分析。从这个意义上看，作为《道学话语》这一课题的主持者陈来教授自己承担的一章即第七章，将

《仁说》这一文本的解读和它所涉的道学核心的关于仁的思想的演变脉络加以结合，正是一个好的示范。

原载《哲学研究》2008年第4期。

旧学与新知的融合

近些年来，陈来教授在哲学体系的创构上极富成就，他的《仁学本体论》与《儒学美德论》堪称代表。如果说当年冯友兰先生的"贞元六书"是他"接着讲"的代表，那么陈来的"二论"也完全可以视为他"接着讲"的代表。只是，由于我对体系的创构缺乏太多的热情，因此我对陈来的学术思想更多的关心还是在他"照着讲"的工作。就此问题，我在去年对他的访谈中，还专门提出来请教他的学术偏向。令我欣然的是，他明确表示自己更重视哲学史的研究，而不是体系的创构。

中西知识传统的巨大差异是在于基础性预设的不同。中国的知识传统近乎以历史学为基础性预设的，经验构成了全部知识的可靠基石；西方则更近乎以哲学为基础性预设的，逻辑构成了知识的可靠基石。因此，现代中国学术建构之初，极具识见的王国维就高度意识到这点，并极力强调哲学为大学教育的首要学科，尽管他自己后来仍然放弃了哲学而返归史学。

在学科建设的意义上，现代中国学术已经牢固地建立起了哲学，但平心而论，现代中国的哲学仍然更多地呈现为哲学史的知识形态。脱离了哲学史的哲学建构，似乎终究常常让热衷于此的中国学者自己也不太心安理得。论其原因，正是深受中国知识传统的影响，哲学的呈现应该呈现出哲学史的底色，这成为一种潜在的诉求。在西方，论证并处理好哲学与哲学史则是一个问题，如黑格尔在《哲学史讲演录》中所阐述的那样。黑格尔关于哲学等于哲学史的断言，在西方实质上也可以反衬哲学并不必然与哲学史发生关联，自然也不必然需要呈现出哲学史的底色。对二十世纪产生重要影响的维特根斯坦哲学可以算是一个典型代表。

以上分疏，我希望表明的是，虽然陈来教授近些年来在哲学体系的创构上取得重要成果，但这些成果是基于，甚至是直接从他的哲学史研究中内生出来的。作为一位杰出的哲学史专家，陈来教授的哲学史研究完全融入了他的独特的哲学思考中。这是我们今天乃至将来理解与讨论陈来的哲学思想中必须充分意识到的。

如前所述，限于我迄今为止的认知与思考，我对陈来教授的学术思想，更多的关注是在他的哲学史研究。而且，相对于陈来教授所涉甚广的哲学史研究，我囿于自己的逼仄，对他在宋明理学研究领域中的几项具有典范性的研究，即朱子、阳明、船山的研究，更为关注，并具更多的亲切体会。为了把握陈来的研究风格与特征，多年前我曾经在《师英录·自序》中通过比较加以说明：

比较起来，陈来教授的研究更具有典型的哲学史与思想史研究的风格，而中国近世哲学与思想史也是他极富创见的领域。所谓典型的哲学史与思想史研究的风格，借用李泽厚先生的话，就是"从历史的角度来研究哲学思想的内容形式、体系结构、来龙去脉，搞清它们在历史上的地位、作用、影响以及它们社会的、时代的、民族的阶级的根源或联系，包括考据、文字的训诂、说明等等"。（《实用理性与乐感文化》）李先生这样的说明，旨在彰显他的哲学史与思想史研究偏于哲学立场的特性。但是必须看到，李先生，以及杨（国荣）教授的偏于哲学立场的哲学史研究，并非完全不考虑实证知识的问题。只能说，偏于哲学立场的更在乎历史中的思想所具有的普遍意义的呈现，而偏于哲学史与思想史风格的更关心历史中的思想其真实的历史面相的揭示。实际上，两者在哲学史与思想史的研究中难以截然分开，不同的学者也只是各有偏重而已；而即便有所偏重，自然也仍以兼取二者而合一为最高境界，至于能否达到，则另当别论。

陈来教授关于中国近世哲学与思想史的研究，以朱子学、阳明学、船山学为三大标志。纵观他的中国近世哲学与思想史研究，可以清晰地看到研究方法上有两个明显的特点。其一，思想分析基于坚实的实证研究，尤其是思想家的文献考订与细读。他的朱熹哲学研究即是显例。虽然他的关注是在哲学思想的分析，但他以实证研究为基础，表明他的研究在方法上具有将研究对象置于具体的历史与思想语境中加以分析的取向。这种取向，一方面使得他力求心知古人之意的期望得以落实，另一方面则引导他由哲学史研究进入到更广阔的思想史领域。

其二，借镜于西方哲学来解读中国哲学与思想。无论是朱熹研究中的本体论、知识论，阳明研究中的存在论，船山研究中的诠释论，还是本书所收书评（《师英录》所收评陈来主编的《早期道学话语的形成与演变》，合肥：安徽教育出版社，2007年）所讨论的由他和学生们共同进行的早期道学研究中的后现代哲学话语理论，他的近世中国哲学与思想史研究始终有着西方哲学的背景。由于他的研究基于坚实的文献考订与细读，因此，他对西方哲学的借镜更多表现为工具的意义，而不影响到中国思想自身特性与气质的呈现。也正因为这种偏于工具性的借镜，他的研究并不泥于西方某一哲学理论，而是根据所面对的中国古代思想家的精神特性来选择相应有效的西方理论。可以说，有效借镜于西学而不失自身文化的特性与气质，使得陈来的研究既树立了很好的哲学史与思想史研究典范，更使他在典型的哲学史与思想史研究中透露出哲学家的特性。

现在回头看，我依然持上述的认识，而且我以为这两个主要风格与特征同样呈现在他近些年来的哲学体系创构中。多年前的这一论述限于序文，我没有作展开，这里再略作申言。

上述两个特点，虽然是现代的中国哲学史研究中最需要追求的目标，但其实也为传统中国学术所标示，最直接的便是桐城派姚鼐提出的义理、考据、辞章相统一。姚鼐虽然是论文，但桐城派的文论亦非今人狭义的文学，往近处讲，仍然是宋代儒学赖以复兴的古文，是承载道义的言说，往远处讲，自然便归之于孔门四教之一的文学。此前对陈来宋明理学研究风格与特征的概括，对应了考据与义理，而论辞章，陈来的风格与特征同样是值得肯定的，故我先就辞章而述之，并多说几句。

陈来的辞章可以概之为清晰质实而又不失理趣。清晰原本应该是一切口语与书面语的基本要求，然而事实上这却是一个并不容易达到的标准，尤其对于哲学而言。冯友兰先生论读书经验，尝概之为四点：精其选、解其言、知其意、明其理。这四点中，除了第一条精其选是讲应该读什么书的问题，后三点都是讲如何读的问题。为什么如何读会成为这么大的问题？冯先生甚至要将此一问题细分为三层，由言而意而理。原因就在于哲学最终所要表达的是道理，而道理是无形的，表之于言语，言语之所指与能指之间又有一间之隔，这个一间之隔有时实难以道里计。因此，辞章之清晰对于哲学而言，几乎可以说是自始即相伴而存在的挑战，以至于辞章与哲学所要表述的道理本身构成为某种紧张、张力，乃至冲突与不相容，如《老子》开篇所谓"道可道，非常道。名可名，非常名"。但是，陈来在辞章之清晰方面，一如冯友兰先生。在这一点上，无论是哲学史的研究，还是哲学思想的建构，都可谓有明显的传承。

陈来辞章之清晰，主要呈现于三个方面，一是概念的准确界定。讨论哲学的论文须通过层层概念来展开，因此概念的准确界定成为论文清晰的基本保证。朱子、阳明、船山使用的概念并没有非常特别的自造，基本上还是属于赋新义于旧辞的类型，只是其中的义涵往往比较多义，而且存在前后的变化。针对这样的概念，陈来总是能够非常明晰地逐次说明，比如他关于朱子仁说的阐释。在这种逐次展开的说明中，陈来脉络是清晰的，这是他的辞章之清晰的第二个方面。由于思想的形成、确立、表达有自身的迭代性，因此在诠释与分析时，很容易陷于枝蔓，但陈来往往能够围绕着中心议题展开。第三个方面是遣词造句不生涩。如前所说，哲学因其论学的性质，导致既有语辞不足以表达思想，故而容易别造生词。这一特征传统中即有，西学引入以后尤盛。无论是在传统还是在西学，陈来都不隔膜，但他基本没有营造生词僻辞的雅好，因此读他的论著总是平易的。上述三点，除了第一点概念界定准确涉及识见，后两点要真正做到，不仅学术功力本身要达到相当的水准，更在于学术品质上要摆脱喜卖弄、好示炫的习气。

由于不喜卖弄、不好示炫，故陈来的辞章呈现出质实的特点。所谓质实，就是言之有物。既不在言辞上绕来绕去，兜圈子，也不是堆积材料，以示渊博。紧扣问题本身，运用适当的材料把问题讲清楚，如此即可。也因为有此特点，故陈来的辞章仍然流溢出理趣。所谓理趣，便是思想展开中的环环相扣所带来的趣味。当然，对理趣有无体会，以及深浅，完全是因人而异的。就此而言，理趣对于辞章已是一个具有高度主观性的品鉴维度了。

哲学的论著虽然偏近逻辑的要求，但对于哲学史研究而言，由于面对的是前人的思想理解与阐发，而不纯是自己的思想陈述与建构，因此，辞章的清晰，尤其是质实，必然基于考证。陈来的研究事实上也起于考证，他的朱子研究便是最明显的佐证。朱子的书信前人也有考证，只是没有作全部的编年考证。朱子的书信既多又涉甚广，平心而论，如果限于哲学思想的分析，并不一定要将全部书信作编年考证；而且从技术上讲，做这项工作是一件非常繁重而又高度细致的工作。陈来的朱子研究选择了以此为基础工作，这一路径既充分表征了他的学术底色，也充分彰显了他的学术亮度。请让我举一个小例子加以说明。朱陆鹅湖之会，象山曾想向朱子质问"尧舜以前何书可读"的问题，此一质问颇为失礼，故被其兄阻止。象山后来多有提及，颇以此问为思想关键。由于这个问题与回答在朱陆之间没有实际发生，因此难以说明朱子对此问题如何回答，甚至也难以说明朱子对此问题是否想过。但是，在朱子《答陈明仲十六》一书中，朱子对此问题有着明确的思考与论述。如果不能确定这封书信的写作时间，便难以确定朱子在这封信中的论述是否与象山有关。由于陈来对朱子书信有全面的编年考证，故他确认此信是写于鹅湖会之前的乾道之中，故可断定朱子对此问题有过思考并作有自己的分析。这意味着在此问题上，朱陆的思想异同并非来自彼此的碰撞，而是基于自己的思考，这便要求后续的相关研究必须在朱陆各自思想本身的意义上来分析这一问题所具有的内涵。

当然，但凡考证，必内涵着考证者的偏向与取舍，这种偏向与取舍虽然是呈以主观，然也不可一概论定为主观，而可以视之为理证，尤其是在哲学史的研究中。我同样举一例以见之。象山《语录》中有一段著名的问答："或问先生何不著书？对曰：六经注我，我注六经。"由于文本脱离了语境，难以确知象山的语气口吻。但以象山的思想与风格，自然很容易取"六经注我"，象山再传在《年谱》中便已将象山的回答改为"六经当注我，我何注六经"。陈来特意提醒我，他在《宋明理学》书中的处理，是直接将《语录》所记引作"六经注我，我安注六经"。陈来的处理并非全无根据，一则是以理推之，象山之意似更近如《年谱》所记的再传弟子改动语，二则《年谱》的记录虽引自象山再传弟子，但再传弟子说明此话得自象山的重要门人杨简。概言之，陈来的处理并非是纯主观的。当然，从考据上讲，史料当以最接近当事者为重，故无疑应该取《语录》条，《语录》是当时的记录，《年谱》已隔了一层；况且，《语录》所记不仅经过杨简，而且更经过其他重要门人的审读，都没有改动，表明象山的原话是如此。此段问答后续的展开，更进一步证明不宜对象山在"六经注我"与"我注六经"之间作简单理解。我举此一例子，旨在说明陈来对于材料的引用是颇经过一番考证的，决非随手拈来便用。正是基于这样的考证功夫，陈来的哲学史研究往往读来令人信服。

最后还是要归到义理。我以前曾讲，陈来在义理上颇"借镜于西方哲学来解读中国哲学与思想"，我在这里想进一步补充的是，除了借镜于西方哲学以外，陈来对哲学史的义理分析同样注重于传统哲学自身的思想脉络，确切地讲，他在基于传统哲学自身思想脉络的梳理基础上，融入了西方哲学的借镜，从而呈现出旧学与新知相融合的气象。比较起来，这一特点在陈来的哲学史研究中已形成，而在他近些年来的哲学建构中有更自觉与圆融的运用。在某种意义上，旧学与新知相融合的追求大致是所有中国哲学史研究者们的共同特性，但平实而言，实现这种融合却极不容易，它不仅需要坚实的旧学功夫与敏锐的新知感受，而且与研究对象也不无关系。陈来由朱子研究入手，朱子思想的形成与展开，既经过了佛老思想的浸淫，又深受宋学新学术的激荡，然后返转接续汉唐旧学，从而在思想内容、知识形态、经典系统实现了兼三合一的推陈出新。陈来在朱子的知识与精神世界中沉潜甚久，朱子的这种统合功夫恐不无潜移默化之工。

我第一次认识陈来教授大致是在1993年宁波的黄宗羲与浙东学术会议上，屈指数来，也近一世。认识以后，曾言及我念大学时尝书信请教张岱年先生，陈来说那时段张先生的回信多半由他代复，我回忆笔迹，颇与陈来相近。此外，我的硕士生导师之一陈植锷先生与陈来有关，植锷师也是温州人，他虽年长陈来5岁，但1977年考入北大中文系中国古典文献专业，未毕业获准考研究生，南下杭州随夏承焘、徐规诸先生读书，后来又辗转回北大师从邓广铭先生读博，都比陈来要晚几年，他的博士论文《北宋文化史述论》选题是在与陈来讨论过程中获得启发而确定的。因此算来，陈来教授诚属我的师辈。这些年来，我也每每得到他的点拨与指教，获益良多。时值陈来教授七十寿诞，我写此小文以颂寿，更表达我对他进学与涵养的敬意。

原载《清华国学》第二辑，北京：社会科学文献出版社，2023年。

王学研究的新贡献
——读《王学通论：从王阳明到熊十力》

自七十年代末以来，王学，即阳明学开始得到学术界应有的重视与研究，海外研究王学的现状也渐为国内学界所了解。但就我们所知，将阳明学作为一起自明中叶迄于近代中国，影响中国达四个半世纪左右的思潮加以剖析阐明者，至今尚付阙如。杨国荣同志所著的《王学通论：从王阳明到熊十力》[①]正是在这一领域中的高水平的学术著作，它将王学研究推到了一个新阶段。

此书是杨国荣在冯契教授指导下完成的博士论文。冯契序云：杨著"由对王学体系的内在矛盾的揭露，进而说明王门后学的分化，着重考察了志（意）知之辩的演进，李贽把王学引向异端，黄宗羲完成对王学的自我否定，并在'历史的余响'的标题下讨论了王学在中国哲学近代化中的双重作用等。这一系统的有条不紊的考察，比较好地贯彻了逻辑方法与历史方法的统一，

---

① 杨国荣：《王学通论：从王阳明到熊十力》，上海：生活·读书·新知三联书店，1990年。

因此许多论断显得很有说服力。"这是对杨著上述的最大特点的确评。

我们通过对此书的通读，以为杨著于此特点之外还有两大优点：阐释深入，分析精尽。

将阳明学作为一代思潮加以研究，在着眼点上就必须很大程度上与仅仅研究阳明思想本身有所不同。前者的研究，必须在阳明思想中找到一条能将阳明思想与其后学联贯起来的线索，而且王阳明作为整个中国哲学发展中的一个重要环节，这条线索还必须能使阳明学可以被摆在思想史中加以解释。

杨著于首章"王学的兴起"中首先通过对朱嘉、陆九渊思想的简要阐述，勾勒出他们各自的思想建树及理论上的难题，从而引出阳明学中的一贯线索乃是阳明思想中所存在着的个体意识与普遍天理这一内在二重性的结论。杨著以为，这一内在二重性来自于王阳明对朱嘉、陆九渊各崇天理与吾心的理论的弊端的认识，而谋取此对立两面的融通则促成王阳明在理论上的建树和对朱陆思想的超越。

接着，杨著在第二章"王学：王阳明的思辨体系"里以占全书五分之一的篇幅（第50页）详细而缜密地阐释、分析阳明思想。作者指出，构成阳明思想主要的是良知与致良知说，其中良知是阳明思想的基石，致良知是对良知的贯彻、落实。作为天理与吾心的合一，良知蕴含了双重性；良知作为先验之知，当其与后天之致相联系构成致良知时，致良知中便又有对立而求融通的两面；阳明一生注重"事上磨炼"，其致知工夫，具体上是展开于践履（行）的过程之中的，因此，致知过程实际上便成了知与行的合一并进。基于这种阐释，杨著较前人更确切地把握住了王阳明思想的本质，合理地揭示出其内在矛盾，从而科学地判定了王阳明思想的积极作用与局限。

由对王阳明思想体系的阐释，杨著分别于第三章"致良知说的分化"、第四章"志（意）知之辩的演进"中对阳明后学的分化进行了讨论。由于王阳明思想中所包含的二重性注定其演变不可能表现为单向的进展，故而在才智性情歧异不一的王门后学处，阳明思想必然遭到不同的理解而被加以诠释。对于王门后学的分化，前人作有多种解释，但我们以为，杨著由于从王阳明思想的内在二重性出发来观察王门后学，因而使得他对王门后学纷争的阐释成为迄今为止最为细密、合理的解释，足可备一说。唯不足者，诚如冯序所云，"'天泉问答'引起的纷争未及细论"。当然，顺及之是有的。除了对王门后学的分化作出阐释以外，杨著还在第五、六章中通过分析李贽、黄宗羲对王学的改造，从一个侧面、两个典型人物身上对晚明社会思想的发展提出了颇具说服力的看法。总之，在阐释阳明学这一思潮方面，杨国荣的研究提出了超越于前人的新释义。

研究前人的哲学思想，阐释是基础，与之相应展开的理论上的细微分析则是不可或缺而尤见力度的工作。杨著于此方面，可谓相当精彩。王阳明本人立教，强调的是明心见性，事上磨炼，于文字甚是轻视，其思想亦即形式上的体系，要于细微处分析，研究者除了要吃透王学外，还必须具有相当的理论素养。杨著的优点在于：其一，所有的分析都从宽广的理论视野出发，这不仅使分析细微而深入，而且使所得论断具有富有启迪的理论意义。譬如在阐释王阳明良知（心）的双重规定的过程中，杨著指出在王阳明"在心禀受于天（得于天）的前提下，将吾心与理融为一体"的思辨形式中，包含着一些理论上的新建树，"首先是普遍的道德规范（作为当然之则的天理）与个体的道德意识的合一"，其次是"先验的知识条理（天赋的普遍之理）与自思合一"，再则是"一方面扬弃了（作为主体意识的二重属性的）个体性与普遍性的抽象同一，另一方面又或多或少地克服了二者的分离"，使二者统一的具体规定"以普遍观念在主体认知、评判过程中渐渐展开（具体化）的形式表现出来"（第33—35页）。这些见解无疑是深刻的。其二，在借助西方哲学来分析比较阳明学时，不是以草率的态度、粗陋的手法给王学简单地贴上这样或那样的标签，而是力求通过理论上的印证加深对王学的认识。这样的工作在整本著作中有许多，如第33页对阳明良知中所含先验之知识条理的分析，第61页对阳明致知过程中的主体认知结构的分析，第126至131页对王艮自我的分析等等。这样的工作作为对王学的认识来说，无疑是促进了分析上的深刻，而就中外哲学之比较研究来看显出相当的功力。

我们以为杨著中有所不足而值得补充者有二。第一，对王学的内在二重性，王阳明及其后学的自觉程度似应作进一步的分析与阐发。王阳明一生始终随着时代的变迁与学问的进步不断地修正和完善自己的思想体系。但是，他的思想体系中的内在二重性究竟自己意识到没有？意识到什么程度?这是需要进一步探讨的。第二，杨著着意于阳明思想的内在二重性对后学分化的支配，虽然也顺及后学的新创，但对于作为王学演进中的一个新阶段的王门后学各派思想其自身的多样性，似展开讨论得还不够充分。

事实上任何一本著作都不可能顾及其所涉题目的全部方面，因此，上述两点的提出多少似有点苛求，只是在我们看来，倘若于此两点上杨著能予以相当的重视，那么其著当更臻完善。概言之，杨国荣同志的这一著作虽有一二不足，但却是阳明学研究领域中难得的新贡献。可以说，在海内外王学研究中，杨著已处于前沿水平。

原文系与沈师善洪先生合撰，载《哲学动态》1991年第8期。

杨国荣具体形上学的展开

——兼论哲学探索的问题意识与思想谱系

纯然的客观世界先于人的存在，但这一纯然的客观世界的存在却又因人的存在而"存在"。因人的存在而"存在"的世界，即便仍然是纯然的客观世界——尽管这不具有现实的可能性，它的存在仍然成为不同于作为纯然的客观世界而存在的存在。究其根本，一切因为人。人使得纯然的客观世界成为具有功能与意义的世界，并且这样的功能与意义是呈以不断延伸的状态的；与此同时，作为纯然的客观世界的组成部分，人也获得自身存在状态的展开。

这原本是一个基本事实，但是由于人的独特性——人是具有精神性的存在，并且其精神同样处于不断延伸或充实的状态，因此人对于自身从纯然的客观世界中分离出来，进而观察与施为于作为对象存在的纯然的客观世界时，人如何理解自身与世界的关系，以及如何处理自身与世界的关系，就成为一个基本性的预设前提。宋儒陆九渊以他著名的两个命题给出了一个明确的回答：

（一）"宇宙内事乃己分内事，己分内事乃宇宙内事。"（二）"宇宙便是吾心，吾心即是宇宙。"[①]虽然这并不是唯一的确认，但由于这一确认非常明确地彰显了人的主体性，尤其是人作为精神性存在的根本特征——心——获得了标示，因此这一确认为人与世界的关系的理解与处理提供了富具开放性的空间。

只是，尽管在标示心体存在的思想家那里，心与事几乎是同步展开的，但是，也许是因为心的向度要比事的向度更具有主体性的特征，或者是更具有主体的自由度，事的向度总是牵扯许许多多的羁绊，有许许多多的条件，因此心的向度很容易成为思想者青睐的世界。何况，追寻自由终究是作为主体存在的人的最高理想。作为当代中国最具创造性追求的哲学家，杨国荣教授的哲学探索也是由心体的打开开始的。

一、心学的剖析

众所周知，早在二十世纪八十年代宋明理学研究破冰之初，作为高考制度恢复以后的第一届大学生，杨国荣就以他的博士论文《王学通论：从王阳明到熊十力》赢得学界瞩目。对此书的最大特点，杨国荣的导师冯契先生在序中指出：

> 由对王学体系的内在矛盾的揭露，进而说明王门后学的

---

① 《陆九渊集》卷三十六《年谱》，北京：中华书局，1980年，第481—483页。

分化，着重考察了志（意）知之辩的演进，李贽把王学引向异端，黄宗羲完成对王学的自我否定，并在"历史的余响"的标题下讨论了王学在中国哲学近代化中的双重作用等。这一系统的有条不紊的考察，比较好地贯彻了逻辑方法与历史方法的统一，因此许多论断显得很有说服力。[①]

基于这一判识，我们可以进一步指出：将阳明学作为一代思潮加以研究，在着眼点上就必须很大程度上与仅仅研究阳明思想本身有所不同。前者的研究，必须在阳明思想中找到一条能将阳明思想与其后学联贯起来的线索，而且王阳明作为整个中国哲学发展中的一个重要环节，这条线索还必须能使阳明学可以被摆在思想史中加以解释。

杨著于首章"王学的兴起"中首先通过对朱熹、陆九渊思想的简要阐述，勾勒出他们各自的思想建树及理论上的难题，从而引出阳明学中的一贯线索乃是阳明思想中所存在着的个体意识与普遍天理这一内在二重性的结论。杨著以为，这一内在二重性来自于王阳明对朱熹、陆九渊各崇天理与吾心的理论的弊端的认识，而谋取此对立两面的融通则促成王阳明在理论上的建树和对朱陆思想的超越。

接着，杨著在第二章"王学：王阳明的思辨体系"里以占全书五分之一的篇幅详细而缜密地阐释、分析阳明思想。作者指出，构成阳明思想主要的是良知与致良知说，其中良知是阳明思

---

① 《王学通论：从王阳明到熊十力》序，第1页。

想的基石，致良知是对良知的贯彻、落实。作为天理与吾心的合一，良知蕴含了双重性；良知作为先验之知，当其与后天之致相联系构成致良知时，致良知中便又有对立而求融通的两面；阳明一生注重"事上磨炼"，其致知功夫，具体上是展开于践履（行）的过程之中的，因此，致知过程实际上便成了知与行的合一并进。基于这种阐释，杨著较前人更确切地把握住了王阳明思想的本质，合理地揭示出其内在矛盾，从而科学地判定了王阳明思想的积极作用与局限。

由对王阳明思想体系的阐释，杨著分别于第三章"致良知说的分化"、第四章"志（意）知之辩的演进"中对阳明后学的分化进行了讨论。由于王阳明思想中所包含的二重性注定其演变不可能表现为单向的进展，故而在才智性情歧异不一的王门后学处，阳明思想必然遭到不同的理解而被加以诠释。对于王门后学的分化，前人作有多种解释，但杨著由于从王阳明思想的内在二重性出发来观察王门后学，因而使得他对王门后学纷争的阐释成为当时最为细密、合理的解释，足可备一说。除了对王门后学的分化作出阐释以外，杨著还在第五、六章中通过分析李贽、黄宗羲对王学的改造，从一个侧面，两个典型人物身上对晚明社会思想的发展提出了颇具说服力的看法。总之，在阐释阳明学这一思潮方面，杨国荣当时的研究实已提出了超越于前人的新释义。

此外，研究前人的哲学思想，阐释是基础，与之相应展开的理论上的细微分析则是不可或缺而尤见力度的工作。杨著于此方面，可谓相当精彩。王阳明本人立教，强调的是明心见性，事上磨炼，于文字甚是轻视，其思想亦即形式上的体系，要于细微处分析，研究者除了要吃透王学外，还必须具有相当的理论素养。杨著的优点在于：其一，所有的分析都从宽广的理论视野出发，这不仅使分析细微而深入，而且使所得论断具有富有启迪的理论意义。譬如在阐释王阳明良知（心）的双重规定的过程中，杨著指出在王阳明"在心禀受于天（得于天）的前提下，将吾心与理融为一体"的思辨形式中，包含着一些理论上的新建树，"首先是普遍的道德规范（作为当然之则的天理）与个体的道德意识的合一"。其次是"先验的知识条理（天赋的普遍之理）与自思合一"。再则是"一方面扬弃了（作为主体意识的二重属性的）个体性与普遍性的抽象同一，另一方面又或多或少地克服了二者的分离"，使二者统一的具体规定"以普遍观念在主体认知、评判过程中渐渐展开（具体化）的形式表现出来"。这些见解无疑是深刻的。

其二，在借助西方哲学来分析比较阳明学时，不是以草率的态度、粗陋的手法给王学简单地贴上这样或那样的标签，而是力求通过理论上的印证加深对王学的认识。这样的工作在整本著作中有许多，如对阳明良知中所含先验之知识条理的分析，对阳明致知过程中的主体认知结构的分析，对王艮自我的分析等等。这样的工作为对王学的认识来说，无疑是促进了分析上的深刻，而就中外哲学之比较研究来看显出相当的功力。

我重述杨国荣通论心学中的深入阐释与精细分析，首先意在表达，杨国荣对于心体的分析与认知自始即在一个较高的水准上展开的事实；其次意在强调，虽然他后来在心学方面有进一步的研究，而且在哲学理论上开始进入自觉的探索与创造，但其学术视野、思想方法，以及具体的分析模式（我姑且概之为"二重性分析建构法"）可以认为是基本一以贯之的。

二、立心于事

不过，正如杨国荣在《王学通论》中所分析与梳理的那样，如果限于心学，则即便是在阳明本人，其心学的建构中就存在着不可克服的内在二重性，至于基于心学而展开的思想，直到熊十力，这种内在二重性也未能消除。另一方面，我也曾通过对王门后学的讨论，指出王门后学由于在良知工夫的落实上封域于意识，几无不流归禅学。泰州学派强调"即事是学，即事是道"，原本足以开出新境，但惜未能真正在"事"的视域作出真正的思想透视，而只是流于表象的活动，故最终没有转出新的思想，而只表征为"非名教之所能羁络"而不被列入"王门"。概言之，心学不能只论心，必须有赖于事的视域打开，才能真正建立"具体的"形上学，否则只是"抽象的"形上学。这里所谓的"具体"与"抽象"，乃取用黑格尔的概念，抽象意味着贫乏与肤浅，而具体则是丰富与深刻。杨国荣在哲学上的探索，从心学开始，中经不同论域，诸如政治哲学、伦理学等方面的思考，晚近回到事的视域，以建构他具体的形上学，这便是他在《人与世界：以事观之》^①中所作的工作，以及所取得的最新成果。

《人与世界：以事观之》除去"自序""导论"与两篇"附录"外，共六章。首章论事与现实世界，揭明现实世界不等同于本然的存在，现实世界因人的活动，亦即事而形成，并因此而获得意义，故因事而成的现实世界既是事实性的存在，又具有价值性的规定。次章论人因事而在，揭明人的本质在于其实践，亦即事的展开，人通过事的展开建构起社会关系，同时赋予其意义。第三章从事的视域看存在与生成及其相互关系的问题，揭明存在与生成不是独立的，而是相合的，这种相合性恰恰根植于事。第四、五章由事与现实世界的讨论，转向心物关系以及知识论的分析。在第四章中，杨国荣指出，"仅仅囿于'心'或限于'物'，往往难以超越思辨之域而达到对两者内在意义以及相互关系的真切理解，唯有引入'事'的视域，才能把握'心'与'物'的不同内涵并扬弃两者的分离"。从中我们足以看到杨国荣早年开始的心学研究所形成的认识在其中的作用与意义。心物关系自然衍生出知行关系，并聚焦于事。第五章是基于第四章的一个深入，无论是心物关系，还是知行关系，最终都导向事物之"理"。"事中求理"与"由理发现事"是此章的主旨。第六章论事与史，乃是将单个的事置于时间之流中加以讨论，从史的角度理解事的意义所在，同时从事的角度理解历史的真实性。整个讨论圆满而充分，其最终所确立起的思想逻辑，大概可由最后的两篇附文获得

_____

① 杨国荣：《人与世界：以事观之》，北京：生活·读书·新知三联书店，2021年。所引内容均出自此版本，以下仅标明页码，不再另注。

表征，即从人与世界关系中的感受出发，从而在认知、评价、规范相统一的意义上理解人类的认识并落实于具体的形态，即以事观之。

为了更进一步凸显杨国荣早年博士论文就开始逐渐形成的思想方法，即前文所概括的"二重性分析建构法"，请举具体一论述以为呈现，且以最后一章，第六章"事"与"史"为例。在此章的引言中，杨国荣就非常娴熟地通过两句古诗将事与史的二重性挑明：孟浩然的"人事有代谢，往来成古今"，是把"事"中的"史"点出；李贺的"今古何处尽？千岁随风飘"，则把"史"坐实于"事"。换言之，当人们面对纷然杂陈，朝夕变化的种种事相时，唯有深具历史意识，方能把握其中的意义，否则种种事不外是毫无意义的存在；而当以历史的眼光去透视现实时，如果不能落实于从经济、政治、军事领域到文化领域方方面面的具体事上时，历史虽千岁亦随风飘。

在此下的"'事'以成'史'"一节中，为了更深入推进"事以成史"的讨论，杨国荣对"事"又进行了"个体性的活动"与"类的层面"的分析，即"宽泛而言，作为人之所'作'，'事'既表现为个体性的活动，也展开于类的领域。在个体的层面，个人所作之'事'的延续构成其人生过程；在类的层面，人'事'的代谢则呈现为前后赓续的历史演进过程"。（第199页）由此，杨国荣对两个层面的"事"逐次展开分析，并且将这种分析置于中西哲学的比较视域中进行，一如其在早年博士论文中所呈现的风格。比如，杨国荣通过举证海德格尔关于"存在"的概念，以及克罗齐"一切真历史都是当代史"的命题（见第199—200页），指出"对个体领域之'事'与类的领域之间的关联，一些哲学家往往未能给予必要的关注"。（见第199—200页）然后，杨国荣对"事"与"史"的关系作出他的充分论述，即在各种可能性的维度上，对"事"与"史"的关系进行说明，以表征"事以成史"的核心判断。在这一表征的过程中，无论是涉及普通人的普通生活，诸如日常言说与网络支付等等，还是关乎历史进程的重大事件，诸如二战时期的斯大林格勒保卫战与爱因斯坦的相对论，"二重性分析建构法"获得娴熟而一贯的使用。

对于一个富具创造性探索的哲学家，他的思想成果实际上由两方面构成，一个自然是他的思想内容，这往往为所有人所关注，另一个则是他的思想方法。由于思想方法常常隐遁于思想探索的过程与思想成果之中，容易被忽视，或难以获知。所谓"鸳鸯绣好与人看，不把金针度与人"，既是在述说不轻易传授方法，但也完全存在着另一种广泛存在的可能，即作为方法的金针，即便在原创者那里也未必有高度的自觉。杨国荣曾就他的哲学研究方法作有"思"与"史"并重互涵的说明，在某种意义上，思史并重与互涵也是"二重性分析建构法"的一种具体使用，但也因为只是一种具体使用，故作为杨国荣的哲学方法论而言，我以为"二重性分析建构法"更具有普遍的理论价值。

三、象山心与事的印证

在阐明了杨国荣的方法以后，为了更具体地彰显杨国荣《人与世界：以事观之》的哲学内涵及其意义，我试取象山心学处理心与事的关系，进一步来佐证杨国荣的分析，同时也通过对象山心与事思想的阐释，来补充杨国荣的论述。

在本文开头即引入的象山两个基本命题中，除了宇宙与主体的关系在"宇宙便是吾心，吾心即是宇宙"获得确认以外，象山心学的认知格局中还有另一方面的重要内容，即事与心的问题，亦即少年象山援笔所书的另一段话："宇宙内事乃己分内事，己分内事乃宇宙内事。"

依据发生认识论的原理，人的认知格局主要是通过人的活动而获得型塑的，所谓人的活动，便是象山所讲的事。事实上，活动不仅在认知格局最初形成时具有根本性的作用，而且在此后的认知中始终起到持续的作用，因为认知格局是在持续扩充并得以固化的。而且凭借着"吾心即是宇宙"的开端，象山的"吾心"就把自身显示为宇宙存在的根据；不是宇宙作为矢量性存在的根据，而是宇宙作为人化了的存在的根据。这意味着，宇宙既被理解和表述为客体性质的存在，又被理解和表述为主体性质的存在。实现这一理解与表述的，显然不能限于心本身，而必须通过心所要面向的事情，亦即活动，即事。换言之，无论是理解心，还是确立心，必须使心面向事情；作为主体性表征的心体，它的存在也在于它所面向的事情本身。

如何清楚地阐明这个问题，并不是一件容易的事情。一方面，这个问题涉及的是心的体会，本身具有语言难诠之处；另一方面，心面向的事情虽然是具体的，但由此事情反过来表征心体，即由个体性的经验求得普遍性的认识，并不是必然能够实现的。但是无论如何，象山仍然是选择了由心面向的事情的揭明，使人对"心之体"获得真切的理解。最经典的案例便是象山对杨简（1141—1226）的教导。在《象山先生行状》中，杨简追忆道：

> 先生之道，至矣大矣，简安得而知之？惟简主富阳簿时，摄事临安府中，始承教于先生。及反富阳，又获从容侍诲。偶一夕，简发本心之问，先生举是日扇讼是非以答，简忽省此心之清明，忽省此心之无始末，忽省此心之无所不通。[①]

象山门下主要有两部分弟子，一部分是以家乡为主，即槐堂诸儒，象山学派的门庭张大主要靠他们；另一部分便是浙江为主，以甬上四先生为代表，象山心学的思想传衍主要靠他们，杨简是甬上四先生之首。杨简小象山两岁，却早象山为进士，象山举进士那年，杨简恰在临安，故得与象山相识，并有所讨教，但真正执弟子礼，则缘于象山回江西经过杨简任职的富阳时所经历的问学，即《行状》所述。这件事情无论对杨简，还是对象山，似乎都非常重要，不仅杨简在《行状》中专门追忆这件事，此前

---

① 　《陆九渊集》卷三十三《谥议》，第394页。

也是经常举此例，而且象山《年谱》中有更详细的记录，此外其它文献，如《宋史·杨简传》《宋元学案·慈湖学案》中都有述及。实际上，在象山学派内，杨简问学这件事情表征了象山心学的核心思想，即通过心面对的事情而对心体获得确认。

其实对于这件事，前引《象山先生行状》所述过于简略，并不能完全使局外人明白。前引《行状》，主要是说明杨简本人对此的重视。真正要讨论这件事，还是以《年谱》的记载更为亲切。《年谱》乾道八年三十四岁条载：

> 四明杨敬仲时主富阳簿，摄事临安府中，始承教于先生。及反富阳，三月二十一日，先生过之，问："如何是本心？"先生曰："恻隐，仁之端也；羞恶，义之端也；辞让，礼之端也；是非，智之端也。此即是本心。"对曰："简儿时已晓得，毕竟如何是本心？"凡数问，先生终不易其说，敬仲亦未省。偶有鬻扇者讼于庭，敬仲断其曲直讫，又问如初。先生曰："闻适来断扇讼，是者知其为是，非者知其为非，此即敬仲本心。"敬仲忽大觉，始北面纳弟子礼。故敬仲每云："简发本心之问，先生举是日扇讼是非答，简忽省此心之无始末，忽省此心之无所不通。"[1]

在这个详尽的记录中，可以看到，杨简数问"如何是本心"，象山总是答以孟子的四端之说。象山的讲学水准非常高，不仅是清

---

① 《陆九渊集》卷三十六《年谱》，第487—488页。

晰，而且能切人心。朱子任南康守时，曾邀象山至白鹿洞书院讲座，象山讲解"君子喻于义，小人喻于利"章，朱子尝以亲身感受对人曰：

> 这是子静来南康，熹请说书，却说得这义利分明，是说得好。……说得来痛快，至有流涕者。[①]

但他面对杨简的数问，却只是答以孟子的四端之说，而且杨简明确声明，四端之说自己"儿时已晓得"，象山仍不作任何阐释。显然，象山明白，本心之问不是一个语辞可以解决的问题。

尤其需要指出的，杨简的问题是"如何是本心"？而不是"何为本心"？如果是后者，那么杨简的本心之问更近乎是一个对象性的客观问题，其解答可以与主体无关；而前者，则与主体密切相关，因为所谓"如何是本心"，预设的追问并不是一个对象性的客观认识问题，而更是一个主体如何成其为主体的问题，即如何使主体确立起本心。因此，对于饱读了经典的杨简来说，象山任何的阐释都只能是以往知识的重复，不可能真正启动杨简的本心去面对事情。

海德格尔指出，在笛卡尔的"我思故我在"使得主体性构成了哲学的坚固基地之后，"思的任务就应该是：放弃以往的思想，而去规定思的事情"。[②]虽然海德格尔的分析是针对着科学从哲学

① 《陆九渊集》卷三十六《年谱》，第493页。
② 海德格尔：《面向思的事情》，北京：商务印书馆，2016年，第87页。

中分离出来，致使哲学转变为关于人的经验科学，从而使得哲学在展开为科学的意义上走向终结，因此必须重新来思考"思"的任务，完全是在现代语境中的追问；①但是对于象山心学的理解仍然具有启发。象山曰：

> 古之所谓小人儒者，亦不过依据末节细行以自律，未至如今人有如许浮论虚说谬悠无根之甚，……终日簸弄经语以自传益，真所谓侮圣言者矣。②

在象山看来，"终日簸弄经语以自传益，真所谓侮圣言者"，正仿佛海德格尔所谓的科学对哲学的终结。象山对朱子的不满，根本原因也正在朱子热衷于"终日簸弄经语"，而不务实学。他在给朱子的信中，直言不讳地指出：

> 尊兄当晓陈同父云："欲贤者百尺竿头，进取一步，将来不作三代以下人物，省得气力为汉唐分疏，即更脱洒磊落。"今亦欲得尊兄进取一步，莫作孟子以下学术，省得气力为"无极"二字分疏，亦更脱洒磊落。古人质实，不尚智巧，言论未详，事实先著，知之为知之，不知为不知。所谓"先知觉后知，先觉觉后觉"者，以其事实觉其事实，故事即其事，事即其言，所谓"言顾行，行顾言"。周道之衰，

---

① 参见海德格尔：《哲学的终结和思的任务》，收入《面向思的事情》，第67—87页。
② 《陆九渊集》卷一《与曾宅之》，第6页。

文貌日胜，事实湮于意见，典训芜于辨说，揣量模写之工，依仿假借之似，其条画足以自信，其习熟足以自安。以子贡之达，又得夫子而师承之，尚不免此多学而识之之见。非夫子叩之，彼固晏然而无疑。……尊兄之才，未知其与子贡如何？今日之病，则有深于子贡者。[①]

因此，回到杨简的"如何是本心"之问，象山之始终没有就孟子的四端之说再作进一步的阐扬，而最终因断扇讼的判决开悟杨简，决不是一种随意的教学权宜之策，而完全是基于他的思想的抉择。象山要使杨简的本心从经文及其繁杂的解释中摆脱出来，让本心直面事情本身，从而本心得以呈现相应的是非判断。杨简由断扇讼的是非曲直判定，进而省悟"此心之无始末""此心之无所不通"，心之体终于获得确立。

这个案例表明，如何是本心的问题，与其说是一个需要言语分辩的问题，毋宁说是一个如何摆脱言语所带来的遮蔽的问题。只有揭去这样的遮蔽，本心才能面向事情本身，本心所具有的四端才能自然展开，作出判断。象山曾就义利问题出一策问，亦可以佐证他的思想。策问曰：

圣人备物制用，立成器以为天下利。……凡圣人之所为，无非以利天下也。二《典》载尧、舜之事，而命羲和授民时，禹平水土，稷降播种，为当时首政急务。梁惠王

---

① 《陆九渊集》卷二《与朱元晦》，第27页。

问"何以利吾国",未有它过,而孟子何遽辟之峻,辩之力？……辟土地,充府库,约与国,战必克,此其为国之利固亦不细,而孟子顾以为民贼,何也？岂儒者之道,将坐视土地之荒芜,府库之空竭,邻国之侵陵,而不为之计,而徒以仁义自解,如徐偃王、宋襄公者为然耶？不然,则孟子之说亦不可以卤莽观,而世俗之蔽亦不可以不深究而明辨之也。世以儒者为无用,仁义为空言。不深究其实,则无用之讥,空言之诮,殆未可以苟逃也。[①]

历史表明,凡圣人之所为就是为天下谋利,而孟子作义利之辩,仿佛是违背常识,故"世以儒者为无用,仁义为空言"。象山以为,世俗之蔽在于对孟子之说作了"卤莽"理解,只有深究其实,才能消除儒者无用、仁义空言的讥诮；而这个所谓的"实",便是面向事情本身。

　　不过,为什么当面向事情本身时,"如何是本心"的问题就得以解答了呢？当然,可以认为象山对杨简四端之心的回答本身就隐涵着答案,因为四端之心内涵着恻隐、羞恶、辞让、是非的自我判明。但是,为什么这一内涵着四端之心的本心又必须面向事情时,这样的自我判明才得以呈现呢？由象山对杨简的说明,"闻适来断扇讼,是者知其为是,非者知其为非,此即敬仲本心",似乎可以推知,当本心面向事情时,事情本身具有着某种道理,足以使得本心所隐涵着的是非明辨力作出判明。《语录》曰：

---

① 　《陆九渊集》卷二十四《策问》,第290—291页。

有行古礼于其家，而其父不悦，乃至父子相非不已。遂来请教，先生云："以礼言之，吾子于行古礼，其名甚正。以实言之，则去古既远，礼文不远，吾子所行，未必尽契古礼，而且先得罪于尊君矣。丧礼与其哀不足而礼有余也，不若礼不足而哀有余也。如世俗甚不经，裁之可也，其余且可从旧。"①

父子发生冲突，盖因儿子固执于死了的古礼，而未能面向事情本身。而象山引导其面向事情本身时，行礼之实重在哀而不在礼，就能使人作出合理的调适。换言之，当本心面向事情时，存于事的理与存于人的本心会相合无间。

　　至此，可以清楚地看到，在象山心学的格局中，关于心与事的问题，象山是通过使本心面向事情来实现本心的自明与确立的，而理在事中，理与心为一，则是相应的两个基本思想。关于理在事中，《语录》第一条曰：

　　　　"道外无事，事外无道。"先生常言之。

可见这是象山的核心思想。唯此，象山以为，因吾心而人化了的宇宙，无处不是道的呈现，人只有因一己之病才会与道相隔；道总在宇宙中，也总在圣人的活动中。《语录》接着前条，续曰：

　　　　道在宇宙间，何尝有病，但人自有病。千古圣贤，只去

_____

① 　《陆九渊集》卷三十四《语录上》，第422页。

人病，如何增损得道？

　　道理只是眼前道理，虽见到圣人田地，亦只是眼前道理。

　　唐虞之际，道在皋陶；商周之际，道在箕子。天之生人，必有能尸明道之责者，皋陶、箕子是也。箕子所以佯狂不死者，正为欲传其道。既为武王陈《洪范》，则居于夷狄，不食周粟。①

关于理与心为一，同样讲得极清楚。在与人的书信中，象山曰：

　　盖心，一心也；理，一理也。至当归一，精义无二，此心此理，实不容有二。故夫子曰："吾道一以贯之。"孟子曰："夫道一而已矣。"又曰："道二，仁与不仁而已矣。"如是则为仁，反是则为不仁。仁即此心也，此理也。求则得之，得此理也；先知者，知此理也；先觉者，觉此理也；爱其亲者，此理也；敬其兄者，此理也；见孺子将入井而怵惕恻隐之心者，此理也；可羞之事则羞之，可恶之事则恶之者，此理也；是知其为是，非知其为非，此理也；宜辞而辞，宜逊而逊者，此理也；敬此理也，义亦此理也；内此理也，外亦此理也。②

① 《陆九渊集》卷三十四《语录上》，第395页。
② 《陆九渊集》卷一《与曾宅之》，第4—5页。

> 道塞宇宙，非有所隐遁，在天曰阴阳，在地曰柔刚，在
> 人曰仁义。故仁义者，人之本心也。[1]

可以说，只有明确了道在事中，心与理为一，"宇宙内事乃己分内
事，己分内事乃宇宙内事"，才真正获得了落实，才真正与"宇宙
便是吾心，吾心即是宇宙"一起，构成为象山心学的格局。

当然，本心虽然必须在面向事情中获得确立，但心并不能纠
缠甚至沉溺于事情中，否则便使心失其"本"。象山曰：

> 人精神在外，至死也劳攘，须收拾作主宰。收得精神在
> 内时，当恻隐即恻隐，当羞恶即羞恶。谁欺得你？谁瞒得
> 你？见得端的后，常涵养，是甚次第。[2]

然而，人心往往适得其反，逐物而难返。象山曰：

> 人心只爱去泊着事，教他弃事时，如鹘孙失了树，更无
> 住处。[3]

只是，这已属于象山心学中如何发明本心所必须关心的问题，此
处不再延伸开去了。

---

① 《陆九渊集》卷一《与赵监》，第9页。
② 《陆九渊集》卷三十五《语录下》，第454页。
③ 同上。

四、问题意识与思想谱系

至此，我们足以确信杨国荣在《人与世界：以事观之》的"自序"中所指出的：

> 中国哲学中"事"这一概念，可以比较好地帮助我们表述广义的人类活动及其结果，而在西方的思想传统中则似乎难以发现同样的概念。……"事"这一中国哲学的概念也从一个方面表明，中国哲学中存在着其他文化传统所缺乏的观念表达形式，这些表达形式有助于推进对世界以及人类生活更为深广的理解。

换言之，我想指出的是，杨国荣最新的哲学探索表征了他希望从中国哲学的概念形式来推进哲学思考，这当然可以说是他一直以来的努力，但《人与世界：以事观之》一书显然呈现得更为充分。

只是，在充分肯定与彰显杨国荣的哲学探索的同时，许多年来也不免存有内心的疑问：哲学探索的问题意识究竟源于什么？思想新创如何接续学术谱系？这两个问题侧重略有不同，但彼此又具密切关联。前者重在问题意识，后者重在学术接续；问题意识的发生与学术本身的知识呈现有时会存在一定的间隔，或显与隐的区别，但本质上又是具有内在关联的。二十世纪八十年代思想界曾兴起过创造体系的热情，但终因流于肤浅而消歇；而这种肤浅究其实质，也正是问题意识的苍白与学术谱系的无源。九十年代起，学术界渐归趋学术本位，在知识园地上作深入耕耘，结出丰硕成果。近年来，也许是以为九十年代以来的知识耕耘已累积到足以有所思想突破，或不甘于知识耕耘的清寂，哲学界似乎又重兴创造体系的热情，使得上述问题再次凸显。前文已述，杨国荣的哲学探索既非起于近几年，更非追步时流，而是已经历年，卓多建树。照理，我不应以上述问题来反思他的最新研究。但是，也许正因为杨国荣的哲学探索具有显著的标杆性，因此，由他的新著来提出上述问题的思考，或许更具意义，同时也是更表达对杨国荣工作的敬意。

二十世纪八十年代包括阳明心学在内的宋明理学研究兴起，对于摧破固化了的学术研究与思想解放都具有重要而深远的意义，因此，这些研究虽然呈以哲学史的研究，但无疑都富涵着时代的问题意识，同时又具有着学术研究自身的内在动力。但是，当学界将学术研究的兴奋点转向所谓的体系建构时，这些建构的问题意识，以及学术研究自身的内在动力，又究竟是什么呢？我在高度称誉杨国荣的《人与世界：以事观之》后，专辟一节来阐扬象山哲学的相关思想，一方面是为了以古证今，彰显古今哲思的共同性，另一方面也希望表达，在某种意义上，如果脱离了哲学史的接续，这样的共同性也意味着今人的哲学探索可能流于形式。尤其是，众所周知，当象山在阐明他的本心面向事而确立的思想时，他不仅是充满着时代的问题意识，是针对着朱子学知识主义膨胀的现实而展开的，而且象山的思想阐扬始终是接续着孟子思想来进行的，在传承中实现创造，这是思想脉络的连贯，并不仅仅是形式上的嫁接。换言之，当我们体会一种真正的哲学创造时，我们总是能够深切地体会到这种创造在现实的问题意识与学术的思想脉络两方面的绾合之力，正是这种绾合之力构成了新的哲学创造的内在动力。

事实上，传统中国哲学如此，现当代哲学也同样如此。请各举中西方哲学一例以见之。先举哈贝马斯为例。哈贝马斯以他的批判理论为标志，成为当代最重要的哲学家之一。但是，正如研究所表明，哈贝马斯虽然是以批判理论为标志，但他的理论既是对当代德国和欧洲的现实问题作出回应并进而引领时代潮流，从而对现实产生深刻的直接影响，又是接续着欧洲哲学的思想谱系而展开的推进。其中，就哈贝马斯对欧洲哲学思想谱系的接续与推进，由于批判理论是他的思想标识，因此容易被置于亚里士多德—斯宾诺沙—马克思的序列中来加以理解；[1]事实上，哈贝马斯也同时接续了詹姆斯—杜威—皮尔斯的美国实用主义传统，以及从狄尔泰到伽达默尔的德国阐释学传统，因而才通过他的《交往行为理论》提出了他的重建而非历史的方法，向前作出巨大的推进。[2]再举陈来为例。陈来的中国哲学研究一直以来定位于哲学史研究，但近年来也在哲学体系的创构中有所探索，最显见的便是他的《仁学本体论》。对于此书的具体思想，已溢出本文主题，

---

① 詹姆斯·戈登·芬利森著，邵志军译：《哈贝马斯》徐友渔序，南京：译林出版社，2015年。

② 《哈贝马斯》，第16—17页。

这里只是指出，陈来提出仁学本体论最为凸显的问题意识是针对着李泽厚的情本论的，而其学术谱系则可以理解为是对整个孔孟程朱儒学传统的接续；而背后深层的现实回应无疑是处于全球化浪潮中的中国哲学主体性的掘发与话语重建。

以此为参照，杨国荣哲学探索的问题意识与学术谱系显得有点隐晦。这并不等于说，杨国荣没有自己相关的阐述。从浅近的角度讲，他曾有意识地梳理过现代中国哲学中的金岳霖—冯契思想脉络，以智慧论为聚焦；从深广的角度讲，他的著作中呈以广谱性的思想对话，不问东西古今。然而，从接受者的立场看，杨国荣的哲学创构更近于哲思的自我展开，论题在这样的自我展开中迁延，方法在这样的自我展开中成熟。不仅难以在学术思想的谱系上把握到他的思想聚焦，更难以体会到他在问题意识上的针对，最主要的收获只能集中在他的思想的自洽性上。

当然，高度自洽的思想建构同样是哲学家的重要目标之一。因此，当我们接受到杨国荣哲学探索的这一特性时，已然是一个巨大的收获。事实上，哲学本身便是以她的独特性而彰显其在整个知识世界中的意义，哲学自身更当以多样性的探索与呈现来表征自己的独特性。从这个意义上讲，上述的疑问不免有所多余，或近乎苛责。正如前文已述，由于杨国荣的哲学探索及其创造在当代中国诚为标杆，因此从各种角度提出必要的疑问，不仅是对当代中国哲学是有意义的，也是对杨国荣的工作深具敬意的表达。

原载《分析哲学》2022年第4期。

美国宋代思想研究的缩微画卷
——评田浩编《宋代思想史论》

目前所见的汉译著作，大多是专著，它们对于读者了解作者的研究，以及通过这一研究来管窥西方汉学的论域、方法与趋向，无疑有其意义。但毫无疑问，就后一个目的而言，这终究只能是"管窥"，轻则见树不见林，重则瞎子摸象。读者若非有意识并有条件来搜罗相关的研究，实难较清楚地了解到西方汉学研究的动态，从而也难以真正取其长、弃其短。这本论文集恰是弥补了这一缺陷。书中所选专题论文，单篇地看，是很好的个案研究，值得业内学者阅读参考；统起来看，是很好的美国近二十年来汉学研究的缩微画卷。因此通读此书而细心体会者，不仅对美国目前的汉学研究的来龙去脉会有一个基本的认识，而且对国内学界的种种新变也可作一番印证。下文我先点名式地简介所收论文，然后谈一些我"统起来看"的理解。

据田浩的"编者序言"，此书所收的18篇论文，按内容可先分"总论"与"分论"两部分，"分论"部分又可大致分成"论北宋儒学""论朱熹""论南宋儒学"三组。

"总论"收论文四篇，分别是：吾妻重二在1996年结束普林斯顿访问研究后，以一个西方外的研究者的视角来梳理的《美国的宋代思想研究——最近的情况》，这个"最近"是指二十世纪八十年代以来的这段时间，正是这本论文集所要反映的研究；詹启华1998年发表的《在倒塌的偶像与高贵的梦想之间：中国思想史领域的札记》，它为读者理解吾妻重二所介绍的具体领域的变化提供了更广泛的背景；田浩本人发表于1992年的《儒学研究的一个新指向：新儒学与道学之间差异的检讨》，将"最近"的宋代思想研究的突破点与原委凸显了出来；最后是史华慈发表于1959年的《儒家思想中的几个极点》。从论文发表的时间与所论焦点看，史华慈的论文收入此文集需作专门交待。田浩的解释是，最近二十年的宋代思想史研究的变化，是由于学者们对中国思想的复杂性与研究中国思想具有的价值有所认同，而史华慈的这篇论文是指出这种复杂性与价值的"里程碑"。（第4页）

"分论"第一组"论北宋儒学"所收论文，两篇是包弼德的，分别讨论《政府、社会和国家——关于司马光和王安石的政治观点》《苏轼与文》。虽然温、荆二公与东坡是公认的北宋大家，但对于中国学者，尤其是中国哲学史的学者来讲，论及北宋儒学或思想，一般总要讲从宋初三先生到北宋五子这一线，以往美国狄百端、陈荣捷的研究亦持这种思路。而包弼德这两篇作为思想史的论文在研究兴奋点上的转移，恰是美国最近二十年来对中国思想的复杂性认识的注脚。

接着刘子健的论文《作为超越道德主义者的新儒家：争论、异端和正统》则可以看作是一个论证，他指出，北宋五子"这几位大师在他们生前影响并不太大，身后不久也是一样"，他们是因为后来朱熹及其师友对形而上学重要性的觉悟，才被推到了思想前台。（第234—235页）刘子健的讨论将"新儒学的哲学排除在外"，（第249页）努力从"整体历史的或至少是政治上的语境"来解读新儒家，这在一定程度上也可以用来理解包弼德的论文，这也许是田浩将它们编为一组的原因。

无论如何，朱熹终究是宋代思想的巅峰而无法回避。该文集共收五篇专论朱熹的论文，构成一组。很有意思的是，仅从这五篇论文的标题——余英时1986年的《朱熹哲学体系中的道德与知识》、金永植1992年的《朱熹论历家和他们的知识——在传统中国一位学者对专门科学知识的态度》、艾周思1990年的《朱熹与卜筮》、柏清韵1989年的《朱熹与女子教育》和贾德讷1991年的《宋代的思维模式与言说方式——关于语录体的几点思考》，读者便足以清楚地看到，向被作为宋代思想的标志性问题，如心、性、理、气这些哲学概念及其关系的分析，几乎被知识及其生产，以及社会生活的讨论完全取代。

最后一组收入黄进兴1987年的《"朱陆异同"——一个哲学诠释》、韩明士1989年的《陆九渊、书院与乡村社会问题》、闵道安1993年的《〈诗经〉学上的转折点：论宋学关于〈诗〉乐问题》、蔡涵墨1998年的《一个邪恶形象的塑造：秦桧与道学》，以及田浩本人1991、1994年的《行动中的知识分子与官员：中国宋代的书院和社仓》《陈亮论公与法》。这组专论"南宋儒学"的论文"越出朱熹的圈子而予其对手和批评者以更多的注视",其目的则如田浩所讲,是"力图消解程朱正统的中心地位,以恢复宋代其他学派和学术谱系的声音"。(第5—6页)

实际上,田浩所表白的这个目的,正是整个文集统而观之后最容易得到的第一个感受,因此不妨说,编者的思想已得到了很好的贯彻。我需要进一步作大致说明——细致讨论显非这个书评能胜任——的是,为什么二十世纪晚期的美国宋代思想史研究中,会出现这个"力图消解程朱正统的中心地位"的解构过程?以及他们是怎样解构的?同时又是怎样着手"恢复宋代其他学派和学术谱系的声音"的?并且是在"愿意坚持对朱熹的更为正面的论述"的同时,重建宋人"思维的历史",而不只是"思想的历史"。(第51页)

从文集看到,晚近二十余年的研究变化,是针对着以狄百瑞为代表的新儒学研究。这一研究之所以引起反动,原因主要在两点:其一,是它将新儒学预设为既占主导地位且具恒久价值的真理,因此,"狄百瑞学术事业的目标就因此变成确凿无疑地建立'儒家'传统的生命力,这一传统现在被界定为从孔子到宋代道学和明代心学直至今日的思想文化上有亲缘关系的直系谱线"。(第37页)在此文集的研究者看来,这个预设是难以接受的。其二,以程朱、陆王的新儒学涵盖宋代以来中国思想的复杂性,使得单一整体的观念阻碍了对历史语境和普遍问题的真实把握。毫无疑问,这也令此文集的研究者深为不满。

以狄百瑞为代表的新儒学研究，实际上又是此前一二十年美国的中国学界不满于费正清为代表的中国研究而努力纠弹的结果。费正清因其早期的训练在史学、政治学和经济学，他对西方以古典文献的繁琐考证为代表的汉学传统不满，推动研究方法上向社会科学倾斜，领域上也趋向近现代中国。[①]但是狄百瑞、陈荣捷他们则努力说明，"20世纪中国的文化语境产生于宋代，从而抵抗这股思潮"。（第34页）他们在研究领域上从近现代向宋代推，研究方法上则表现出对社会科学方法的抵制，强调人文精神的贯彻，研究者的价值认定被强烈地引入研究中。由此，我们似乎可以说，晚近二十余年的研究变化，实质上表现出美国学术界力求创新的学问进步。

当然，这个学问进步不只是形式上的求新，而且也有知识增加的实质内容。例如，众所周知，费正清式的研究导致中国历史认识上的模式化，这是社会科学研究方法导入后很容易产生的结果。但是，当狄百瑞的新儒学研究成长以后，正如此文集的研究者所不满的，他们同样陷入某种模式化的窠臼之中。然而此文集的研究显然不想重蹈覆辙，用田浩的话讲，他们的目的是要展现思想的复杂性，从而重建更趋真实的思想史。毫无疑问，这必然增加我们知识上的总量而不是纯形式上的创新。

至于如何解构新儒学的历史图像，这就需要一个具体的研究视角来导入了。"总论"部分中田浩的那篇论文，大抵可看作是解

---

① 参见余英时：《费正清与中国》，收入《中国文化与现代变迁》，台北：三民书局股份有限公司，1992年，第126—127页。

构的一个重要切入点。他通过对新儒学Neo—Confucianism一词的质疑，撕开了"新儒学"笼罩着的宋代思想。这篇论文很容易让我联想起邓广铭的《略论宋学》^①，只是它似乎没有引起国内宋代思想史界在研究对象与研究方式的太大调整，我不知道这是否是因为哲学与史学分而治之以及研究方法上单一的缘故。

口子撕开，正如刘子健所示的"超越道德主义者的新儒家"以后，这时的宋代思想世界显然丰富、生动多了，不同层面、不同区域中的问题有待学者们重新观察、重新认识、重新理解。目前美国的中国思想史界（其实不仅仅是中国思想史）重建中国思想的主要方法、领域在此文集中都有所反映。第一，传统的谱系学研究方法依然得以运用，所不同的是不限于程朱一系，而是尽可能关注到别的谱系，同时注意不同谱系间的关系。第二，跳出观念史的自闭，将观念放置在历史语境中加以解读，由此，便从狭义的观念史过渡到思想史，更进一步过渡到社会史，使思想史与社会史得以交叉。第三，由于社会史的引入，不仅导致研究方法援引社会科学的方法，而且关注的问题也有很大调整，其中人类学的关注点与方法是重中之重。由于受西方学术传统的长期训练与学术规范的长期熏陶，这些新的推进总体上看，对于重建中国思想史是有意义的。

但也有必要指出，有些论域的开辟，如地方问题的研究，本身是有意义的，但研究者却预设（但愿我的理解有问题）了某些

---

① 收入《宋史研究论文集》（1984年宋史年会论文集），杭州：浙江人民出版社，1987年。

东西。由此可以看出两点：第一，美国学者虽然研究的是中国问题，但其问题意识很大程度上是来自西方，并非完全来自中国历史本身。譬如他们对区域问题的兴趣，多来自西方后现代思潮的影响，詹启华论文注9多少透露出一点信息，因此，尽管他们的学术训练很好，但仍不免强作解人；第二，正由于生活在西方自己的学术世界，因此"他的研究，有本国人欣赏就行了。你中国人来，给我些新材料，我欢迎；我可以拿去写文章，而这是别人没有的。但对中国人的研究，并不感兴趣"。[1]虽然田浩等人很注重与中国学者对话，但翻阅一下此文集，有些美国学者多少仍有张光直近半个世纪以前所说的这种心态。

由此，我联想到，尽管田浩在编序中特别解释了金永植与黄进兴的美国学术背景，以示将他们收入本文集仍能反映美国学术界的情况，但我想，这种特别解释本身也隐喻了他们还有非美国的学术背景。别的学者我不敢肯定，但是余英时的研究我想大家都能想到，与其说他的研究反映美国的中国思想史研究，毋宁说更合乎中国学术的语境，尽管美国的种种思潮他同样有体会。指出这一点也许更有助于读者了解到，田浩编的这部论集，不仅如他所愿反映了美国的中国思想研究对中国思想复杂性的新呈现，而且也反映了美国的中国学研究同样具有复杂性。

原载《中国学术》第十八辑。

---

① 　张光直1956年5月由哈佛寄李济信，《李济·张光直通信辑录》，《九州学林》2003年冬季第1卷第2期，第279页。

积学续集

关怀现实，在学术史的脉络中联结经典与当代

我就"经典与当代"这个主题谈一些自己的体会，与大家交流。

我的专业是中国哲学与思想史，受专业的影响，经典是非常重要的，因为整个中国哲学与思想的发展都是围绕着经典来展开的，我可以随便举一个例子。儒家有一个经典《大学》，很薄，以朱熹宋代的整理来看，即《大学》今本，有十一章。在这十一章中，第一章据说是孔子的论述，后十章都是孔子的学生曾子对首章逐句逐句的解释。我们读这个解释时，可以看到一个有意思的现象，即所有的解释主要是通过引经据典来展开的，而少有曾子的诠释。由此可知，在中国哲学与思想发展中的重要经典，本身也往往是通过经典的引用来形成的。这种性质与特点自然也就要求今天的研究者对经典必须给予高度重视，否则几乎无法进入。我需要不断地面对经典，这是我的专业一开始就要求树立的观念，因此这方面的要求也许会比其他专业的同志更高一些。

"经典与当代"如何发生关系？怎样把经典研读与自己的研

究结合起来?我今天和大家交流三方面的体会：第一，在学习经典时，一定要有一个深度化的研读。这个深度化的研读，各人可以有不同的理解，同一个人在不同的年龄段也会有不同的读法。我的体会大致有这样几点：一是通过核心概念的把握来理解经典的思想结构。每一经典总是有它的思想结构，并通过一些核心概念来呈现出来。虽然不同的读者对它的理解可能很不同，但没有关系。研读经典时，如果以此作为一种进路，那么对于理解经典是一个很好的方法。通常经典的研读都有相当的难度，如果无进路地阅读，也许就会更难。因此在研读时，注意核心概念的理解，并逐渐进入到由这些核心概念建构起来的思想体系，经典就能逐渐地获得理解。也许最初的理解是最表层的，甚至可能不那么正确，但经典并不是只读一次，在后来的反复研读过程中，认识是可以调整与深化的。比如托克维尔《论美国的民主》这本书，刚才有同志对它的理解就锁定在民主、民主的困境、自由这三个核心概念上，由此就容易从整体上把握这本书的思想。也许以后会调整，但这种调整恰恰是经典研读的深化。

二是发现经典中的内在思想张力，甚至冲突矛盾。一个伟大的思想家，一本重要的经典，一定是充满思想张力的，甚至存在着内在的冲突与矛盾。初读经典，往往会努力沿着系统性的角度去认识，这是非常必要的。我刚才讲的也就是这个内容。但是在进一步研读时，经典所含的思想的内在张力就会呈现出来。造成这种张力的原因很复杂，有些经典本身就不是成于一时，也不是成于一人，有内在冲突是很正常的。有些经典即便是成于一人一时，但由于经典所涉的问题的基础性与复杂性，仍然会有内在的张力。这种内在张力也许是经典的作者自己意识到的，也可能是没有意识到的。比如刚才讨论弗洛伊德的思想时，有老师指出，通过对弗洛伊德著作的深入研读，可以发现弗洛伊德思想存在着悖论，弗洛伊德希望揭示人的非理性，这种揭示本身使他的思想通向后现代，但弗洛伊德的工作目的，却是在揭示人的非理性的过程中，用人的理性去加以训诫与治疗，这完全仍然是属于现代性的观念。在经典的研读中能够发现并揭示这种张力，便能使我们对经典的认识更趋于丰满，从而使经典的意义溢出经典本身。可以说，这是研读经典非常重要的一步，当然做到这一点，也是比较难的。

三是从新的视角来研读经典。经典既为经典，自然在知识史上已为许多人研读过，而且一定是形成了相对固定的认识。但是，如果能找到新的视角来研读经典，那么其意义往往是具有革命性的。比如在北宋儒家文化重建开始时，宋儒对汉唐儒者的经典解释以及解释模式不满意，提出了怀疑与批判，从而打开了经典诠释的新局面，开辟出新儒家的建构。刚才有位老师讨论对马克思经典著作的研读，指出我们以往对马克思思想的理解，主要是围绕着资本逐渐展开的，经济学也好，哲学也好，都是以这个核心来展开的。这当然没有错。但是这个维度的彰显，遮蔽了马克思思想中别的精彩处，这位老师指出了马克思关于技术的重要论述。事实上，技术问题的确是当代哲学中的重大问题。当你从一个新的视角来解读马克思时，如果这个视角是成立的，那么就意味着对马克思的理解将产生新的重要的推进，而这种推进也必然影响到当代。当然，相比于前两种研读，这种新视角的打开要困难许多，因为人们的认识要走出固定模式是相当困难的，这里不仅仅是认识上的问题，而且还有利益上的复杂因素在发生作用。这种利益并不只是物质的，而且有复杂的内容。事实上，一种新视角的打开，也不是几个人能完成的，往往需要一批人，有时是几代人的持续工作，才可能真正实现。因此在这个工作过程中，具体到某个研读者而言，就不免会有相当的寂寞感，有时这种寂寞会等来最后的成功，但有时也可能最终被证明是不被接受的。

四是由经典延伸出的关联性研读。一部经典的形成，往往在前面会有相关的工作做铺陈，后面会有更多的延伸。比如前面那位老师讲，托克维尔的著作，后来美国人自己也写过一本，近年又请法国人沿着托克维尔当年的行程，又写了一本。这个事实就告诉我们，如果我们能从托克维尔的著作出发，沿着后来的延伸进行关联性研读，一定会对经典的理解产生新的认识。所以深度研读是必须要延伸的。我再举一个我熟悉的例子。比如朱熹的《四书章句集注》，这是朱熹最重要的著作，也影响了此后的中国思想与社会，即便今天仍产生着影响。但我们知道，朱熹在写这个书以前，已做了大量思想与学术准备，留下了一系列的著作，如果不结合这些前期著作，事实上不可能对朱熹《四书章句集注》的学术与思想获得真正深刻的理解。

上面第一点，涉及经典研读本身，这是基础性的事，所以我讲得多一点，实际上也仍然只是讲了我自己体会比较深的几点，供大家参考。相信别的同志一定还有更好的经验。

按照"经典与当代"的主题，要把两者联系起来，自然就要提到第二个方面，这就是现实关怀。人文社会科学的研究并不是纯粹的客观性研究，而是带有价值性选择的。这点对人文学科来说，大家都能理解与接受。对社会科学来说，也许有些同志会有所保留，但马克斯·韦伯关于社会科学的"价值中立性"与"价值关联性"概念早已将这个问题论证清楚了。事实上，即便是自然科学与技术，是否完全不涉及价值关联性，也是值得讨论的。就我的认识而言，自然科学与技术同样具有价值关联性，至少在自然科学家们选择自己的研究领域时，价值关联性或隐或显、或深或浅地产生着作用。因此，要使经典研读对当代产生应有的作用，研读者的现实关怀就一定不可或缺，而且是非常重要的。

前面我提到的刚才三位老师的报告，大家可以看到，他们对托克维尔、弗洛伊德、马克思的经典的研读体会，无不折射出他们各自对现实的强烈关怀。托克维尔的著作，直接与我们今天的民主制建设有关。我们建设民主制已为共识，但民主的内涵究竟如何，民主制会带来怎样的问题，如何加以解决，这些问题不仅西方要面对，也是现代中国的问题，这有非常明确的当代关怀。人的理性与非理性的关系，可以说是人类一直面临的挑战，只是当代人尤为纠结，尤其是在后现代思潮的席卷之下。技术问题也是如此。当知识经济成为当代与未来经济的主流形态以后，资本让位于技术，可以说已成为显见的事实。技术的功能日益主导整个经济乃至社会时，科技对人类的正面与负面意义究竟是怎样的，又是以怎样的方式与路径产生作用的，人类在科技面前将如何面对，诸如此类的问题无不呈现出强烈的现实关怀。在整个人类文明的建设过程中，人的被压迫感，和人的怎么样解放的问题，这是哲学的永恒问题。只不过在我们这个受科技高度支配的当代，有着更为不同的，或者更为强烈的体会。在传统社会，虽然人们也是以不同的方式受到了一种压抑，但是那种压抑，相对来讲，不是那么刚性的，可是在当代社会中，我们现在所受到的，一方面我们看起来因科技而自由，但是另一方面，我们所受到的压迫、无奈，可能是刚性的，而且是更为普遍的，是没法逃脱的。就像这些天浓重的雾霾，让人无处可逃。这可以说是典型的。所以研读经典，固然必须浸淫于其中，但同时要有非常强烈的当代关怀，当代意识。

所谓的现实关怀，当代意识，决非是个人的利益考量，而是超越自我，超越所属的小团体，超越所属的阶级，而拥有的社会关怀。这其实也不是什么新观点，中国传统士阶层的旧传统便强调这个。当然我们今天不是再去做士大夫，我们已是现代的知识人。但是中国传统士的那份情怀，用范仲淹讲的，即所谓的忧乐，无论是在庙堂，还是在江湖，超越于自身利益的那份社会情怀是仍然需要我们传承的。事实上，只有当你有这份情怀，你才能从经典中研读出激动你的思想，并且才可能使你对经典的诠释触动当代人的心，产生共鸣。

第三，我讲一下学术史的反复梳理，这是联结经典与当代的重要环节，尤其是从事学术研究的人。学术工作并不是在一片处女地上耕耘，而是在特定知识领域中展开的。每一个知识领域都有前贤的工作，自己要做出一点新的成绩，无不基于前贤的事业。学术史的梳理是帮助我们认识清楚前贤工作的唯一途径，这点其实大家都知道，我在这里想强调的只是，这种学术史的梳理并不是一次就行了，而应该是反复做的工作，每隔几年，就应回头看看。因为当我们一头在研读经典、一头秉持着当代关怀，这两头的认识与体会只有在学术史的梳理过程中转变成具体的学术问题，从而推进自己的研究时，研读经典与关怀现实才会在研究中获得具体的结合与呈现。

在我自己的成长过程中，我有一个体会，起初开始研究时，一直到三十岁前后，常常会为研究的论题发愁，论文题目在哪里？但是慢慢地到了四十岁前后，坦率地讲，论题越来越多，随便看一本书，都会发现有问题的存在。这个转变的过程，实际上与对学术史的认识程度是密切相关的。总之，要在学术史的脉络中联结经典与当代。

最后，我想补充说明一点，来结束今天的发言。关于经典与当代的话题，我虽然是分经典研读、现实关怀、学术史梳理来讲，但这是为讲的方便，实际的过程却是合一的，三者密切相关的。当一个人对现实给予关怀时，事实上是以他的知识结构中的相关部分来统摄的。我们的生活现象是如此琐碎，尤其是在后现代的视野下，几乎全是碎片化的存在，你的研究其实只是撷取某个碎片，以此来建构一个知识，传递一种价值。但是依据什么呢？

一定是既有的经典给予你的知识结构，以及既有的学术史研究中所呈现出来的问题。反之，研读经典与学术史梳理，也都依赖于对现实的感受与关怀，彼此间是相互渗透，相互作用的。只有三者非常有机地整合在一起，经典与当代才能真正建立起关联，并由此产生新的知识，培植价值，感动读者，触摸到别人的情怀，从而产生同感。

总之，要三个方面同时并重，第一个就是对经典深度研读，第二个就是要有现实的关怀，第三个就是对自己的研究领域的学术史反复梳理。无分先后，无分轻重。年轻时，或者说做学生时，对经典的阅读或者学术史的回顾多一些，现实的关怀和体会少一些，但是随着年龄的增长，这三者就越来越互动了，越来越难分清前后，三者是同步展开的过程。

我的这些体会，既来自于自己的工作，更多的是来自对自己老师们的学问的理解。但是我很惭愧，当我这样在说的时候，回头看，我知道自己的研究并没有做得很好，自己也总是很不满意。但还是愿意与大家交流，因为我觉得自己心里面有杆秤，就不会随波逐流，人云亦云，能知道什么东西是好的，什么东西是不好的。我卑之无甚高论，讲得不对，请大家批评。谢谢！

2013年12月浙江省社科联召开第一届"经典与当代"研讨会，应邀点评主题发言，由主事者据录音整理刊于《浙江社会科学》2014年第1期。

国学的亲切涵泳

——读夏海《品读国学经典》

今天大部分的成年人，即便是受过高等教育的，虽然在生活习俗的层面仍保留并践行着中国传统文化的某些价值观念，但充其量只是"日用而不知"，在学养的层面严重缺乏基本的知识，更谈不上积累。如何弥补这个缺憾，这为现在许多各行各业的成年人所关心。笔者平日所遇许多朋友，常常还将这个问题视为中年以后安身立命的紧要事。事实上，无论是对个体生命，还是中华民族的文明传承，这都是一件值得重视的事情。

解决这个问题的唯一路径，就是直接去读古书，而这对于每个成年人，都不是"能不能"的问题，而只是"愿不愿"的问题，正如吕思勉先生在《中国通史》中曾讲："我们现在，如其要读中国的旧书，并不一定要进学校。"只是，古代的书籍很多，现在的工作很忙，究竟又该如何去读古书呢？夏海的《品读国学经典》（北京：生活·读书·新知三联书店，2014年），从目的与方法，到心境与内容，都做了一个非常有益的示范。

一、切己的品读

《品读国学经典》，顾名思义，就是讲如何读古书，特别是读古书中的经典，而"品读"一词尤为关键，因为它反映出作者阅读古书已体会到了中国传统学问"为己"的灵魂。古人常讲，凡进学者，应求为己之学，而不是为人之学。所谓为己之学，就是读书明理，为的是充养自己的生命，而不是炫耀给人看的。人的生命犹如树木，必须滋养，方能成长。人与万物的区别在于人的精神，而滋养人精神的，就是知识。今天的知识自然是非常广大，但国学终究应当成为中国人的知识基因，而这个基因或自小种入，或用心培植。对于成年人而言，用心培植几乎是唯一的办法，因此切己也就是根本的要求。作者着意于"品读"，用心即在此。

在《自序》中，夏海讲，国学经典的主题很丰富，但无论哪一类主题，实质都是关于真善美的追问、思考、阐述，而其形式就是各类作品；品读这些作品，"最大的益处是修身养性，培育良好的道德品质"（第2页），是为己之学。显然，这样的自觉是来自作者的阅读经验的。作者在《品读国学经典》前，曾潜心研读《论语》，撰写了《论语与人生》（北京：北京大学出版社，2007年），已尝到了研读国学经典对于他个人生命的滋养，但"意犹未尽"，才不间断地于繁重公务之余，在夜深人静之时，"经年累月，口不绝吟于经典名文，手不停录于思绪心得，于是成就了

《品读国学经典》"。（第2页）而其结果，是作者更深刻地认识到品读国学经典对于个人生命的滋养意义，他在书的《后记》中最后写道："终身读书学习，坚持品读经典。在阅读过程中，感受中华文明的博大精深，就像春风化雨，潜移默化地影响和改变着我们的命运，让我们的人生更有尊严、更加尊贵。"（第341页）

因为用心于为己之学，所以通览《品读国学经典》全书，可知作者的用力也全在于切己品读。作者共品读了36篇经典文献，每一品读都由五个层次递进而成：一介绍作者，二解析文献，三展开解读，四切己阐述，五切己启悟。其中，前三个部分是基础，四是每篇品读的主体，五是四的发挥。作者的根本用力，是在认真理解文献本义的基础上，"根据自身的阅历、知识、思想和情趣，着力重构对经典新的理解"（第3页），切己是他的根本诉求。

请试举一例。在《保民而王，莫之能御——读孟子〈齐桓晋文之事〉有感》一文中，作者在介绍了孟子生平、此章的背景、内容与结构，以及此章的历史与现代意义外，围绕着"保民而王""不忍之心""制民之产"三个问题，重构了作者对孟子王道思想的整个理解，而这些理解完全是基于作者的当代关怀与切己感受的。比如他指出："孟子大声说出了古代社会石破天惊的话：'民为贵，社稷次之，君为轻。'这在一定程度上牵涉到国家和权力的本原问题，在某种意义上，孟子实际上已经认识到国家的主体是老百姓，权力的最终来源是民众。"（第26—27页）又如他强调："《齐桓晋文之事》主要是说给官员尤其是统治者听的，其中提出的先有不忍之心，后须'推恩于民'，给我们最大的启示是做官先做人，做人是做官的基础。所谓做人，就是要有良好的个人品格……一个有信念、同情心和道德的官员，才是一个好官员。"（第31页）

二、细致的涵泳

《品读国学经典》切己体会，自然要求细致，需要涵泳，作者在此所下的工夫可谓足矣。前文言及，每篇品读，作者都自设了程式，这种程式其实就是自我规定了工夫的层层递进，保证了品读经典是一个细致的涵泳过程。

作者在《自序》中说明，整个品读的程式由"解构"与"建构"两步组成，"解构与建构密切相关，解构是建构的前提，有利于更深入地走近古人，理解经典；建构是解构的逻辑必然，以便于超越古人，重新认识经典"（第3页）。如果与前述每篇品读的五个层次相应，前三个层次大致可归入解构，后两个层次便算是建构了。细读每篇品读，可以发现，作者的用心虽在建构，但其用力却在解构，虽短小文献亦必如此。

《品读国学经典》中品读最短小的经典是刘禹锡的《陋室铭》，全文仅81字。为了品读这篇短小的铭文，品读者不仅依照自定的程式，介绍作者、解析文献、展开解读，而且围绕着这篇铭文，深入了解作者的整个仕宦生涯中的相关事件、诗文风格、铭文特征、创作过程，从不同层面、不同角度解构这81字，彻底涵泳于《陋室铭》之中。可想而知，这中间的知识，所涉不可谓不广，有些甚至已属于专家之学。如此品读，功课显然是做足了。

正是因为有了这样做足了的功课，解构彻底，作者才能根据自身的阅历、知识、思想和情趣，推陈出新，重新建构起新的认识。在《陋室铭》的品读中，作者基于前面的解构，进而从深刻的人生哲理、健康的人生方式、高远的人生志向三个维度建构起一个充实而光辉的人生，最后聚焦于人生的对内追求与对外追求，结合现实人生，反复体会，使人的精神在品读这篇经典文献中获得涵泳，滋味永长。

事实上，细致的涵泳，不仅可以使国学的经典品读达到较高的水平，真正实现品读国学经典的人生滋养作用，而且更重要的是养成严谨的学风，而这恰恰也正是人生滋养的重要内容与目标。《品读国学经典》可以说很好地呈现了这种目的与手段的统一。

三、谦虚的体悟

夏海1978年考入中山大学，毕业后即分配到中央国家机关工作，后又于北京大学攻读博士学位，算得上学历阅历皆富的饱学之士，但他却谦虚为怀，援引陆游"官身常欠读书债"的诗句以自警。因为这种谦虚，他在《品读国学经典》中对古人就非常自然地随处呈现出由衷的深厚敬意，从而体悟良多。

这种谦虚，这份敬意，说起来容易，但真正涵养成心境很难。时代迁移，知识更新，价值异同，很容易让以今识古者轻则失却敬意，重则横加訾议。这种毛病虽非今人独有，但称古已有之，于今为烈，恐亦是事实。作者于书中专门品读清人钱大昕《弈喻》一文，用心即在阐明人贵有自知之明的社会哲理和人生价值，表彰钱大昕诚厚谦逊的优良品质。

因为作者抱持着谦虚、诚敬的心境，他的品读每每引他游于古人之境，体悟到穿越时空、千古同心的共鸣感，从而寄托了自己的人生沉思。在品读管仲《牧民》一文中，作者高度认同顾炎武的"士大夫之无耻，是谓国耻"的观念，断言"官员的无耻是国家的耻辱"。（第12页）在品读曹操的"求贤三令"时，作者"深深为曹操的用人所震撼，既震撼于他的用人思想，又震撼于他的用人胸怀"。（第102页）在品读唐人李华的《吊古战场文》时，作者体悟到的是"战争的残酷和生命的无辜"。虽然他理性地指出，战争几乎与人类同在，战争也有着正义与否，但他强调，李华的文章昭示掌握战争按钮的人，不要"像棋盘上下棋那样，把鲜活的生命当作冷冰冰的棋子"。（第171页）而在品读《曾国藩家书》时，作者体悟到的"是一种精神享受，更是一次灵魂洗礼，深深为曾国藩的文化品格所震撼和折服"。（第331页）他钦服曾国藩是一位好儿子、好兄长、好父亲；他深信《曾国藩家书》会让人意识到"家"对个体生命与人类文明的重要。

作者谦虚诚敬的心境，不仅直接影响到他的具体品读，而且决定了他对品读内容的选择。在选择品读内容时，作者没有率性而为，而是"选择了《古文观止》，进而扩充阅读有关文选"。

（第2页）《古文观止》只是"课业子弟"的读本，但作者没有因为自己已是成人而好高骛远，下而视之，相反，他认为《古文观止》是"最受欢迎、影响最大的古文选集。其中的文章短小精悍，大都是名篇佳作，有的甚至是千古绝唱。更重要的是，这些文章不仅文笔优美，而且渗透着国学义理和先贤睿智"，因此，"读这些文章，就是读国学经典"。这种取径，看似寻常，其实正透露出作者尊重古人，谦虚诚敬的心境。也正因为有这样的心境，夏海对国学经典的品读，虽以《古文观止》为主，但其实视野宏阔，这点只要看《品读国学经典》所选文献几乎涉及各类文体，而他的品读更以笃实而博学为功课，便深知了。

原载《文汇报·文汇读书周报》2014年10月20日。

知人而论学
——读夏海《老子与哲学》①

　　向来，老子难知，《道德经》难解。老子其人，司马迁已无法确认；《道德经》一书，意蕴丰富而文仅五千，且韵文体，空灵玄远。但《道德经》是中国哲学与文化的奠基性经典，老子代表着轴心文明的中国智慧，史载孔子已问礼于老子，韩非即开始《解老》《喻老》。此下无论是老子，还是《道德经》，一直是人们塑造与解读的对象。事实上，这一过程本身就构成了中国哲学与文化的生成与延异。现代中国学术中的哲学虽是在全面引入西方哲学的概念下展开的，但重返老子与《道德经》以获得智慧的传统始终在延续与创化中，成绩显著。只是，有一现象也是显见的，即关于老子与《道德经》的理解，今人多依其文本作注解/译—述评式的工作，而鲜有人物的整体勾勒与哲学的系统阐释。随文注解/译—述评当然是一种非常严谨的基础性工作，尤其是面对经典

---

①　夏海：《老子与哲学》，北京：生活·读书·新知三联书店，2016年。本
　　文所引内容均出自此版本，以下仅标明页码，不再另注。

性文本，但能够在这样的基础上，尝试作眉目清朗、析论精到、流畅明白的整体勾勒与系统阐释同样是极有意义的工作，尽管这样的尝试较之注解/译—述评可能不成熟，容易引来批评，但对于经典智慧的现代创化则无疑是重要而有益的。今读夏海的《老子与哲学》，呈现的正是这样的努力。

老子究竟是谁，难以考证；但老子是怎样的人，却或可由后世的型塑与《道德经》来勾勒。事实上，勾勒出老子是怎样的人，在理解中国哲学与文化的建构意义上，比考证老子是谁，也许更为重要。夏著着眼正在于此。夏著从哲学家、政治思想家、道教始祖的维度来勾勒老子，与其说是历史中的真实老子，毋宁说是历史进程中建构起来的老子，而后者恰恰构成了中国文化的真实存在。

作为哲学家，夏著指出老子的根本贡献是"创立了道的学说，建构了中华民族抽象思维和理性思辨的整体框架"。（第15页）以西方哲学的视角看，中国哲学颇多经验思维下的论说，尤其是与道家并重的儒家，理论聚焦于世俗伦理，而能够在抽象思维的运思下超越世俗的道德教训，建构思辨的理论，《道德经》当为代表。夏著不仅在中西比较的视野中标示作为哲学家的老子的理论性质，而且在儒道比较的坐标上来阐明作为哲学家的老子的理论特征，指出儒道两家的思想主题虽然同是社会中的人，但孔子学说的主题"是人生而不是人的存在"，而老子学说的主题"却是人的生存而不仅仅是人生"，将问题由"生命的存活"转进到"生成着的存在"，逼生出抽象的"道"，从而创建了道家的哲学

体系。（第16—17页）

　　作为政治思想家，夏著以为老子深刻揭示了政治统治和社会管理的规律在"无为而治"。在面对深重的社会、政治、经济、思想的全面危机时，人的惯性思维几乎是正向地开出治疗药方，而唯独老子出具的是几近休克疗法的"无为而治"。夏著指出，老子的这一政治理念并非出自撒手不管的颓废，而是基于对事物更深刻的认识和更准确的把握，是从反面的关系中来观看正面以显其丰富内涵，并且更充分地使反面的功能以有益正面的方式获得实现。（第17—18页）视老子为政治思想家，自司马迁将老子与韩非同传，即已明白昭示，但从上述的视角来清楚地指出老子政治思想中的核心观念"无为而治"的意趣，仍然极富启发。

　　作为道教始祖，夏著指出老子创立的道家学说成为道教理论最为重要的渊源。这当然是人所共知的事实。只是夏著颇具只眼地指出，"老子否定了宗教，否定了上帝和天命，而老子本人却被尊为道教教主，这真是'天命靡常'！"（第19页）这一天命靡常的表象，其实正包藏着作为道教始祖的老子哲学既有它的突破性，又有它的奠基性。因其突破性，老子成为轴心时期中华文明的核心智慧，引领中华文明从原初自发进入理性自觉；因其奠基性，老子又成为后来中华文明建构的基础，道教则是这些建构中的一部分。不过，令人追问的是，理性抽象的哲学何以能成为诉诸权威的宗教？也许在夏著看来，根本的原因还是在于前文指出的，老子学说的主题是人的生成着的存在，这一存在托名于道，其生成呈以深邃幽远，超越感知，为宗教提供了建构基础。

基于对老子的上述身份的确认，夏著进而系统地分论《道德经》，从本体哲学、政治哲学、人生哲学三部分建构老子的哲学。

在本体哲学的阐述中，夏著着意于老子哲学的核心概念"道"的分析而展开。就其内容而言，道涉及本体论、政治思想、人生观，而就其理论形态而言，道则是指向本体论、宇宙论、辩证法、认识论（第157—163页）。在本体论上，老子的道超越了物的现象和表征，具有永恒性与普适性；在宇宙论上，老子之道超越了物的具体存在，但又内在于物的形而上本体，成为无限创造的动力；在辩证法上，老子的道以相反相成的形式存在，并表证为循环运行；在认识论上，老子的道必须通过摆脱感知而获得观照，分离式的知识成为障碍，万物并作下的静观玄览是把握道的基本路径。在此基础上，夏著进而说明老子本体哲学的延伸，如天道、治道、人道，以及相关概念，如无、自然，从而使老子的本体哲学获得理解。尤有意义的是，夏著专门辟出两节就老子之道的文本解读与概念辨析作出方法论的说明，这有助于读者更清晰地将方法与建构进行对应验证。

在政治哲学的分析中，夏著将政治区分为政与治两个层面，政是方向、主体和领导，治是手段、方法和管理。据此，夏著以为老子的政治哲学的深刻性在于首先为政治思想确立了形而上的本体，将整个政治思想奠基于道。由于道法自然，因此"老子之政治以自然为价值取向，构筑无为的行为模式"（第243—244页）。质之于老子的时代，天地动荡，暴政横行，民生疾苦，可知老子的无为政治的背后理想是期待和平与安宁。由此亦可发现，道法自然与无为而治实是一体之两面，道法自然是政治的价值基础，无为而治则是这一价值基础的政治主张。其次是老子为君王提出了一套完整的君人南面之术。老子的政治哲学不仅是围绕着"政"展开的一套政治理念，而且更是追求具体"治"的完整手段与方法。作者强调，正是因为"提出了一套完整的南面之术，从而形成了'内用黄老、外示儒术政治传统"。（第243页）而且，老子的南面之术，虽然其目的在为统治者实现有效统治，但其路径却是通过束约统治者的权力来实现的。为了充分说明老子政治哲学的上述特性，夏著具体通过《道德经》中的重要喻象（如女性与水）以及重要概念（如无为、不争、侯王）作了全面的解析，足以令读者获得清晰而具体的理解。

在人生哲学的诠释中，夏著为读者讲述了一位"表面上看是现实人生的冷眼旁观者，本质上却是一位热爱人生的智者"。（第349页）这样的反差既来自于老子的人生哲学极具空灵玄远的外在特征，更来自于它深刻的批判性。批判性本是哲学的基本性质，但是老子哲学因其道法自然的本体论，以及正言若反的论证，从而使其人生哲学呈现出的对基于正向诉求的整个人类文明的批判具有了巨大的穿透力。正是这种穿透力，致使老子人生哲学的批判性蕴涵了弘富的创新性，令后人不断汲取智慧。夏著将老子的人生哲学具体地建构在素朴、柔弱、虚静三个概念上，分别指示人生的本质要求、处世要求、心灵要求。人似乎生来就是一个不断追求添加的动物，从物质的到精神的，然而老子揭示的人生在本质上其实是素朴的，且唯有素朴，才使人进入真正的存在。基于这样的本质规定，老子对人的现实处世与心灵栖居分别标示出柔弱与虚静的药方。如果不假深思，此二药方可能仅视之为手段，但如切己体会，则能够明白柔弱与虚静恰是达到素朴人生的合乎目的的手段。因此，夏著点明，研读老子的人生哲学，最终"是为了更好地修身"。（第359页）

知人不易，知老子这样的见首不见尾的神龙，尤其不易；论学亦难，论《道德经》这样的惟恍惟惚的经典，难乎其难。《老子与哲学》不畏其难，以义理探知为目的，通过文本的细读、分析与综合，建构起哲学、政治、人生的模型，以概念为主体展开论证，从而使得老子与《道德经》"云霓明灭或可睹"。作者更将自己丰富的阅历融入研读与体会，而其阐释一脱哲学语言的晦涩，此于哲学而言虽非必须，但对读者而言，其亲切与清新实属难得。

原载《光明日报》2016年8月30日。

传承国学始于常识普及
——读夏海《国学讲座》

　　夏海的新著《国学讲座》我有幸先读了清样本，由衷地感到这是一本极有识见、颇为难得，而应该向读者推荐的好书。近年来，学习国学已成为一个潮流。但是，中国传统思想与文化源远流长，博大精深，究竟如何向大众普及国学，却是一个极富挑战的问题。套用一句俗话：一部二十四史，从何处讲起？夏著的识见与难得，就是直面这个问题，并给出了极富意义回答：传承国学始于常识普及。

　　这个问题，当然不是现在才存在，前贤也有过努力。五四新文化运动以降，西化虽然是主流，但传承国学的努力也从来没有断绝。国学教育与研究依附在西方化的教育体制，转化成西学化的知识系统，这样的努力很多，现在也仍在进行中，这些且不说。即便在教育体制与知识系统之外坚持的，也有卓有成就者，著名的如章太炎与马一浮。只是，即便如此，关于如何在西化着的新时代里讲国学，始终已是难题。章太炎由小学切入，循四部沉潜，重在知识，马一浮便以为有问题了，流于枝蔓，失其精神；马一浮自己标示六艺，摄于一心，可谓思精愿宏，但在当时已难传播，在今日未受专门训练而还能读懂他讲录的，恐怕更少了。今天距离传统社会，比章太炎与马一浮的时代更远了一点，国学对普通大众更为陌生，如何传承，实在是极富挑战的问题。

夏著在方法上比较认同马一浮的进路。（第9页）马一浮以六艺定国学，以人心为归摄，简言之，就是经典与价值观。夏著将经典进一步收缩在《老子》与《四书》，价值系统则凝聚在道、仁、义、礼、智、信、孝、忠、廉、耻十个概念。相对于马一浮的国学观，夏著重要的调整是儒与道并举，而马一浮的六艺是统摄儒与道在内的诸子的更上一层概念。这里涉及到学术上的判识问题，但对于当下的国学普及而言，夏著的儒道并举显然更适合于普通读者的常识。此外，对国学无论作怎样的诠释，儒与道构成了她的主体，这大概也是可以成为共识的。佛教虽然是构成中华传统文化的三教之一，但只要对儒与道有了认知与体会，如果需要，是完全可以进一步去理解佛教的。至于价值系统，马一浮完全有一套自己的概念体系，而夏著全代之以人们熟知的概念。总之，夏著的这一处理更适合当下的国学普及，而精神却执守着传统的灵魂。

普及国学，自然可以通过论者的阐述，但选择经典是别有重要意义的。首先是经典本身决定了它在普及国学中不可替代的地位。夏著选择《老子》与《四书》，《老子》无疑是道家首推的经典，儒家的经典虽说是"四书五经"，但宋代以后，《四书》已由

《五经》的阶梯而渐取代之。夏著不贪多，仅以《老子》和《四书》作为学习国学的经典，看似少，实则丰，因为这五种经典实在是中国传统的核心，其余种种，皆可由此五种经典进而延伸出去。作为今天的中国人，如果《老子》与《四书》读通了，再进而研修国学，应该就有了一个有益的基础。

其次，选择经典以为导入进路，既保证了路径的亲切，也保证了路径的正确。路径亲切，就要避免嚼饭喂人。直接示以经典，辅以说明，引读者自己进入，这就能使学习国学的人有了直接的经验。这样的亲切感不仅有益于理性层面上的国学知识接受，而且更重要的是有助于感性层面上的国学情感培植。路径正确，就要消除主观摄入。能够扣着经典来讲解，便能尽最大可能克制主观的延异，从而引导读者直面经典，以自己的知识与经验去理解与体会经典，逐渐获得经典超胜于普通书本的意涵，以为人生的指导。通览夏著的讲解，确也要言不烦，从作者与思想两个方面给予清晰说明，足以让普通读者准确地了解这五部经典，从而进一步去研读它们，为理解国学奠定可靠的基础。

相对于经典，核心概念的选择同样重要，却又要困难许多。重要是因为概念揭示本质。同样是语词，作为概念的语词覆盖与渗透事物的广度与深度是一般语词无法相比的。困难是因为在中国传统思想与文化的演化过程中有过许多重要的概念，从这些概念中选择确定，既要基于历史事实，同时更需要作者在理论上的判识。夏著确定了十个关键概念，作者认为："道是老子思想的最高范畴，是中华文明唯一自觉地探索天下万事万物本体的形而上哲学；仁义礼智信是儒家思想的核心概念，孝忠廉耻是传统文化的关键词，这九个词凝聚了管仲'四维'、董仲舒'五常'和宋朝'八德'的思想。"（第183页）简单的表达中，透露出的依据正是历史与理论的结合。不过，如果细读作者关于十个概念的讲解，读者也不难发现，除了基于历史与理论的依据，作者选择这十个概念作为理解国学的关键，另外一个很重要的原因是在于作者没有把国学作为陈旧的古董，纯作认知的对象，而是将国学视为鲜活的精神元素，存活于当下人的生命中。也就是说，这十个概念不只是理解国学的钥匙，更是指导践行的心志。

对国学具有一定了解的读者初览此书，或以为择选出的五种经典与十个概念，都属于中国传统思想与文化中最显见的常识。这的确是事实。但常识不等于俗见。常识与俗见的区别在于，前者真正内化于人的生命，自然地表征为人的生活，而后者只是流于时风。今天的世界俗见流行，而深藏于人心中的国学常识却远未能获得中国人的自觉，因此选择常识来讲解国学，其实正是作者的着实与卓见。读者可以从此书的最后一讲"国学展望"中体会到作者的深思。作者简略但不失深刻地回顾了传统中国文化在应对西方文化时所呈现出来的尴尬、茫然、无力，同时又理性地指陈了国学在当下的困境，从文字的陌生，到载体的消解，直至吸引力的缺乏。正是基于这样的深思，同时基于作者对中国文化的体认与自信，作者才坚定地认为传承与弘扬国学必须以国学普及为起点，而且这是属于"全体中国人共同的任务"。（第464页）唯有如此，在新知识涌现，全球化席卷的今天，作为走向世界的现代中国人，才能够对自己民族文化的经典与灵魂有所体认、有所领悟、有所自觉，这不仅将有助于文化自信，而且也将有益于中国文化对于多元的世界文明作出自己的贡献。

作为国学要义的中国哲学

——再读夏海《国学要义》

在学科分类完全西学化了的知识结构中讲述"国学"，本是一件极富挑战的事情，因为传统知识观念及其衍生出的系统，与现代知识系统并不同构。但是，既然我们今天处身于这样的知识结构，那么衡之以西学而论及"国学"之"要义"，则哲学无疑是最恰当的选择，因为哲学构成了一切知识（学）的基础。不过，夏海依然在国学的传统中达成了中西知识的殊途同归，他由清儒义理、辞章、考据的标准，开宗明义地申明他的《国学要义》（北京：中华书局，2018年）是"聚焦义理学国学"（第2页），这不能不说是切中肯綮的。通读全书，亦知其所标示的作为国学要义的中国哲学，或义理，真足以成为今人进入国学的要津。

基于哲学，聚焦义理，已将国学的模糊边界作了有效的划定，但即便如此，中国哲学"横看成岭侧成峰"，纵横绵延，仍需要作进一步的限定，才适以阐述。从前陈寅恪先生讲，中国的思想文化统称为"三教九流"，九流或是虚，三教却是实，即儒道佛。据此，由"中国的"哲学来定位，《国学要义》锁定在儒与道自然是很恰当的。当然，佛学虽是西来的，但其精微的义理早已本土化，而且深入人心，理应不予搁置。不过，哲学的义理总是以不断地回溯到源头的方式来展开，即便是佛学的中国化，也未能脱出与儒道的反复相互格义而完成的路径。因此，在以探明国学要义为目的的阐述中，聚焦于儒与道，不仅是作者睿智的选择，读者有益的路径，更是国学灵魂的深契。

哲学无论西东，究其根本，都是直面存在的思考，而语言，或者说是广义的符号，既成为这一思考的呈现，又构成了思考本身。无论取怎样的定位，语言或符号不仅是哲学的工具，而且就是哲学本身。当作者把儒家与道家的哲学作为把握国学要义来对待时，传统哲学语言的理解便自然成为阐释的根本。澄清这一点，对于正确阅读《国学要义》是重要的。国学即便是限定在"学"的涵义，仍然足以涵盖制度、器物，以及活动于其中的人和人的活动。但是，当哲学之镜把我们引向语言的透视时，对国学要义的体认便引导我们越过了这些形而下的事物而进入形而上的义理。

抛入语言来体认义理，语言虽随哲学的延异而嬗变，但义理的展开却总是呈现为源头的回溯。因此，作者将整个国学要义的阐明，完全落脚在儒道两家的经典与概念，实是逻辑的必然。经典是义理的源头，概念是思想的结聚。浸淫于经典，厘清了概念，国学要义的把握，虽不中，亦不远，至少不会失其脚步，误入歧途。尤值得肯定的是，作为引人入门的著作，作者没有贪多求广，而是把儒家与道家的经典与概念精选到最核心的部分：作为经典的《道德经》与《四书》，作为概念的道、仁、义、礼、智、信、孝、忠、廉、耻。

《道德经》作为道家最核心的经典，决无任何疑义。《四书》作为儒家的最核心经典，同样不必置疑，只是略作说明，可以更有助于初学者的理解。作为系统性的经典，《四书》虽确定于宋，且宋儒始终强调《四书》并不能替代《六经》，只是进入《六经》的阶梯。但究其实，《论语》早在汉代已附于《六经》之后，作为孔子引导弟子通向《六经》的记录；《大学》与《中庸》本是《礼记》的篇什；《孟子》成于战国，作为文本，在时间上与《道德经》亦相近。概言之，《四书》在经典性的意义上，作为儒家的核心文本，未必轻于《六经》。况且，就义理而论，《四书》之成为儒家相对于《六经》的新经典，实是儒家在理论上基于传承的创新，而其对儒学义理的呈现较《六经》更为系统与清晰，尤适于初学者学习。除了《道德经》与《论语》，或以为《易》是儒道共同的经典，为何不列入？窃以为作者的设定对象是初学者，以《易》入门，显然不宜。

十个概念中，"道"是道家的概念，其余九个是儒家的概念，此一目了然。但读者深读后，自然明了，"道"亦是儒家的概念。指出这点，目的是要顺带着说明，儒道两家虽旨义有别，但"道"构成了共同的概念，而由此所呈现出的国学要义，便不在"神"的话语中，而只在"人"的世界中。作者还特意说明，儒家的九个概念是"凝聚了管仲'四维'、董仲舒'五常'和宋儒

'八德'的思想"（第165页），故它们是思想在时间维度上形成的具有历时性意义的坐标。这里，读者足以体会到作者所阐明的国学要义，决不是静止的，固化的。正因为此，作者提醒读者，理解概念时，"一般可以先从词义入手，导出概念的引申义，接着梳理概念的发展脉络"。读懂概念，自然必须在经典的整体中获得，因此，经典与概念便构成有机的关系，由此而把握住国学要义。

除了由哲学和义理而转出儒与道，进而关注于语言，落脚于文本，锁定经典与概念这样一个主脉，别有一个问题是需要读者在阅读《国学要义》时留意与体会的。这便是知识与价值的关系。概念与经典的研读，首先是在知识的层面，即便是儒家的概念完全可以视为道德哲学的范畴，也仍然须在知识的层面加以阐明，即作者强调的"词义""引申义"。但是，知识总是与价值相关的，因为知识是由人的关注而产生的。只是这中间的关系往往细微，容易被忽视，从而导致对义理的理解层次不清，或流于表层。试举一例说明之。当人们读到三国曹操杀吕伯奢时，如果追问为什么曹操要杀吕伯奢？得到的解释是曹操对某种危机的防范，这是知识层面的；但这个问题其实还包含着陈宫对曹操这一行为的反对，这就涉及到了价值的层面。换言之，问题表面上似乎是知识的关怀，而其实是深层的价值关怀。夏海用心写出《国学要义》，旨在与读者分享他浸淫于传统中的心得，他深以为国学是修身养性、立身处世的学问，但是这样一种深系于生命存在的学问，却又必须以知识的形式呈现。如果读者不能对于知识与价值有一个基本的预见，这预见本身又似乎呈现为知识，那么读《国学要义》或将流于简单的价值认同，或将陷入价值漏损的遗憾。反之，如果能够存此预见，则读《国学要义》便会真正体认到作为国学要义的中国哲学的丰富性及其妙用。

原载《学习时报》，2019年7月5日。

风格中见艺境
——读《玉琢银妆——庄跃成艺术影像》

　　如果借用视觉艺术风格理论的一对术语，线描与图绘，那么收入《玉琢银妆——庄跃成艺术影像》（杭州：中国美术学院出版社，2014年）中的五组作品，大致可把《七级浮屠》归入线描，《冰彩图腾》与《玄香》视为图绘，而《在水一方》与《水调歌头》则兼摄了线描与图绘。通过这五组作品，庄跃成以他的主观视觉创造出了自己的艺术风格，而他的艺境也获得了充分的呈现。

　　《七级浮屠》拍的是杭州西湖的雷峰塔。雷峰塔很重要，因为它是整个西湖风景中轴线的重要节点，支撑起整个西湖南岸。但是，西湖给人的完整美感，人们虽然可以感受到，却不是都能知其所以然的，艺术家有责任揭示其中的道理，从而使人对西湖的审美进入更加自觉的境地。《七级浮屠》完美地完成了这份责任。这组作品共十二幅，几乎每幅作品都通过线条来呈现对象。无论是塔与西湖、塔与堤桥、塔与亭坊、塔与树山、塔与城市、塔与天月，乃至塔与自身，都由清晰的线条建立起内在的联系，从而使艺术家从各种视角所观察到的客观的雷峰塔毕现无遗。

尤为难得的是这组作品的最后一张（作品十二）。它源于拍摄过程中碰到脚架的过失，而独具匠心的艺术家却从这一过失中获得启发，"用长时间曝光移动机位拍出七座塔来"（第17页），从而凝聚成"七级浮屠"的创意。在现实中，人们无法看到一线排列的七座雷峰塔，但是"救人一命胜造七级浮屠"的佛教慈悲心怀同样是它的承载者雷峰塔的另一种客观存在，而且是更重要的存在。只是它的存在形式是观念的，人眼无法触及，只有人心才能看到。这张照片以具象的视觉艺术摄下了人心看到的雷峰塔灵魂，同时也使整组照片获得了精神。

与线描的客观、多样、清晰，乃至不免有平面感、封闭性相反，图绘的艺术风格以它的块面形式再现对象超越视觉客观的存在形态，它显得不那么客观，甚至仿佛是主观的，不那么多样与清晰，而更像是同一的、模糊的，但却又具有强烈的纵深感与开放性。《冰彩图腾》与《玄香》就是如此。

庄跃成这样记录他创作《冰彩图腾》的心得：冰灯是冰雪艺术的一种，也是摄影的重要客体。绝大多数的摄影人注重了冰灯的"形"，其实冰灯的好看，同样取决于冰灯的"彩"，而后者往往被摄影人忽略。（第45页）而《玄香》则是拍摄一组"老荷"，那些经历了冬的萧瑟，在春暖花开时被打落在湖角落里的一个个莲蓬。从这些即将清理的"老荷"中，庄跃成看到的是它们"留给世界最后的微笑"（第101页），他要从这些微笑中品味出坚守、从容、安详。

于是，在《冰彩图腾》中，我们看到的是炫目的冰彩。现代的数码技术，使超越冰灯具象的灯彩被凸显出来，一样的鲜艳，一样的浓烈，块块色团交叉着、相叠着，边界模糊，色差突兀。因为太神奇，以至艺术家无法给它命名，干脆称它为"图腾"，只有这样原始的文化符号才能表达这些冰彩涵蕴的纵深与开放。

与《冰彩图腾》的炫目相反，《玄香》的色团是凝重而沉静的，正如"玄"所表达的深远；但那凝重沉静又绝不抑郁，而是映射出光华，只是这光华又绝不耀眼，它的美，正如"香"的淡雅。这组"老荷"与"冰彩"的视觉对比，实在是太强烈了。也许艺术家并没有刻意在两组作品中建立某种联系，但对于接受者而言，如果说在"老荷"的沉静中能闻到它流溢于整个生命的"玄香"，那么由"冰彩"的绚烂一定会体认到生命活力的极致。

塔、灯彩、老荷，都是静物。无论是线描，还是图绘，艺术家都有足够的时间与思考来进行艺术风格的选择与处理。《在水一方》与《水调歌头》却是瞬间的永恒，容不得摄影人执守某种艺术风格。即便这样的分析有点简单，并不能说明全部的原因，但不管原因是什么，我们已无法确定地将这两组作品划入线描或图绘的风格，而更倾向于说它们兼摄了两种风格。裸露的岩石、激湍的海浪，自然可以抽象出线条，但冲击人视觉的却离不开那些块状的图像；可是当细致观察时，无论是水、还是石，又都因为那些线条而显出生命。

人们都知道，万物处于变化之中，但却不太容易体会到万物因变化而存在，因为万物的许多变化常常未能为人所认知。《在水一方》那些在海水退潮时才裸露的岩石，当海水淹没时并不为人所知；《水调歌头》那些旋流、巨浪，只有在狂风中才会掀起，瞬息万变。视觉艺术的巨大意义就在于将变化中呈现的存在，定格为不变的存在，从而让人看到另外的物象。这是令人玄思的问题，视觉艺术似乎总是通过事物的静让人感觉到世界的变化，又总是通过事物的动让人感觉到世界的永恒。

视觉艺术带给人的感受、认知、观念，极大地超出了人的日常经验，这样的视觉艺术自然需要通过独特的艺术风格才能实现，否则视觉艺术就不可能迥异于人的日常触觉。但是，艺术风格的把握与应用，归根到底，又依赖于艺术家的艺境。什么样的艺境，决定了艺术家什么样的眼睛，看到什么样的世界。

曾听庄跃成谈他的艺术创作经历了意境、心境、理境，这在他的影像世界又是如何呈现出来的呢？当我们看到，熟悉的西湖雷峰塔竟然潜藏着如此丰富的景象时，我们已知这些景象全由摄影人的各种视角所获取，而这些不同的视角无疑都源于摄影人的意象观念，这大抵就是他的意境吧。只是如前所述，《七级浮屠》不仅呈现了时空中的雷峰塔，而且更是意识中的雷峰塔，因此，我们可知艺术家的艺境中除了有一个意境外，必定还有一个超越物象的世界，它由人的精神构成，也就是心境。

当然，在视觉艺术中，心境所触及的非物象世界，仍然必须由物的意象来呈现。这就对艺术家的心境提出了远胜意境的难度，它要求艺术家超越物象的维度看世界。用庄跃成自己的话，就是要"用纯粹的眼光观看与拍摄"。（第9页）《七级浮屠》中的"作品十二"就是这样的观察的结果，而《冰彩图腾》与《玄香》更是心境的映照。"图腾"象征的原始浑朴、激情、活力早已尘封于历史，"香"可嗅而不可见，唯有心境的映照，才能穿越时空，超越视觉，于日常的冰灯、凋零的老荷中洞见。其实，庄跃成在解释中没有袭用常见的"残荷"，而标以"老荷"（第101页），已足见他的文心。老是生命的历程，决非是残，一字之别，心境不啻霄壤。

不过，在《水调歌头》与《在水一方》中，我们发现摄影人的艺境并没有止于心境。就像艺术风格的刻意追求难以实现瞬间而永恒的呈现，心境的取舍在自然世界中也显出苍白。只是，已不再退回到感性的意境，而是经过了心境的返璞归真。岩石在潮涨潮落中不断淹没、不断裸露，何尝悲喜？海浪在狂风中翻腾、舞跃、肆虐，浑然天成！世界万象，无一不有自己的法则与理据，还有什么比把握到这些法则与理据更欣喜的呢？艺境至此，可谓理境。这便是艺境中最难的。视觉艺术如此，人类所有的活动也莫不如此！

我们很欣喜，因为庄跃成在他的影像世界中带我们体悟了意境、心境，并最终把我们带入了理境。体悟至此，再返观他的影像世界，则对庄跃成三境圆融的艺境中形成的艺术风格有更深的理解。

2014年10月5日于九华山

原载《光明日报》2014年10月27日，略有删节。

生命的观察

——读《玄香》

万物存在于时间中，但也许因为时间的理解不同，存于时间中的物也被赋予了不同的价值。时间是一维的线性延伸，因此新的永远取代旧的，新的总是象征着美好，吸引人们的眼光。如果时间是循环的，那么新的与旧的也许就没有多么大的好坏之别，它们仍然有别，但它们的区别呈现的恰恰是它们的价值。理解这点，似易又难；表现这点，仿佛只是困难的。所以，许多年前罗立中的油画《父亲》会给人以强烈的震撼。今天，庄跃成的摄影《玄香》也因此让我感动。

这一感动当然来自于艺术家的技艺。斑驳但不失明朗的色彩勾勒出凋敝的荷叶，还有败落的莲蓬、倾斜的枝杆，光与色以近乎油画与版画的形式表现着那堆等待消失的生命。艺术家的手法是洗练的，洗练到几乎是简单的，没有太多的技巧；显然也没有使用多么难得的设备，正如镜头所要呈现的事物，很平淡，平淡到似无价值，似无光华。这在越来越依赖工具，越来越表现光鲜的摄影艺术界，很独特。

但感动更来自于这一简单平淡所蕴涵的精神，散发的香，沉郁而安宁。也许是文化的心理引导，也许是美的现实感受，人们欣赏的是清水、绿叶、尖嫩的荷苞、盛开的荷花。无可非议，因为我们在时间的线性维度中习惯了对新生命的迎接与礼赞。然而《玄香》却让我们意识到了这美丽的荷的生命晚歌。这里没有了亮丽的色彩，不被关注，甚至这湖水似乎也容不了她们了，需要工人将它们打落、打散，集聚于角落。然而，在沉寂的水中，这些荷仍呈现出生命的从容、安宁。摄影家发现了这份从容与安宁，用镜头为她们留下了生命的最后呈现。在这个呈现中，我们看不到生命的败落气象，也搅动不起自己丝毫的悲苦情愫，相反，看到的是生命沉寂后的淡定，搅动的是生命过往的回味与未来的憧憬。艺术家也着意提醒读者，这不是残荷（多么耳熟能详的言辞），这是老荷，这是生命的最后存在，她们凋谢但庄重，等待离去却留下玄香。这是别样的美。

艺术家总是要表达美的，只是许多的美又总是容易被忽略的。发现那些被人忽视了的美，实在需要慧眼，更需要慧心。人都有慧眼与慧心，只是多半会被惯常的思维牵引，时间的定视会让人的眼与心都聚焦、汇集于固有的点、固定的方向，而忽略了时间的每个点上都闪现着万物的生命光彩。《玄香》之难得，正在于摄影家发现了这种别样的光彩，并提醒了读者对世界的观察。

原载《中国摄影报》2015年9月15日。

羽化而登仙

——悼楼柏安先生

人生无常。这是一句常人常挂嘴边，显得很轻松，甚至不免洒脱的话。只是如果真的落在自己的生活中，却终究令人心旌动荡。楼柏安先生的遽归道山，便是如此。

9月13日与他雨中道别时，我嘱他保重身体，不要太疲劳。他说自己身体检查都好，没有问题，还告知我多年锻炼身体的方式。岂料忽然就走了。23日我在高铁上获知他去世的消息时，天正下着不大不小的雨，车窗上的雨水不断滑落。虽然所有的雨水都呈以斜斜的雨线，但每道雨线又不断发生变化，并不循着固定的轨迹。我呆呆地看着，忽觉得人生亦仿佛这些窗上的雨线，虽有着一致的方向，却难料具体的轨迹与速度。

第一次见到柏安先生，是在林正范老校长主持的有关他的绘画艺术的小型研讨会上。我虽自小喜爱中国画，少时亦曾涂鸦，但对美术终只是站在门外的仰慕者。林校长一定邀我到会，并嘱我最后发言，逼得我只能搬些表达中国艺术精神的术语，对柏安先生的作品讲些只着皮相的品读。那天柏安先生坐我旁边，听得很认真。事后他常对别人夸我懂画，我深知那完全是他对我的勉励，而我只是赚了自己研究中国哲学与思想的方便，混过场而已。

柏安先生对待艺术很认真，创作很投入，培养学生也很尽心。每次他从台湾来学校教课，我都会去看望他，有时在他的工作室，有时在他的房间。他的工作室其实是一间简陋的教室，平常他的学生在那里用工，他来时便手把手教学生，作示范。他的房间却是真的兼着他的画室，外间是来客人坐的，里间便是一张床，一张画桌。每次去，桌上总是铺着正在创作中的画。他的有些创作，似乎融入了西洋画的技法，在宣纸上一遍遍地着墨施彩，因此创作一幅作品费时很长，有时睡下了，有了念想，便起床添几笔。他创作书法时，迟速交错，运笔甚快，但稍有不满意，即撕了作废，从新写过。

在现代的国画家中，柏安先生是难得的字画双绝，艺境上堪称已达相当高妙的书画大家。然而更难得的是他身上全无骄矜之气，也决无时下那种一望过去便知是艺术从业者的扮相。寻常的衣裳，随和的态度，待人接物很亲切。他的字画润格不菲，但他决不吝啬，逢人求字，我从无见他拒绝过，而总是尽量满足大家的愿望，把每幅字写到满意为止，不论求字者的身份地位，殊为难得。

柏安先生是1947年生人，平常与他闲聊，知他祖籍是上八府的，好像是义乌那边的，但自小在杭州长大。又听他讲，他这辈人，因为政治运动不断，不幸未能正常上学；但他又是幸运的，年轻时爱好书法，颇得沙孟海、陆俨少先生等前辈的鼓励；改革开放后，又移居澳门，获得了澳门多元文化的砥砺，最后定居台湾，受感于宝岛风光的启悟，遂使得他的艺术风格能够在传统的基础上突破窠臼，形成新的风格。每次我向他讨教艺术创作时，他最后总是归结到传承中的创新，总是强调要师法传统，也要师法自然，不可迷信，要博采众长，要创新求变。

十二天前的那个傍晚，他告诉我，明年他将在浙江美术馆办他的个展，并像以往一样，给我看一叠绘画照片，那是他新创作的作品。他还告诉我，浙江美术馆的展厅进去有面墙，他准备这段时间用大字书写苏轼的《赤壁赋》，以此作为他的个展开篇，要营造出浑厚的气象。我因近来正在临习苏轼的《赤壁赋》，遂点出手机里的照片请他指点，他边说边提笔示范给我看，他说这个字要这样写，布局这样才生动。我知道，他虽在指点我，但也已进入自己的创作思考中了。

走笔至此，真是哀痛不已！好好的柏安先生，怎么就忽然走了呢？我猜想，那几天他一定沉浸在《赤壁赋》的艺术构想中，也许正在创作书写中。真希望此刻他能如《赤壁赋》中所说的那样："纵一苇之所如，凌万顷之茫然。浩浩乎如冯虚御风，而不知其所止；飘飘乎如遗世独立，羽化而登仙。"

2014年9月25日京杭旅次

原载《美术报》2014年10月11日。

超越始于反思：张江教授"强制阐释论"学术报告感评

　　刚才张江教授作了一个生动而深刻的学术报告，他用"强制阐释论"的讲题来概括他对当代流行于中国的西方文论的反思。张教授的报告是一个纯粹的理论研究，但他却尽量援用具体的文学作品，比如刚才例举的《聊斋》，以及生态主义的小说，从而使得整个报告变得形象生动，化解了理论的艰涩。但是，张教授的报告并没有因为叙述的形象性而丝毫影响它的深刻性。张教授关于"强制阐释论"的整个分析与阐述，不仅直面当代中国文学评论中的根本问题，而且也触及到中国的人文社会科学的深层次问题，乃至全球性的人文社会科学的问题，是非常值得我们深思，需要大家讨论的。

　　张江教授的报告虽然聚焦在当代中国文学理论，但他是以整个20世纪的学术视野为衬托的。张教授指出，当代西方关于文学理论的发展，可以追溯到19世纪末的尼采哲学。从那时起，西方文论作为西方思想的有机组成部分，有时是西方哲学在文学理论中的应用，如唯意志论、存在主义、结构主义、解释学等等，有时则是由西方文学理论引发了哲学与社会思潮的变化，如后现代主义的哲学与思潮，包括符号学、解构主义、女权主义、生态主义等等。这些理论无疑是西方社会的反映，它们对于西方文学的演变是有着重要的意义的。中国改革开放以后，西方文论从20世纪80年代开始大规模引入中国，至今依然兴盛，深刻影响了当代中国的文学创作，深刻影响了当代中国的文学理论研究，乃至思维文式。张教授非常客观地指出，20世纪80年代以来的西方文论的引入、阐述与应用，无论是对于当代中国文学的创作，还是对于当代中国文学理论的研究，都起到了毋庸置疑的积极作用。西方文论帮助当代中国打开了认识文学的视野，提升了文学研究的识见，丰富了文学创作与理论的多样性，使得当代中国的文学创作与理论研究都进入到与西方可以对话、能够对话的层面。但是，缺陷也是明显的，那就是西方文论不仅深刻影响了当代中国的文学创作与理论，而且是这种影响的深刻程度已推进到了几乎主导的程度，当代中国的文学理论几乎到了舍西方文论已不成言说的状态。

坦率地说，张教授所指出的这一现象，并不只存在于当代中国的文学理论。事实上，整个人文社会科学都处于这样的状态之中。而且，这一状态的由来，也不完全是改革开放以来的结果，实际上可以说是20世纪现代中国学术的整个趋向，是现代中国追步西方在人文社会科学上的一个体现。随着当代中国社会的巨大发展，认识社会并引领社会的人文社会科学，仍然亦步亦趋地套用西方的理论，显然是不够的。张教授的分析实际上引出了中国自身的学术话语的建构问题。过程的梳理与反思，能使有识者意识到，建构中国自身的学术话语，不应该是单纯出于意识形态化的考量，更不是出于无以名状的意气，而应该是出于对包括当代中国文学在内的中国社会现象的认识，并基于这样的认识而进行的理论思考。中国作为最大的发展中国家，她的存在与发展模式对于整个世界正呈现出巨大的意义，相形之下，包括当代中国文学理论在内的人文社会科学对于世界的意义就相形见绌。这是张江教授今天的讲座带给我们的第一点思考。

在交待了这样的背景之后，张教授转入了他的强制阐释论的阐述，即对当代西方文论的一个反思性认识。张教授通过格雷马斯矩阵理论在文学叙事模式分析中的例子，详尽地说明了西方文论在文学评论中所展开的分析路径与方法。从他的阐述中，我们可以清楚地意识到，西方文论呈现出非常强烈的人文学科的科学化取向。社会科学有此取向，似乎已是常识，但文学理论尚不属于社会科学的范畴，属于人文学科。人文学科最根本的关怀是人类的精神世界，这个精神世界不仅是理性的，更有情感的、意志的、无意识的，它们正是文学艺术所最能胜任表现的，但在有关文学的理论研究中，却仍然希望用标准化、量化模型来加以呈现，竟也有如此强烈科学化的追求，这是令人讶异的。概言之，张教授的分析告知我们，文学理论的科学化是西方文论的一个显象。西方文论中的一个个理论，仿佛是在科学主义的引领下，建构的一个个科学论说，文学理论家们试图让自己的论说成为普适的理论，从而可以从容地解读文学作品。刚才张教授在他的讲座中用了一个源自他自己早年做冲床工的形象比喻，他把西方文论的这种模式称之为"冲压"，这让我们完全理解了张教授为什么要将西方文论的文学阐释概括为"强制阐释"。如果说，西方文论运用于西方文学的评论，其科学化的工具主义已具有"强制阐释"的性质，那么，进一步要把产生于西方的文论运用于当代中国文学的评论，其"强制阐释"无疑更为强烈。我想稍加申论的是，我们在理解张教授的这一分析时，并不必怀疑他对一种理论的解释力的确认。问题是在于，当理论完全脱离了它的对象而进入一种普适性的阐释时，理论的阐释力是值得反思的。毕竟这不是自然科学，即便是自然科学，也有它的适用边界。我想说明的是，张教授的报告足以让人文学者警醒的是，人文学科的科学化趋向究竟存在着怎样的问题？

最后，让我归结到张教授的强制阐释论对于文学理论本身的反思。张教授刚才阐述了西方文学理论的科学化取向旨在构建具有普适性的理论工具，犹如冲床机器上的模具，然后用于阐释文学作品。由于文学理论家的旨趣在理论建构，因此文学本身似乎并不成为文学理论建构的必要前提，其结果，理论的建构过程很大程度上表现出了背离文学文本话语的倾向，文学理论足以成为与具体的文学无关的理论。其次，当以这样的文学理论去进一步阐释具体的文学作品时，文学理论所欲关注的问题往往是它自身的诉求，而与文学本身的指向发生偏离，甚至可以风马牛不相及。再进一步，张教授指出，当我们细审那些文学理论对于文学的阐释时，可以发现，阐释者往往具有前置立场，被阐释的文学被放置在阐释者的前置立场下进行这样或那样的阐释。张教授着意强调，尽管任何阐释不免受制于阐释者的主观性，包括经验、知识，甚至立场，但前置立场仍然是有区别的。不可避免的阐释主观性应该是阐释者希望避免而实际难以避免的，而前置立场则是阐释者主观上高度持守并致力于贯彻的。两者不仅存在着现象上的差别，而且存在着本质上的差别。说到底，前者是承认被阐释对象的自身存在的，而后者实质上是不承认，至少是漠视这种存在的，后者是以阐释的存在消解并进而取代了被阐释者的存在。最终，张教授认为，西方文论呈现出以理论模型为工具，使文学评论成为附合阐释者主观意图的阐释。总之，无论是背离文本话语、消解文学指向，还是前置立场、以模式进行附合主观意图的阐释，西方文学理论呈现出它对文学的强制阐释性，以西方文学理论进而阐释当代中国文学，这种强制阐释性自然更为强硬。

应该承认，张教授的分析充分揭示了当代西方文学理论，尤其是它在当代中国文学理论中的移植所存在的问题。这些问题诚如前面所讲，事实上不完全是当代中国文学理论的问题，也是人文社会科学共同的问题。其中，人文社会科学的科学化趋向则更属于全球性的问题，远非中国的人文社会科学所独有。揭示这些问题，给予认真的学理上的审思，并不是否认包括当代中国文学理论在内的人文社会科学取得的成绩与作出的贡献，而在于展望未来，中国的人文社会科学究竟应该如何发展出自己的学术话语。张江教授今天的学术报告当然没有就此给出自己的回答，而且事实上，就对西方文学理论，以及当代中国文学理论的分析，张教授的报告也有着可以继续探讨的空间，比如，文本的本义与阐释展开的意义究竟如何区分？前置立场与前见、定视等又究竟有何异同？等等。但是，建构中国学术的自身话语，终究是时代赋予中国学术的使命；而承受这样的使命，并真正担当，既不是靠空洞的叫喝，更不是闭门造车，而必须基于切实的既往学术的深刻反思。只有反思，才可能有所超越，才可能谈得上进一步的建构。超越必须首先基于反思。因此，张江教授的"强制阐释论"的根本学术意义，正在于开启我们对包括当代中国文学理论在内的人文社会科学的反思。作为中国哲学与思想史的学者，我对当代中国文学理论完全是外行。今天有幸主持张江教授的讲座，不仅让我学到有关当代中国文学理论与西方文论的知识，更在于对我有上述的启示。我的评论也许不着边际，不当之处，请张江教授与大家批评。

原载《美育学刊》2015年第4期。

从物性到悌道

——评方旭东《新儒学义理要诠》[①]

弹指一挥间，五四新文化运动已是百年。新文化运动对传统儒家文化的全盘否定，最集中的是对宋明理学的彻底污化。这不仅是因为宋明理学代表了传统儒家文化的最后阶段，直接影响着现实的中国社会，即严复所讲的，无论好坏，当时中国之八九承续着宋代，不彻底铲除不足以使中国转向现代文明，而且更因为宋明理学被认定是对孔孟儒学的扭曲性改造，理论上援佛老以入儒，实践上彻底侏儒化，甚至助纣为虐，成为封建帝制的精神护法乃至直接帮凶，如王阳明、曾国藩之为镇压农民的刽子手。

改革开放以后，宋明理学在思想与文化上获得正名，其自身的理论高度与影响深广很快使之成为中国哲学研究的重要领域。然而，毋需讳言，尽管宋明理学的研究四十年来取得了丰硕的成果，但是，由于与现代中国所建立起来的学术思想以及文化缺乏

---

① 方旭东：《新儒学义理要诠》，北京：生活·读书·新知三联书店，2019年。本文所引均出自此版本，以下标明页码，不再另注。

非常密切的沟通，宋明理学似乎还没有完全能够成为当代中国学术思想与精神生活的源头活水。

比如，新文化运动以来所确立起的最核心价值观之一是科学，尽管近代中国在接受西方科学时最起到接引作用的就是宋明理学的格物穷理思想，但是无论是宋明理学的物性思想，还是穷理思想，已有的研究或显得不够，或显得粗糙。与科学相对应的是破除迷信，尽管传统中国是以人文主义为基调的世俗社会，完全不具有西方社会那样的宗教作为深层的文化底色，但是世俗化的中国社会却有着广泛认同的鬼神观念，它自然地被列入必须破除的迷信之中，然而宋明理学对此究竟是如何理解与处置的呢？再如，鲁迅那么沉痛地从满纸的仁义中读出"吃人"二字，宋明理学又是如何在具体的生活世界中来处理活生生的人呢？诸如此类。既有的宋明理学研究确实还没有关注到这样的问题。

平心而论，除了格物穷理是宋明理学的核心思想，已获得比较多的研究外，诸如物性、鬼神、如何关心他人、亲疏间的处理……，这些既涉及理论，又关乎实践的问题，在宋明理学的研究中是有待于推进的，因为唯有如此，宋明理学与现代中国之间被粗暴填埋了的河道才真正可能重新开通，从而使现代中国的学术思想接上自己的源头活水，同时也真正使得传统融入现代的生活。我读方旭东的新著《新儒学义理要诠》，便是取此视角来理解的。

宋儒对物、物性的认识，喜欢借助于"图"来进行充分"图说"的。最著名的便是周敦颐的《太极图说》。方旭东关于宋代理学这一问题的分析，也由此切入而展开。他由周敦颐《太极图说》中的"五行，一阴阳也；阴阳，一太极也；太极，本无极也。五行之生也，各一其性"开始，通过分析朱熹对此的解释，充分展现了理学关于物与物性的认识是沿着两个截然相反的维度推进。一个是物本身所呈现的分别，另一个是纷呈的物所具有的统一性。朱熹的解释便是反复沿着两个维度向前推进，又不时回复使之交互。比如朱熹讲："五行一阴阳，五殊二实，无余欠也。""五殊"使得物因五行之殊而呈现出各各不同，这是沿着物的分别的维度，而物虽各各不同，却不外统一的阴阳"二实"，这便是沿着物的统一的维度。此下，"阴阳一太极，精粗本末，无彼此也"，阴阳是沿着分别的维度，太极便又是沿着统一的维度；"太极本无极，上天之载，无声无臭也"，太极是往有形处讲，因为有形才带来区分，无极是往无形处讲，如此才彻底统一。针对"五行之生，各一其性"，朱熹以"气殊质异"喻其分别，以"各一其〇"示其统一。因为存于万物中的具有统一性的物性不足以用任何语言给予说明，甚至用"无极"也必须另费口舌，朱熹干脆取用周敦颐《太极图说》中的符号"〇"来表示。（第21页）

不难想象，指向具体物的维度是常人所容易接受的，而要从具体物中别取超乎物象的反向维度往往是人们不会自觉到的，即便指出也是不太容易理解的，因为沿着这个维度所要把握的对象不是具体的物，而只是关于某一物性的抽象的观念。不过，尽管人们不会自觉到，甚至不太容易喻解，但却常存常现于人的日常生活之中，即所谓虽愚夫愚妇也有所体会，只是日用而不知。这就好像"水果"这个概念之于"苹果""香蕉""梨子""葡萄"……这些具体的物一样，人们都在"水果"的指引下去面对具体的"苹果""香蕉""梨子""葡萄"……，但却极少去体会彼此所揭示的物性的关联及其意味。

哲学的分析容易令人犯困，故理学家们要引入"图"来进行"图说"。为了更直观地说明宋人对于"物"与"物性"的认识程度，我们不妨借助"图说"的方式，直接借"图画"来进行说明。

从五代西蜀画家黄荃《写生珍禽图》，足以说明，在唐宋之际，人们对于物的观察已经到了非常细致的程度。《写生珍禽图》上的鸟、蝉、龟、蟋蟀等二十四个小动物，其形体的逼真，虽摄影也不过如此。这样的高度写实，正是格物的具体呈现，格物会成为宋代理学的核心话题，与此时代的共同认知水准以及趋好显然是相关的。不过，我们要问的是，黄荃为什么要将二十四个小动物画在同一张画上呢？他在细致地画出每一种形态各异的动物时，将它们同置于一幅画中是否别有隐喻呢？比如这些小动物的某种共同性。毫无疑问，这样的设问显得有点多余，因为画家也许并没有这样的考虑，任何相关的解答都可能是过度诠释。不过，创作者的无意识并不能否定解读者的多样性理解。如果《写生珍禽图》还不足以有效产生这样的追问的话，那么南宋牧溪的《六柿图》就很容易让人联想画家的隐喻了。单一的柿子图像被复制，墨色的深浅表示着成熟度的不同，由中间向两侧排开的秩序被前排的柿子打破平衡。画家的立意应该是在充分表达柿子虽然单一，却仍各各不同，尽管对称有序展开，也可别有跳脱，只是其所着力表达的不同与跳脱，恰恰是在单一柿子的基底上呈现。换言之，《写生珍禽图》是由多样性的物来表达物的统一性，而《六柿图》却由单一性的物来表达物的多样性。对于画家来说，多样性的呈现是重心，但这样的重心始终是基于某种统一性的理解，至于这个统一性究竟是什么，则另当别论。总之，每一个物都同时呈现出两种物性，它自身的，以及别的。

与艺术家对于分殊性的关注相区别，理学家似乎着意于指出统一性的存在。朱熹针对周敦颐"五行之生也，各一其性"而作出"气殊质异，各一其O"的解释，就是在指出"各一其性"是"气殊质异"的同时，别具"各一其O"的涵义。为了标示统一性的涵义，朱熹特意用了图像化的表达"各一其O"，与周敦颐的"各一其性"相区别。方旭东通过细致的分析，将朱熹的这一思想作了充分的展开，同时他指出，朱熹由于对"各一其性"作了具体的"性"与共同的"O"的双重解释，从而引起了严时亨的质疑。经过反复的解释，朱熹使得严时亨理解了理学的核心思想"理一分殊"关于物性的双重性规定。不过，正如方旭东指出的那样，如果坚持"理同"的前提，物各有自性似乎难以获得真正的确立。他讲："在哲学上，事物间的差异究竟意味着什么？站在朱熹理一分殊的立场，对此的回答必然是：事物间不存在本质上的差异，在本质（本性）上，事物是相同的，犹如万川之水、万实之间（这是朱熹喜欢用的两个比喻），差异只是外在形式而已。这种观点在哲学上不能不认为有失偏颇。"（第32页）

这样的判定是否真正符合朱熹的哲学，另当别论，因为朱熹的哲学固然被标示为"理学"，强调"理一"自然是应然之义，但朱熹理学的精神恰恰是在于标举"理一"的同时，而倾力于"分殊"的格物，这也是陆九渊批评朱熹支离的原因。不过，撇开这一层，方旭东这样的质疑是完全可以被接受的；而且不妨猜想，方旭东这样的质疑具有着强烈的现代关于事物多样性的诉求。从科学的观念出发，基于实证性的观察（格物），发现或证明某一普遍性原理，实乃基本的哲学预设与工作原理，朱熹关于物性的双向打开，逻辑上与此具有着高度的一致性，区别在于观察工具与符号表达，本质上就是工具的差异。如果不从科学的视角看，而是取伦理的关怀，虽然现代文明重视个体性，但是不得不承认，个体偏重当下性的特征在群体性的决策时，会自觉不自觉地趋向于未来性。这意味着物性，尤其是就人而言，个别性与统一性是固存于一体之中的。不管怎么说，方旭东的分析使得理学关于物性的哲学思考获得了清晰的展开，尤其是其中的张力，至于这样的张力在具体的环境中表现为怎样的社会行为，则属于另外的问题。

与物性的分析相比，鬼神观显得颇具神秘色彩，在无神论一统天下的科学昌明时代，传统的鬼神观更是被彻底贴上迷信的标签而加以唾弃，尽管在世俗的生活中它会时不时地泛起。鬼神的观念虽然显得神秘，但就其内涵及其延异，并不难以梳理。作为阴阳世界观的特定概念，鬼神原本只是对于阴阳之气的功能描述。通常，当鬼神并用时，鬼神便是指气之屈伸，鬼是描述阴气的回归，神是描述阳气的伸展；而当神被独立使用时，往往是对阴屈阳伸以为万物之妙用的形容。这样的使用是泛及阴阳之气的整个运行的，如果落在人的生命上，阴阳之气又被具体化为魂魄。简言之，阴气营造成人的身体，故有营魄的说法；阳气呈现为人的功能，便是阳魂。魂魄又各有细分，不待详说。鬼神与魂魄虽然都是对阴阳二气的指称，但彼此并不能简单等同，因为鬼神是指称阴阳二气的功用，而魂魄是阴阳二气落在人身的专称。如果因为都与阴阳二气相关，便以为鬼可以与魄相连，神与魂相连，似乎又可又不可。比如，神魂颠倒，便是神与魂的连用，这是其可；鬼魂，则将鬼与魂连用，这是其不可。"鬼魂"将指代阴气功用的"鬼"与阳气在人身的落实之"魂"连用，便须另作解释，因为正是这个连用，使得"鬼魂"通向"鬼神"。朱熹曾描述："人将死时，热气上出，所谓魂升也；下体渐冷，所谓魄降也。此所以有生必有死，有始必有终也。"（《朱子语类》卷三）这个基于观察的格物毫无疑问是颇具实验性质的，只是它的解释框架完全是传统的阴阳世界观，不再为浸淫于科学的今人所理解与接受了。

在此，关键的时刻出现了：当魂飞魄散时，人便是死了，但是魂与魄并非立即消散于天地阴阳之气化，而是还将以另外的形态存在相当一个时间，其长短因人因环境而异。所谓另外的形态，魂魄分离，肉身之"魄（阴）降"便入土为安，功能之"魂（阳）升"则游荡于虚空。这个离开了肉身而游荡着的魂，一方面是回归自然，这便是"游魂为鬼（归）"，另一方面，它仍是呈以阳气之功用"神"（伸），二者之合，便是鬼神。所谓人死以后的魂魄不会立即消散，其长短因人因环境而异，则是指入土为安了的肉身的自然腐化需要一个时间，而古人以为，只要肉身尚未腐化，则其游魂便仍不消散。这也便是古人热衷于寻龙问砂，将世俗的营造实践总结成阴宅理论的原因。

上述的鬼神观，在朱熹的思想中，是弄得很清楚的，而所以仍然显得阐明不够充分，实乃方旭东在第二章《新儒学的鬼神观》开篇就指出的，"鬼神事自是第二著"。这个"第二著"，并非是因为"对朱熹而言，鬼神是一种理论上的存在而不是现实的存在"，而恰恰相反，鬼神是现实的存在而不是一种理论的存在。或许，方旭东讲的"现实"是指鬼神作为事物的客观存在，而我所谓的"现实"则是指鬼神是生活中的现实。

方旭东注意到了陈淳的《北溪字义》专设"鬼神（魂魄附）"一门，以及具体的内容安排：圣经说鬼神本意，古人祭祀，后世淫祀，后世妖怪。但很遗憾，他以为"总体观之，其所述各项之间并无紧密的逻辑关联"，因此将此搁置，而转向鬼神观念的分析。实际上，陈淳非常准确地领会了朱熹的思想，鬼神在理学家的世界中，固然有着理论上的意趣，但更重要的是在生活世界中的意义，即神道设教的功能。理学家不承认灵魂不灭，强调人有生必有死，死后回归自然，这一思想至晚明已深入人心，故利玛窦讲："吾入中国，尝闻有以魂为可灭而等之禽兽者。"（《天学初函》（一）第三篇）

但是，作为世俗化的中国社会，人何以在无所归宿的时间中确立起人生的意义，从而担当起现世的责任？这不是一个理论的问题，而是一个生活的问题。儒家孝道作为使人在生生不已中获得意义的教化，不能托之空言，需要凭藉庄严的仪式得以呈现；但如果只是空洞的仪式，缺乏可靠的理据，仪式终将失去意义。鬼神的观念洽好提供了这样的理据，由阴阳化生万物中转出，鬼神在逻辑上是完全自恰的。然而，这个观念如果完全显性化，那么或者迫使理学家将由此展开的整个祭祀进一步演化为宗教，而这正是《北溪字义》中由古人祭祀而演为淫祀、妖怪，实乃理学家所厌弃的：或者彻底祛除鬼神的神秘性，从而使得祭祀徒为戏文。唯此，鬼神的观念只能尽可能淡化，能使百姓日用而不知，慎终追远，民风归淳，便是最好的处理。

当然，这并不是表示方旭东对鬼神观进行细致的分析是多余的。相反，由于时过境迁，当经过百年破除迷信的头脑洗涤以后，如何清楚地理解鬼神观，恰恰是今日人们跳出所谓科学—迷信对立的模式，真正理解包括理学家在内的传统生活世界及其背后理据的重要前提。因此，透过方旭东的细致分析，鬼神观犹如剥笋一般被层层剥去外壳，呈现出它的层次分明，由外而内的形态。前面的概述只是在经过了细致的分析以后所勾勒出的轮廓，而方旭东的分析则远更曲折，只是此间已不必复述了，事实上也难以复述，否则就等于重复了。

如果说在鬼神观的分析上，方旭东着意放弃陈淳的现实框架，倾心于观念本身的考辨，那么在悌道观上，他把分析的对象主要放置在生活的语境中，从而令人体会到理学家们的思想张力。《近思录》摘录了一则程颐与门人关于东汉司空第五伦故事以及延伸问题的讨论。第五伦以无私闻名，但第五伦尝举自己的两件事，以表明自己仍不免私心。一件是他虽拒绝别人的送礼，并且最终也没有任用送礼者，但在讨论时心里却记着这个人；另一件是他探望生病的侄子达一夜十次，但归来能安睡，而儿子生病虽没有探视，却整夜难眠。这种行为与心理的间距，在现实生活中不仅大量存在，而且远比第五伦所举二例要复杂得多，因为行为与心理之间距的具体数值，取决于行为的实际展开所需要的种种客观际遇与意志的综合。但是，无论如何，第五伦的故事将道德判识中的行为与心理的双重要素充分揭示了出来。

从道德的社会公共性来讲，自然应该以行为为主要的判识依据，唯此则足以规范人的社会行为，而且由此也能够比较顺利地延展到刚性的法律层面；但是，道德终究不完全是公共性的行为，在人的主体性的意义上讲，心理对于人的道德精神的意义更为重要。因此，在传统时代，人们的现实生活并不截然舍此而取彼，而是往往视具体的人与事衡定，最典型的例子莫过于在新文化运动中被引来批判旧传统的那副有名的对联："百善孝为先，万恶淫为首。"

据清人王之春《椒生随笔》，此联原有下文："百善孝为先，论心不论事，论事世间无孝子；万恶淫为首，论事不论心，论心天下少完人。"在清人梁章钜的《楹联丛话》，文字少有不同，但合起来看，亦别有助益，联云："百行孝为先，论心不论事，论事贫家无孝子；万恶淫为首，论事不论心，论心终古少完人。"梁记中标明"贫家"，便将王记中的"世间"具体化了，更宜让人体会。由这副楹联，至少可以看到传统时代人们在处理现实生活的道德判识中有几层考量：一是行为与心理都是考量的要素，这似乎是基本的共识，否则就不必专以"孝""淫"二事来区别说明"论心"（心理）与"论事"（行为）；二是在承认心理与行为都需要考量的基础上，善事更以心理为主要依据，恶事更以行为为主要依据，也许善事本已有益于社会，心理动机的纯正更添意义，而恶事有害于社会，务须在行为上彻底否定；三是将心理与行为分开，间接地承认一方面人虽有善心但未必一定做得成善事，鼓励人起善心，另一方面人都不免有邪念但却可以止于邪念而不做成坏事，鼓励人及时止恶念。概言之，无论善恶，心上的工夫实乃最重要的下手处。

然而，心上的工夫既不是简单无规定的，即它的善恶区别客观上存在着一个外在的行为判定，又不是可以简单地以外在行为本身来规定的，而后者尤值得分疏。如果仅仅是以外在行为的明确判定，比如一个具体行为的对与错，来做自己的心上工夫，那么心念的动向将完全依据于外在的社会标准，作为道德主体的人的自觉意志极可能彻底丧失，从而完全沦为俗流中的人。更坏的是，大奸似忠，大恶似善，寒素清白浊如泥，最终使得道德彻底虚伪化的情形不期而至。因此方旭东在《近思录》所载第五伦这一案例的分析中，最终彰显了程朱对于心理上的真诚与虚伪的揭示。诚与伪的识别不是根据外在的东西，而是源于人的根源性的东西，诸如血缘、生理所引发的心理情感，由此，新儒学伦理的行为基础"是建立在一种承认人性情感合理流露的自然主义立场之上"（第230页），因而宋明理学对现实生活中的道德践履的理解与指导从根本上便是基于人性的，而不是吃人的。

从显在可证的物与物性，到隐晦难明的鬼神，最终直面万花筒般的人世百态，新儒学无不给予了细致的观察、体会，进而深入地辨析、论证与阐明，因此，新儒学与十二世纪以降的传统中国社会实乃构成了水银泻地般的相融无间的关系。对这样的关系作粗暴切割，不仅会造成巨大的创伤，而且是徒劳无益的。改革开放以来，从宋明理学研究的恢复、持续推进，到当下王阳明心学的风生水起，更不必提民间社会诸如修谱、立祠、建书院、宗亲活动的种种自发兴起，足以表征新儒学的巨大影响。另一方面，对宋明理学流于某一方面或某一层面的研究，也难以完全承担清污的作用，更难达到导源开流的目的。在现在的认识水准上，只有在各个方面与各个层面作更深、更细的分析，才能有效地推进宋明理学的全面理解。在这个意义上，方旭东的这本《新儒学义理要诠》正是呈现出某种"分析的"力量，使宋明理学的某些诸如前述的物性、鬼神、悌道等为人所不够重视的问题获得了较以往更为清晰的揭明，从而使得宋明理学的丰富性得到展现。当然，在充分肯定这样的"分析的"工作意义同时，决不是由此推出，宋明理学的真精神就是存在于这样的分析中，而必须指出，所有这样的"分析的"儒学，都只有导向生命的切己体会与展开，否则便只知其往而不知其复了。

"潮平两岸阔，风正一帆悬。"

原载《澎湃·上海书评》2019年12月10日。

家的本体性思考

　　家，在中国人的生活中至今仍然是最基础、最重要的组织，但是对家的讨论通常都只是在社会科学的语境中进行，而从哲学的视角来进行深入思考，却是很不够的，甚至可以说是尚付阙如的。因此，孙向晨的《论家：个体与亲亲》（上海：华东师范大学出版社，2019年）可谓非常重要，具有开拓性的意义。

　　从哲学的视角来审视家的观念的重要意义，首先是在于这样的审视是极具问题意识的。这个问题意识既是来自历史的，又是切乎现实的，乃至关乎未来的。所谓历史的，家的观念的拷问可以放置在中国现代化进程的脉络，尤其是新文化运动以来的脉络中来理解。从近代以来，中国的现代化进程基本是沿着西化的路径向前推进的，即从最早的洋务运动追求物质层面，经过戊戌变法、辛亥革命追求政治制度层面，直到五四新文化运动追求国民性改造。对于新文化运动来说，由于经过了洋务运动和戊戌变法、辛亥革命，经济变革与政治变革在形式上都走过了，但中国现代化所面对的挑战和困境仍然没有得到解决，于是五四新文化运动把这个问题归结到中国的国民性改造。这个国民性改造当然不是一句空话，必须落在实处，这个实处就是家庭。传统中国的社会结构似乎是固化了的家国同构，当帝制被推翻以后，国民性所赖以滋养的社会基础，最显在的无疑就是家庭，因为正是家庭维系着封建礼教的运行，从而使得帝制虽已解除，但帝制的土壤还很丰厚。新文化运动以摧破中国的家庭以及它背后的制度与观念系统作为突破口，可以说是具有历史的必然性。从传说陈独秀讲的"万恶孝为首，百善淫为先"这样一副对联，到一大批文学艺术作品，诸如最典型的曹禺《雷雨》，家完全被描述成为一切罪恶之源，作为家长的父亲既是父权，又表征着君权，成为所有罪恶的制造者。破家，可以说成为中国人从传统进入现代的标示。这种家的冲破，不仅是观念层面上的，而且是进入到制度层面的。后来的公社，其实也就是在破家的意义上的一种制度化的实践尝试。与破除维系家的伦常相呼应的，是阶级观念的植入。制度与观念的反复交替，导致原来支配传统中国家庭的伦常观念与行为规范，比如说夫和妻柔、父慈子孝、兄友弟恭，被阶级与政治意识所替代。毫无疑问，粗略回溯这一历史过程，并不是为了要去简单否定它。历史总是以她自身的方式打开，并呈现为一种先在性，而且历史所选择的方式在历史的境域中又总是具有合理性的。无论是《雷雨》还是《家》，它们所描述的生活，以及揭露的封建礼教，客观上赢得了广泛的回应。只是，承认这种历史的先在性与合理性，并不意味着不必要进行反思，恰恰相反，反思正是哲学所要承担的责任。

新文化运动以来对传统家庭的摧破，在它的合理性背后，实际上潜藏着它对传统家庭的合理性的遮蔽。传统社会的家庭并不完全是罪恶的，作为社会的基本组织，家庭具有着无比重要的基础功能，而且也不完全是建立在不平等的关系上，从而对人性与人的成长构成束缚。当然，负面的例子可以举出很多，但正面的例子也俯拾皆是。比如南宋的陆象山家是一个大家族，陆象山是六个儿子中最小的，他的成长基本是由长兄长嫂带大的，长兄如父，故陆象山到荆门军中任职以后，他就接迎长兄长嫂来赡养。另外，陆氏六兄弟有一个继母，陆氏兄弟侍奉继母如亲母。这个例子显然就表征了传统家庭的价值与温情。实际上，同样在新文化运动中成长的那代人中，他们回忆自己曾经生活的大家庭，也完全是正负两极的。比如同是北方的大家庭，叶嘉莹对少时家庭的回忆充满了美好（《红蕖忆梦：叶嘉莹谈诗忆往》，北京：生活·读书·新知三联书店，2013年，第12—13页），而任继愈却是基本否定（《世纪老人的话：任继愈卷》，沈阳：辽宁教育出版社，2000年，第8—9页）。总之，无论古今，传统中国的家庭并不是像五四新文化运动所表达的，完全是一种罪恶的存在，是中国走向现代所必须抛弃的组织形态。由此而言，现在从哲学上来讨论家的问题，其问题意识具有厚重的历史感，并不是悬空的玄思。《论家》标示此书是对五四的纪念，也足以表征作者有着高度的历史自觉。

中国家庭的哲学审思在当代同样具有重要的现实意义。现在中国家庭的变迁是明显的，已基本进入核心型家庭了。但又并非单一性质的。以传统的角度看，现代中国家庭的代际关系显然获得了强劲的传承，尤其是上一代对下一代的关照，中国的父母不仅对子女倾注了长时段，甚至永久性的关爱与责任，而且对孙辈都承担着极大的义务；子女对父母的孝养也以各种各样的形式获得传承与肯定。以现代的角度看，离婚率在上升，而且居高不下，单身以及各种形态的复合型家庭也在广泛出现，而尤有意味的是，在这种复合型的家庭中，传统中国家庭的许多观念与模式同样以各种方式融入其中。我们不能确定未来的中国家庭会呈现什么样的一种状态，但可以确定的大致有二：一是呈现为多样性的家庭模式；二是无论模式怎么多样，传统的观念与模式仍然会获得不同程度的传承。因此，在这样的现代背景下来思考家的观念，自然是非常有意义的。它使得关于家的问题意识不仅极具当下的情怀，而且是指向未来的。

与社会科学的角度研究家相区别，哲学的审视使得对家的分析要在本体论的意义下展开，《论家》着意于提出关于家的"双重本体"的概念就表征了这一点。当然，哲学的本体论关怀并不是脱离历史与现实的。《论家》第一部分从王国维《殷周制度论》中的"亲亲""尊尊"的概念切入，提出"个体""亲亲"，从而使得"双重本体"的立论放在近现代以来最重要的学术脉络的承接和转出当中来论述，而王国维的论述则是对传统中国家国结构的历史及其本质特征的最深刻揭明。《论家》最后一部分对家做了现代视域下的全面思考，比如关于孝的问题、代际问题、生生问题，都做了一系列的深入讨论。由此可见，哲学的审视并没有因为其分析的抽象性而减损其质感，相反，毋宁说是在历史与现实的基础上作出了更为深刻的透视。

此外，正如当今的所有问题都已是全球化视域下的问题一样，经历着现代化浪潮下的中国家庭问题的审视也应该借镜于其他文明。《论家》在第一部分对家的观念作出"双重本体"的分析之后，在第三部分对家的现状与未来作出诸多层面的讨论之前，在第二部分迂回西方，有重点地择取黑格尔和犹太哲学家关于家庭的论述，作了借鉴性的分析。毫无疑问，与五四新文化运动以来的全盘西化相反，《论家》对西方已完全置于一个参照的位置上加以理解，而不是取为标准。同时，《论家》对于西方的借鉴也不是一个单纯的类型学意义上的比较，否则便极大地拉低了这种借鉴的理论意义。《论家》完全是在自身问题意识的引导下，去观察与分析西方关于家的哲学分析。这样的进路，对于当代问题的哲学思考是具有方法论上的启发的。事实上，也正由于这样的进路，尽管《论家》各部分的研究大都是以专题研究的论文发表的，而且研究时间的跨度较长，但作者是在一个完整而系统的研究框架中来展开分析的，整个研究并不显得零乱。

由于《论家》提出的"个体"与"亲亲"的"双重本体"为进行中国家庭的哲学研究作了开拓性的工作，因此其"双重本体"的核心观念自然会引发开放性的哲学思考。比如《论家》虽然强调"双重本体"的建构，但是它的重心实际上还是非常强调现代性，强调个体的价值，而这一点首先便是需要作进一步讨论的。如果不是讨论家的问题，而是在社会的泛意义上来讲，毫无疑问，个体的标举已成为现代性的标志，强调个体为重或亦无可厚非，但是如果论家，家在原初意义上便是建立在血亲基础上的，不管未来的变化是怎样的，这一点应该还是基础性的，至少"家"不是个体的单位，而应该是由个体组成的单位。因此"亲亲"应该构成关于家庭的本体的基点。当然，可以如作者所预设的那样，本体并不是单一的，而是可以复合的。但是，复合性的本体也许仍然会有一个基点。对于家而言，这个基点应该不是在"个体"，而更是在"亲亲"。"亲亲"既是家庭的基础，也是传统儒学的核心。如果今天关于家的研究讨论立足于"中国的"家的哲学思考，则正如前述，传统中国家庭的观念总是构成了某种历史性的先天存在。在这个意义上，"亲亲"也是具有着独特的权重的。

再者，《论家》关于个体的本体问题，比较多的是放在西方语境下凸显的一个现代意识，而当我们现在讨论个体的问题时，受五四以后的影响，包括受阶级观念的影响，个体过多地被放在了与集体相对应的关系中来加以理解与定位，这一点恐怕是可以再讨论的。在西方主导下的现代性意义上，个体与集体视为对立的关系，从而彰显个体的独立性。但是在传统中，"己"主要不是在"群己之辩"中呈现的，而更多的是在"关系"当中呈现的，个体生命的存在主要是在各种各样的社会关系中呈现为角色，并不是首先与集体相对立的。比如《朱子家训》当中讲得很清楚："父之所贵者，慈也。子之所贵者，孝也。兄之所贵者，友也。弟之所贵者，恭也。夫之所贵者，和也。妇之所贵者，柔也。"家庭成员的各自规定，完全是从角色来赋予的，这里既没有个体的彰显，也不存在集体的重负，都是在关系层面上来界定个体的角色内涵。因此，当讨论家时，个体似乎不应该在泛社会化的意义上放置在与集体对应关系上来彰显，而应该在基于特定群体所构成的关系中来进行理解。当然，指出传统意义上的个体更多的呈现在关系中，并不等于完全否定传统意义上没有纯然的个体观念。传统意义上的纯然的个体观念或可以理解就是身体的概念，这个身体的概念包含了身、心、性、命的诸多层面。在这样的层面上，个体当然就不再是呈现在关系中的，而是一个比较纯粹的存在。这一意义上的个体，如何纳入家的讨论，实可以充分研究，因为在《论家》中，关于个体的内涵更多的是来自于西学，而比较少的引入传统资源，以今天的研究而论，个体的意识至少是可以在中西思想共同观照下而加以型塑的观念，不必亦不应简单地把它固化为现代化过程中完全由西方植入的概念。

与"个体"彰显相应的是"尊尊"的被替代。"尊尊"在家的问题以及由家所延伸出来的问题上是否应该被完全废弃，实际上也是值得讨论的。一方面，作为家庭来讲，首先具有代际结构的先在性，家庭本身是上下代之间的代际关系构成的。代际是先在的，先于主观意识存在的，代际结构的先在性决定了父母和子女一定会承载着"尊尊"的问题。另一方面，在代际结构的先在性里面，实际上呈现出来的是历史的持续性，以及广义上的时间先后性，这个持续性与先后性也导致了"尊尊"问题的不可废置性。此外，家庭是个人与社会的中介，既是社会的基础，又是个人社会化的初始场所。任何的社会组织都有一定的结构，呈现为阶层性，社会结构的阶层性对于个体同样具有先在性，甚至是不可更改性。如果在初始社会化的家庭中完全废弃"尊尊"的训练，那么后续社会化中"尊尊"导入似乎会变得突然与生硬。因此，家的"尊尊"维度似乎并不宜简单加以废弃，而是需要对"尊尊"本身做内涵上的转换。传统的"尊尊"或许更多的是一个威权的概念，而在现代转化后的"尊尊"应当更多地成为尊重的概念，生命的尊重、人权的尊重、人的尊重。如果上述是成立的，那么家的本体或可以呈以"亲亲"为基点，"个体"和"尊尊"两翼展开的结构，"双重本体"抑或可以转变成"三位一体"。

原载《杭州师范大学学报》2020年第6期。

子不语怪力乱神

——读倪培民《孔子——人能弘道》

　　倪培民教授2010年的英文著作Confucius—*Making the Way Great*，以及后来2016年的修订本Confucius, *the Man and the Way of Gongfu*，先后由他早年在复旦大学哲学系念本科时的同学李子华女士译成中文《孔子——人能弘道》刊行。孙向晨教授将中文版的修订本（北京：世界图书出版公司，2021年）给我，建议我读后写点评论。

　　其实早在二十世纪八十年代初念大学时，我就认识了作者，只是他不认识我；后来他回国到北大，我们才真正认识，但交流不多。当年复旦有四位研究生到我就读的杭州大学演讲，主题是张扬西学，反思传统。复旦是名校，四位青年才俊，乘以时势，使得演讲与问答都很热闹。只是我那时已喜欢上孔子，对那样的热闹心里不免有点抵触，但当时其中有两位的才情还是让我永远记住了。一位就是我现在的同事张汝伦教授，另一位就是倪培民。两人都极富睿智辩才，所异在汝伦激烈，培民沉稳。我现在给倪著写书评，之所以要从这件久远的往事讲起，是因为读其书，应当知人论世。张、倪二君当年都专情于西学，但在经过长时段的研究，得睹西天真经，并已登坛作经师之后，"最后却发现佛祖就在心中"，"反过来对中国传统哲学的博大精深有了更深切的体会"（第309页），不约而同地转向孔子。汝伦在复旦主讲《论语》，培民这本著作则专门"介绍和阐发孔子的思想"。（第308页）这既是时势所致，更是他们的生命感知。

了解作者价值认同的这种戏剧性转向，并不是为了借此对西学与儒学进行估值，而是意在说明，作者的心态转变将使得读者可以相信，他对孔子思想的介绍和阐发是值得信赖的。所谓值得信赖，并不等同于接受。一种知识因其获得证实，便足以让人接受；而一种观念，尤其是关于人如何生活的观念，却不是简单的接受与否。如果说只有经过反思的生活才是真正自觉的生活，那么真正自觉的生活总是在信仰与质疑相伴共生的状态中展开。倪培民讲述孔子，并且定位于"人能弘道"，也就是人如何自觉地展开自己的生活，是以他的生活经验作为背书的。因此，他对孔子弘道的讲述，才拥有值得信赖的前提。

当然，倪培民不只是因为有他的生活经验作为背书。任何人都拥有经过了某种反省程度的自觉了的生活经验，但却未必能够讲述孔子，尤其是系统全面地讲述。倪培民自己也充分意识到他对孔子的理解，不仅仅是因为历史的境遇给予他的生活经验，而且还在于他长期的知识训练与研究。他在书的《后记》中自述："分析哲学的严谨和细致、经验主义哲学的实事求是态度，经过多年的严格训练而成了我下意识中对自己做学问的要求。……这本书里的许多内容，就是在本人近20年里发表的多篇学术论文的基础上浓缩提炼出来的。"事实上，此书的英文副标题从初版的 *Making the Way Great* 改为修订本的 *the Man and the Way of Gongfu*，"功夫"或"工夫"作为一个概念引入，也完全表征了作者讲述孔子时的不断探索。中文译本因定名为"人能弘道"，未能完全传达出作者递进的用心，但于修订本附上了相关的三篇论文，已充分弥补了译名不得已的缺憾。

讲述孔子如何打开自己的生活，实在是很不容易的事。虽然有记述孔子言行的《论语》，太史公也留下了《孔子世家》的精彩传记，但由于后人已无法确切知道《论语》所记录下的孔子言语的具体语境，因此几乎不可能将孔子的言行与他的生活世界一一对应起来，从而复原十五岁开始立志于学习，三十岁立身，以后每经十年而使生活呈现出不同境象的过程。由于从具体的语境到人生的阶段难以复原，因此讲述孔子就必须面对种种难处。一边是"学而不厌，诲人不倦，不知老之将至"，近乎不知休息的孔子，另一边是希望暮春时节，穿上春天的服装，与几位好友一起携几位童子，去河里戏水，在台上吹风，一路唱歌回家，似乎很会享受生活的孔子。应该如何形塑于一人呢？况且，《论语》也只是孔子部分言行的记录。依据于《论语》，充其量也只能看到孔子的侧面，哪怕这个侧面已是好几个视角与不同时段的连拍。当然，讲述孔子的传世文献还有一些，比如《孔子家语》；后世也在不断地讲述孔子，正的讲，反的讲，很多。毫无疑问，好坏与真假不论，这些讲述都是可以参考的，事实上也是无法简单跨过的。如前所述，倪培民对孔子的接受，正是从最负面的讲述开始的。这意味着，讲述孔子的故事，既需要依赖可靠的材料，更需要想象。想象当然不是胡想乱编，而是应该基于可靠的材料，比如《论语》，进而参考那些不完全可靠的材料，比如《孔子家语》，以及参考后人的讲述，作出合乎情理的想象。

事实上，倪培民正是这样来讲述孔子的。读者在书中不仅可以看到作者直接依据《论语》讲述孔子，这是主要的；而且还可以看到作者自由但不失认真地换用其它的镜子来照见孔子。倪培民借用的镜子至少有四面：一是前所提到了诸如《孔子家语》这样在真实性上不如《论语》的镜子，这从书中的引注就能看到。二是后世儒者，以及儒者以外的人照见孔子的镜子，这在书中随处可见。三是几乎无所不在的传统中国社会，乃至现代中国生活的这面镜子。这面镜子的借用，作者自谦的说法是，"为了让孔子尽可能通俗易懂地鲜活有趣起来，书中引用了大量的历史故事和例子"。（第9页）事实上，在我看来，由于孔子早已化入中国的历史与生活中，大量的历史故事和例子实质上正是照见孔子的重要镜子。四是作者从西方借来的镜子。借这面镜子，作者是特别用心的，因为这面镜子使他"可以从另外一个角度来回看中国自己的传统。因而才有了这本书里的比较哲学的视野，书中的内容，也就不仅仅是对孔子思想的简单介绍，而且也是站在现代的、跨文化的角度对孔子的思想遗产的反思"。（第309—310页）

这些镜子的借用，也许很容易让人产生怀疑。作者对孔子的讲述是否可信？引来的批评似乎也是很直接的，比如"对《论语》里的孔子和其他儒学经典中的孔子，对孔子其人和儒家学说未作严格的区分"。（第271页）但在我看来，这些镜子的借用不仅是应该的，而且是必须的。因为如前所述，讲述孔子是需要想象的，而所有的镜子所照见的孔子可以极大地引发人的想象。作者"写作此书的动机，就是希望能以孔子思想的深度所要求的那样去介绍孔子"（第268页），那么，即便限于《论语》，由于理解与解读的开放性，作者要实现自己的写作目的，也必须借助各种镜子。更何况，以《论语》与孔子在中国文化中的实际影响，以及孔子在世界视域中的中国符号象征，唯有多视角的观照，才可能照见孔子。我可以郑重地讲，正是借助于这些镜子，作者成功地达到了他的目的。不仅是对于原先设想的西方读者，即便是对于中文读者，此书也足以让人理解孔子，并由孔子进而走进中国文化，而这种中国文化的进入反过来又帮助更深入地理解孔子。或以为，我讲此书对于中文读者理解孔子与进入中国文化也有助益，至少是进入中国文化，似乎有所夸张，因为中文读者原本就生活在中国文化中。其实，这里所讲的进入，不完全是在其中，更是指知其味。在其中，不等于知其味。正如《中庸》所讲："人莫不饮食也，鲜能知味也。"尤其是在传统发生严重断裂的现代中国。倪培民早年一心要去西天"取经"，足以表证了这一点；而这种情形在今天并没有多少改变。

尽管借用了许多面镜子来帮助照见《论语》所呈现的孔子，但由于前述《论语》的语境的不可复原性，倪培民终究仍然无法以传记的形式来讲述孔子的生命展开。不可否认，没有其他形式的讲述能够比详尽的传记更生动地呈现孔子"弘道"的生命轨迹。退而求其次，或者也只能如此，倪培民代之以不同的侧面来"介绍孔子及其思想的某一个方面"。他一共选取了六个侧面："作为历史人物的孔子、作为开宗立教者的孔子、作为哲学家的孔子、作为政治改革家的孔子、作为教育家的孔子以及作为凡人的孔子"。（第10页）这六个侧面的选取，足见作者的匠心独运。因为它们不仅构成了一个完整的系统，具有全面的呈现度，而且首尾两章与中间四章的区分更使得这个系统获得了纵深度。如果说首章是作为历史人物的孔子的素描，那么尾章是在经过了中间四章的丰富性展开以后的孔子的写意。如果缺了首尾两章，中间四章所呈现的孔子看似是系统的，其实不免是破碎的；当然如果没有中间四章，则完全是不可想象的。而首尾两章由作为历史人物的孔子开始，经过了中间四章不同侧面而又成系统的写照，最后呈以作为凡人的孔子，则让孔子生动地活在了读者眼前。由此也进一步佐证了前述的想象在其中不可或缺的作用，想象决不是对真实的忽略与背弃，而恰恰是走向真实的向导。

毫无疑问，既然是不得已的退而求其次，遗憾就是先天地存在着了。作者非常自觉到这一点，他提醒读者，"分门别类的介绍毕竟有将原本千丝万缕互相联系的整体人为地分离成片段的危险。完整的孔子体系更应该看成是一个水晶体，其任何一面都能反射出其他各面，又完全不必介意从哪一面开始欣赏"。为了弥补这一先天性遗憾，帮助读者了解不同侧面的关联，作者用心地在此书"提供了《论语》引文的索引以及人名和主题索引，便于读者跨章阅读，并将此书作为阅读《论语》本身的参考指南"。（第10页）

总之，倪培民以他几十年的生活阅历与学术修养，辅以他的心志，很好地讲述了孔子。这个很好，首先是他的讲述充满了感情。或以为学术表达应该摒弃情感，完全诉诸理性。这样的执念如果不是一种过分的自以为是，那么也不免是轻度的自欺欺人。即便是纯粹的自然科学研究，当人在开始选择某一研究对象时，情感就如影随形般地左右着理性的展开。更何况在人文学科的领域，理性的运用原本就与价值取向有着无法分割的特性，而价值取向所呈现出的意志又与情感近乎天然地难以区分。理性在认识的过程中无疑具有基础性的根本作用，它保证着认识能够逼近真实，但良好情感的存在却可以说是理性展开的动力，更是最终的认识足以感动自己与接受者的重要要素。我所以要强调这点，是因为孔子的独特性。这种独特性姑且不论孔子在中国文化中的独一无二的地位，即就作为凡人的孔子而言，由于他少也贱而能鄙事，成长后又因怀抱救世之心而屡遭挫折，甚至陷于绝境，但他又是乐观而极具睿智与极富胸怀的人，故他不仅能坦然接受时人对他"累累如丧家之犬"的描述，而且更能欣然以此自嘲。对于今日讲述孔子者，自然可以借用这个描述来污化孔子，如过去尚不太久远的"批林批孔"运动中之所为。"丧家之犬"似乎也是一种历史的真实，不是连孔子也自认了吗？但正是在这种所谓的真实中，包括倪培民以及更晚生一些的我这辈人在内的无数中国人背弃了孔子。这种背弃当然丝毫无损于孔子，而只是使得背弃者不知道如何更好地活着而已。今天已不再是彻底打倒孔家店的年份了，但拿"丧家狗"来作孔子标签者依在。这究竟是以此彰显深刻，抑或只是揶揄以为噱头，不必细究。然而，在倪培民正式讲述孔子思想的开篇"作为开宗立教者的孔子"，他选用的是"木铎"作为章目。用这个"以木为舌的铜铃"来比喻孔子，同样是时人对孔子真实的描述。它与"丧家之犬"的区别，无疑是"木铎"充满了敬意与期待。倪培民认同这样的敬意与期待，故他不仅在历史的语境中指出，"当时社会的问题不是能用战争解决的，而是缺乏合适的文化。上天需要以孔夫子为圣人来号令天下，担当此任"；（第36页）而且更在今天的语境中强调，"面对今天这个充满危机和挑战的世界，孔子思想是我们丰富的灵感之源"。（第8页）

正是因为充满了感情，才使得作者对于孔子的整个讲述传递出强烈的亲切感。这是一种来自平实而庸常的亲切。作为开宗立教的孔子，他既不喜欢讲"神"，更不把自己装扮成"神"；他开拓自己的道，同时充分意识到"道不同，不相为谋"，但他对其他宗教和学说持开放的态度，很乐意向道不同者学习，更不拒绝与道不同者进行对话。作为哲学家的孔子，他没有索隐行怪，故作孤高，做一个"怪"人，而是提出"仁"的核心概念来强调"孤立的个人无法成为完整的人"。作为政治改革家的孔子，他对现实很不满意，但他并不主张以乱治乱。他当然十分清楚军队与刑法的作用，只是他的学生听不到他对"力"的崇尚。他的理想是充满和谐的"大同"社会，这样的社会将由"天下为公"所表征的正直与公平通往，而且走在这条道路上的人们，最终是应该自在而自如的，既不必刻意去克制自己来获得"消极自由"，也无须费心去作出选择以实现"积极自由"。作为教育家的孔子，他似乎致力于用礼来纠正每个人的视听言动，使人从身到心摆脱各种各样的"乱"。这样的纠正与修习既不复杂，更不枯燥。不复杂，是因为有前人的东西可以接着讲，照着做。接着讲与照着做，看似保守，新意实在其中。不枯燥，是因为孔子的教育总是让人从依循自己的内心开始，进而建立起自己的愿景，习得相应的德性，最后在近乎游戏的技艺中完成。

　　孔子的侧面像还有很多。学生病重，他隔窗号脉，似乎他是一个能诊断病情的医生；习听音乐，以至三月不知肉味，表明他是一个不错的音乐人；食不厌精，意味着他也是一个美食家……倪培民用"功夫"这个武术概念来统摄孔子的弘道，恐怕也不妨相信身高一米九，能于乱世中行走的孔子实际上也是一位武功高手吧。从这个意义上讲，倪培民对孔子只是画了宗师、哲学家、政治家、教育家四幅侧面像，实在是不够的；不仅不够，而且可能限止了对孔子的想象。但是，终究还是要肯定倪培民。因为这四幅侧面像的确最足以再现孔子，而且在此同时，他深知四幅侧面像的限止，专门提醒读者，作此四像是一种不得已，不仅要对这四幅画像作交叉重叠的观看，而且更要由此四像进一步去阅读《论语》，亲自进入孔子的世界。更为难得的是，在画好孔子的四幅侧面像，凸显孔子的不寻常，充分彰显孔子之所以为圣人之后，倪培民以"作为凡人的孔子"作结，使圣人回到普通人中间。

当我们视孔子为宗师、哲学家、政治家、教育家时，不免是仰视的，望之俨然；但当孔子作为凡人与我们普通人同在时，我们自然能够感受到他的温和与亲切。这时再读《论语》，会发现孔子真的絮絮叨叨地讲了许多话，似无特别，却又耐人寻味。好在倪培民的著作提供了进入孔子世界的一个非常有益的路径，那就是孔子讲了多少也许一时难以把握，但至少明白，"子不语怪力乱神"。只要有了这样的底线，就有了基本方向，那么虽然处身于一个价值观不断被碎化的时代，但通过与孔子交流，依靠基于历史的想象，也能开拓出新的道路，一条足以与不知所往的世界形成对照的道路。

辛丑谷雨后一日于岳麓山

原载《解放日报·读书周刊》2021年7月24日，题为《一条进入孔子世界的新路径》，有删节。

见鬼而事人

二十年前刚到美国麻省剑桥。某日内人独自去超市购物，迷失归路，不敢取小径，只沿大道前行。一路无人，只有汽车偶尔驶过，天色向晚，不免越走越怕。次日我将此事与学社薛龙聊及，他含笑说剑桥多歧路，初到者往往走迷路；不过，他又问我，没有人，有什么可怕呀？满街都是人，才可怕呀，不知道这些人中间会有谁会干出什么事。我听了，觉得他讲得也很在理，一时语塞，不知如何解释。稍后，我便向他解释，也许是因为中国人的生活世界中是有鬼的，鬼多在天黑后出来，云云。由此，我们还谈到，剑桥有许多墓地就在街区，游人常穿梭其中以为游览，以为中西之别，彼此笑过。

观察一个文化系统，总是要取几个基本要素，或几个维度，通常是四种关系：人与自然的关系、人与人的关系、人与自我的关系，以及人与神的关系。但是在中国文化中，宗教既没有形成西方那样的一神教的标准款式，更没有使广义的宗教成为整个文化系统的底色。人文的，即以人为中心的，而不是以神为中心，与宗教相对的生活世界，构成了中国文化的基本形态；同时，理性的精神活动主导着人文的中国文化。当然，这个理性是非常具有经验特质的，而不那么偏重于抽象概念的推演，以至被称为实践理性。因此，人与神的关系这一维度或基本要素，在观察中国文化的系统中往往缺失，而代之以生与死的认知与处理。人死为鬼，故而鬼其实是理解中国文化的重要维度与要素。

关于鬼的材料，自然并不少，甚至可以说是很多。不仅存在于古代中国大量的志怪小说与各种笔记中，而且构成了最重要的思想家的基本论题，比如朱熹。在《朱子语类》中，接着"理气"这一本体论概念的两卷讨论后，第三卷就是专门讨论"鬼神"的。如果说《朱子语类》是门人弟子们所编，那么朱熹亲自编的《近思录》在首卷中也选录了关于鬼神的重要论述，比如程颐的"鬼神者，造化之迹也"与张载的"鬼神者，二气之良能也"的论断。但是，关于鬼的世界以及相关观念的系统梳理，却少有认真讨论。近年来，在宋明理学的研究中，虽然也有些许研究，如针对上述材料中的思想资料进行分析，但是这些讨论基本上是从概念到概念，对于真正了解中国人生活世界中的鬼，殊少助益。目力所及，"海上说鬼人"有鬼君的《见鬼：中国古代志怪小说阅读笔记》（北京：东方出版社，2020年）可以说是目前关于鬼的最系统的著作。

据"后记"，此书虽然是作者阅读中国古代志怪小说的笔记，而且是为他自己做的微信公号"有鬼"（现更名为"天下无鬼"）陆续写的，但作者所涉材料决不限于志怪小说，不仅经史子集都有涉及，即便是现代研究也是关注的，比如美国学者韩森（Valerie Hansen）在《变迁之神：南宋时期的民间信仰》中讨论到的北宋后期开始的对神祇的赐封就成为作者解释古代中国处理淫祀问题的背景。（第159页）换言之，《见鬼》是以研究的方式来展开自己问题的讨论的。因此，这本原是为自己的微信公号所陆续写的读书笔记，并不是一系列随感而发的随笔，而更近乎是基于精当的考证，言必有据，语不妄发的学术著作。而且，在史料的宽度上取材广泛外，作者对于鬼的梳理是置于长时段的历史中的，几乎从先秦一直到清末，比如作者引用了晚至清末的经学大师俞樾对巫师关于鬼的形质变幻解释的盛赞。事实上，正是基于这样的长时段历史考察，作者一方面呈现出了有关鬼的观念的延续部分，如俞樾所盛赞的巫师关于鬼的形质变幻的解释，正是前引程、张到朱熹关于鬼神的论述的通俗版，表明宋代以降理学思想对整个文化影响的相对稳定性，另一方面秦汉经中古而到宋代的鬼的变化，又表征了作者在本书中所提出的基本结论：鬼的世界是层累构建而成的。

除了基于充分史料的梳理外，《见鬼》一书更为难得的是对鬼文化进行了结构性的处理，从而使得非常碎片化呈现的鬼世界被清晰地加以勾勒出来。这一过程，作者非常形象地将之比作"拼图游戏"。虽然作者自称，"面对形色各异的图版碎片，能像孩子一样努力寻找关联加以拼接，就有无限的快乐了"（第357页），但这种"无限的快乐"一定也是伴随着无限的艰难的。大凡读过一些古代中国志怪小说的人都知道，鬼的故事汗牛充栋，却零碎，要拼接成整体性的图卷是艰难的。另一方面，鬼的故事初看怪异，五花八门，但看多了似也雷同，因此，即便能拼接成整体性的图卷，还要有结构与层次，则是难上加难。有鬼君显然是非常用心的，而且真的也是既能深入其中，又能超乎其外，洞观细思而巧构的。《见鬼》把整个鬼的世界分成四个部分：鬼的日常、鬼的社会、鬼世界的政治、人鬼之间。每个部分各有二十左右的话题，将林林总总的鬼文化梳理得清清楚楚。而且，为了不完全使人陷于鬼事的表象之中，作者以"代前言"的形式，提出了"鬼世界的九十五条论纲"，对鬼世界作了深入的哲思。读者如能将此九十五条论纲与正文的四个部分参互着读，足以能体会作者关于鬼世界的建构，从"时间与空间""政治""社会（经济、文化、科技）"，到"人鬼之间""精神生活""家庭婚姻"，以及鬼世界最具特殊性的"身体（尸体、形质）""精怪"，决非简单的现象堆积，或作简单的分类，而完全是针对特殊的研究对象依据翔实的材料绘出的富有思想意义的知识图像。

尽管对鬼的世界作了结构与层次的建构，而且所描绘出的知识图像也富有思想意义，但这幅图像恰似挺厚又好看的册页，每页看去，真是各具妙趣。其妙，自然在奇。比如在第一部分"鬼的日常"中的"对阴间的妹子说不"，主题是人鬼婚恋故事。正如爱情是小说的永恒主题一样，在志怪小说中，人鬼婚恋故事同样是多如牛毛。作者精选了汉武帝与李夫人柏拉图式恋爱、汉代北海郡某道士为分处阴阳两界的恩爱夫妻作法相会、三国钟繇晚年艳遇女鬼不忍杀之而代之以砍伤女鬼大腿，以及清乾隆年间女鬼色诱帝京官二代，结果官二代遭女鬼的死鬼丈夫缠身而亡的四则故事，虽同样是人鬼恋，但故事情节与人鬼塑造都迥异，让人观之实在叹奇。其趣，则在于作者虽是说鬼，但不离人，人与鬼的世界常相交融；而且作者虽是说古代中国的鬼文化，却又常引今日生活之日常事以资比较。如第三部分"鬼世界的政治"中的"古代如何打击大V"。作者对古代治理淫祀这一沉重话题，从其初衷，治理方法的改善，以及最终可能的结果，通过从先秦至清代的几条史料与几则人鬼故事，轻松道来，让作为今人的读者，因人事而理解鬼事，因今人而知老鬼，抑或因老鬼而知今人，其趣实非一言能概之。

《见鬼》虽说标明是中国古代志怪小说的阅读笔记，而且在前述清末俞樾对巫师论鬼形质的盛赞后，作者接着说，"俞樾的看法可能是前科学时代最后的总结了，之后，此类问题由科学和辩证唯物主义一劳永逸地解决了"（第82页），但是，人既会死，死而不能复生，生者并不能确知死后的存在与否，以及如果存在则将是如何存在，那么鬼的世界对于活着的人仍然是充满悬疑的。这样的悬疑，在某种意义上，其实也是活着的人对于自己未来的永恒关注；而无论作为个体活着的人如何豁达与通透，确信"人死原知万事空"，但就人类而言，活着，以及活下去的意义，与其说是由过往的历史来界定，毋宁说是由未来的愿景来型塑的。换言之，见鬼而事人。科学和辩证唯物主义也许一劳永逸地破除了人关于鬼的世界的设想，但科学似乎也在更富创造力的意义上在重塑鬼在人间的存在。如果说人死为鬼，现代医学与生命技术，比如器官移植技术可以将死者的部分脏器移植到另一个将死未死的人身上，使之活下去，那么这个存活了的人究竟是那个原本将死未死的人呢？还是死去的鬼，或部分的鬼附着于那个将死未死的人呢？也许，将来某一天，技术更进一步，不仅是单个的脏器可以移植，而且是全部的脏器，甚至是脑移植，或者诸如更了不得的生命技术，让所有人都万寿无疆，那时科学真的一劳永逸地解决了鬼的世界的存在。只是，若真如此，以鬼的视角看，万寿无疆的人也许都成精了，因而这人的世界也转而成了精怪的世界。

积 学 三 集

王宇《永嘉学派与温州区域文化》序

严耕望以历史地理学家的眼光，发现唐代后期禅宗的地理发展、地理分布状况与宋代理学家的地理分布状况几乎完全相同[①]。这意味着，在中国哲学史、思想史上，学派与区域之间有着密不可分的关系。在宋代儒学的研究中，虽然濂、洛、关、闽，以及湖湘、永嘉、永康这样的称谓为学者们所袭用，并且以区域冠名的学派研究也屡见不鲜，但关注学派与区域文化互动关系的哲学史、思想史专题研究依然鲜见。现在，随着王宇的研究成果的出版，中国哲学史、思想史研究中的这一方面将有所打开，可望得到推进。对王宇这一延续多年的研究，我始终很关注，事实上它也是我们正在进行着的永嘉学派研究中的一个组成部分。我借此机会略谈一下这一研究所尝试的一些探索及其取得的若干成就，与读者共享。

中国传统的知识世界虽然有自己的形态，但随着近代以来中

---

① 严耕望：《严耕望史学论文选集》下册，北京：中华书局，2006年，第522页。

国知识形态的西学化转型，历史中的具体人物及其学说会因今人的认识而被归入西学化的知识门类中。永嘉学派亦不免于此，相关的研究基本上置于中国哲学史的领域。而中国哲学史的研究同样受制于中国知识形态的西学化转型，研究的重点主要是哲学概念与命题的诠释，并通过这些诠释的关联来勾勒出不同哲学家的哲学体系。由于"哲学"不属于中国传统的知识形态，因此中国哲学的勾勒不可避免地成为一项将古代学者的学术思想与生活从他们的知识与生活世界中加以抽离，进而在源于西方的知识形态中重新加以诠释的工作。毫无疑问，这样的作业过程，从一开始就存在着陈寅恪所提醒的"其言论愈有条理系统，则去古人学说之真相愈远"的问题。遵照陈先生"盖古人著书立说，皆有所为而发。故其所处之环境，所受之背景，非完全明了，则其学说不易评论"①的指引，王宇努力将永嘉学派放置在它的背景与环境中加以认识，这就使得他的研究成为一种尝试着从中国哲学史研究延伸到中国思想史研究的探索。

永嘉学派以及温州区域文化的真正崛起，主要是在南宋中期，但无论是永嘉学派还是温州区域文化的崛起，实际上是肇始于北宋中后期，再经过南宋初期的培植形成的。作者花了很大的笔墨重构了这一历史过程，使得永嘉学派与南宋温州区域文化的进展在历时性的维度上得到了清晰的呈现。值得注意的是，在重构这一历史过程中，作者做了一个取舍，他没有从北宋庆历年间

---

① 陈寅恪：《冯友兰中国哲学史上册审查报告》，《陈寅恪史学论文选集》，上海：上海古籍出版社，1992年，第507页。

讲学师道运动兴盛、学统四起时的永嘉代表性学者王开祖讲起，而是从北宋中后期的"元丰九先生"开始展开。永嘉儒学传统中的这两个源头都是确切存在的，这不仅是因为两个源头都有论著存世，而且更重要的是南宋时期永嘉学者们在追述永嘉儒学传统的渊源时对两个源头分别作有表彰①。但是，由于两个源头分属于宋学发展中的不同阶段，各自反映出来的问题并不相同，因此就此书以南宋时期永嘉学派和温州区域文化为考察重心的取向而言，有所取舍是适宜的。特别是，由于作者并不满足于粗阔的泛述，而是富有识见地以科举作为切入点（见绪论），紧扣由此衍生出来的知识流动与士大夫群体形成这两个要素来分析（见第一、二章），因此，上述的取舍便显出其必要与意义了。这里我们可以体会到，思想史研究中究竟如何划定思想所要放置的背景的边界，实是非常需要斟酌的。

从广阔的背景来看，宋代新儒学的兴起与完成是与整个唐宋转型相关的思想运动。对这一运动进行全面解释，诚然需要从许多角度来展开，但士大夫群体的形成、学者在知识—权力场域中的影响力无疑是其中很重要的问题。王宇在第三、四章中分别由这两个问题切入来讨论薛季宣、陈傅良，给人以鲜活的印象。薛季宣与陈傅良是永嘉学派在南宋得以兴起，以及使温州区域文化产生影响的关键性学者。如果囿于单纯的哲学分析，则如长期以来的情况那样，薛、陈二人都不容易进入哲学史的视野，但是将

① 见陈谦：《儒志学业传》，王开祖：《儒志编·附录》，四库全书本；《水心文集》卷十《温州新修学记》，［南宋］叶适著，刘公纯等点校：《叶适集》第一册，北京：中华书局，1961年，第178页。

他们放在南宋中期士林已告别"绍兴以来,闻卑见陋;士失常心,颠错昏昼"①的局面,"东南之学起"②的背景中加以观察,则二人如何借助士林人脉与时文水平而在当时产生影响,对于理解永嘉学派与温州区域文化的进展,乃至南宋新儒学运动的方式,其重要性便不言而喻了。士林人脉对于区域文化与思想运动的作用,存在着很复杂的情况,此书对薛季宣的分析是接着前一章对温州士大夫群体的讨论进行的,因此其中的复杂性已颇有展现,似不必赘言。陈傅良的时文问题则潜藏着一些问题,尚可申述数语。

在此书中,王宇已指出了时文的功能在于场屋决战,它对于士子的影响具有正反两面性,学者本人亦不免难于取舍而陷入两难境地。因此,我想申述的问题已不是时文本身,而是更广泛意义上的知识生产及其传播方式与宋代新儒学运动的关系。与北宋相比,南宋的举业迅猛增加,刻书业明显发达,讲学规模趋大,这些新情况促使新儒学运动中的学派竞争必须认真面对知识生产与传播方式中的技术更新。朱熹专邀吕祖谦合编《近思录》,并强调,"此书若欲行之,须更得老兄数字附于目录之后,致丁宁之意为佳,千万勿吝也!"③正是为了借助吕祖谦当时的影响力来推进朱熹所确认的思想的传播。朱学后来最终能够胜出,很大程度上与朱熹在知识生产方式上的选择,如他花费巨大精力编撰《四

① 《水心文集》卷二十八《祭吕太史文》,《叶适集》第二册,第565页。
② 《水心文集》卷十五《彭子复墓志铭》,《叶适集》第二册,第273页。
③ 《晦庵先生朱文公集》卷三十三《答吕伯恭》之四十一,《朱子全书》,第875页。

书章句集注》，是有巨大关系的。在此书最后一章"浙学的朱学化与朱学的浙学化"的讨论中，我们同样可以看到知识生产与传播方式对于思想取舍以及思想文化形态的变化所产生的影响。近年来，在明代哲学史、思想史的研究中，士人结社讲学等问题开始受到重视①，但在宋代新儒学研究中，由于关注的重心仍多限于形而上的思想分析，诸如知识生产与传播方式这样的问题还未能得到关注。王宇的研究虽然还只是凸显了时文一个方面在新儒学运动中的作用，但却也是让我们看到了冰山一角，从而意识到隐没在水中的冰山之巨大。

从中国哲学史的研究延伸到中国思想史的研究，最富挑战性的问题是如何来处理"思想/哲学"本身的诠释。本来，对古人著书立说的环境与背景的理解，是为了真切地把握古人著书立说的真义，而绝不应该是以环境与背景的理解取代对思想本身的认识。这个道理，在认知的层面上大概不会发生大的分歧，但是一旦落在操作的层面上，困难便不期而至。通行的中国哲学史研究，注重的是"条理系统"的重构，虽然摘录的都是古人的话，但其实不免"去古人学说之真相愈远"，至少是不能明白地传递出古人说这番道理的用意。这也是中国哲学史的研究常可脱离于对环境与背景的理解，或只是大而化之地人云亦云的原因。现在

---

① 如陈来：《明嘉靖时期王学知识人的会讲活动》，收入他的《中国近世思想史研究》，北京：商务印书馆，2003年，第338—408页；吴震：《明代知识界讲学活动系年：1522—1602》，上海：学林出版社，2003年；吕妙芬：《阳明学士人社群：历史、思想和实践》，北京：新星出版社，2006年。

如果从环境与背景去逼近或呈现思想/哲学，而中国传统的思想/哲学又有其自身的语境，按照这种语境去诠释，则无论是在实质还是架构方面，都不免与西学化了的思想/哲学相去甚远。此书对于薛季宣、陈傅良学术思想的诠释即呈现出这样的状态。对叶适的思想诠释（见第五章）则因为全书的关注点在于学派与区域文化的互动研究，更加简略，几乎难以呈现出形态化的哲学。叶适哲学思想的分析，我们已划入专门的研究，另当别论。仅就薛、陈的思想而言，他们的表达都是在传统经史的学术讨论与当时的政论中展开的，如果不刻意于"条理系统"的重构，那么他们的思想/哲学实不免于"琐细"与"纤曲"。我们知道"琐细"与"纤曲"是朱熹对薛、陈的评价，这似乎反映出重构"条理系统"并不全是西学化了的哲学的要求。但应该看到，一方面，朱熹是罕见的理学大师，其哲学有着体系化的建构，加之他从论敌的立场如此评定薛、陈，自然是不足为奇的；然而在另一方面，当我们从著书立说的环境与背景去再现即便是朱熹的哲学，也难免出现困难。譬如朱熹的哲学架构完整地呈现在《近思录》中，但今天哲学史研究似乎少有学者完全按照这个架构来诠释朱熹的哲学，而是自觉不自觉地按照西学化了的哲学架构来重构朱熹的哲学。

如果我们固守中国哲学史既有的研究方式，上述的困难并不存在，但如果我们由中国哲学史延伸到中国思想史，则研究视野的扩大无疑会对学科既有研究方式构成挑战。从学术研究日趋交叉的态势来看，随着中国哲学史的研究延伸到中国思想史，甚而更拓展到其他领域，对中国古代哲学、思想与文化的诠释方式一定也会日趋多样。在这个意义上看，王宇的这一研究是一种探索，此书的出版会对学术的推进产生积极的作用。

浙江大学宋学研究中心

2007年5月8日

原载《永嘉学派与温州区域文化》，北京：社会科学文献出版社，2007年。

王宇《永嘉学派研究》序

在宋明理学的研究视域中，永嘉学派基本上处于一个非主流，但却又不得不认真面对的位置。所谓非主流，自然是众所周知，大凡讲宋明理学，总是以程朱与陆王为主流。古人如此，今人亦如此，不待赘述。不得不认真面对，则因为即在朱熹（1130—1200）当时，不管他指责永嘉学问是"没头没尾""涣无统纪"，还是"偏考究其小小者""斗凑零碎"，但永嘉的"新巧之说"已足以令他深以为虑，其头疼程度在某种意义上甚至超过了陆九渊（1139—1193）的心学。所谓"江西之学只是禅，浙学却专是功利。禅学后来学者摸索一下，无可摸索，自会转去。若功利，则学者习之，便可见效，此意甚可忧"，这是思想上的根源；"（陈）君举到湘中一收，收尽南轩（张栻）门人"，则是现实中的佐证。至于今人，褒者如侯外庐学派，将永嘉学派归于唯物主义，贬者如牟宗三，辟专章"衡定"叶适（1150—1223）的讲学宗旨，都必须面对永嘉学派。

平实而言，朱熹指责永嘉学派时，永嘉学术仍在发展中。虽然早在南宋绍兴末至淳熙中的道学兴起时，朱熹与南宋永嘉学派的主要开创者郑伯熊与薛季宣已成为政治上与精神上的同志，后来与陈傅良、叶适也同朝为官，政治上与精神上也是同志，彼此呼应，而且朱熹对永嘉学派的集大成者叶适的思想也有所耳闻，并且希望展开对话。由于叶适小朱熹20岁，有长幼辈分的差距，叶适又是很收敛的性格，不像象山那样锋芒毕露，加之思想尚未系统整理；更重要的是，叶适忙着现实的政务，他是静如处子，动如脱兔，有极强行动力的思想家，不仅策动和主导宫廷政变，而且在阻止开边不成，战事骤起之时，敢于并能够挑起重担，出任长江防线的军政长官，重新稳定战局，所以一直没有正面回应朱熹的思想挑战。直到前线战局稳定后，被迫致仕，退隐家乡温州水心村十六年到去世，才得以彻底静心，整理几十年来抄录的读书笔记，进行分析论述，完成他的代表作五十卷《习学记言序目》，对自己思想作出最终确立与系统表达。当《习学记言序目》完成时，朱熹早已在叶适还没退隐前的1200年逝世了，因此，朱熹对永嘉之学并没有真正深入而系统的了解。事实上，不仅朱熹没有看到《习学记言序目》，即便是后来博览群书的朱子学重要学者黄震，在他的《黄氏日抄》中也只读了叶适的《水心文集》与《外集》，而未涉及《习学记言序目》。

由于朱熹的学术思想地位，以及宋季以后朱子学的主流化乃至官学化，朱熹对包括永嘉学派在内的整个浙学的批评极大地左右着后世对永嘉之学的认知。元明学术思想界也基本陷入朱陆的门户之争而没完没了。对永嘉学派真正作出表彰的是《宋元学案》。《宋元学案》不仅为薛季宣、陈傅良专立学案，而且关于叶适的《水心学案》分了上下两卷，与朱熹的学案等量。《宋元学案》极大地纠正了朱熹对永嘉学派的负面影响，将永嘉学派确立为与朱、陆鼎足而三的地位；尤其独具只眼的是，《习学记言序目》卷四十九《皇朝文览三》中的"总述讲学大旨"被全文抄录，置于《水心学案》所辑资料首条，《习学记言序目》在学术思想上的重要性获得标示。前述牟宗三对叶适"总述讲学大旨"的"衡定"，也正是因《宋元学案》的标示而进行的。只是，清中期考据学对整个宋明理学的反动，导致永嘉学术也一并湮没无闻。清季永嘉学术曾一度再获重视，但在西风狂卷之下，也终究没有得到彰显。

晚近四十年来，随着整个宋明理学研究的重启，永嘉学派也重获关注。虽然这一关注，一如永嘉学派在宋代的境遇一样，主要是浙学中人的努力，仿佛充满着地方性，但因其学术思想的独特性，其学术影响终究难以被主流的程朱与陆王研究所遮蔽，始终执拗地发出自己的声音，为整个宋明理学研究增添着极具意义的丰富性。四十年来，现代浙学中的几代学人，接踵前贤，从文献整理到学术思想分析，对永嘉学派的研究都取得了深入而丰富的成果，有待于作一个比较系统的梳理，为新时代浙学对永嘉学术作进一步的创新性继承与创造性转化提供基础。王宇这部《永嘉学派研究》就是这样一部著作。王宇自2000年攻读硕士研究生起，即以永嘉学派为研究对象。二十年来，虽然研究视域不断拓宽，但永嘉学派始终是他的学术聚焦，他的研究工作也一直在一线展开，就对永嘉学派的一手文献与二手研究的熟知深广度，我深信无人出其右。在这部《永嘉学派研究》中，他从永嘉学派的学术研究史梳理入手，继而从纵横两个维度对永嘉学派进行了深入系统的研究，不仅很好地总结了已有的永嘉学派研究，而且也把永嘉学派的研究极大地向前作了推进。

前文言及，朱熹对永嘉学派缺乏真正的认识，盖因为在他生前，叶适的代表著作《习学记言序目》尚没有完成。即便在此书刊布以后，由于叶适学术思想的表达很不同于宋代理学的主流形式，故他最后所阐扬的永嘉学术思想仍在极大程度上没有被时人与后人理解。《习学记言序目》与宋代理学主流的不同，不仅表现在学术思想的概念系统上，更显性地表现于它的著述形式上。这部札记体著作不仅广涉叶适所处时代的整个知识系统，以及对叶适而言的现当代，即北宋与宋室南渡以来的学术思想，而且其形式也绝不同于宋儒广泛采用的语录、书信、注经、经说等文体，而是基于文献研读所作笔记之后的深思与论述，充分彰显了永嘉之学经史并重而好文的风格。现代研究从现代学术的学科分类出发，以政治思想、经济思想、哲学思想、史学思想这样的类型化方式解读叶适的学术思想，虽有分析推进之功，但亦往往难以真正体会到他的学术思想的风格与气象。事实上，这也是长期以来永嘉学派，甚至包括晚清孙诒让、宋恕等永嘉学者对永嘉学术的阐扬，未能完全获得足够深入理解的原因之一。

兹请就《习学记言序目》所论经史子集，各例举一二，以见叶适的学术气象与风格。

先看论经，以论《易》与《礼》为例。《易》推天道以明人事，在传统知识系统中居群经之首，在知识内涵上又被认为是所有知识的源头，宋代理学对它高度重视，叶适也是如此。《习学记言序目》论经共九卷，首四卷都是关于《易》，不仅对于六十四卦一一讨论，而且在此基础上，专门写了"上下经总论"，阐明自己的总看法。针对历来解《易》的辞、象、占、变四种维度，叶适主张取象是解《易》的正道，每一卦象代表了人类实践的一种典型经验，以及隐涵于这一经验中的道理。他摘录《象传》对每卦的解释，指出这些解释都是"因是象，用是德，修身应事，致治消患之正条目也"，其内涵与《论语》所记载孔子问答弟子们的内容相吻合。但是，叶适质疑整个《易传》是孔子所撰的传统观点，他以为只有《象传》与《象传》可能是孔子写的，而《象传》尤其反映了孔子的精神。《象传》不仅在思想上如上所讲，与《论语》的内容相吻合，而且言语风格也相一致。孔子以后，《象传》与《论语》这种简明亲切、明确易行的道理与风格渐趋消失，所谓的义理看似千端万绪，其实只是繁杂空洞。与《象传》重视因象明理相区别，《象传》重在揭明卦义理。叶适指出，卦所隐含的义理，有些很明白，有些则需要通过解释才能说明，而且当时的卦义在后代也未必适用，因此，对卦义不必太拘执，全部卦义无不在后来的仁义礼智信中。总之，叶适解易，由卦象而明德，由卦名以通义。

永嘉学派以经制言学。所谓经，是根柢《六经》，以《六经》为思想基础；所谓制，是重视周制，以周礼为历史基础。因此，重视《礼》学在宋代永嘉学派即已形成，至晚清民初永嘉学重振时依然继承。作为周代政治制度的记载与说明，《周礼》晚出于秦汉之际，故真伪一直难定。叶适既不认为是周公所作，也不认同完全是刘歆伪造。他对《周礼》作了总评论，总体上认为此经是由类似周公这样的人物所设想的政治理想，即所谓"周、召之徒，因天下已定，集成其书，章明一代之典法"。叶适在对此书的论证与阐释时，参用《诗》《书》，证诸历史，这是叶适治学的重要特征。参用《诗》《书》，这是以经证经的方法；证诸历史，则是以史证经的方法。

由于《周官》是基于一定政治实践的政治理想，因此后世怀抱政治野心与政治追求者，多有死搬硬套《周官》来进行政治改革，前者如汉之王莽，后者如宋之王安石。这在叶适看来，都是极成问题的，因为历史已发生变化，不可能让基于历史中的经验而设想的政治制度来施治于变化了的后世。但是，叶适对《周官》的基本精神还是充分肯定的，他指出"《舜典》以人任官，而《周官》以官任人尔"。以官任人，才能以职责设岗任人，从而"知官有职业，则道可行；知人有职业，则材可成"。

对于作为《仪礼》附属的《礼记》，虽是战国秦汉时期儒家有关礼的论述，至东汉郑玄选辑作注而定编为四十九篇，从而由附属而独立，逐渐成为经典，但其思想的丰富与影响的深远要超胜于《仪礼》与《周礼》。叶适《习学记言序目》论《礼》三卷，也以《礼记》的讨论最多。在论《曲礼》的札记中，叶适对《曲礼》上下篇给予高度评价，以为所记的三百余条礼，"人情物理，的然不违"，不仅"使初学者由之而入"，而且"固当终身守而不畔"。叶适以为，孔子教人为仁，克己复礼是根本路径，"必欲此身常行于度数折旋之中"。然而，曾子将广泛的生活实践压缩为"动容貌、出辞气、正颜色"三件事，使克己复礼严重窄化。后世对于传统的各种礼规已难以知晓，在这样的背景下，曾子三事固然也可以遵用，但必须在生活实践中作进一步的打开，"有致于中，有格于外"，才能真正把握与践行儒家之道。此札不仅反映了叶适内外交相成的思想，而且也重在否定程朱确认的曾子对孔子思想的垄断性继承。

再看论史。《习学记言序目》的论史札记非常完整详尽，从卷十九至卷四十三，占五十卷全书的一半，充分彰显了叶适以史证经的学术特征。叶适指出，自司马迁《史记》起，上古时期的历史记载方式发生了根本性的改变，班固《汉书》以下不得不别自为法，这便是包举一代的断代史体例。叶适对《汉书》《后汉书》都比较重视，分别有三卷札记。在《汉书》的开篇札记中，叶适承认了班固的"别自为法"，并认为"汉以来为准点"，但又指出因此而使得"唐、虞三代姑泛焉而已"。叶适比较了作为史书的《六经》与后世的史书，指出："古人以德为言，以义为事，言与事至简，而犹不胜德义之多，此《诗》《书》诸经所以虽约而能该贯二千年也。"换言之，班固以下的史书详于言与事，即所谓"世次日月，地名年号，文字工拙，本末纤悉，皆古人所略，而为后世所详"，至于德与义，则反而淹没了。对人类的历史而言，真正的意义在于"德与义"所表征的人类价值系统的确立与发展，"言与事"只不过是历史的陈迹而已。至于《汉书》的编纂体例，大体根据《史记》而小有改变，其中最突显的是改"书"为"志"。《汉书》的"志"不仅比《史记》的"书"更为系统，而且内容也远为扩大，有些完全是独创，如食货、刑法、地理、艺文等志。

在论史的札记中，叶适多从治道阐发思想。比如在《唐书·列传》的札记中，叶适对佛老持坚决的否定态度，所据立场主要就是在治道的层面。在他看来，佛老各自有一套自圆其说的理论，但与以治道为本的儒家思想风马牛不相及。因此，对于宋儒念念不忘辟佛斥老，叶适以为完全是多余的事；甚至表面上在辟佛斥老，实质上是援佛老以乱儒。又如在《唐书·南蛮》条札记中，叶适以治道为儒家学术思想的中心，其内涵是强调宽民致利、迁善远罪的社会繁荣，即"古人勤心苦力为民除患致利，迁之善而远其罪，所以成民也，尧、舜、文、武所传以为治也"。如果社会治理只是追求简单粗暴的整齐划一，则虽不难达到，但对于人民而言却不过是桎梏而已。叶适强调，战国至秦，儒家的治道遭到败坏，后世杂霸王而用之，以至往往把申不害、商鞅的法家之术视为有效的治道，这是对儒家治道的错误认识。

然后看论诸子。这部分虽不是很多，但却是叶适思想的重要组成部分。据《习学记言序目》的编定者，叶适的学生孙之弘在论子书部分的"附记"，大抵知道，叶适虽熟读《庄子》《列子》等道家名著，但没有专门讨论，一则是所涉甚广，难以简单处理，晚年精力恐亦不济，再则也是觉得不值得去处理，即所谓

"因思向前有多少聪明豪杰之士，向渠蕲瓮里淹杀，可邻！可邻！"可邻，便是可怜之意。这与叶适对待佛学的态度相似。叶适曾专门研读佛经数千卷，但却廖廖数语而过，以为与治道无关，不足以议。不过，叶适对《老子》有详尽的札记，但是编在《孟子》札记之后，似乎作为理解孔孟思想的延伸或背景。

叶适研读子书，集中在荀子、扬雄、管子，以及《武经七书》。这里仅略举叶适论《武经七书》为例。在《武经七书》中，叶适最认可的是吴起，认为吴起的军事思想切近而简直明白。在《尉缭子·制谈》的札记中，叶适引述吴起语，"要在强兵，破游说之言纵横者"。叶适指出，兵家著作喜欢在谋略上动脑筋，但"世固自有常势，士已无特出之智，所恃者以前代成败自考质，或能警省尔"。如果不能从历史中吸取经验教训，认清世之常势，那么历史只是徒增眩惑；至于专谈权谋计略的兵书，"则腐陋不足采听尤甚矣"。

最后看论《皇朝文鉴》。对于吕祖谦编的这部书，叶适高度重视，他在《总论》的札记中，首先说明《皇朝文览》足以表征北宋一朝的治道，即所谓"盖一代之统纪略具焉"，同时以为由此可以理解吕祖谦的学术思想，即"欲明吕氏之学者，宜于此求之矣"。然后借陈亮祭文，对孔子儒学的后世传承作出评判，推尊吕祖谦。北宋学术思想大略可分二程性理、三苏文章、荆公新学，吕祖谦的学术思想有合北宋三派于一体的气象，只可惜年未满五十而逝。叶适最后还专门追记，吕祖谦辞世后，当时浙学中人以为叶适足以嗣吕学。

上述诸条，实为窥斑，冀能得见叶适学术思想的风格、气象、旨趣，即他的学术思想是呈现于从《六经》至《皇朝文鉴》的整个经史子集的研读分析与论述中的，而决非托之空言。"习学"正是其全部精神的概括。叶适以《皇朝文览·总论》殿后，表征他的学术思想之视野已超越吕氏婺学以《皇朝文鉴》所涵盖的北宋一代之中原文献之传，而《习学记言序目》整个论述的识见论断则足以表征作为永嘉学派的集大成者，叶适晚年的学术思想以其卓绝独特而自成系统。

王宇这部著作将付商务印书馆刊印，嘱撰序言，我借此就《习学记言序目》略作申言，权作王宇这部新书的一个小引。

辛丑立秋前三日于仓前

原载《永嘉学派研究》，北京：商务印书馆，2021年。

王宇《师统与学统的调适》序

  长期以来，关于浙学的研究聚焦于宋代事功学、明代阳明学与清代浙东史学，而忽于朱子学的专题研究。由于南宋的政治与文化中心在临安，明代的立国之本也与浙江具有重大关系，尤其在北山一系的后续发展中，作为朱子学正统嫡传的金华朱子学与明代意识形态和学术主流的建立具有内在的关系，因此两浙朱子学的考察无论是对于朱子学的研究，还是浙学的开拓，都具有重要的价值。但是由于朱子学的研究不完全是纯思想的哲学分析，而是涉及后朱熹时代的整个儒学运动，思想史的研究特征相当明显，因此有必要对相关的研究要素作一些梳理。

一

  庆元党禁在朱熹去世后两年（1202年）开禁，此后在朱学、陆学、浙学的学派调和中，朱子学呈现出融会陆学与浙学而胜出的态势。也许思想巨子之后思想出现裂变是一个常态，后朱熹时代的朱子学也是如此。朱熹一生讲学，虽以闽中为主，但门徒分布仍然很广，清初极力推崇朱子学的重儒李光地的孙子李清馥在意在表彰闽中朱子学的《闽中理学渊源考》中尝指出朱子门人的广泛性："在闽中者二百余，在吴越、江右、楚黔者亦二百余。"①即便是著名者，分布也很广。晚宋黄震就列举了一批人：

> 如闽中则潘谦之、杨志仁、林正卿、林子武、李守约、李公晦，江西则甘吉父、黄去私、张元德，江东则李敬子、胡伯量、蔡元思，浙中则叶味道、潘子善、黄子洪，皆号高弟。②

事实上，至晚宋朱学再传、三传时，朱学实已遍及南宋各地。如果延至元朝，更是"此亦一述朱，彼亦一述朱"了。

如何来梳理这一复杂的朱子学传衍，从而呈现出朱子学的丰富性，一直以来便是困难的。一个比较直接的方法，自然就是以地域为依据来进行梳理，前引黄震与李清馥所言，表明自宋至清的一贯做法就是如此；同时辅以师承，按照谱系的观念进行梳理。概言之，地域与师承是研究朱子学的两个天然要素。不过，自黄宗羲撰《明儒学案》，虽然他仍然是以地域与师承来建立大的框架，但他很明显地将自己的思想立场放了进去，力求以思想

---

① 李清馥：《闽中理学渊源考》卷二十六《文肃黄勉斋先生幹学派》，北京：商务印书馆，2018年，第325页。
② 黄震：《黄震全集》，《黄氏日抄》卷四十《读勉斋先生文集》，杭州：浙江大学出版社，2013年，第1454页。

的特质来构成他对明代儒学的理解。尽管黄震以来，思想也无疑是重要的叙述内容，但黄宗羲显然是将思想的要素摆在第一位。地域与师承的要素没有抛弃，但似乎已降至为梳理的方便而已。黄宗羲原拟贯彻他的思想史方法于宋元儒学，但由于工作仅限于开端，黄宗羲的这个思想史路径在现存的《宋元学案》中没有能够完全得到实现，全祖望的续修增补根本上使得《宋元学案》成为历史学家的思想史著作，而与思想家的思想史著作《明儒学案》有了显著的区别。作此区别，决无贬低全祖望的工作之意。客观地看，尽管偏重于历史学家的思想史著作，全祖望终究是一个极有识见的历史学家，他仍然希望在事实层面上尽可能提供史料，梳理清楚脉络的同时，能够进入到思想层面的判识。比如他对晚宋的朱子学作有这样的说明：

> 晦翁生平不喜浙学，而端平以后，闽中、江右诸弟子，支离舛戾固陋无不有之，其能中振之者，北山师弟为一支，东发为一支，皆浙产也，其亦足以报先正惓惓浙学之意也夫！①

由此而将浙江的朱子学提升为朱子学的正统。但是，要将朱子学的思想实际展开与地域、师承的要素达成完全匹配，实际上总是难以实现的。如果一定要使之相合，则不免于材料上左支右绌，漏洞百出。有鉴于此，我在十多年以前讨论南宋后朱熹时代

---

① 全祖望：《宋元学案》卷八十六《东发学案》，北京：中华书局，1986年，第2884页。

的朱子学时，曾尝试着跳出师承、地域等外在的限制，直接以思想的特质将晚宋的朱子学勾勒成"思想的形态化及其向生活落实""思想的政治化""思想的学术化"所构成的思想画卷。[①]

现在回头来看，一方面，我仍然以为自己关于晚宋后朱熹时代的朱子学的这个认知分类大致是可靠的，也是有益的。另一方面，我又深知这个勾勒存在着难以消除的问题。最显见的是，晚宋朱子学的推进虽然有此三个明显的维度，以及具体到每个朱子后学中人也有三维度中的明显取向，但取向决不可能是单一的，充其量只是轻重。比如我把黄榦、陈淳都归于第一个维度，即"思想的形态化及其向生活落实"，这固然是成立的，但决不等于说他们在"思想的学术化"方向上没有建树。无论是具体的朱子后学个体，还是整个后朱熹时代的朱子学，我的分析框架所示的三个维度事实上都是交叠而错综复杂的。换言之，分类的图象虽然有助于认识的清晰，却是以丰富性的丧失为代价的。如果把晚宋朱子学的认识延拓至元代，问题就变得更加复杂。由此，似乎颇能理解全祖望在增补《宋元学案》时为什么要以师承为统绪，辅以区域，虽然这确实是学案体的体例所致，却也实在是一个比较稳妥的方法。

以上这样一个简单的梳理，实际上是指出，后朱熹时代的朱子学研究至少有三个要素是必须考虑的，一是师承，二是地域，三是思想。师承构成了朱子学在时间维度上的展开。尽管师承不

---

① 何俊：《南宋儒学建构》第五章，上海：上海人民出版社，2004年初版、2013年修订版。

足以保证思想获得可靠的传衍，况且从道不从人的观念自始便是宋代理学的精神，整个宋代理学本身也宣称是在孔孟之道湮没千载后的接续，但是师承构成了学术传衍的客观维系，同时这种维系也是朱子学在时间上展开的见证。地域与师承的时间性相比，在传统的研究上大体只是空间的提供，少有其他的思想涵义，比如特定的场域对于思想的影响等。但是，思想的传播既受制于时间，也受制于场域。在传统时代，场域的影响几乎是与师承是完全交织在一起发挥作用的。在师承、地域、思想三要素中，相对而言，思想的要素似乎显得要虚许多，这个虚，主要是指它的呈现方式。但是，在后朱熹时代，思想比以往是要实体化很多了，因为印刷技术的普遍已使得书本传播突破了时间与空间的限制。换言之，思想以书为载体，实现了它对师承与地域的突破。也许可以反过来理解，正是由于书本的流播极大地挑战了师承与地域，因此师承与地域进一步固化以回应挑战。后来清儒总是要讲宋学中的门户标榜，党人习气，想来也决不是无来由的。

二

一旦观察与分析思想史的基本要素达到三项，它的认识复杂度便会骤然剧增，如果再考虑到思想史与所处时代的政治环境的关系是不可回避的内容，因此在某种意义上讲，有效解释几乎是难以实现的。因此要想有效理解后朱熹时代的朱子学，势必在三项基本要素中有所偏重。近年来的思想史研究比较明显地受到社会史的影响，尤其是宋明以降。其中最突出的一个特征就是希望通过士人社群的家族与宗族关系、师承与学侣关系、仕宦与交游关系的梳理来呈现思想流变的因果关系。这对于思想史的认识无疑是颇有助益的，但不可否认的是，关系的梳理终究无法替代思想的阐明。换言之，在思想史的研究中，上述朱子学研究的基本三项要素，思想的维度是最不应该缺失的，否则便不成为作为思想史的朱子学研究。因此，如果必须有所取舍，似乎只能在师承与地域二者中作轻重的处理。依我的考虑，如何处理这二者，取决于研究的重点。如果对朱子学作类似切片式的研究，即限定在一个相对短的具体时段，比如朱熹的及门弟子与二传弟子，那么地域要素应该放在一个比较重要的位置上，由此考察朱子学在不同地域的传衍所呈现出的丰富性；如果对朱子学作长时段的考察，即由及门弟子而延至后来数代人的流变，那么应聚焦于师承为宜，以便彰显传承中所展开的丰富性。事实上，两者之间的选择，又极大程度上受制于整个研究对象的内涵。如果分析后朱熹时代的朱子学是作为整个南宋儒学的一个波段，就会倾向于选择前者，以地域为背景来进行思想类型的切片式分析，比如我在《南宋儒学建构》中所做的那样。但是如果专以后朱熹时代的朱子学为研究对象，那么就容易考虑后者，以长时段的观察作为重点，王宇的《师统与学统的调适——宋元两浙朱子学研究》就是如此。这部新作在时间的维度上将后朱熹时代延展至整个元代，置朱子学于一个长时段进行观察，而将空间聚焦于两浙地区，但又仅以此空间为背景，而不是将空间作为思想史的分析要素，从而将整个考察聚焦在师承与思想这两个要素上，避免多要素的渗合而导致类型交叉所带来的无法掌控的复杂，甚至混乱，可以说是一个相当明智的选择。

所谓师统，便是师承的展开；所谓学统，则是思想的传承。当进入长时段的考察中，会很自然地发现，思想的传承一定会发生延异，而固化的师统必无法笼罩思想的溢出，因此学统与师统之间的张力与紧张，乃至矛盾与冲突，自然接踵而至。处于这种关系中，朱子学的每一代学人因为自己所处的位置与关注不同而形成了迥异的思想风格。总的来说，事实与常理还是比较相近的。比如依常理，离朱子越近，师统应该越足以成为学统的保证，事实上也近乎如此，比如朱子的及门弟子辅广与陈埴；或者虽然隔了二代，但师承清晰者，也有益于学统的延续，抑或思想的保守性坚持，比如同为三传的赵顺孙与车垓。相反，离朱子时代已远，师承多源又经过了一番自我研判而皈依朱子者，应该容易倾向于学统独立于师承，黄震与王应麟便佐证了这一点，与此相应，思想的新创也往往开始萌生。当然，事实与常理如果总是如此合若符节是不可能的。比如北山一系的传承中便呈现出了师统与学统的复杂性，北山一系的师统是清晰可靠的，但他们在思想上的突破反而使他们的学统与普遍师统正确的朱子学出现了某种程度的紧张。可以说，仅就宋元两浙朱子学为例，已足以表征朱子学的复杂性。事实上，这仍然还是仅限于师统与学统两个要素的观察，地域要素实际上并没有真正介入。如果进一步向内（两浙内部的亚区域）、向外（两浙与闽中、江右、楚黔）展开，宋元朱子学的复杂性无疑更为彰显。毫无疑问，决无必要疑虑这种复杂性的存在。从价值评判的意义看，这种复杂性毋宁是朱子学丰富性的实现；从思想洪流的进程看，这样的丰富性既是思想的展开，也是思想转向新境的准备。更何况，这种丰富性的呈现，在极大的程度也是研究偏重于分析的取径所致。事实上，正如王宇的著作题为《师统与学统的调适》所示，宋元两浙朱子学所呈现的丰富性终究可以被涵摄于师承与思想的纽结中，如果取以综合的考察。

三

当然，当我这样说时，明显地隐含了考察朱子学的另一个重要要素，即政治。朱子学与政治的关系是一个无法绕开的问题，况且所谓的政治，恰恰也是与呈以士人社群与仕宦党群的师统、地域，以及与政治正确相纠结的学统有着扯不断的关系。尤其是，南宋以临安为都，两浙朱子学与宋廷基于地缘而产生的互动，往往是超出今人由有限的史料所窥知的。王宇的书其实专辟了一章讨论宋理宗与朱子学的关系，即便从相关的具体的朱子学者来考察，王宇的书中也为我们细致地勾勒了徐侨、叶味道与杜范在宋理宗端平、淳祐两次更化中所进行的努力。那似乎是一个失败了的思想的政治实践。但是在讨论到元朝部分时，我们看到两浙朱子学为元代科举的恢复所作的长期积累与正面推动还是取得了巨大的成效。不过，我所以还要专门将政治作为分析朱子学的一个重要要素提出来，是因为一旦将政治的要素作为一个分析的重要因素时，时间的要素是我想作进一步讨论的。当我们从时段上来进行思想史的分析时，很容易受到断代史研究的影响，但其实是可以尽量摆脱一点，从思想史本身与政治的关系对思想史的周期性程度的影响来考虑时段的划定。我在前文中，用"思想洪流"这个词来比喻思想蕴涵的丰富性，其实便有着思想史的周期性的考量。就朱子学而言，这是一个尤其值得考虑的问题，因为朱子学成为晚宋以降传统中国的政治与思想的主流，并不仅限于宋理宗以及后来的元代，而是与明清两朝都有着重要的关系。自然，这决不是意味着要将整个明清两朝都括入其中，而是强调要尽量从朱子学自身的周期性来划定时段。

这里，斯波义信先生关于宋代以降的时段划分是极富启发的。他在考察宋代江南经济时，依据上升、平衡、下降之类的周期循环理论，将考察的时段从宋朝开国一直下延到明初，分成七个时期：

960—1030年代，开拓疆土的开国期；

1030年代—1060年代，上升开始发动期；

1060年代—1127年，上升期；

1127—1206年，实质性成长期；

1207—1279年，下降始动期；

1279—1367年，下降期；

1368—1421年，上升始动期。

他的整个时段选择与分期划分是多方参照了政治变迁和制度框架的结构变化，比如下限划在1421年，便是因为这一年明朝迁都北京。[①]显然，这一年不仅对江南经济是一个重要的时间节点，对于两浙的朱子学同样是一个重要的时间节点。朱元璋取得天下，与金华士人社群是具有重要关系的。方孝孺的殉难是否意味着启动了两浙朱子学的下降期，乃至为后来浙中王阳明心学的崛起提供了某种思想空间，还有待进一步的研究，但对于两浙朱子学的影响是可以肯定的。

综上所言，两浙朱子学由于所涉内容的复杂，导致决定此一领域的研究要素具有着多维性与交叉性。任何一个学者的具体研究很难既笼罩整个全局，又能作充分的展开。王宇选择师统与学统的调适这一视角，分析两浙朱子学的活动，有益地打开了朱子学研究的一个重要面相，同时又足以引发我们对朱子学的研究要素的进一步思考。我将自己获得的启发尝试着说出，一方面是为了彰显王宇所选择的研究视角所指向的研究要素，另一方面更是为了说明由他的研究所蕴藏着的两浙朱子学的其他研究要素。至于两浙朱子学的研究对于浙学的开拓，则因为两浙朱子学的展现而更显得直接，浙学的研究内容将难以再简单归约为南宋事功学、明代阳明心学、清代浙东史学。当然，如果回到我对朱子学研究要素的分析，从浙学研究的推进而言，考虑到政治制度规定的变化与权力的实际运行在传统中国是决定思想的重大要素，我

---

① 斯波义信著，方健、何忠礼译：《宋代江南经济史研究》，南京：江苏人民出版社，2001年版，第80—82页。

很期待王宇能够在现有师统与学统研究的基础上，由政治与思想切入，再对宋明的两浙朱子学作出专题研究，从而与本书构成双璧。

原载《师统与学统的调适》，北京社会科学文献出版社，2019年。又题以《朱子学的研究要素与浙学开拓》，刊于《浙江社会科学》，2019年第2期，略有删节。

卢睿蓉《海外宋学的多维发展——以美国为中心的考察》序

从晚明传教士算起，西方研究中国历史与文化已超过四百多年。四百多年来，这种研究早已汇涓成流，蔚为壮观，不仅构成了西方了解中国的知识图谱，而且成了中国反观自身的一面重要借镜。因此，作为一个独立的学术分支，海外汉学至少应当确立两个目标，一是剖析这面借镜，以期能丰富我们认识自我的工具；二是梳理那个图谱，以期有助于我们对西方的认识。

让我各举一例，试加说明。

先讲借镜。在观念史的研究中，通常有两种进路，一种是以思想家为中心的观念分析，另一种是以某个观念为中心来分析其内涵并进而梳理其影响。前者与学术史相仿，为中文学术世界所常见，后者在西方虽有经典性的著作，如洛夫乔伊的《存在巨链：对一个观念的历史的研究》①，但在中国思想史的研究中却少见，而任教于哈佛大学的杨联陞（1914—1990）教授的《报——中国社会关系的一个基础》可谓一篇代表性的论文。需要说明的是，杨先生虽是华人学者，他的学术基础本有中国的传统，但也必须看到，他的学术研究已深入西方学术的堂奥，至少他的这篇重要论文原系英文②，反映了他在西方学术背景下对中国思想史的研究。

这篇论文讨论了中国社会关系中的一个基础性的观念"报"。作为一种交互报偿的原则，每个社会都接受"报"的观念，但杨联陞强调在中国，由此观念而形成的原则有着由来久远的历史，对它有着高度的自觉，并且广泛应用于社会制度上，产生了深刻的影响。在这篇论文中，杨联陞从阐明"报"这一观念的内涵入手，进而观察它在诸如家庭、游侠、五伦，乃至人与自然关系上的应用，最后讨论这一观念对于中国制度的各方面影响，具体提出了家族主义、现世的理性主义、道德的分殊主义三个通则，并对它们，尤其是道德的分殊主义作了细致的分析，从而很有启发地说明了整个中国社会的性质。

无论我们能否接受杨先生的论断，或者是否可以商榷他的分

---

① Arthur O. Lovejoy, *The Great Chain of Being: A Study of The History of An Idea*, Cambridge MA: Harvard University Press, 1936. 中译本见张传有、高秉江译：《存在巨链：对一个观念的历史的研究》，南昌：江西教育出版社，2002年。

② 此文原载费正清等编的《中国思想与与制度论集》（John K. Fairbank(ed.) *Chinese Thought and Institutions*, Chicago: University of Chicago Press, 1967），中译本见段昌国等译：《中国思想与制度论集》，台北：联经出版事业公司，1976年，第349—372页。

析，但是从这篇论文中我们足以学到他的观念史研究的方法，可以看到他是如何分析观念的内涵，观察观念的应用及其影响。而且还将意识到，能够注目于这样的观念，本身就需要特别的识见，否则很难确定讨论的观念究竟是否具有特别的意义。当然，任何一个观念都有它值得讨论的价值，但构成一种基础的观念毕竟是少数的。此外，从杨先生的观察与分析，我们足以注意到，要观察一个观念的实际展开，需要丰富的知识；而要分析由此观念的应用造成的影响，又需要相当的理论。由此可见，思想史的研究需要在知识与理论两个层面都要有足够的积累与思考，否则或流于一地鸡毛，或成为无根之谈。

再看图谱。晚明传教士进入中国后，最初混迹于佛寺；此后当传教士们意识到这种认同带来的根本障碍，他们选择了合儒祛佛，并进而由对宋明儒学的认同转向否定宋明儒学，强调先秦儒学与基督宗教的共同性。传教士这一以耶合儒的阐发与论证过程，构成了他们了解中国思想的知识图谱。毫无疑问，这一图谱为理解中国思想的内涵与性质带来了新的认识，但是传教士所建构起来的这一知识图谱，同时也是基督宗教自身内涵与性质的呈现。

今日的西方汉学，相比于晚明耶稣会士的认识，无论是深度与广度，都已不可同日而语，但是他们所建构起来的有关中国的知识图谱的上述性质并无本质的区别。西方汉学家的著述对象首先或根本上是西方读者，并不是中国读者。为了能够唤起读者的阅读兴趣，同时也为了适合读者的理解能力，汉学家们必须将他们建构起来的有关中国的知识图谱纳入到西方整个知识世界的脉络中。换言之，他们的问题意识、他们的诠释分析必须与他们的知识世界相关联，他们只是从特定的认识对象来呼应西方的整个知识世界。因此，解读西方汉学，实际上也是从一个特殊的界面——有关中国的知识图谱——去解读西方的知识世界。

海外汉学的上述两个目标决定了海外汉学研究是一件非常不容易的事业。一方面，研究者只有在某个特定的研究领域有自己的研究，才可能真正揭示出作为借镜的海外汉学的得失，从而得出中肯的分析；另一方面，研究者要真正理解海外汉学的问题意识与诠释分析，又必须从海外汉学本身的研究推进到对西方的知识世界进行深入的认识。

卢睿蓉博士的《海外宋学的多维发展——以美国为中心的考察》正是朝着这样的目标努力的成果。在这本书里，作者希望通过在美国汉学研究中相对晚起的宋学研究领域的考察，既展现美国学者在具体研究中的探索，又折射左右着这些具体研究的西方学术的流变。可以肯定地说，作者的努力是有效的。

2012年10月5日

原载《海外守学的多维发展——以美国为中心的考察》，北京：中国广播电视出版社，2012年。

罗群《传播学视角中的艾儒略与〈口铎日抄〉研究》序

最近十多年来，在晚明天主教研究中，无论方法，还是材料，都有了更加清醒的自觉与极大的开拓。就材料而言，最大的推进可以说是由精英阶层延展到民间社会；而在方法上，则是在保持传统的文献解读与分析综合的基础上，更有意识地运用社会科学的观念与手段。从研究方法与材料合一的要求来看，记录艾儒略等人在晚明福建社会的传教，涉及大量包括日常生活在内的中西文化问题的《口铎日抄》，无疑是一个极好的研究对象。加之艾儒略是晚明耶稣会传教士中与利玛窦并重的人物，因此这一研究对象实具有高度的典型性。罗群的专著《传播学视角中的艾儒略与〈口铎日抄〉研究》，正是针对这样一个典型性研究对象，反映这一领域最新研究趋势的研究成果。

在这本书，作者恰当地运用传播学的方法，对《口铎日抄》所记录的零散而繁多的内容进行了有效的部勒组织，围绕着传播与接受这两个中心，一方面对传播者、传播对象、传播内容与传教风格进行了细致的考察与分析，同时又将上述工作结合艾儒略的前期传教活动和所有中文著述，以及晚明福建教徒的相关作品，置于晚明天主教传播由精英上层转向民间社会的大背景中进行讨论，从而很好地描绘出那段历史，并揭示了那段历史所承载的含义。事实上，就研究方法而言，由于《口铎日抄》的内容涉及大量日常生活，传教活动又采用了为民间社会喜闻乐见的图像文本，因此作者在主要运用传播学的观念与方法外，在具体的分析中，还采用了艺术史的图像分析法，以及在田野考察的基础上，采用了人类学与社会学的方法。

最后，我还想说明，《口铎日抄》是一本由教徒们记录编纂而成的文本，虽然"日抄"的名称表示它具有实录的性质，但"口铎"的标举则透露出它是在经过了高度主观性处理后的宣教文本。这令我联想起丘吉尔在为他的《第二次世界大战回忆录》写的序中所讲的话：尽管这本书是他以身居政府高位的亲历者，并以几达百万字的原始公务逐日记录为基础写成，但他"并不把它称为历史，因为编写历史是属于后代人的事"。丘吉尔的《回忆录》尚且如此，教徒们的《口铎日抄》自然更不在话下。但是，后代人编写历史也不是那么容易的事，同样要受到主观与客观种种复杂因素的干扰，许多干扰是研究者未能意识到的，甚至自以为是当然的。正因为如此，所以康纳顿在他的《社会如何记忆》中强调历史重构不能依赖社会记忆。当然他同时也指出，具有独立性的历史重构无法离开社会记忆，历史重构总是需要从人类活动的记忆所提供的信息来重构历史，只是历史的重构者要把某个事件、情节或者行为方式的记忆，放回到它们发生的脉络中，再归位到这些脉络所属的那个社会场景下的历史中。可以说，罗群关于《口铎日抄》的研究，就是在这样的努力中完成的。

2012年2月3日于杭州三墩

原载《传播学视角中的艾儒略与〈口铎日抄〉研究》，上海：上海古籍出版社，2012年。

张天杰《蕺山学派与明清学术转型》序

　　关于明清学术转型，这是中国哲学与思想史上的大课题。从梁启超标举新史学起，包括梁在内，现代中国学术一直将它作为研究重点。

　　由于明清学术转型具有非常清楚的特征，从宋明理学转向清代考证学，同时这个转型伴随着巨大的政治变迁，明朝的汉人政权被清朝的满人政权取代，因此，对明清学术转型的研究自始就会聚焦于两个问题，一是明清学术转型的性质，二是明清学术转型的原因。

　　梁启超的研究影响至今。他在《清代学术概论》中将明清学术转型概之为中国的文艺复兴，认为清代学术的性质是具有科学精神并辅以专业组织，以实事求是为目标的学术活动，一洗宋明理学的玄远思辨特性，而造成的原因即在明清易代所引发的各种社会因素。后来学界无论是以启蒙，还是以实学来标示明清学术转型，都只不过是沿着梁的旧辙前行而已。梁的影响不限于国内学术界，即在国外，同样深具影响。

对梁任公的持论给予挑战的是钱穆。梁的立论重在明清学术的断裂，而钱的看法更主张明清学术的延异，清代的考证学既非无源之水，也非空穴来风。宋明理学固然以明理知心尽性为重，但其学术中也自有考证的工夫，这在朱熹尤然；宋明理学关于心性理气的辩难又必然将导引出考证学的兴起。钱的论说在余英时先生那里获得进一步彰显，以"内在理路"的提出为国内外学界瞩目。

不能以为，钱、余师徒是要以自己的论说推翻或取代梁的观点。梁的论述不仅描述和符合显著的历史现象，而且在逻辑上也无疑是具有合理性的。真正的问题是在于，也许是理学转型为考证学与明清易代是再清楚不过的史实，也许是梁的巨大影响力，加之首倡之功，梁关于明清学术转型的论述成为非常重要、几近唯一的见解，它范导并左右着后来的研究，后来学者虽有推进，却难辟新径。而钱、余师徒的研究揭开了梁说的遮蔽，从新的视角展示出明清学术转型的另一面相。因此，在明清学术转型的认识上，钱、余师徒的研究不应简单理解为是对梁说的推翻与取代，而宜作补充与丰富看待。

当然，除了具体的论说以外，钱、余的研究与梁的研究根本的区别，在方法论上讲，还在于前者摆脱了后者那种以欧洲为中心，将中国比附于西方的认识进路。也因为这种进路的取舍，前者的研究揭示出了历史显相背后的更为具体的过程，从而使该课题的研究获得长足的推进。

颇有意思的是，就方法而言，如果说余英时先生的内在理路是对梁的外缘进路的全然相反的补充的话，艾尔曼的研究则可以说是梁的外缘进路的进一步重要推进。以明清易代的历史显相来解释明清学术转型，即便是正确的，也是粗浅的。宋明理学延异为清代考证学，朝代更替，哪怕是发生在异族之间，政治也具有巨大的影响，但与学术共同体的具体运作仍然有着一定的间距。艾尔曼非常有意义地在明清学术转型的研究中引入了知识社会学的方法，不仅深化了学界对于这个课题的认识，而且也引发了学界在研究方法上的自觉与拓展。

关于明清学术转型研究的这一粗略梳理，旨在说明，要真正推进这一领域的研究，须在研究内容与视角上进行深化与调整。从已有研究来看，如何从明清之际的某个具体而重要的学派来透视明清学术转型，似乎仍付阙如。比如，刘宗周是宋明理学的殿军，并形成了重要的蕺山学派，明亡之际，刘与门下许多弟子虽殉节，但他另外一些弟子门生，包括张履祥、陈确、黄宗羲三位重要弟子，都在清初继续着学术活动。学界关于刘宗周及其蕺山学派的研究固然很多，但从明清学术转型的视角来进行分析，仍是少见。事实上，刘宗周及其蕺山学派，恰恰是明清学术转型的重要参与者，刘宗周终结了理学，他的弟子们开辟出新的学术世界。

现在，张天杰博士的《蕺山学派与明清学术转型》弥补了这个空缺。在这本书里，天杰从令人荡气回肠的明清鼎革之际刘门师弟子的生死抉择讲起，使我们一下体认到明清易代对于儒家学者平生所学的揪人心肺的考验，还有什么比生死更严峻的测试吗？继而分析刘宗周的思想与蕺山学派的形成，然后细论张履祥、陈确、黄宗羲在明清之际的学术探索与新辟，最后讨论全祖望的工作，以此结束，很让人感到欣喜。天杰毕业于湖南大学岳麓书院，由湘返浙，与我同事，他让我就这一即将刊行的新著写些话，我因早年研究过晚明思想，也整理过刘宗周的文集，特别研究过他的《人谱》，尤其我也曾尝试过从全祖望来理解清初的学术思想，读天杰此书给了我很大的亲切感，故非常乐意地略赘上述。

2014年6月8日于杭州三墩

原载《蕺山学派与明清学术转型》，北京：中国社会科学出版社，2014年。

张天杰《张履祥诗文选注》序

张履祥（1611—1674），字考夫，号念芝，浙江桐乡人，世居清风乡炉镇杨园村（今桐乡市龙翔街道杨园村），学者称杨园先生。张履祥是明清之际的大儒，著名的理学家、教育家、农学家，他的著作被后人编订为十六种、五十四卷：《骚诗》一卷、《文集》二十三卷、《问目》一卷、《愿学记》三卷、《读易笔记》一卷、《读书笔记》一卷、《言行见闻录》四卷、《经正录》一卷、《初学备忘》二卷、《近鉴》一卷、《备忘录》四卷、《近古录》四卷、《训子语》二卷、《补农书》二卷、《丧葬杂录》一卷、《训门人语》三卷。

左宗棠曾说张履祥"声名不出闾巷"，其活动范围不过浙西一带，然而通过吕留良、何汝霖、陆陇其等人，其不但在浙西有着广泛的影响，还逐渐影响到了安徽、山东、湖南等地的学者，对于清代理学的发展有着重要的意义。张履祥被后人公认为"理学真儒"，当之无愧。梁启超的《中国近三百年学术史》说到清初学术的"由王返朱"，"王学反动，其第一步则返于程朱"，在此学术转型中张履祥成为"清儒中辟王学的第一个人",对于学风的改变起到了至关重要的作用。唐鉴等人称其为"朱子后之一人",也是因为他对学风转变所做的努力。张履祥的理学,被陆陇其称为"笃实正大,足救俗学之弊",他也成为清代理学"践履笃实"的代表。在他去世之后的三百多年里,嘉兴的陈梓、海宁的祝洤、平湖的顾广誉、桐乡的严辰,以及安徽的苏惇元,湖南的唐鉴、曾国藩、左宗棠,等等,都对张履祥褒扬有加,民国时期还出现了"杨园学社",这都是因为其"践履笃实"的学术品格。后来张履祥得以成为清代本朝人入祀孔庙的九人之一,与陆陇其、汤斌、孙奇逢、陆世仪、张伯行、黄宗羲、顾炎武、王夫之同被列为儒家圣贤,主要就是因为他的学风"正大"与践履"笃实"。

浙学,无论就名,还是论实,理当涵盖浙东与浙西之学。长期以来,浙东之学受到关注,而浙西之学尚待发覆,张履祥即是浙西之学重要的代表人物。我尝论浙学的精神维度是事与心的统一,张履祥的学术思想同样体现与印证了这一浙学精神。他不只是一位理学家,也是教育家与农学家。在他身上,成己与成物高度吻合,浙学追求事与心统一的精神趋向非常清晰,外向的事功之学虽以经世致用为指归,但与以正心诚意为根本的内向的心性之学适成一体。尤需指出的是,虽然同以事与心的统一为精神旨趣,但张履祥的努力显然有着他的时代特征与独特风格。他的正心诚意,不限于论说,更重在践行,为端正风俗与人心做过许多实践,并从自己的实践出发,对蒙学、家教提出了许多新观念;

他的经世致用，已超出制度的思考，而注目于技术的发展，既从多个角度提出地方治理的善化途径，又为农田水利作了可行的知识总结。张履祥强调"耕读相兼"与"德业交养"，内与外归于一体，其思想与实践诚如曾国藩就其《农书》所言，"述生理之艰难，导民风于淳厚"，"用意深远"。张履祥的思想与实践，为事与心这一浙学的精神维度提供了重要的典型，凸显了浙学这一精神维度的丰富性。如果从整个浙学的脉络出发，认真分析张履祥在事与心这一看似相反而实统一的精神维度上的努力，不仅直接能够推进张履祥学术思想的认识，而且有益于浙学，乃至宋明儒学在明末清初演变的理解。

学界虽对清代学术思想向来重视，但限于某种陈见，对清代早期的程朱理学较为轻视，张履祥亦受波及而关注较少。然而在他的家乡浙江桐乡，张履祥却一直得到后人的敬重，视为重要的精神资源而倍加珍惜，2011年，桐乡市人民政府还举办了张履祥诞辰四百周年的系列活动。我深以为，每个时代都会因着自身的实践而构筑起新的世界，虽然这个新的世界是在奋力外拓中形成的，但它又总是以自己的既有生活为基础，从传统中延伸而来的，尤其是构成生活世界核心的精神世界。只有植根于自己的精神传统，向外延拓才充满自信与自觉，这样的延拓也才真正具有力量，富有创造。因此，张履祥家乡的政府与人民弘扬张履祥的学行，决不只是表彰过去的乡贤，而更是在创造自己的今天与未来。吾友张天杰博士多年致力于张履祥研究，今又和他的朋友作此《张履祥诗文选注》，以期这一普及读本方便人们理解这位杰出乡贤，传承他的卓越精神。天杰不以我浅陋，嘱我序之，谨略述张履祥生平精神以为序。

2014年7月10日于杭师大恕园

原载《张履祥诗文选注》，杭州：浙江古籍出版社，2014年。

张天杰、张瑞涛《蕺山学派研究》序

　　黄宗羲《明儒学案》以《蕺山学案》殿后，即表达了以刘蕺山为宋明理学殿军的识断。这一识断也大致为今人所认同。因此，自二十世纪八十年代摧破宋明理学研究的禁区以来，关于刘蕺山的研究便成为学术的一个焦点，不断地有新的成果出现。但是，以蕺山与蕺山学派的比较而言，蕺山学派的研究相对于蕺山本人的研究总体上显得薄弱一些，大多数的蕺山学派研究主要呈现为蕺山研究的一个延伸性补充，或点到即止，或限于数人。一般而言，这也是很正常的现象。闪亮的灯塔不仅容易吸引观察者的注目，而且也容易造成灯下黑。不过，就蕺山学派言，却又因其复杂而另当别论。

　　复杂之一在于蕺山学派处身于时势的巨变之中。人们常常会自以为自己所处的时代是多少年来未遇的变局，其实这未尝不是一种以矜持来掩饰倨傲的下识古人的自我标榜。事实上，对于每一个身处变局中的人来说，只要一种变化足以影响当事人的境遇而引发心境的跌宕，这种变化对于当事人都可谓是巨变。何况蕺山及其门人所处的时势对他们的逼问，竟然直接是选择生，还是死！蕺山选择了死，而且是以绝食的形式承受生命的终结；他的众多门人追随而去，其中既有"殉难忠臣"如吴麟征、金铉、祁彪佳、彭期生，也有节义的平民弟子如祝渊、王毓蓍、潘集、傅日炯、周卜年。因为生命的戛然终止，这些门人的学思似未能彰显，其践行则随岁月而流逝，其实以近年整理出来的祁彪佳材料看，仍是值得研究的。不仅如此，生与死的选择伴生着更为纠结的问题。选择死，临难赴义，壮烈而可歌可泣；选择活，以及如何活，也是艰难的过程。黄宗羲从起初的严拒清廷，"刀绳俱在，无速我死"，到间接地参与明史馆的工作及其他，便引来"不免声华征逐之累，持身亦时见瑕类"的讥评。时势巨变下的个体生命的多样性存在，理解与评判的多重性标准，彼此之间构成的复杂关系使得蕺山学派的研究往往面临顾此失彼的窘境。

复杂之二在于蕺山门人多、成色杂。蕺山讲学活动从万历到崇祯，其思想与身份，加之晚明的讲学风习，使他吸引了众多门人弟子。按照黄宗羲的判识，蕺山的大多数弟子才识浅锢，只是习得口耳之学，故而蕺山逝后未及三十年，知其学者不过一二人。全祖望私淑黄宗羲，也着意指出蕺山弟子多为声气之籍，未必皆真儒。但是，尽管如此，全祖望在专论蕺山弟子配享问题的《子刘子祠堂配享碑》中，议定的"学行之不愧师门者"，也还是有三十五人，外加一名再传弟子。且不必讨论全祖望议定的名单是否存在问题，事实上全祖望的名单不仅存在着严重的门户问题，而且由于他抱有非常强烈的价值标准，故于取舍上是极可商榷的。即便限定在这个三十六人，对于一个学派的研究而言，实已可谓人数众多了。当然，由于全祖望的议定标准是"学行之不愧师门者"，以今日的学派研究专注于"学"而论，可以将"行"的部分作搁置，从而将人数尽可能减少。只是，这样的取舍一方面将极大地影响到蕺山学派的真正认识，另一方面将面临更复杂的挑战。所谓影响到蕺山学派的真正认识，是因为如上所言，蕺山学派原本就是在时势的巨变中形成与演化的，其思想的呈现固然在学，但却无法完全脱离行，因为其行在极大的意义上表征着其学。至于面临更复杂的挑战，则正是要接着指出的复杂之三。

复杂之三在于蕺山门人之学的分离与自主。蕺山门下，即以黄宗羲、张履祥、陈确三人而言，其学不仅已呈现出根本的分歧，而且也更不复蕺山之学所能笼罩。这便带来了一个非常明显的挑战：在怎样的意义上来阐述他们的思想才足于表征具有统一性的蕺山学派？抑或完全不作此虑，只是将蕺山学派视为基于同一师门的事实而系于老师名下以为标识，对门人思想的特质作充分彰显，从而呈现蕺山学派的丰富性？如果取前者，自然意味着对蕺山门人各自独特的思想作极大的筛滤，甚至是极大地遮蔽他们的思想创发；如果取后者，近乎无异于消解蕺山学派。黄宗羲在整个明清之际的思想世界所呈现的内涵与价值，长期以来作为重要的对象获得关注，而不是置于蕺山之学的范畴中讨论，便佐证了这一事实。事实上，这也不完全是现代研究有这样的处理。黄宗羲之所以判定蕺山逝后未及三十年，知其学者不过一二人，全祖望议定的名单中没有张履祥，其原因正在于"学"上的分歧；以张履祥而言，其学不仅在理学的意义上专宗朱子，痛斥阳明，而且更将理学的内涵向民生日用之学作极大的推拓，对于蕺山而言，可以说已完全转手了。

毫无疑问，尽管蕺山学派复杂如此，但终究还是能够进行研究的，而且唯因复杂，才更值得研究。张天杰教授研究蕺山多年，早有专著行世，后又用心于其乡贤前辈张杨园，今与张瑞涛教授合作，直面蕺山学派的复杂性，在前人研究的基础上，取类型学的方法对蕺山学派作出了进一步的深细梳理与分析。尽管类型学的方法不可避免地遮蔽一些东西，但在充分自觉与节制的情况下，终究仍然是取得清晰认识而又保持足够丰富性的可行方法。就蕺山学派的认识而言，两位张教授的这一研究无疑是迄今为止最好的成果。天杰因我二十多年前尝涉论蕺山，故于蕺山学每有研究心得，都不吝分享于我。今新作将刊，又嘱我序之，诚一乐事。是为序。

2021年3月31日于湘浙旅次

原载《蕺山学派研究》，北京：商务印书馆，2021年。

章百成《淳安进士》序

据南宋淳熙《严州图经》，淳安县原属歙县，三国孙权既定山越，始分歙而置。初名始新县，历晋、宋、齐、梁、陈不改。隋以降，先后改县曰新安、雉山、还淳、青溪。北宋宣和三年平方腊，始改称淳安。

淳安所属严州，州内"山谷居多，地狭且瘠，民贫而啬，谷食不足，仰给它州"，但淳安在唐宋时已列为上县、望县，景定《严州续志》称"视他邑为壮，民物粗蕃庶"。

整个严州的学校大抵是在宋以后兴起的，范仲淹、胡寅、张栻等大儒历任知州。州学养士，县学亦追步之。淳安县学"为斋四所，东西南北位置得宜，堂皇深邃"。故宋以降，淳安渐人才辈出。

中国传统社会的上下流动，虽然自秦汉废封建、置郡县起，即已开辟各途径，但真正上规模则要到唐宋科举兴起以后。大凡任何制度日久则积弊日重，科举亦不例外，但不可否认，传统时期国家设科取士，不仅为国家输送人才，而且也推动地方培植文化，在保持地方性的同时增强了统一国家的认同，其历史贡献巨大。因此，历代地方修志，多辟登科记，不唯表列前修，更冀兴起斯文。

严州登科题名，据景定《严州续志》，始于知州北宋名臣赵抃（1008—1084）。赵抃刻碑州学，纪登科者名，后来者续刻之，刻石殆遍，更为第二、第三碑。修志，辄因碑录之。今检宋刻《严州图志》《严州续志》，州志专辟《登科记》《登科题名》，而所辖县志则并非都有，且州志所载姓名亦注有争议。

淳安章百成先生，从教几十年荣休后，潜心整理乡邦文献，参与编撰地方历史文化著述；并用其余力，于古稀之年，遍览各版县志，参证相关研究资料，以及县内民间所存宗谱，去伪存真，撰成《淳安进士》。此书不仅为认识唐宋以降中国传统社会的相关研究提供了一份有益的具体资料，必将受到学术界的欢迎，而且更为淳安人民了解自己的历史文化，建设美丽家乡提供了一份宝贵的精神资源，必将受到淳安各界的重视。

章老有贤婿宋建新，思孝行谊，刊行此书前，命我写序。我对淳安历史文化素少认识，对科举也无研究，借此认真阅读了章老大作，并翻览了相关宋刻方志，无论对淳安的历史文化，还是对章老的这一著作，都深有所获；建新兄是我大学同窗好友，于公于私，我都很乐意向读者推荐这本《淳安进士》。

癸巳中秋后五日

原载《淳安进士》，杭州：浙江工商大学出版社，2013年。

夏烈编《温暖的白棉被：善文化唯美绘本》序

　　人的天性中有着截然相反的取向。譬如，忽见一辆汽车要撞上一个幼儿，无论是否相识，都会产生紧张，替这个孩子担心；又如，地铁进站，门开，候车的人会急切拥进，争抢座位。把前一种取向认定为真正的人性，人性便是善的。把后一种取向视为真正的人性，人性便是恶的。认定人性是善的，便努力要去培植这种善，使之成为强大的力量，主导人的精神与行动。反之，以人性为恶的，就主张采取各种方式，硬的与软的，要将这种恶的人性化解、驯服。因此，无论人是如何理解自己的天性，人都希望自己成为善者，希望自己的社群是善者的集聚。毫无疑问，这是人最明智的选择，因为唯此，人才能以群的方式存在，而人又必须是以群的方式存在的。

　　每个人都会时常闪现善的念头，或者体会到别人的善念；每个人也都会经常做出善的举动，或者承受别人的善举。每当善念与善举发生时，或自觉到快乐，或感受到温暖。只是，也许因为善念善举的平常，人们在实际的生活中很容易忽略它的存在，就像人们忽略空气的存在一样。但是，如果当我们不经意间记下这样的善念与善举时，我们会发现，这样的善念与善举是那么隽永，它们使生活的细碎片刻化为永恒的美丽，并且照亮生活。

眼前的这本小书就是这样的记录，它让我真切感受到生活的美丽，人性的美丽。因此，我很愿意推荐给你，与你分享。

2013年7月27日于深圳旅次

原载《温暖的白棉被：善文化唯美绘本》，杭州：浙江文艺出版社，2013年。

《一堂春书画展》序

　　四年前，我来杭州师范大学任教，遂与吴晓维同事而朋友。晓维虽习英国语言文学，但自小雅好书画，尤以书事为乐，用笔追慕二王，而又兼得米字风味。三年前，晓维告知，夫人马春决心临习书法，晓维当仁不让，以智永千字文帖相授。马春本是晓维同系师妹，至今仍从事于英语教育，自此更随晓维握管临池，洵为夫唱妻合，琴瑟相友。约年前，晓维又告知，马春得拜名师，兼研丹青，专绘墨兰，其进诚可喜。

　　更可喜的是，月前马春告知，父亲马征先生擅写牡丹，她感恩父母之爱，要在杭州西湖博物馆为老人家办一画展，她与晓维作陪衬，嘱我给书画展取个名。我不假思索，即名"一堂春"。牡丹的艳丽，兰花的清雅，夫妇的恩爱，翁婿的相亲，岂不正是一堂春意吗？

　　今晓维示我《一堂春书画册》稿本，嘱我写一短序，兹略纪其事，更愿抄录杜子美与曾文正的两句话，以为祝贺：丹青不知老将至，养活一团春意思。

甲午闰九月初五于杭师大恕园

《袁氏世范》序

家庭是每个中国人的舞台，中国人对家倾注了毕生的心血，期望从中获得人生的幸福。但是，无数的悲剧，其实也在家庭中发生。家和万事兴，只是齐家又的确是很不容易的事情。家和的过程，不仅是人的培养与成长的过程，而且又是社会和谐的过程。

《左传》里讲述了一个著名的故事：郑伯的母亲生了他与弟弟共叔段，但生他时难产受惊吓，从此很讨厌这个长子，偏爱共叔段。母子谋继位不成，但共叔段仍依恃着母亲的宠爱，对已是庄公的兄长不敬，而庄公也有意放纵，结果致使共叔段作乱被杀，即所谓"多行不义必自毙"。庄公怨母偏心，发誓"不及黄泉无相见"，后又起悔，誓言又没法破，手下遂想个变通的办法，挖地道见水而止，安排母子相见，冰释前嫌。清朝康熙年间编了一本有名的蒙学读本《古文观止》，作者便将这故事列为首篇，不知是否有意要人从小就牢记这一家庭的悲剧，以作今后人生的戒鉴。

家庭成员虽是至亲天伦，但偏爱之事，实也难免。有的是主观造成，有的也是客观使然，比如孩子多了，只能把有限的条件投在某一个孩子身上。当然也有莫名其妙的原因，比如郑伯的母亲因难产而生偏心。传统时期一夫一妻多妾制，除了正房外，还有偏房侧室，各有子嗣，这做老爷的看似风光，但要一碗水端平，也是谈何容易。好像是林语堂讲的，这个可怜的男人，每天从这个女人的房间，逃到另一个女人的房间。更不记得是谁的研究结果，说是最后实在无处可逃，只好逃到青楼里，人皆以为是浪荡，其实是为了逃避家里的女人。如今一夫一妻制，也大多只有一个孩子，这样的事情虽少了许多，但并不等于就少了家中各种各样烦心的事情。至少婆媳的关系少不了清静，做丈夫的依旧要在两个重要的女人面前做和事佬。至于如今的独生子女，今后要面对双方若干个老人，他们又逢可以多生了，还要带好自己的孩子，想来也是不容易。

因为家庭有许多无法逃避的矛盾，为了有效维系家庭这一组织的正常运行，自然便会滋生出许多规矩。这些规矩与其他社会组织的规矩不同，必须与亲情相配合，传统中国便以礼教的形式出现。这些礼教无论是如何合情合理，终究是这样那样的规矩，是要每个家庭成员进行自我约束的。近代中国进行现代化转型，从洋务到维新，最后要革新文化，落实到每个个体，反封建反传统最切己的就体现在了反礼教，家庭便成了被吐槽的牢笼。巴金的小说《家》、曹禺的话剧《雷雨》，以及一大批文艺作品，都是这一思想的宣泄。更为甚者，后来又以家庭为私有制源头，破私便始于毁家。起初的毁家，还只是经济上，后来便伤及亲情，文革中的夫妻揭发、儿子斗老子，直让家庭这一中国社会的基础遭受重创。

只是，也许是中国的传统实在太长太强大了，而且这个传统以人间的世俗生活为唯一天堂，对超越的宗教世界也缺乏热情，一切的现代化改造尚不足以摧毁家庭这个基础性组织；也许是因为家庭仍然是目前为止人类的自身生产的基础单位，从优生优育、试管婴儿到克隆等生物技术还没有演化成对人类天然的自身生产模式的替代。总之，家庭仍然是现代中国社会的基础。无论是春节、清明等节日的回家洪流，还是日常的生活起点与归宿，都在清楚地表征家庭在中国人生活中的地位与意义。虽然国家意识形态在型塑自己的价值系统时，仍然有所忽略了家庭这一层面，但是在许多时节，最典型的当然是春节，仍然会聚焦在传统家庭价值观的关注与倡导，比如今年的国家领导人春节致辞。

其实，传统中国高度重视家庭，不仅只是因为家庭是社会的基础单位，而且更是因为家庭是训练每个人的重要组织。人是社会动物，人由自然人培养成社会人，必须经过一个有效的社会化过程。现在，这个过程几乎主要由中小学基础教育完成。传统中国没有完整而遍布全国的基础教育，这个社会化训练是由家庭来承担的，而每个人可以不进学校，但一定有家庭。现在的学校教育当然可以替代传统时代大部分的社会化训练，但是仍有许多是难以替代的，如代际关系的训练，如复杂亲情的体验，等等。前不久网上报道，一个尚未上学的小朋友因为将有弟妹出生，竟然不惜自伤眼睛。这样的复杂感情，想来不是靠学校教育能解决的。因此，价值观的培植，欲跳过家庭，以个人直接连接社会，在环节上是存在脱节而难免落空的。因此，尽管现代中国大量的三口之家核心型家庭组织过于小型化，也许计划生育松动后会有所变化，但传统中国的家庭训诫仍是有借鉴价值的。传统时代的家庭终究远比现在的家庭复杂，从最早"三家分晋"的宗家，经汉魏的豪族，到宋明以后的寻常人家，积累下的丰富经验，对于今天与将来的中国人不应该成为一种包袱，而应该成为一种资源。

传统中国的家训世范非常丰富，但就家和万事兴，以及培养人的成长而言，最基础的，窃以为莫过于两个字：忍与正。

常言道，人生不如意事十之八九。如何面对，如何自处，都是挑战。当然要豁达，但这豁达并非一蹴而就，而是要养成的。学会容忍，即是起点，而家是最好的训练场所。所有组织都有麻烦，人与人都有矛盾。这个学校不好，可以转学；这个单位人事复杂，可以跳槽。家很难选择。父母子女兄弟姐妹都没法选；夫妻当然可以离合，离了不再结婚，自然无话说，再找，老方一帖。此老方一帖，并非指人一样，而是说人虽不同，矛盾难免。要在一个屋檐下生活，忍是必须的，也是必要的。

史书上记载，唐高宗封泰山经过寿张县时，知道张公艺九世同堂，北齐、隋、唐皆旌表其门。高宗去张家，见公艺，问所以睦族之道，公艺就写了百余个"忍"回答。这个有名的故事，说的便是忍的重要。一个大家庭，难免会有物质不均之事，礼节不备之处，如相互责备，必成争执，只有彼此容忍，才能和睦。即便今日小家，如遇上儿女不争气，做父母的只能勉力劝诫，不忍又奈何？或者自家的儿女看惯了，什么都顺眼，待成家，女婿媳妇左不顺眼右不舒心，不忍怎么办？更不幸的，如是儿女天生智障或残疾，还不是一样要挺过来吗？做父母的容忍，其实做儿女的也在容忍。事实上，社会与家庭一样，更多的矛盾都是琐碎之事，如事事要争，便只能激化矛盾。如能忍字放心头，便足以退一步海阔天空。家庭成员之能忍，固然是有不得已在，但顾念与成全的却是彼此的情，而这种顾念与成全，最终带来的是家和万事兴，以及培养当事人的豁达性情。

至于正，即心要正，处事要公正。物有不平则鸣，人也一样。只要一碗水端平，凡事也自然能处理妥善。现在的家是小家，比不得过去大家庭的复杂，处理这个正，要容易许多，但受到的训练也一定少了许多。即便如此，现在的小家也同样链接着许多亲戚关系，需要以正持平相待。

传统家庭处理这个正字，还是相当务实的，着重在财产上落实。无论嫡庶长幼，诸子财产均分。司马光在他的著名《温公家范》中讲："善为家者，尽其所有而均之，虽粝食不饱，敝衣不完，人无怨矣。夫怨之所生，生于自私及有厚薄也。"现在乡村里人家，父母要为几个儿子都盖一样的婚房，或出一样的钱，也算是旧传统的沿袭。当然，也有新旧没有衔接好的，怨气就会产生。比如，过去诸子财产均分，对男不对女，现在儿女一样，受法律保护。有些老人去世，做儿子的霸道些，便不分给姐妹了。姐妹如诉诸公堂，则伤感情，不诉则心里不服，兄弟姐妹的不睦也由此而起。当然，不睦还是轻的，重的便如前文提到的郑伯与共叔段兄弟残杀了。

无论是忍，还是正，都是说起来容易做起来难。人在社会中，彼此不可能有家庭内的亲情顾念，任性与不正，都难以被接受。家庭则是一个宽容的场所，可以在不断错误中受到训练，从而养成自己良好的忍与正的能力。

忍，要心量广大。据说这人的心量广大，也不是自己修成的，多半是被气大的。但受家里人气，没关系，慢慢地也能承受别人的气了。正，不仅要心量广大，自己祛了私意，而且还要识见高明，能看到如何才是公正，如何才能公正。这都可以在家庭事务中反复训练。学会了忍，才可能有胸怀，有胸怀才可能团结人做事；做到了正，才可能明事理，明事理才可能率领人做成事。

真的到了这一地步，这家中的舞台，也就真的成了一切人间事务的摇篮。古人坚持，家齐而后国治，大抵也可由此理解。正因为此，古人非常重视家庭，注意家教，培植家风，所虑也远出忍与正二字，不嫌细烦，诚恳叮咛，如宋人袁采著名的《袁氏世范》。今《袁氏世范》作为衢州乡邦文献由其乡贤李勤璞先生整理重刊，不仅有益于今人对传统的理解，更有助于古为今用，让今人从中体会古人的精神，和睦六亲，立身成人，培植家风。这次重刊本的责任编辑张钰翰兄嘱我写序，我很乐意，兹述愚见，以为推荐。

乙未三月廿八日于恕园

此稿原文应邀为《袁氏世范》整理本的撰序，后题以《家和与人的成长》，刊《光明日报》2015年6月1日，略有删节。

周龙瑞《龙瑞集》序

　　认识周老是因为超威集团，而知道超威集团则缘于集团的企业文化：和合。和合是中国哲学与思想史上最古老的观念，出自《国语》中所记载的西周太史伯阳父的名言"和实生物，同则不继"，强调天下万物只有和而不同，才能欣欣向荣。在才摆脱斗争哲学，又沉溺于竞争逻辑的当代中国，虽然也有企业意识到"合作重于竞争"，但能够将"和合"自觉确立为企业的文化而着意培植，仍然是引起我的兴趣的。作为一名中国哲学与思想史的学者，我对"和合"这一古老智慧是有着极强烈的亲切感的。超威集团以和合为自己的企业文化，让我对家乡的这一企业自然地有了价值上的认同，

　　当我进入超威集团，进一步去学习与体会和合文化时，这一行业的龙头企业所取得的成就，所建构的愿景，所作出的努力，让我由衷感佩。超威的和合文化不仅呈现于企业上下游、生产者与消费者、企业与政府、企业与社区的和谐合作，而且反映在企业内在的多元要素的培植与和合，尤其是所致力的让员工成长为

合伙人，令人鼓舞。在互联网所支撑的大数据时代，旧的旨在控制信息从而控制财富与权力的思维与技术正在转向以激活生产力为目的。旧的固化的企业劳资模式正受到挑战，人人创业的合伙人模式已悄然兴起。只是，这样的革命似乎还主要在高度知识型的经济组织中展开，传统制造业因为受到生产线的限制，一时还难以实现这样的转化。但是，我在超威看到了这样的转化，不仅是理念上，而且是实践中的。一个传统制造业的企业能够感触到新技术革命所引发的观念更新，并致力于实践，这既需要严谨踏实的作风，又需要理想浪漫的情怀。超威集团的和合文化中恰恰有着这样的气质，这在集团的董事长周明明身上流露得很明显，在集团的总裁杨新新身上也流露得很自然。我相信，他们兄弟俩的这一共同气质遗传于他们的父亲周龙瑞，因为眼前的这本《龙瑞集》实在足以表证这一气质。

顾名思义，《龙瑞集》是周老的文集。但是，由名称却难以推想这部文集会由科技与文学上下两编组成。周老早年毕业于南京铁道运输学校，改革开放后从事铅酸蓄电池的研发、生产与管理，尤专注于新型电池的研究开发，曾发表学术论文四十余篇，在业内颇具影响。作为父亲，周老倾力支持儿子周明明创业，这种支持能够在专业知识的层面上展开，显然不是每一个父亲都能够胜任的。

如果说，周老的工作与科技编这些论文存在着表层的关系，能够让人直接观察到，那么文学编这些呈现周老深层精神的文字是不容易被外人联想到的。至少，当我第一次听说他多年不懈的文学创作时，我是深感意外的。一个专注研究科技的人，同时同样专注于文学创作，这怎么能不让人感到意外呢？只是，事实就是如此。一个严谨踏实的科技研究者，同时也是一个理想浪漫的文学创作者。

我曾经与周明明董事长、杨新新总裁有过数次交流，兄弟俩长得很像，性情上也很像，严谨踏实而不失理想浪漫。后来见到周老，原来父子长得也很像，再后来知道周老的作品，始想父亲的性情气质也是可以遗传的。周老生于1940年，今年逢七十又五，兄弟俩编成《龙瑞集》，以为贺寿，嘱我写几句话。我对新型电池的技术与文学都是外行，对周老的文字不得赞一词，且将我对超威企业文化的一点体会，对周家父子骨血承传的一点感发，粗浅说出，为周老贺寿，祝超威发达。

乙未小暑前一日于如斯斋

原载《龙瑞桌》，杭州：浙江人民出版社，2015年。

何京东《诗经心解》序

孔子讲："不学诗，无以言。"人生活在语言中，而诗的语言既宏富而又细微。人的生活在外部世界与内部世界的不断交互中展开，在这种交互中，人心感发而为言声。感发时而瞬间而隐微，时而绵长而显见，无论是怎样的状态，以言语去恰当地表达，都是一件很不容易的事情，诗便是最能表现这种丰富性的语言。因此，中国传统一直就重视诗教，通过诗教来激活人对世界的感发，期待生命总是呈现得活泼泼的，并进而发为言声，使自我的生命感发获得恰好的表达，引发共鸣。

孔子又讲，诗可以兴观群怨。诗教的功能是广大的，但笼统讲便容易使人难以体会，所以孔子对诗作了"兴观群怨"的功能区分，引导人在读诗的过程中能够更好地体会。后人沿着这样的引导，自然有了更进一步的理解，也有了更进一步的阐扬。一方面，每个时代的每个人，乃至一个人的不同时期，对同一首诗，也会有不同的体会；另一方面，成为经典了的诗又有它的诗意与诗义的稳定性，两者构成了诗的体会中的张力。有心的读诗者往往会在这种张力中去体会诗的丰富性。

孟子曾经指点读诗的两条重要意见，一是"以意逆志"，二是"知人论世"。诗人总是在自己的生活世界中有所感发而为诗，因此只有透过诗的语言本身去体会诗人的生活世界，才可能真正理解诗。只是，体会到诗人的生活世界，仍然还只是表层，唯有进一步体会诗人的心志，才可能真正理解诗意与诗义。因此在这个意义上，读诗终究是读心，以自己的心去理解与体会诗人的心，此可谓"心解"。

友生何京东雅好古典，他以王先谦《诗三家义集疏》为本，博采前人精要，而裁之以一己之心，纂成《诗经心解》，索序于我。吾不治诗，然感于他的精神，颇为认同之，故略叙以为序。

庚子小暑后四日

原载《诗经心解》，杭州：西泠印社出版社，2021年。

知识的生产与学者的定位

今天非常高兴参加这个活动，刚才袁成毅老师已经把我们举办这次会议的缘起作了充分的介绍。从我的工作来说，我主要是立足于人文振兴计划来开这个会的。

学校在拟订人文振兴计划的时候，就设立了一项名刊建设工程，主要由学报牵头来做这件事。但是怎么通过刊物的平台来推进学校人文社科建设是一个难题。我们商量后觉得，是否可以由学报定期举行我校青年学者的学术座谈会，因为青年学者正是我们学校未来五年乃至更长时间里最重要的力量。我们希望能够定期座谈，并且是开放式的，从而促进思想的积累、学术的交流。我看了大家拟选的每月主题，觉得很好，反映了大家对前沿问题的关注。我希望未来每次的专题讨论，不要游谈无根，最好是由某几个老师围绕主题发表一二篇论文初稿，其他老师围绕文章进行改错，使作者接受来自不同学科的批评。批评要以各自的读书为依据，要从学理上来。比如研究南宋文学的文章，经济学的老师或许也可以从经济学的某个理论来看。当然，这只是我的一个建议，目标是要把大家团结起来，使大家的研究从分散的状态形成一个知识共同体。这是我们最初的想法，也是学校从人文计划中拨出经费支持的原因。接下来我借今天的机会，想就知识生产与学者的自我定位问题谈些想法，与大家交流，供大家思考。

作为知识分子，我们与其他职业的区别在于，我们是知识生产的从业人员。知识生产本身成为一个研究对象，其实已经比较晚了，可能也只是一百多年的历史（默顿前几年才刚去世），但关于知识生产的问题在今天已越来越重要。我举个例子，我们学校有一个很好的观念，把文科和理科分开来对待。这样一个举措，它背后的理据非常清楚，文科和理科的知识生产不一样。但即使在文科里边，社会科学、艺术、人文又有很大的不同。这些不同要引起我们思考。如果我们把这些问题放在学术的意义上来探讨，我们就可以注意到，其实人类的知识生产是受到很复杂的因素影响的。

我先举一个传播方式的例子。北宋初年，雕版印刷已经出现但还没有流行。雕版印刷最初出现于寺院，用来刻佛经。但北宋初期的一些大学者对于使用雕版印刷他们的著作是拒绝的，因为雕版印刷使得他们著作的摹写的艺术感没有了。像苏东坡，作为宋代书法四大家之一，他写的诗词与文章如果雕版印刷，则书写本身的艺术感顿失[1]。但是，抄本的流播性不佳，传播幅度受限。尽管北宋的学者，特别是大学者鄙视印刷，但历史还是以这种新的知识生产方式取代了传统生产方式。到南宋，印刷术已经成为

---

[1] 苏氏兄弟对于当时的印书业均有批评，苏辙自己编定的几本集子也都没有雕版印行，参见周宝荣：《宋代出版史研究》之第四章《党争对宋代出版的影响——从"乌台诗案"看苏氏兄弟的出版活动》，郑州：中州古籍出版社，2003年，第105—118页。

知识传播最重要的手段。南宋出现朱熹这样的高产学者，他的作品今天保留下来的有一千多万字，这与印刷是有关系的。而且也使得他的学说不仅对本土产生影响，而且向整个东亚传播，新儒学运动才可能真正产生广泛的影响。由此可以看出，我们的知识生产如果不能适应传播方式变革的需要，就有可能被淹没。这个古代的例子也可以印证到当代。今天网络已经在生活中普及，但如果我们写博客，哪怕写成非常学理化的博客，在我们今天的知识生产考评中是不能作为升教授的依据的。然而，谁能说网络博文不可能代表未来的方向呢？今天的学者是希望在传统的纸质知识生产中扮演一个人物，还是在网络层面上成为一个英雄？这有点赌博的味道，很难选择。有非常优秀的学者，学问非常好，但是他的精力不是放在纸质写作，而是在电子网络上投入大量的精力，发表论说、回应与挑战，这很费时间，也能产生影响，甚至是大的影响，但不是纸质论文，在制度内基本没有用。我们在座各位可能还没有这样的经历，我们都还在制度内做学问。就当今而言，网络、期刊都是知识的传播载体，但你选择网络还是期刊？这是很大的挑战。知识生产显然受到了传播方式的影响。事实上，我们当代的知识生产中有一些更深刻的影响要素制约着我们的知识生产方式。这里我讲三点：

第一点，当近代科学出现后，实验科学获取知识、陈述知识的方式被固定化后，所谓的科学的知识生产成为整个知识世界的主流，并越来越强硬。一切科学化都从这里开始。科学知识的生产原本脱胎于人文学科。西方意义上的人文是相对于宗教来说的，而科学是从人文的立场上衍生出来的一种知识生产，现在科学的知识生产反过来影响并规定着一切知识的生产。科学的知识生产的这种影响与规定，可以概括为知识生产的标准化。我们现在写论文有一种标准格式。我念书的时候还没有，但现在我的硕士生写论文已经很标准化了，尤其前几个部分，如问题提出、学术综述与回顾等等。这个格式很清楚是来自于社会科学的，社会科学又来自于自然科学。现在社会科学中比较规范化的，如经济学，已经把论文写作基本定格为七个部分：一是导言、二是概括背景、三是文献回顾、四是预设理论与解释框架，五是数据采集与资料来源，六是论据描述与分析及其结果，最后来个conclusion。这种标准化当然可以在结构的程度上保证知识生产的产品质量，好比我们去吃一碗大排面，多少面，多少汤，一块多少重的大排，放多少味精，等等，如果缺了某一项，面的味道就不一样了。知识生产的标准化保证了知识生产的某种规范性，但是我们也不得不看到这种标准化会使人的思维陷入程式。

第二点，二十世纪八九十年代后，随着后现代主义的兴起，西方世界进入晚期资本主义阶段后，按照詹明信的解释，人类的一切知识、艺术、文化的生产都被定格在资本的意义上[①]。我们评价一幅画时不再去看它有多大的艺术性，而是看这幅画可以卖多少钱，由此来确定画的价值及其作者的艺术水准。这在我们今天的工作中也已经碰到了。比如美院引进一个画家，他的作品在拍卖行里卖出好价钱，而美院老师的作品却没有。但我们的老师又

---

① 参阅詹明信（Fredric Jameson）著，唐小兵译：《后现代主义与文化理论》第五章"后现代主义文化"之"多国化资本主义·无意识和自然·新型文化"一节，西安：陕西师范大学出版社，1986年。

觉得那只是商业的炒作，那个画家其实没有什么艺术功力，好像是野狐禅。如何衡量呢？这是今天的知识生产所面临的第二个问题，可以称之为市场化。不仅是艺术品，一切论文的背后都有市场力量。我的老师辈，包括我自己最初写论文，并没有什么一级刊物、二级刊物、权威刊物这样的说法，我看许多前辈们的论文很多都发表在一般性的刊物上。现在不是了，同样一篇文章，发在《哲学研究》《历史研究》等刊物，文章的价值就不同，权重不同，它可以让作者在所谓的"学术界"身价倍增。这就是知识生产的市场化、经济化。

第三点，福柯提出，知识生产背后其实是一种权力的争夺，话语权的争夺。话语权背后反映的是性别、种族、宗教等种种问题[1]。比如我刚才讲，我们拟定的今年每个月讨论的话题很精彩，但这些话题被拟定就意味着别的话题被排除。拟定这些话题的人获得了权力的实现，而没有涉及到的人在知识权力方面就被压抑了。所以知识和权力之间的关系始终是我们，无论你是处在中心还是边缘，在知识生产中不得不面对的一个问题。这可以归结为知识的权力化。

从前面所说的知识生产与传播方式的关系，以及刚才讲的知识生产背后的非知识性的因素来看，知识的生产实际上处于错综复杂的力量的交叉点上。毫无疑问，知识生产的标准化、市场化、权力化都有其深刻的合理性。标准化和市场化的合理性在于

---

① 更详细的论述参见福柯（Michel Foucault）著，谢强、马月译：《知识考古学》第二章"话语的规律性"及第四章第六节"科学与知识"，北京：生活·读书·新知三联书店，1998年。

它是客观的，而权力在某种意义上也是主流的表达、中心意识的反映。但这些合理性呈现的同时，负面的不正当性也随之而来，甚至可能更多。这就意味着，我们的青年学者，包括我自己，始终面临着这样一种挑战：作为一个知识生产者，我的自我定位在哪里？如果我不能直面回应影响知识生产背后的各种力量，我作为一个知识生产者的地位很可能被边缘化，生产的知识产品完全被淹没，甚至最后是知识生产者的资格很可能也会被剥夺。在知识市场化的概念中，论文发在权威刊物与发在一般刊物的价值是不一样的。同样，你的知识生产表达哪个阶层的意识形态，决定了你的知识生产将会进入哪个学术团队，你在学术社群中会在什么位置。所有的问题都会对我们有影响，如果我们不能够应对，我们就可能会丧失知识生产的资格。但如果我们完全被这些力量所牵动，那么我们生产的知识很可能成为垃圾。我们的知识生产很可能使我们获得了话语权，获得了市场份额，符合了某个标准，但我们的知识产品在出现的那天就注定已经成为垃圾。因此，以知识生产为职业的人不得不考虑这个问题：我为什么要把一生的时间用于生产学术垃圾？如果是出于非知识生产本身的目的，为什么我不能选择别的职业？我已经快50岁了，坦率地讲，我经常这样问自己，我在自己的学术生涯中总对自己讲，不必写很多文章，能有所心得地写一些，就很满足了。当然学术生产有的人多，有的人少，各人能力不等，取舍不同，我没有褒贬。我只是强调，如果我们承认知识生产不只是重复劳动，不只是满足于标准、市场以及权力的欲望，它更重要的是传递知识生产者对于人类存在的认识、对于人类价值的思考，那么知识生产就可能在某种程度上超越标准化、市场化、权力化的困境。

我来师大后，经过调研，我跟书记校长，包括后来在一些会议上都表达过这样的意思，我们师大老师的质地大多是好的，但自我限制了追求。我们很多老师都是科班出身，经过了从本科到硕士到博士的良好学习，所以我们有很好的质地。但我们是一个市属学校，层次低，缺少学术氛围，大家长期自陷于其中，逐渐将自己地方化、边缘化了，结果让自己只是满足于上点课、为满足考核写些文章，水平越来越低。如果和自己的同学相比，一个留在好的大学，一个到了我们师大，好的大学氛围好，就会变得好起来，在师大，就会相对比较满足，然后慢慢沉沦。人的成就感就是在相对的比较中体现出来的。我们今天实施名刊建设工程，就是希望能够通过我们的学报，让我们的年青学者始终处在知识生产的激荡之中，对自己作为知识生产者能有一种入流而又超越的定位。我并不喜欢谈太空的理想主义，陈义太高不靠谱，但我也不甘于沉沦在现实的语境之中。这是我今天讲话的目的所在，与大家共勉，讲得不好请各位老师批评。

谢谢大家！

2011年5月14日

在杭州师范大学名刊建设工程启动暨学报作者座谈会上的讲话，原载朱晓江主编：《乐学集》，杭州：杭州师范大学学术期刊社，2012年。略有删改。

境由心造　事在人为

很高兴来参加这次活动。今天的活动主要是围绕名刊建设工程和一年来的人文振兴计划项目展开。一方面是办好刊物，另一方面是这一年来的活动及其成果，这两项工作都完成得很不错。虽然我只参加了第一次会议，但一直在关注此事，对于工作的推进情况非常满意。当我拿到《乐学集》，感到非常高兴。集子做得很用心，非常精美。

这一年来的活动给我的印象很好，营造了一个非常好的学术平台，一种学术共同体的活动方式。刚才张帆老师讲，刚来我们学校时觉得学术上很孤独。独学而无友，则孤陋而寡闻，会觉得寂寞，到一个新的学校常常会有这样的感觉。名刊建设工程这个活动为我们解除了这种学术孤独感。在此之前，政经学院的老师们已自发开展了这样的活动，学校也尽量给予一定的支持，使活动变得更有保障。之后人文学院也设立了学术研讨平台，而国学院也计划5月份开始举办类似的活动。经济学院最初在启动支持计划的时候我曾经跟康胜老师专门讲过这个问题，希望设立定期的论文研讨活动，这是一个非常好的团队建设过程。学术期刊社办的研讨工作是有目共睹、卓有成效的，学校会继续支持。

我在第一次会议上的致辞讲的是知识的生产和学者的定位。因为我一方面希望有这样一个年青老师们共同交流的学术平台，但另一方面也担心这个平台慢慢变成发表意见的场所，而不是知识生产的工坊。所以我一开始就非常强调这个问题。我们是搞学术的，从事的是知识生产，要提供的是你用血汗换来的知识产品，要见真金白银，而不是菜场里的意见，好像很激烈、很关怀，但是对社会对学术没有意义。所以一定要有学术的定位。学术的定位不是说没有现实的意义，比如一篇真正的历史学的论文可以重构人们对历史图像的了解，而正是这个历史图像构成了我们当下的存在。只有历史的脉络搞清楚了，我们才知道自己在什么位置上。现在常听到一句话叫活在当下，但当下是由历史所建构的，由种种知识建构的，每个知识生产者都在为建构我们的当下提供自己的认识上的支撑。学者跟一般人的区别就在这里。

接着这个话题，谈几点感触，与同志们共勉。第一，一个真正的学者必须勤奋。话是平淡的话，但要做到是很难的。我认识很多学者，国内学者成名以后还在认真努力做学问的人，有很多，但不努力了的也不少。很有幸，我跟的几位老师都比较勤奋。我与范立舟老师有一位共同的老师，活到九十岁去世，我们每次去看他，他总是坐在桌子旁看书。我在美国时，认识一个著名学者，那时他七十多岁，已退休，但每两周还请人教他中文，很令人敬佩；那时余英时先生也七十过了，但每天工作都到晚上两三点钟。我前些时候在荷兰看了梵高的作品展，了解了他的生平和不同时期的作品，产生很大的震撼。梵高27岁开始画画，

37岁自杀。十年间，他留下的油画作品将近一千幅，写生稿达到一千多幅，还写了大量的艺术书信。十年间他念兹在兹的就只有画画，没有别的。可见他的勤奋。昨天我偶然读到曾巩的一篇论文《墨池记》，文中讲到王羲之的字也是到老了以后才特别好。这说明王羲之也不是天才，而是勤学得来的。从这些例子可见，勤奋很重要。

第二，不管你做哪方面的学问，一定要有师承传统。你的研究要有章法，要了解问题的发生，学术史的追溯，而且你的研究与写作都要有师法。切不要以为刻意模仿继承传统是不必要的。要师法自己崇拜的一个学术脉络。同样看梵高的例子。梵高是现代画家的重要代表，但他把大量时间都用于传统的临摹。所以要继承传统，要在学术态度上树立起对传统的尊重和信任。有一个故事，徐复观去见熊十力，拜他为师，请他指点读什么书，熊十力让他读王夫之的《读通鉴论》，他说我早读过了。熊十力批评说你看过就算读过了？让他回去重新读。徐复观回去读后再见熊十力，报告说我现在读过了，然后说了一大堆王夫之《读通鉴论》的缺点。熊十力劈头盖脑骂了他一顿，大致是说，任何书的内容，都是有好的地方，也有坏的地方。你为什么不先看出他的好的地方，却专门去挑坏的？这样读书，就是读了百部千部，你会受到书的什么益处？读书是要先看出他的好处，再批评他的坏处。这使徐复观有了一个全新的认识，知道了怎么样做学问。学问首先是对别人的欣赏，从好的地方去吸取，才能把传统的东西学到手。

第三是要开放。我们每个人都是从老师那里、从传统的路子过来的，但是如果你只是走这条路，就难以超越老师。我们总希望自己的工作有一点新意，这就需要开放。创新的关键就是新知识新视野的打开。我同样讲梵高的例子。梵高的创新在很大意义上是因为当时日本绘画传到欧洲，他有大量的机会临摹到日本画，然后对他的风格产生影响。这意味着跨学科的交流非常有意义。跨学科可以从别人的研究中受到方法上的启发，从而对自己的研究有所推进。

另外，作为一个学术共同体，需要大家的参与，我就学术共同体的发展问题向大家提几点建议。第一，要坚持和而不流的态度。和是指配合、捧场。我讲，你听；你讲，我听。这就是捧场。别人讲的时候要专心听，否则就不够尊重，也浪费时间。听的同时还可以记下对我有用的观点与材料。但同时也要坚持自己的学科定位、问题关怀和基本实践。这就是和而不流。第二，大家一起讨论是奔着问题、奔着学问来的，不是争意气，别人讲得对就听，讲得不对也不要太介意，有时别人讲的话不入耳，心里不舒服，也不要因此伤和气。道理在你手上也不要脸红脖子粗。昨天我看到一副对联，觉得很好。有两个成语大家耳熟能详：理直气壮、义正辞严。对联改为理直气和、义正辞婉。我们讨论的时候要做到这条。第三，有的老师身处的学术氛围不够好，课又多，给学术研究带来很大的困难。各学院的学术研讨活动，包括名刊建设工程的研讨活动，也会有波折，学校经费以后尚不知能否长期支持下去。但不管是顺境还是逆境，都要始终抱着境由心造、事在人为的态度。要想有所成功，肯定要在寂寞中花很多时间。我有一个切身的感受。我过去喜欢游泳，但很多年不游了。

到杭师大后，有一次省里举办校长杯的游泳赛，被鼓励着去玩了一把，拿了自由泳和蛙泳50米两个冠军。得冠军那天，游好后回家，几乎有脱力的感觉。50米游泳从跳下去到爬起来也就是40秒，很短。但我后来想到，以游泳为职业的人，为了这几十秒，在水里不知道要泡多少个时辰。而且在水里训练非常寂寞，甚至无法与别人说话，完全只是一遍遍纠正自己的动作默默训练，非常单调无趣，人也搞得很累。但成功也就是这样来的。所以境由心造，事在人为。

学校非常希望给大家营造更好的氛围。我始终认为如果我们的青年学者活跃了，有了良好的学术氛围，人文社科振兴计划就成功了。至于一定要得多少个项目、文章、奖项，虽然重要，但那不是最关键的。这也是叶高翔校长所强调的，讲数字但不唯数字。而营造这样的学术氛围和学术土壤，全靠在座各位，并通过在座各位带动我们身边的老师，把我们的工作做到最好。

谢谢大家！

2015年5月12日

在杭州师范大学"名刊建设工程"实施一周年暨《乐学集》首发恳谈会上的讲话，原载《乐学集》第二辑，杭州：杭州师范大学学术期刊社，2013年。

《勤慎论丛》序

作为人类知识生产的一个重要而庞大的部分，人文艺术与社会科学究竟应该以怎样的方式进行生产，应该获得怎样的支持，这原本好像是很清楚的事情，现在却成为越来越需要探讨的问题了。"勤慎论丛"仅仅只是杭州师范大学的一个学术出版项目，用于汇集文科教师独立而自由研究的学术论文，但其背后却也潜藏着我们对上述问题的些许思考与探索。

从二十世纪末至本世纪初，中国的高等教育通过合并、升格、搬迁等一系列举措，实现了扩张性发展，完成了从精英教育向大众教育的转型，很大程度上满足了青年学子们上大学的愿望。但是，接踵而至的挑战仍然很大，甚至更为艰难，这就是如何使高等教育真正名副其实，让走进校园的学子们获得的教育真正称得上是"高等"。坦率地说，这一挑战对于杭州师范大学尤为艰难。

这种艰难来自于内外两个方面。在外部境遇上，由于中国的高等院校被分别归入从中央到地方的不同层次中，身份的差别决定了各种资源的差别，因而像杭州师范大学这样一所行政上隶属于中国高等教育梯状结构最低一层的市属地方性大学，其发展存在着境遇上的困难。当然另一方面，根本的困难是来自自身。杭州师范大学是在原杭州师范学院的基础上，整合了杭州其他七所大中专学校而发展起来的综合性大学，虽然经过努力，学校整体的办学质量获得了很大的提升，但薄弱的基础要变得厚重，显然是一个艰难的过程。

不过，世事总有它的另一面。梯状结构所带来的资源限制，通常能够调动地方在自身可控的资源方面给予大的投入；而薄弱的基础则往往具有可增加厚重的可能。当然，一切的可能要变为现实都仰赖于人的自觉与自愿。所幸的是，杭州市委市政府下定决心要使自己唯一的大学能发展成与这个城市相得益彰的高等学府，因此不仅给地给钱给名额，造园起楼、买设备引人才，而且更期望学校能坚定不移创一流、坚韧不拔走新路。学校上下也众志成城，不甘于平庸，并将自己建设一流大学的努力形象地命名为"攀登工程"。

在这个工程中，包含了许多项目，从学风建设、人才环境建设、师资队伍建设、科研平台建设……可想而知，这些项目几乎会涵盖学校建设的每个方面，从硬的到软的。其中，就有一个与"勤慎论丛"相关的项目，称作"人文社科振兴计划"。依常理讲，人文社会科学是一所综合性大学固有的基本内容，学校的各项正常工作必然会涉及它的建设与发展，校长叶高翔教授——一位由浙江大学的领导岗位被请来执掌杭州师范大学的凝聚态物理学家——为何还要提出专立此项目？而且校长一经提出，即获得学校党委肯定，并为全校教师认同呢？究其原因，不外于二：一是在高等教育的建设中，人们越来越意识到应该遵循人文社科自身的建设规律；二是对于杭州师范大学来说，人文艺术有着独特的意义。

其实，前者原本是一个常识，但在今天的高等教育中似乎已成为一个需要特别加以认识与阐明的事实了。20世纪以来，科学已成为现代知识系统的代名词，在中国尤其如此。然而不幸的是，人们似乎看不到科学的真正精神在于尊重面对的事实，以符合认识对象本身特性的方式获得与构建相应的认识，而是把追求真理的科学简单地化约为自然科学与技术的具体工作方式，并进而以之范导知识生产的所有领域。因此，在科学的名义下，知识领域中的艺术、人文与社会科学的建设面临着难以言说的窘境：明明意识到自然科学技术的那些生产方式与评价标准不能完全适用于自己领域的知识生产，却又自觉不自觉、自愿或被迫搬用或变相搬用自然科学技术的生产方式与评价标准。结果，文科领域内的学者们日益眩目于各种各样的知识生产数据、考评表格等量化指标，而对诸如历史与现实、人与自然、自我与社会等真实现象与问题的关怀销遁于自己所生产的所谓科学研究的泡沫中。事实上，这种窘境在中外高校中是共有的现象，但是杭州师范大学的一流建设希望能多少改变一点这样的窘境，具体的举措就是让文科走自己的路。

至于后者，则是由杭州师范大学的历史与未来决定的。学校的前身是清末科举废除后浙江于1908年兴办的官立两级师范学堂，其后演化为民国的浙江第一师范学校，直至1978年的杭州师范学院和现在的杭州师范大学。首任校长经亨颐先生虽然留学日本专修物理学，他本人也是近现代中国物理教育的先驱者之一，但他的办学理念在人格教育，所立校训是"勤慎诚恕"，高度重视人文与艺术教育对于人的培养的意义。唯此，浙江一师不仅成为五四新文化运动的重镇，而且也是中国现代艺术教育的起源地。秉承这一传统，杭州师范大学始终有着浓郁的人文与艺术氛围，这不仅与过去的杭州相映衬，而且更与杭州未来的愿景相吻合。因此，杭州师范大学希望自己成为"人文学堂、艺术校园"。

只是，对于艺术人文与社会科学，自然科学与技术早已成为一个强大的"他者"。人们希望摆脱这位他者的笼罩，成为自在的主体，但在追求这一目标时，却似乎早已陷入思维定式与路径依赖，以他者为依归，或随风起舞，或亦步亦趋。更何况，对于人文社科的知识生产而言，整个认知与评判系统并没有根本改变，虽然人们都已承认问题的严重性。

尽管如此，"人文社科振兴计划"的设立终究为杭州师范大学的文科教师打开了一页可以仰望天空的天窗，可以让有心愿的人从这页天窗放飞自己的梦想。譬如，在依旧或者必须忙着搭建平台、组织团队、申请经费……以外，我们还觉得"人文社科振兴计划"应该充分肯定、支持、鼓励文科教师进行独立而自由的研究，为此特意取来校训中的前二字，设立了"勤慎研究项目"。按照经亨颐先生对校训的解释，"勤"就是孔子所讲的"学而时习之""好古敏以求之""学而不厌，诲人不倦"。经先生深信《周书》所讲的"业广惟勤"，还有韩愈所说的"业精于勤"。对于"慎"，经先生既取孔子对子张的回答："多闻阙疑，慎言其余，则寡尤；多见阙殆，慎行其余，则寡悔。"又取孔子对子路的回答："暴虎冯河，死而无悔者，吾不与也。必也临事而惧，好谋而成者也。"并申言："此虽不明言慎而曰惧，曰好谋，则慎之意也。"因此，"慎"实是严谨与智慧的统一。我们相信，一个秉持独立之精神与自由之思想的人文社科学者，在与流水线般的知识生产保持着某种距离，有点冷清甚至不免寂寞的状态下，如果还能真正生产出知识精品，唯有坚持"勤慎"二字。

原本希望，经过数年的努力，"勤慎研究项目"可以垒土成丘、集腋成裘，将大家的研究成果加以汇集，编成"勤慎论丛"。适逢以人文艺术为特色的《杭州师范大学学报》"社科版"今秋迎来第200期的纪念，这当然是一件值得庆贺的事情。同仁们建议，从《学报》的论文中精选一批论文，按照主题编成若干册，作为"勤慎论丛"的第一批。这些来自海内外学者、成于不同年月的知识产品，既可以作为对《学报》200期的庆贺，又呈现了"勤慎研究项目"的旨趣。这的确是一个两全其美的建议，而且毫无疑问，这是一批优秀的学术成果，它们为后续的"勤慎论丛"作了精彩的开端。

让我们共同努力！共同期待不断延续的精彩！

于2012年教师节

原载《勤慎论丛》，上海：复旦大学出版社，2012年。

《儒学的内外之思》序

《杭州师范大学学报》专门辟出"21世纪儒学研究"栏目，希望能于传统国学开出新知。承学界同仁支持，该栏目得以持续进行，在学界也产生了一些影响。为了总结自己的办刊过程，积累一些资料，我们也有意识地每过几年，将已刊论文进行分类汇编。2012年纪念《学报》刊行200期时，我们就曾经这样编过一套纪念文存，其中有一本就是由"21世纪儒学研究"栏目中选出的，名为《现代儒学与浙东学术》（上海：复旦大学出版社，2012年）。现在这本《儒学的内外之思》也出于同样的考虑选编而成。

儒学的精神在内圣外王，本书的书名即由此而来，所收的十三篇论文也因此分为二组，前六篇聚焦于内圣之学，后七篇关注于外王之道。兹分别略述如下，向读者推荐。

圣人是中国思想史上的重要概念，其繁体写法"聖"，喻指口耳相通、聪明睿智之人，但在中国思想史的演化中，圣人的内涵与性质也在丰富和变化。吴震教授的论文考察了圣人由聪明睿智者，演变成道德与政治的杰出人物及其神圣化，最终又转落于人心而世俗化的过程，富有意趣。同时，此文所议，涉及先秦与宋明，也为此下的内圣之学讨论提供了一个有用的背景。

杨国荣教授的论文则聚焦于孔子与荀子对道的论说，细致分析了他们的追问。指出孔子的关注在人道的确立，以高度的自觉，在宽广的历史中，凸显人的历史责任；荀子则进一步将道推向更哲学化的层面，使道成为存在的统一形态与整体的形上智慧，以此来体现儒家志于道的知行过程。

对儒家内圣之学的理解，须基于对文献的细微体察。董楚平教授对《论语》所载隐士称孔子"是知其不可而为之者"，在学术史的映衬下，力求给出还原。

与上述两篇论文集中于先秦相区别，此下三篇论文集中于宋明理学。叶适是南宋时期在思想上与朱、陆鼎立而三的思想者，其中关于《中庸》的理解构成了他对于内圣之学的别样思考。陈锐教授在他的论文中，将叶适对于《中庸》的质疑细加梳理，并给予了独到的分析。

范立舟教授则通过甬上四先生的存养工夫的讨论，指出除杨简外，甬上诸贤皆已表现出明显的尊德性与道问学的融汇，极好地揭示出晚宋儒家于内圣之学上的朱、陆调和倾向。

儒家的内圣之学原本即不自限于一己之心。张立文教授通过对黄宗羲穷心的万殊之学的细微分析，指出黄宗羲在其师刘宗周绝食殉明和自己抗清失败的外在自我主体的激烈震撼下，在内在自我主体的不断反思中，以盈天地皆心的思想，统万殊之学，贯通内圣与外王。

儒家外王之学，需要从历史与学理两方面予以思考。罗义俊教授的论文，针对汉代文景之治得益于黄老道学的流行史观，以独到的视角指出，以无为而治为政治模式的文景之治是在刘邦、陆贾奠定的儒家文治思想基础上，依托儒家伦理，以及儒家设计的汉廷礼乐制度与博士官为主体的学官教化系统中运行、实施和实现的，提出了文景之治的政治指导思想实际上是儒道双席位制的新见，启人耳目。

与罗教授偏向于史实考辨的论文相呼应，刘伟教授的论文从学理上分析了孝治思想在制度儒学中曾取得的筑本、协调群体、维护政治稳定与权力制衡等积极的历史作用，以及在现代社会中所面对的困境。

传统中国儒家实现外王之道的一个根本制度保证，在于确立选贤任能的选举制度。谢扬举教授在充分肯定这一制度的正向功能同时，深刻地揭示了此一制度中让道与选贤构成了贤能政治的内在难题，从而阐明贤能政治在政治体系与价值均已发生巨大变化的现代现治中，需要经过反思与调适，其合理性因素才能获得继承并发挥更好的作用。

选贤任能属于上层建筑的政治制度，赋役则属于经济基础的经济制度，两者同样重要。青年学者胡荣明很有意味地揭明，传统帝制所设计制定并施行的赋役减免制度，旨在协助民众履行赡养父母家人的伦理义务，将个人伦理义务的履行视为国家秩序的基础，对现代中国的个人税赋制缺乏背后的家庭伦常责任考量，不失警省作用。

在中国的现代化转型过程中，富强始终构成了几代中国人的精神诉求。邓新文教授围绕着正德、利用、厚生几个观念，阐明儒家的富强观，旨在启发当代人对富强的追求。

自由主义是中国现代化转型中所关注的另一个令人纠结的问题。青年学者胡岩基于对现代新儒家的自由主义论说的分析，认为儒家自由主义并不是现成的理论，而是一种融合儒家与自由主义的思想尝试。但是至今为止，学界虽然取得了许多思想成果，但还没有完成对儒家自由主义的理论建构，儒家自由主义如何可能仍有待考问。

儒家的外王实践，自始是与传统社会紧密共生的，在此意义上，对传统社会治理结构与机理的认识，也是对儒家的外王实践的理解。江山教授认为传统中国的治理结构是一个四维法则的同构体，它由天道自然法则、社群伦理法则、政治统治法则、乡村自治法则共同维系和规范着社会的运行。

当代中国正致力于在经济发展的基础上，建立符合自己的理论、构筑适合自己的制度、走出属于自己的道路。毫无疑问，这样的努力需要立足于当下的实践，立足于开放的视野，但同样必须立足于对几千年中国思想、历史与文化资源的汲取，而儒家的内圣外王构成了这一资源的主体部分。

本书选编的论文，均属于对这一内圣外王之学的思考，故题名《儒学的内外之思》。

乙未元宵前三日于杭州三墩

原载《儒学的内外之思》，上海：上海三联书店，2015年。

《和谐与创造：杭州城乡一体化的文化研究》丛书序

　　经过改革开放三十余年的发展，杭州取得了引人瞩目的成就，一个精致和谐、大气开放，追求生活品质的城市形象已经基本确立。但是，毋庸讳言，除了杭州城区以外，由于杭州还下辖余杭、萧山、富阳、桐庐、建德、淳安、临安等区县市，虽然其中心城市也都取得了长足的建设成就，但是在乡村、在城乡接合部，乃至在城市本身，仍然存在着发展中的不平衡与差距，有些还是严重的。杭州的城市化仍然任重道远，城乡一体化仍然是当今与未来杭州发展的一个极其重要的路径，它不仅是推动杭州经济社会文化共同进步的基本道路，而且也是在更高的层面上建构杭州文明的基本手段。

　　所谓在更高的层面上建构杭州文明，其根本的目标正如百余年前韦伯所言："当我们超越我们自己这一代人的墓地而思考时，激动我们的问题并不是未来的人类如何丰衣足食，而是他们将成为什么样的人。"（韦伯《民族国家与经济政策》，收入《韦伯政治著作选》，北京：东方出版社，2009年，第12页）城市化作为现代社会的基本形态，为现代性的型塑，无论是经济、政治，还是社会、文化，以及生态，都提供了不容置疑的强有力支撑，但是，同样毋须赘言的是，城市化所带来的城市病，诸如贫富人群的区域化、人的疏离感与无助感等等，以及伴随着城市化的新农村建设，都是必须直面的挑战。

本丛书以杭州城乡一体化的发展为研究对象，从文化的特殊视角来观察、分析在杭州城乡一体化的过程中哪些内容将构成城乡一体化的有机要素，以及这些要素将如何发挥它们的功能，以期帮助处于历史过程中的人们能够从自发的层面进入自觉的层面，从而真正成为杭州城乡一体化这一历史进程中的文化创造的主体。同时，杭州的城市建设处于中国的最前沿，本课题的研究虽然完全是一个基于杭州的个案性地方研究，但对于处在城市化进程中、力求实现城乡一体化的整个中国，至少是对于东南沿海地区，我们希望能提供一定的普遍意义。

从杭州是一个城乡类型众多、族群复杂的大中型城市的现实出发，我们的研究主要采用基于文化结构与功能理论，以及其它文化理论的研究方法，通过个案分析与整体研究相结合，实地调查与文献解释相印证，从五个维度的具体研究内容实现整个课题所设定的研究目标：

1、城乡互动的维度：城市生活对乡村生活的引动，以及乡村生活对于城市生活的回应，观察与分析这种城乡互动所形成的文化心理张力在城乡一体化中的功能。

2、社会文化的维度：城乡一体化进程中的新社区、新族群等的出现，对社会管理构成了新的挑战，观察与分析这一历史过程中的社会整合与制度文明的不断完善。

3、公共文化的维度：城乡一体化并非是城乡居民的文化同质化，观察与探讨在城乡一体化的进程中不同阶层与不同族群的文化需求与供给。

4、核心价值的维度：城乡一体化引动的社会整体转型必然带来社会价值观的多元，观察与凝炼多元社会价值观的共同诉求，从而发现核心价值的呈现。

5、历史文化的维度：城乡一体化是完全在全球化浪潮下的中国社会转型，观察与探讨中国文化传统在这一转型中的可能性的创造性转化形式及其功能实现。

基于这样的研究，最终形成了《阳动阴随：杭州城乡互动的心曲》《守正明诚：杭州社会文化的重构》《抱一分殊：杭州公共文化的协奏》《事功行德：杭州核心价值的实践》《推陈出新：杭州历史文化的演绎》五本专著。

我们的研究虽然沿着不同的维度展开，但目光似乎都聚焦于杭州城乡一体化进程中的文化显象与理念：和谐与创造。因此本丛书取名为《和谐与创造：杭州城乡一体化的文化研究》。

应该坦承，在我们的研究过程中，这样的反问是经常浮上心头的：我们的聚焦究竟是客观的现实，还是主观的愿景？唯唯否否。一方面，所有的分析都基于我们的观察，我们努力使自己的观察真实、完整、有效。这样的努力不仅一以贯之地落实在我们的工作过程，而且更是基于我们的工作理念，即科学性的追求构成了我们工作存在的价值基石。但是另一方面，人文社会科学固然同样以追求客观认识为志，但它不同于自然科学的根本之处是在于人文社会科学融入了研究者的价值关怀，无论是自觉还是不自觉。事实上，从根源性的角度说，即便自然科学也同样隐藏着人的关怀。我们所面对的杭州城乡一体化进程中的文化现象，呈现出了超出我们想象的多样性与复杂性，大大溢出了现代性的范围，不仅前现代的因素还在传承或残留，不待细说，即便是后现代的许多要素，从技术到观念，如互联网、游戏、自我与他者，以及地方意识、身体意识、女性意识等等，都无不在当下的文化中涌动与产生影响。因此，和谐与创造，我们深信这是我们对城乡一体化中的杭州文化的客观认识，但也同样是我们对现在与未来的愿景。

本课题受托于杭州国际城市学研究中心，我非常感谢研究中心王国平主任对我们的信任与支持，并将这套小书纳入他主编的《杭州全书》。我到杭师大工作以后，有幸参与王主任领导的城市学研究，不仅学到许多东西，而且更是感佩他对学术的敬重与识见，他对杭州的情怀与梦想。

整个研究从2011年底启动，几年来课题组成员形成了集体研讨、分头研究的固定工作模式。我非常感谢各位学者的支持与相互配合，尤其是傅德田兄在研究之余还帮我处理本课题的大量事务性工作。

最后我必须郑重说明，虽然具体研究完全由每位学者独立完成，但由于整个框架与思路由我提出，因此对这套丛书存在的任何不足，我都拥有不可推卸的责任，并诚请读者批评指正。

2015年5月18日于杭师大恕园

原载《和谐与创造：杭州城乡一体化的文化研究》丛书，杭州：浙江大学出版社，2016年。

《家风》序

浙江省朱子学研究会成立伊始，就决定办一份内刊《家风》，既为同好交流，更把当代家风建设作为朱子学研究的一项重要内容。这样的决定，当然首先是源于朱子学本身。朱子集汉唐以来中国学术思想之大成，融合佛道二教，使孔孟儒学的源头活水再辟天地，范铸此后中国学术思想的规模与精神，确立民族文化的气质与神韵，并构成了现代中国的转型基础，而且福泽所及，不限于中华，启沃整个东亚。朱子学能够如此，除了学术思想的致广大尽精微，更在于社会文化建设上的深厚培植，其中家庭文化就是核心，《朱子家礼》既为象征，更是典范。浙江省朱子学研究会集社会各方研究朱子学，选择家庭文化建设为重心，实是应然之举。

不过，当代中国关于家庭文化建设的迫切需要，更是浙江省朱子学研究会办此刊物的动力。中西社会与文化的异同，智仁所见虽各不一，但家庭在中国社会与文化中的地位与功能至为显著，却是一个共识。唯因如此，在帝制虽已终结，但国力不张，中国现代化艰难转型的早期，传统文化被视为根源性障碍，中国的家庭则被浓缩为一切罪恶的渊薮、顽固的封建堡垒，进而又被贴上私有制土壤的标签，蒙受了巨大的污泥浊水，必欲荡平而后快。中国文化中最富情怀与寄托的家庭及其文化深受重创，基础动摇，社会脆弱。所幸改革开放以来，拨乱反正，中国的现代化走上了正常的道路，人民生活日益富庶，家庭日渐重归本位。只是，倾覆之余，重建不易，更新尤难。故习近平总书记指示"每一位领导干部都要把家风建设摆在重要位置"，以为全社会的表率，更指出"家庭是社会的基本细胞，是人生的第一所学校。不论时代发生多大变化，不论生活格局发生多大变化，我们都要重视家庭建设，注重家庭、注重家教、注重家风"。浙江省朱子学研究会创办《家风》，诚愿为当代中国的家庭文化建设贡献自己的心力。

《易》云："积善之家，必有余庆；积不善之家，必有余殃。"

《大学》云："一家仁，一国兴仁；一家让，一国兴让。"

是为序。

丙申立冬前五日于杭州滨江积家

原载浙江省朱子学研究会编《家风》，2017年。

《实践本位的传统文化教育创新模式》序

　　大约十年前，萧山二中吴金炉校长邀请我去学校作国学讲座，并交流了如何在中学开展国学教育的思考。那时，我还在浙江大学哲学系任教，同时主持着宋学研究中心的工作，主要的精力在大学的教学与科研方面，对于基础教育中的国学教育甚少关注。那次，萧山二中的实践与探索提醒我，中国传统文化的传承与创新需要一个厚实的基础，而这个基础的根本在基础教育。吴校长是历史课的高级教师，对于传统文化具有诚挚的情感，也给予我很大的信心。后来虽然我离开了浙江大学，吴校长也离开了萧山二中，但我们对萧山二中的国学教育实践一直在关注中。

　　2010年秋，我调到杭州师范大学工作，创设了国学院。考虑到师范大学的性质，便把国学教育与研究列入国学院的长期工作，其中，基础教育中的传统文化教育是重要的组成部分。除了面上的调研与实践探索外，我们的重点是与宁波镇安小学合作，将镇安小学设为国学教学的实践基地。那时，姚永辉博士刚好从清华大学毕业来国学院工作，她本科是念师范的，对基础教育自有情怀，因此便协助我开展这一部分的工作。镇安小学在顾秋红校长的领导下，开展了一系列传统文化的教学实践活动，取得了卓有的成效。与此同时，杭州拱辰桥小学在王崧舟校长的主持下，国学教育开展得有声有色。受他邀请，我亦参与到拱小的国学教育活动中。后来，王校长更是加盟杭州师范大学，担任教育学院小学教育领域的教授，我们的合作自然更加方便。

简略回顾这段历史，我想说明，在基础教育中开展传统文化教育的实践与研究是具有某种偶然性的探索。因为无论是作为大学一方，还是作为中小学一方，选择这样的探索，基本上是基于当事人对于传统文化带有倾向性的情怀；也正是基于这样相近的共同情怀，我们才彼此建立合作关系，进而形成一个团队。窥斑见豹，由我们这个团队的这种偶然性，也许可以推知，这些年来在现有的教育体系中传统文化教育的现状。

不过，这样的偶然性终也表征了一个道理，即众多的偶然会演化出一种势能，进而呈现为某种潮流。今日的国学教育由社会的自发行为上升为国家的教育政策，便是如此。我不敢讲这是历史的必然。必然性这个词语总是太重了，太具有决定论的涵义。事实上，今天关于国学教育的认识与实践，仍然充满歧义与纷争。潮流究竟会演为奔腾大河，还是会变成绝港断流，尚有待于人们的实践。从我们的实践来看，最具挑战性的在于两个问题：一是传统文化如何融入现行的教育体系中？二是传承传统文化的方向在哪里？我们的实践更多地呈现出前一个问题的探索，但后一个问题却始终萦萦于心。

自从晚清废科举、办新学以降，现行的教育体系是在西学的知识系统上逐步形成的。尽管在每个历史时期的具体实践中，会自觉不自觉地渗入传统的固有方法，乃至理念，但总体上已没有传统文化的生存空间。今天社会上兴起的各种国学讲座、国学课堂，从外部供求佐证了过去与现在的教育体系中传统文化教育的缺失。毫无疑问，现行的教育体系是我们对接现代文明的系统。在这个体系外，别立传统文化的教育模式，充其量只能是某种补充。即便能生存下去，也不足以真正产生整个国民教育的功能。换言之，欲使传统文化真正获得传承，最有效的途径是融入现行的教育体系中，其中，基础教育阶段又远比高等教育阶段重要，因为传统文化作为一种文化，与其说是知识体系，毋宁说是行为方式，而行为方式的养成大概在基础教育阶段更有效。这本文集主要记录了我们在基础教育中融入传统文化教育的实践，从设想到操作，同时也收录了在基础教育一线工作的老师们的心得。读者只要细读，便能了解我们的尝试。说是尝试，并不是谦虚，既是真实的心情，又是客观的状态。但尝试也决不是乱来。从前述的过程，大抵已说明我们的尝试是渐进的，是累积的；从本书的内容，则可以知道我们的尝试是小心的，是用心的。因为具体的内容全在书中，目录也标示得很清楚，所以这里就不再赘述了。我想略作申言的，是前述的第二个问题，即传承传统文化的方向在哪里？

　　大致说来，传承传统文化的作用在消极的意义上是汲取来自传统的智慧，作为多元的精神资源的组成部分，在积极的意义上则是培植我们的文化认同，以及更具体一些的民族认同。无论是哪个意义上，有一点是共同的，即传承传统文化决不是一件向后看的事情，而是一件立足当下，面向未来的事情。这是方向！如果对这个方向不确认，那么传统文化对于今天的人就只是过去了的死物，而不是活着的生命。将死物复制于当下，不仅是不可能的，而且是不必要的。但是，如果我们面向未来，视传统文化是活的生命，那么传承传统文化就面临一个重要的挑战，即活着的与死去的，如何加以区分？毫无疑问，活着的是那些足以激励我们生活下去，指导我们生活得更好的东西。这意味着，我们要传承的传统文化，尤其是要融入我们的基础教育中，直接影响孩子们成长的传统文化教育，实际上将是依据我们对于未来生活的理解与期望的。换言之，"应该的"将优先于"事实的"。过去的东西中，既有"事实的"存在，也有"应该的"存在。"事实的"总是"应该的"某种偏离，甚至是相悖，但人们总是在"应该的"东西的引领下努力前行。比如，仁义。这是传统文化中高举起，同时也深植于人心中的"应该的"东西。也许在事实上，在过去了的生活中有过许多杀戮，甚至许多杀戮是以仁义的名义进行的，但是仁义仍然是人对于人的期望，是人赋予生活的理解。仁义，因此也正是我们需要传承的活的灵魂。仁义如此，孝悌、忠信、敬诚、廉耻、中正、和平，等等，莫不如此。传统文化犹如一条长河，每一段河流都是她在特定的境遇中冲出的景象，她从过去流下，向未来奔去。行至今日，势亦如此。今天的中国行进在世界文明的原野上，我们对传统文化的理解必须使之与我们今天对生活意义的理解扭合在一起，只有这样，传统文化的传承才足以赋予我们生命的力量，才足以凝聚我们共同的精神，使传统文化在我们身上呈现出新的形态，不仅造就我们自己，而且贡献世界文明。

丁酉年处暑于杭州

原载《实践本位的传统文化教育创新模式》，杭州：浙江教育出版社，2018年。

《学报40年：回顾与展望》序

　　大学办学报，自始即面临两个问题：一是学科的平衡，二是稿源的平衡。这两个问题的解决，既是办好学报的必要条件，也可以说是办好学报的充分条件。

　　大学，尤其是综合性的大学，学科门类多，甚至齐全，保持各学科在学报上的均衡发声，可以说是最基本的要求。但是，任何一家学报的版面又是有限的，在同一期，甚至在一年中，都几乎无法完全满足这一基本要求。这尚且是从版面这个限定性资源上讲。如果考虑到别的因素，问题便显得更为复杂，也更为难以解决。比如，学部编辑人员受自身学科背景的影响，对于自己学科或相关学科的文稿往往能够胜任处理，或者不自觉地倾向于处理，而对于完全陌生学科的文稿却容易产生疏离感。虽然可以通过调整与完善编辑人员的学科合理分布，或者尽可能发挥校内相关学科的专家作用，以补充编辑力量，但在实际的操作上，总是有这样或那样的力不从心。又比如，任何一所大学，总是有些学科强，有些学科弱，学报总是希望且应该多发表学科强、水平高的文稿，但从另一方面看，弱的学科往往是新建的，正需要各方面给予扶植，学报自然也责无旁贷。此外，学报自身要受到同行之间的评定，要充分遵守同行业的评价标准，诸如引用率、转载率等等，因此对学报在学科平衡问题上又会产生各种影响。凡此，都足以表征学报要完全处理好学科平衡是一项很不容易的工作。

大学办学报，究其初衷，自然是为了展示本校的科研成果。这种展示，一方面属于学校教学科研工作的一个组成部分，另一方面也是对本校科研工作的一种推动。但是，如果只是刊登本校教师的研究成果，一则可能使学报损失其作为学术公器的性质，逐渐沦为封闭性的刊物；二则可能使学报陷入某一个层次的固化状态，其结果也渐渐失去了对提升本校研究水准的推动。相对而言，后者比前者更有问题。因为即便是同仁刊物，如果水准高，依然可以成为行业内的学术重镇，为人重视；而如果水准固化，甚至在稿源限定的情况下日趋下降，那么对于一份刊物而言，无疑是慢性自杀，或者是有此刊物等于无此刊物。因此，如何处理好稿源的平衡，几乎是学报必须认真考虑的。通常，高水平大学由于自身研究能力强、水准高，容易以本校稿源为主；而水平一般及以下者，往往希望能争取到外校的高质量稿源，以冀提升自己学报的水平。但无论如何，平衡好校内外的稿源却是每家学报都要面对的问题，区别只在程度而已。此外，这里讲的稿源平衡，也是仅就校内外而言，事实上，稿源的平衡与学科的平衡又是交互在一起的。一所高校的强势学科往往在学术界具有较强的学术交往能力，学报也因此容易获得该学科的校外高质量稿源。因此，稿源的平衡与学科的平衡如果叠加在一起，往往会推进失衡，而不是平衡。

上述两个问题，既为自始即有，自然也是一直在努力解决中的。比如，为了跳出学科壁垒，学报希望开设一些以问题为导向的专栏，以此冲淡学科色彩，同时也期望营造刊物特色，提升刊物水平。校内与校外稿源的问题，虽然没有刚性的比例，但事实上每期总是保持着某种比例。既如此，为什么还要为此而赘言呢？因为这两个问题虽然自始即为办刊者所关注，但这两个问题又始终不可能得到一劳永逸式的解决，甚至可以说，它们几乎是一份大学综合性学报与生俱来，又终身相随的问题。因为是与生俱来，所以说处理好这两个问题，实乃办好学报的必要条件；而又因为是终身相随，所以说问题的理顺，又是办好学报的充分条件。

意识到如此两个问题的始终存在，恰恰可以使我们的思想由此获得解放，因为充分的认识足以让人获得自由。当从上述的问题中解放出来，便可以将如何办好学报放在质量的追求与风格的打造上。唯有质量胜出，学报才足以引领学校的研究，也才足以获得更好的稿源；唯有风格鲜明，学报才可能在同行业中被学界识别。《杭州师范大学学报》（哲学社会科学版）创刊四十年来，经过几代人的努力，已成为业内质量优良、风格显见的学报，获得了学术界的好评。进入新时期以后，随着中国政治、经济、社会、文化，以及生态文明的进一步完善与提升，中国的哲学社会科学也必将越来越贡献出基于中国经验而产生的新知识、新思想。在这个历史过程中，杭州师范大学会同步成长，同步做出自己的贡献。学报应该基于学科平衡与稿源平衡，以宽阔的知识视野、敏锐的问题意识、严格的学术标准，更具品质地办好学报，助推甚或引领学校的教学科研向一流迈进。

己亥六月十五于恕园

原载《学报40年：回顾与展望》，杭州：杭州师范大学学术期刊社，2019年。

《国学新知》丛书序

　　"国学新知"，顾名思义，对象是国学，呈现为新知。然而无论是"国学"，还是"新知"，都是难以界说的。现代中国学术语境中的"国学"，原本就是一个面对全盘西学化而勉强用来指称传统中国学术思想的笼统术语，实在不是一个严格界定的概念；落在今天，无论是在学术意义上，还是大众文化中，其内涵与边界都仍然是不清晰的。只是尽管如此，国学的指向似乎又是确定的，总是传统中国的学术思想与文化。至于"新知"，无论是怎样的新，既由表示陈旧的"国学"中所呈现，则所谓"新知"充其量，似乎最终也难逃旧瓶中装新酒的宿命。换言之，"国学新知"这样的标示，固然表征着某种自我期许，既希望能极大地呈现传统中国学术思想与文化的丰富性，又期待能站在今天的时代对她的丰富性作出新的与面向未来的传达，但是，对象的模糊不清与新旧难以分割的事实性存在，折射出特定的限制，亦即是一种不得已。

　　请举更具体的事实为例，比如传统中国学术思想史上极为重要的由经学转出的理学，以冀对旧学转出新知获得一个亲切的理解，又或能转益于这套"国学新知"丛书的努力。

无论是议题，还是方法，理学无疑摆脱了经学。但是，理学之不得已是在于仍处于尊经的时代，故必使自身重新融入经学。撇开意识形态的因素，理学这样的状态是由于传统知识系统的限制，因此，理学之不得已，又可以说在理学其实并不存在，而只是今人的后视之明而已。既如此，则为何又要点出这一不得已呢？因为理学与经学构成的紧张是一个客观的存在。清醒地看到这层紧张，对理学应该具有更亲切的理解。从孔子开始，价值系统的建立便致力于系统性的知识确立之上，而尊经时代的出现也许并不符合孔子的真精神，理学的根本目标是将价值系统分离或提升于《六经》为代表的旧知识体系，使之寄身于《四书》从而在更具主体性的基础上前行。传统时代的"六经皆史"事实上是从另一维度在致力于同样性质的经典祛魅，希望将价值还原于经验性的知识；只是传统时代的史，本质上与经是一致的，经史为一，因此同样无逃于尊经的不得已。然而，这样的不得已也保证了价值的根源性存在，并使得这种根源性存在成为源头活水，始终滋养培植着中国思想与文化的亘古弥新。理学固然有无逃于尊经的不得已，但终究在创新的同时实现了知识与价值的连续性，《四书》没有与《六经》相割裂，两者联为一体，共同构筑起中华文明的价值系统。

理学的不得已对于今人已荡然无存，今日早已不再是尊经时代，传统的知识系统也已彻底经过了现代知识的格式化。然而，问题却以另一形式彰显出来，即今日中国思想与文化思考的根源性知识与价值基础在哪里？开放性与多源性好像是一个极自然的回答，但事实上并不是那么容易处理的。20世纪的思想潮流与全球化相配合，浩浩荡荡地奔向普世主义（universalism），然而，物质文明与日常生活的趋同在呈现出同质化的表象的同时，文明冲突如影随形而至。在普世主义的潮流中，西方文明作为主流是显见的事实，这并不是谁的意愿问题，而是历史本身；正是在这一主流的席卷下，中国思想与文化出现断裂。文明冲突也并不完全是来自被席卷文明的主观抗争，而是伴随着主流的西方文明的自身变化，以及被席卷文明的自身变化所激荡而起的涌动，这同样是历史本身。因此，对于中华文明而言，在根源性的知识与价值源头上，承认开放性与多源性固然是必然的，但挑战却是巨大的。源头已非活水，长河不仅断流，而且改道，20世纪的历史本身也已汇入传统而成为内在的构成。

如此再回看理学之从经学中的转出，似乎反见得其尊经的不得已，恰映衬出今日无经可尊的不得已。整个20世纪至今，不断呈现的重建经典的追求也充分表征了这种焦虑。当然，时代的潮流终是要从当下的逼仄与阻挡中冲越向前，从而彻底荡除这种焦虑的。"旧学商量加邃密，新知培养转深沉"，在这个意义上，理学之从经学中的转出，其所奋进的过程与其展现的丰富性，终究是为今人谋求的"国学新知"提供了有益的启示。一切从时代的问题出发，回看既有的学术思想与文化，以及在生活世界中的展开，从而致力于用今天乃至指向未来的新的知识形态来阐扬具有根源性的价值，激活源头活水，导入今天的生活，引领未来。

四川人民出版社策划推出"国学新知"丛书，承蒙信任，邀我协助做些联络工作，忝任丛书主编，兹略述感言，以表达这套丛书所希望努力的方向。

庚子处暑于仓前

原载《国学新知丛书》，成都：四川人民出版社，2020年。

图书在版编目（ＣＩＰ）数据

望川集：哲学与思想史研究学记 / 何俊著. —— 成
都：四川人民出版社，2023.8
ISBN 978-7-220-13410-4

Ⅰ.①望… Ⅱ.①何… Ⅲ.①哲学史—研究—中国②
思想史—研究—中国 Ⅳ.①B2

中国国家版本馆CIP数据核字（2023）第143143号

WANG CHUAN JI

望川集：

哲学与思想史研究学记

何 俊 著

出 版 人	黄立新
策划统筹	封 龙
责任编辑	苏 玲 冯 珺
封面设计	陆红强
版式设计	张迪茗
责任印制	周 奇

出版发行	四川人民出版社（成都三色路238号）
网 址	http：//www.scpph.com
E-mail	scrmcbs@sina.com
新浪微博	@四川人民出版社
微信公众号	四川人民出版社
发行部业务电话	（028）86361653 86361656
防盗版举报电话	（028）86361661
照 排	四川胜翔数码印务设计有限公司
印 刷	成都东江印务有限公司
成品尺寸	130mm×210mm
印 张	16.25
字 数	340千
版 次	2023年8月第1版
印 次	2023年8月第1次印刷
书 号	ISBN 978-7-220-13410-4
定 价	82.00元

YE BOOK

让 思 想 流 动 起 来

官 方 微 博：@壹卷YeBook

官 方 豆 瓣：壹卷YeBook

微信公众号：壹卷YeBook

媒 体 联 系：yebook2019@163.com

壹卷工作室
微信公众号